正誤表

本書『〈尊びの愛〉としてのアガペー』の初版には次のような誤りがありました。お詫びして訂正いたします。

（著者）

一七七頁九－一〇行目

誤　「フィラウトス φίλαυτος」つまり「自己をフィレオーすること」であるが

正　「フィラウティア φιλαυτία（φιλ〔フィリアの語根〕＋αὐτός〔自己〕に由来）」で、要するに「自己へのフィリア」であるが

一七八頁終わりから四行目－一八三頁四行目

誤　フィラウトス

正　自己へのフィリア

三二四頁、註17

誤　自己愛

正　自己愛者

三二五－三二八頁、註19、25、27、29、33

誤　フィラウトス

正　自己へのフィリア

修正した部分のプリントをご希望の方は、下記までご連絡ください。

教文館出版部
〒一〇四－〇〇六一　東京都中央区銀座四－五－一
電話　〇三－三五六一－五五四九　ファックス　〇三－五二五〇－五一〇七

〈尊びの愛〉としての
アガペー

*

遠藤 徹

教文館

母、グレイス遠藤恵子と
妻、聖マリア遠藤清子へ

——神への満ち溢れる感謝の内に——

はじめに

本書は筆者の長年のアガペー研究の果実である。

内容は大きく分けて三つの部分からなる。第一は「アガペー」(「アガパオー」)というギリシア語の意味合い(ニュアンス)はどういうものかを探る部分であり、第二は第一部で得られた成果を基にして新約聖書の重要な箇所を読み直すことを試みる部分であり、第三はこれを更に推し進めて、これまで読み誤っていたと筆者に思われる箇所を読み正すことによって、従来のキリスト教界の在り方に根本的な反省の目を向けると共に、今後の新たな在り方を探って、提示する部分である。

読者としては、第一には、言うまでもなく、キリスト教の指導者や信徒を念頭に置いているが、それだけにとどまらず、キリスト教徒以外の方々で、キリスト教に関心や、さらには疑問や反感を持っておられる方にも是非読んで頂けたらと願っている。従来のキリスト教観とかなり異なるものを見出して頂けることであろう。

第一部のギリシア語を問題にしている部分は、当然、専門的に聖書を研究されている方を直接の読者として想定しているが、しかしそうでない方々も十分ご理解頂けることを願って、できるだけ平明に、丁寧に、書くことに努めたつもりである。できれば、本書を手にされるすべての方々に読んで頂ければと願う。ただ、そうは言っても、部分によっては議論が細部で詳細な、微妙な、ややこしい点に立ち入ることがあることも確かであるから、そこまで立ち入れないとお考えの方は第一部の結論だけを受け止めて、先に読み進んで頂いて結構である。その結論とは、要するに、「アガパオー」というギリシア語は「愛す」と訳されているけれども、詳細に検討すると、一番根本に「尊ぶ」という意味合いを含んでいる語のようで、従って、「尊び愛す」と訳すとやや近づくことができる言葉だということである。当然「アガペー」は「尊びの愛」と訳すと少しは近いかもしれないのである。このことを押さえて、第一章は読み飛ばし、直ちに第二章以下に進んで頂いても、本書が述べようとすることは十分ご理解頂けることは間違いない。が、しかし、もしもう少し立ち入って第一章の主だった部分を摑んだ上で先に進みたいとお考えになる方は、第一章の二三頁から二八頁（第一章第一節、1－3）まで、（できれば、二九頁から五四頁、4）五四頁から五七頁（「アガペー」は「愛」ではないのか）まで、五七頁から六一頁（第一章第二節、1　アガペーが尊びの愛であることを確証する道筋、2　辞典類における解説）までおよび一五七頁最後の行から一五八頁最後までをお読みになることをお薦めしたい。

筆者自身の専門が西洋哲学であるために、第一章を含めた全体に哲学的な分析の議論も入り込んでいるところが随所にあり、それがややこしいと感じられる方もあるかもしれない。しかし筆者はそういう部分でも、専門家だけに通用するような言い回しは一切避け、長年の学生指導の経験を生かして、できるだけ平明に嚙み砕き、問題点を整理し、筋道立って述べるように努めたつもりである。内容的に複雑な哲学的なものはできるだけ註に回したので、幾ら平明だと言っても哲学の話はゴメンだと感じられる方はそういう註は無視してお読み頂いても全く問題なく、本書が述べようとしている本筋はきちんと受け止めて頂けるはずである。

著　者

目次

第二章 「アガペー」の原意に立って新約聖書を読み直す

第三章 従来の読み方への反省と教会の新しい歩みへの希望

第四章 アガペーは無償の愛か

装丁 熊谷博人

序

一

新約聖書の中で――ということは、キリスト教の中で、と言い換えて少しも構わないが――その心臓に当たるものとは何か。

それは「愛」である。――こう答えることに異論のある人はないであろう。

愛こそは新約聖書全体の隅々にまで血を通わせて、それを生命《いのち》の書物とした当のものであり、また愛こそはキリスト教の二千年の歴史に絶え間なく血を送りこんで、それを脈動させたゆえんのものであった。愛は新約聖書の中で、またキリスト教の中で、絶えず生きて湧き出る暖かい血潮である。

従って、「キリスト教は愛の宗教である」と教科書にも書かれ、世間でも広く言われていることはキリスト教の神髄を正確に言い当てたと言える。ただ、それでは、この言葉を聞いたからと言って、キリスト教についてどれだけのことを知ることができたのであろうか。そう言われるときの「愛」とは何か。どういう愛か。またどれほどの愛か。それが分らなければ、キリスト教の実質については何も知ったことにならないのではないか。心臓と言えるほど中心的なものであればこそ、それをきちんと知らなければ、聖書についても、キリスト教についても、ほとんど何も知ったことにはならないのではないか。

本書は、新約聖書の、またキリスト教の心臓である「愛」とはどういうものか、どれほどのものかを知ろうとするものである。ただ、「キリスト教は愛の宗教である」と言われるときの「愛」は翻訳語である。新約聖書はギリシア語で書かれたが、その中の「アガペー」(1)という語がそう訳された。従って、一層正確に述べれば、「キリスト教はアガペーの宗教である。」では、「アガペー」とはどういうものか。——本書はこの問題に正面から取り組むもうとしている。

二

新約聖書の心臓は愛であるとはもう少し具体的にはどういうことか。聖書が言わんとする最も重要なことは「愛」（「アガペー」）という言葉を用いて言い表されているということか。そうだと言うことができる。しかし、それだけではない。というのも、「愛」という言葉を用いずに、しかも比類ない愛が語られている箇所が聖書には幾多もあるからである。新約聖書は、全体としては、必ずしも「愛」という言葉を用いずに、しかも比類ない愛を語っている書物であると言うことができるであろう。そのことはイエス・キリストの十字架に目を留めればよく分かる。新約聖書に記される最も重大な出来事を一つだけ挙げるように言われたら、「イエス・キリストの十字架だ」というのがキリスト教の答であろう。イエスの十字架はイエスの愛（アガペー）の実践と教えが極まった頂点だったとキリスト教は見て来ているからである。しかしその十字架が描かれている場面には、「愛」（「アガペー」）という言葉は一言も登場しないのである。そうであれば、本書は聖書に登場する「愛」という言葉に目を留めるだけではなく、「愛」という言葉を用いずに愛を描いていると思われる箇所にも、考察の目を向けなければならない。また、愛を実践することも、「愛」について教えることも、当然、それに先立って、内面に愛があって初めて可能であるから、考察はその内面の愛にまで及ぶ必要もある。

ところで新約聖書の心臓が愛であるということは、その中にイエス・キリストの愛の内面や実践や教えが詳しく描かれているということにはとどまらない。どんな書物にもそれを書き記した人がいる。新約聖書を書いた人はどういう人だったのか。その人はなぜ聖書を書いたのか。その人の何が聖書を書かせたのか。

愛である。そう言ってよいのであり、その意味でも新約聖書の心臓は愛なのである。新約聖書を書いた人たちはみな、イエス・キリストの生き方の中に、とりわけ終局の十字架に、究極の愛を見た人たちであった。そしてそれによって、自分たちもその生涯に倣って生きたい、避けられないならば、自分たちも十字架に架けられてもよいから倣って生きたいと願って、進んでイエスの弟子になった人たちであった。従ってイエスの愛を自らの心臓とする人々によって新約聖書は書かれたのであり、この意味でも新約聖書の心臓は愛なのである。聖書は、書かれた側でも、書いた側でも、愛が心臓であった。

同じことは、いわば〝文字によらずに書かれた愛の書物〟とも言うべきキリスト教の集会――「教会」の誕生にも当てはまり、またその後の教会の歴史にもそのまま引き継がれて来た。新約聖書が書かれるのに先立って、まず教会が誕生したが、そのために身を献げた人たちはみなイエスの愛によって救われ、イエスに倣って愛を生きようとした人々、言い換えれば、愛を心臓とした人々であり、教会はその働きの「実」であったのである。そうして生まれた教会の心臓がまた愛であることは当然であろう。そもそもここでは教会を文字によらずに〝書いた〟人たちがそのまま教会の一員になった――あるいはむしろ「教会」と訳されている言葉が元々「エクレシア」（集まり、集会）ということであることから言えば、そのまま教会になった――のであるから、聖書の場合に述べた「書いた」ものと「書かれた」ものとの区別に当たるものがないとも言える。教会の誕生に身を挺し、教会になった人々の中で愛が心臓であった。この意味を込めて、キリスト教の集会――教会――の心臓は愛である。キリスト教会の宗教がキリスト教であるから、キリスト教の心臓も言うまでもなく愛である。

イエス・キリスト－教会－新約聖書、この三つを一つに貫いているものは愛（アガペー）であり、愛（アガペー）は三つのすべてにおいて心臓である。

三

ところで、このようにも愛こそが聖書とキリスト教（教会）の心臓であるとすれば、聖書とキリスト教（教会）について知りたいと願う人が、何にもまさって聖書を通して、また教会を通して、そこに表わされ、生きられているイエスの愛の教えと実践を知ろうとすることは当然であり[2]、正道である。その努力は、キリスト教が誕生して以来二千年間、絶えず鋭意重ねられて来た。それを学ぶことは学び手の愛の実践を絶えず照らし出し、おのずからそれを高め、深め、広げることとなった。しかし、逆に、学び手の実践が聖書の愛の教えを高め、深め、広げるという側面もあったと思われる。というのも、聖書は愛の原理は示していても、愛の実践の具体的な形をすべて示しているわけではないから、聖書に記されていない形の愛を実践することが、聖書の愛の教えをさらに広げ、高め、深めることになることもあると考えられるからである。例えば、マザー・テレサの愛の実践――学校に行けないホームレスの子供たちを集めて街頭で無料の授業を行ったとか、死に瀕した人々に最後まで寄り添い、一人一人の宗教を尊重して、その人の宗教で葬った、など――は聖書にそのまま描かれてはいないが、聖書の愛の教えを、その本質を汲み取って一層徹底させたことによって、さらに広げ、高め、深めたと言えるであろう。聖書の言葉は変わることはなくても、それが私たちに開示する具体的意味は変わり得るであろう。

　このことは聖書と個人の学び手との間だけでなく、聖書と複数の学び手との間で、従って聖書と教会の歴史との間でも言えることであろう。聖書の説く愛は教会の歴史を貫く愛の実践と研究を導くと共に、教会の歴史を貫く愛の実践と研究の積み重ねが聖書の説く愛の意味合いを一層濃いものにしてきたし、これからもそうすると言えるのだと思われる。

　愛は新約聖書と歴史的なキリスト教（教会）の双方の心臓であるが、両者は互いに互いを高め、深め、広げ合う。――こう言えるのだと思われる。

四

さて、それほどにも重要な意味を持つ愛とはどのような愛か。――これが本書が取り組む問題である。それは、新約聖書が説く愛（アガペー）とはどのようなものか、どこにその本質的な特徴があるのか、どのように「真実の愛」について語るのか、――こういったことを問題にすることであるが、それを絶えず私たち自身の愛の実践――個人の、また教会の歴史を通しての――と照らし合わせつつ問題にすることに他ならない。

では、具体的にはそれはどのような探求になるか。

真っ先になければならないことは、当然、新約聖書の学びないし研究である。新約聖書の中に記される「愛」ないし「愛す」という言葉に注目して、その文脈や背景からそれがどのような愛かを探る（i）と共に、「愛」や「愛す」という言葉は用いられてはいないけれども、明らかに愛の実践を描いていると思われる箇所に目を留め、それがどのような愛であるかを探る（ii）ことである。例えば、前者（i）の場合には、目を留めるべき箇所として、イエスの言葉である「敵を愛しなさい」「ヨハネの子シモン、この人たち以上にわたしを愛しているか」「『心を尽くし、精神を尽くし、思いを尽くして、あなたの神である主を愛しなさい。』第二も、これと同じように重要である。『隣人を自分のように愛しなさい』」などがあり、またパウロの言葉である「愛は忍耐強い。愛は情け深い。ねたまない。愛は自慢せず、高ぶらない」など、その他幾十とあるが、それぞれの文の中での「愛」「愛す」はどのような「愛」「愛す」なのかを探ることになるであろう。しかし一文だけでなく、できるだけ多くの文に目を向けて、「愛」（「愛す」）が「含んでいる要素」――「含み」、「含蓄」、意味合い――を、その多様性と共に共通性にも目を向けて、探ることが求められるであろう。後者（ii）の場合は、聖書に記される出来事の記事としては、イエスの様々な相手への接し方——神に向かう姿勢、ザアカイなど「罪人《つみびと》」たちへの出会い、病人・障害者への働きかけ、子供たちの受け止め、弟子たちへの教育、律法学者・ファリサイ人への態度等が、——要するにイエスの全生涯の実践が、取り上げられるべきであろうが、さらに「放蕩息子」「善い羊飼い」「善いサマリア人」「一日一デナリの約束」といったイエスの譬え話も重要なテキストであろう。

以上のイエスの愛の研究は、一言で言えば、イエスの全言動を愛という点に注目しながら読む、と要約できるであろう。それは、十全を期せば、四福音書を愛に照準を合わせて詳細に読むということになるであろうが、膨大な作業になるであろう。しかし、これは、実は、教会での説教や聖書研究などで、個別の箇所に関して、無数に行われて来ているであろう。そしてそのような説教や聖書研究の成果を踏まえて、イエスの愛の言葉と実践の際だった特徴を述べる著書も数多く出版されているであろう。

このような、愛を主題にした新約聖書の研究は、新約聖書とキリスト教の心臓である愛の研究の最も基本的、基礎的な仕事であり、続く他の種類の研究がその上になされるべき土台となるものだと思われる。筆者にも愛に焦点を当てたグループ聖書研究の長年の経験があり、その成果は本書に取り入れられることになる。ただ、本書はそれだけで終わるものではない。

五

このような基本的、基礎的な研究が積み重ねられて行くと、聖書‐キリスト教の心臓をなす愛に一貫している本質的な性格は何かを、他との比較を通して探る欲求が起こるのが自然である。すなわち、「愛」という言葉は聖書以外の場でも極めて頻繁に語られるのであり、当然、そこに様々な種類の、また様々な意味合いの愛があると思われるのであるが、聖書が説く愛はそういう愛とどう異なるかを突き止めたくなるのである。とりわけ「愛」という言葉で通常真っ先に思い浮かべられるのは「恋愛」であろうが、聖書‐キリスト教の説く愛は恋愛とどこが、どう、異なるのかという問題は古来多くの人の関心を惹き、数多くの探求や著作を生んで来た。しかし恋愛以外にも、親子・親族の愛や、友人間の愛や、自然への愛や芸術への愛など様々あるわけで、そういうものとの異同を追究することが、聖書とキリスト教の心臓をなす愛とはどういうものかを一層正確に知るためにも、必要になるのである。

このような研究は「比較研究」とか「比較論的研究」と呼ばれるが、この方面の研究としては比較的新しいものとして、キルケゴールの『愛の業』、A・ニーグレンの『アガペーとエロース』とそれを批判するM・C・ダーシーの『愛のロゴスとパトス』およびV・ヴァルナッハの論文「新約聖書におけるアガペー」、さらにC・S・ルイスの『四つの愛』など幾多の著作や論文が挙げられる。それを知り、またどう評価するかということは、聖書‐キリスト教の心臓である愛の本質に迫るために極めて重要である。筆者にも既にこの方面の長年の研究があり、本書はその成果をも踏まえるつもりである。

六

しかし、比較論的研究を続ける内に、筆者は或る新しい問題点に直面し、それを追究することにも長い時を要することとなった。その問題とは、「アガペー」とか、その動詞形の「アガパオー」という語の意味（語意）は、その意味合い（含意、ニュアンス）はどういうものか、という問題である。基礎的な仕事としての新約聖書研究にせよ、それの土台の上に立つ比較論的研究にせよ、最終的にはギリシア語を巡ってなされなければならないということは、新約聖書がギリシア語で書かれている以上、当然である。新約聖書の心臓である愛を問題にするに当たっては、どうしても、最終的には、日本語で「愛」「愛す」と訳されている原語の「アガペー」「アガパオー」の語意、含意は何かを問題にしなければならないのである。

しかし、それを本格的に問題にするためにはやはり比較論的研究を行わなければならない。日本語を例にすれば、日本語の「愛す」という語は「恋する」「慈しむ」「愛でる」「睦む」等との類義語であると言えるであろうが、しかしそれぞれが全く同一の意味ではなく、微妙な違いがあって、違いがあるから使い分けられている。それぞれはどう違うのか。――これを問題にしなければ、「愛」という語の語意や含意を厳密に正確に捉えることはできないと思われる。それと同様のことをギリシア語の「アガペー」「アガパオー」ついても行う必要があるのである。

事実、ギリシア語にも「アガペー」の類義語として「エロース」「フィリア」、さらに「ストルゲー」があることが古来指摘されて来た。これらの語意の比較論的研究とは、先に挙げた比較論的研究と、密接ではあっても、同じではない。例えば、先ほど挙げたニーグレンの『アガペーとエロース』[3]は聖書で説かれている「アガペー」とプラトンが研究した「エロース」とを比較し、両方とも「愛」と訳されているけれども、それぞれの愛の働き方がどう根本的に異なるかを問題にしたのであるが、今触れているのは、言葉の意味（言葉の働き方と言ってもよい）を、含意（ニュアンス）をも含めて、比較し、それぞれに特有な意味合い（働き具合）を探ろうとしているのである。例えば日本語で「愛す」と「親しむ」とはどう意味合いが異なるか、二つはどういう文脈で用いられるか、そこから共通点はどこに、しかし異なる点はどこに、あるかを探るようなことをするのである。明確に意味が異なる語の間でなら、比較は簡単なことであるが、類義語間でこれを行うことは、違いが極めて微妙であるだけに、非常に困難な仕事になる。

この研究は日本語を話す者が「愛す」と「親しむ」との違いを見出そうとする場合ですら極めて厄介であるが、外国語を問題にする場合にはさらに厄介になる。それぞれの外国語に応じたぴったりの訳語があれば、その分簡単になるが、通常外国語は一語に複数の訳語をあてがって何とか意を尽くすようになるところであるから、一層複雑になる可能性があるのである。そもそも「アガペー」を日本語で何と訳すのが最もふさわしいのか、今では「愛」が選ばれて用いられるのが普通になっているが、そのことに問題はないのかといった、一番最初の根本問題にまで遡らなければならない可能性があるのである。

このような比較論的研究は、ニーグレンその他によってなされた比較論的研究と較べて、研究数は少ない。しかしそれは最も基礎的な研究であるから、影響するところは極めて大きい。真っ先には愛に照準を合わせた新約聖書研究において、テキストそのものの読み方にまともに影響するのである。また、そうなれば当然、このテキスト研究の土台の上に立つ、比較論的研究にも影響することは必至である。このことは筆者自身の研究の上にも、従って本書を書き上げる上でも、そのまま起こった。筆者の中でこの方面の研究は一番最近になって行われたが、それは本書の中で最も基礎的な部分をなすことになり、第一章に置かれることとなった。そして本書に取り入れられたと先に述べた他の研究――新約聖書研究およびその土台の上に立つ比較論的研究――にも根本から影響を与えることになり、これらの研究を根本から検討し直すこととなったのである。その全体の成果が本書となって今姿を現しているのに他ならない。

こうして、今や、本書は全体としてどのような書物であるか、輪郭を示すことができる。それは、一言で言えば、新約聖書が説く愛の研究であるが、それを第一に、そもそも「アガペー」を「愛」と訳して来たことに問題はないのかという、最も基本的な、基礎的な研究から出発し、第二に、その成果を活かして、愛に照準を合わせた新約聖書研究を新たに行い、さらに、第三に、第二の研究の成果を活かして、教会の従来のイエス像を見直したり、愛（アガペー）の働きに関する従来の見解を検討し直したりする、内容的に三つの層を含む書物である。結果は、新約聖書を一貫したものとして真新しく読み直すことを迫り、また今後の教会の在り方に対して根本的反省を促す新しい提言を行うものとなっている。

第一章　「アガペー」（「アガパオー」）という語の意味合い

第一節　「アガペー」は「尊びの愛」を意味するとの閃き

ほぼ二十年弱、アガペー研究に没頭して来ていた筆者に、分け入る程に次々と現れる細かい問題とは別に、絶えず心にかかる一つの大きな問題があった。それは「アガペーとは、要するに、最も近い日本語に訳すとすれば、何か」という問いである。この問いは、それが解決しないと、一切のアガペー研究が空しいものに終わるのではないかと思われる程重大なものに感じられながら、しかしどこか近寄りがたく、どこから手を付けたらよいかも分からず、そんなわけで気掛かりであり続けていた問題である。

この問題がそもそも心に懸かったということは、近代以降の日本語訳聖書が一貫して採用して来た「愛」という訳語に筆者が必ずしも満足し切れていなかったということに他ならない。その第一の理由は、「愛」という語は今では巷に氾濫していて、聖書で語られている「愛」がその洪水の中で必死に浮きつ沈みつ押し流されて行く――そんな印象を抱かずにいられないからである。つまり掌握しきれない多様な意味の「愛」の中に聖書の言葉としての「愛」も紛れ込み、その意味が判然としなくなっていると感じられたからである。この思いは筆者に限られたことではなく、そのため、これまでも、「愛」に取って代わる、あるいは内容を補う訳の案が示されて来た。「聖愛」[1]や、「悲愛」[2]など。しかしどれも定着するには至っていない。これらは名詞「アガペー」の訳語としてはともかく、動詞形にして、「聖愛する」「悲愛する」を「アガペー」の動詞形「アガパオー」の訳語として通用させようとなると、かなりの抵抗感が伴う。「聖愛」や「悲愛」は、新約聖書の中で説かれる「アガペー」が一般に口にされる「愛」とは一線画される特別な性質の愛であることを意識して、それを訳語に反映させた試みであるが、しかしもともと「アガペー」「アガパオー」というギリシア語は新約聖書の中でのみならず、ギリシア語訳旧約聖書『七十人訳』でも用いられ、また聖書以外でも用いられ、要するに世の中で普通に使われる言葉だったのである。ギリシア人にとって術語や造語などでなく、一般的に用いられる言葉だった以上、それに当てられる日本語の訳語もごく普通に用いられる言葉でなければならない。そうでない限り、私たちは聖書の中の「アガペー」「アガパオー」の意味合いや含蓄を肌で感じるように身近に受け止め、味わうことはいつまでもできないであろう。そしてそうであることの結果や影響は少なくないであろう。私たちは結局日常生活の真っ只中で聖書の言葉を肌に馴染むように「普通に」生きるということが困難な状況に取り残されるであろう。私たち人間の「行為」は、意識するとしないとにかかわりなく、根本では言葉によって規定されるからである。

　そもそも聖書の日本語訳が誕生したとき、「アガペー」を「愛」（「アガパオー」を「愛す」）と訳すことは初めから円滑に行われたわけではなかった。そこに行き着くまでには模索と曲折があった。序論で述べたように、「愛す」が採用されたということは、類語の中から他を斥けて、つまり「慈しむ」ではなく、「愛でる」ではなく、「睦む」ではなく、もちろん「恋する」でもなく、「愛す」が選ばれたということなのである。しかし同じことは原典のギリシア語聖書においてもあり、類語の中から他を斥けて、つまり「エロース（ἔρως）」「エラオー（ἐράω）」ではなく、「フィリア（φιλία）」「フィレオー（φιλέω）」ではなく、「ストルゲー（στοργή）」「ステルゴー（στέργω）」でもなく、「アガペー（ἀγάπη）」「アガパオー（ἀγαπάω）」が用いられたのであった。ギリシア語と日本語の双方で選ばれたもの同士が結ばれた。そこにはそれ相当の理由がなかったか。――このことは一度はきちんと当たって調べなければならないことだと思われる。本章はその試みである。

1　「アガペー」をどう訳すべきかの難しい課題

今仮に新約聖書を初めて日本語に訳すことになったとして、何という日本語が「アガペー」「アガパオー」の訳語にふさわしいか（以下、この名詞と動詞の両者を特に区別せずに言い表すときは、α（アルファ）の一語で表記することにする）。これを問題にするに当たっては、訳語になるために満たすべき一定の条件というものが当然あるはずであり、それを予め見定めておくことが必要であろう。第一に取り上げるべき条件は、αは以下の四つの場で使用されており、従って日本語の訳語もこの四つの場に用いることが可能でなければならないということである。すなわち、①神↓人（神が人をアガパオーする）、②人↓神（人が神をアガパオーする）、③人↓他人（人が他人をアガパオーする）、④人↓自分（人が自分をアガパオーする）という場である。[3] ④を表だって肯定的に言い表す言葉は新約聖書の中にないのであるが、しかし「自分のようにあなたの隣人をアガパオーしなさい」は、詳しくは「自分をアガパオーするようにあなたの隣人をアガパオーしなさい」であるはずであるから、④もあると言うべきだと思われる。[4] ところで、「アガパオー」に対する日本語の訳語の候補としては、「愛す」以外では、既に挙げた「慈しむ」「いとおしむ」「愛でる」「睦む」「恋する」に、更に「憐れむ」「好く」「親しむ」を加えれば一応足りるであろう。このいずれもが不適当であるときには、この外に探されなければならない。

さて、①神↓人の場面で、αの訳語として真っ先に考えられるものは「慈しみ」「慈しむ」であろう。「神は人を慈しまれる」はこれ以上ないほどしっくり来るであろう。しかし、「慈しむ」は①と③（「他人を慈しむ」）、および④（「自分を慈しむ」）の場では語り得るが、②の場では（「人が神を慈しむ」とは）語り得ないのである。「慈しむ」とは「父母のような愛情で、上の者が下の者をかわいがる」（『漢字源』その他）ことだからである。「憐れみ」「憐れむ」も有力候補となり得るが、同じ理由から、また「いとおしむ」もほぼ同様の理由で[5]、②の条件は満たし得ない。「恋する」は論外である。「愛でる」はどうか。少々べたべたした感じがし、ふさわしくないであろう。②（「人が神を愛でる」）はとんでもないであろう。「好く」は、直感的にも聖書の説く愛は好き嫌いを超えるものであると感じられる印象から、採ることができない。「親しむ」は「好く」と、「睦む」は「親しむ」と、密接であろうから、同じ理由から不適切であろう。③（人↓他人）の場で、イエスは「隣人をアガパオーせよ」に逆らって「敵をアガパオーせよ」とも説くのであるが、これが「敵を好きになれ」とか「敵に親しめ」「敵と睦み合え」と訳されるなら、それは絶対に履行不能な無意味な命令になってしまうであろう。もちろん、イエスのこの命令は常識を覆す逆説的な命令であることは間違いない。しかし、だからといってイエスが絶対に実践不可能なことを命令することはあり得ないと思われる。こうなると、結局「愛す」しか残らないということになるのであろうか。「敵を愛せ」も逆説的で、普通の「愛す」ではないであろう。しかし、それでも、それは実行不可能だとは考えられていない。それは「愛す」という言葉が「好く」とも、「親しむ」とも、「睦む」とも違う意味の言葉だからである。しかし、では、その「愛す」はどういう意味の語なのか。どういう「愛す」なのか。気づけば、再び戻っていて、振り出しである。

2　「大切にする」と訳す可能性

こんな次第で、冒頭に述べた「アガペーとは、要するに、最も近い日本語に訳すとすれば、何か」の問題を抱えながら、出口を見出せないで来た筆者に、初めて光明を伴って思い浮かんだ[6]最有力候補は「大切にする」という言葉であった。これは①「神は人を大切にされる」、②「人は神を大切にすべきである」、③④「自分のように隣人を大切にせよ」と言えて、どれにも合格なのである。同時に、このことに思い至ったとき、筆者は、キリシタンの時代に宣教師が「アガペー」を「御大切」と訳したという話を忽然と思い出し、驚愕の念に打たれたのであった。筆者の敬愛して止まない恩師、加藤信朗氏も或る時「アガペーというのは要するに大切にするということだと思いますよ」と言われ、筆者の中で少なくとも「アガパオー」の実質的意味を「大切にする」ことと捉えることは一五年ほど前から定着して来ていたのであった。ただ、「アガパオー」を「大切にする」と訳すとして、「アガペー」は「御大切」でよいかとなると、「神は御大切である」「御大切は忍耐強い。御大切は情け深い。ねたまない。御大切は自慢せず、高ぶらない。……」と復唱するに、抵抗感は大きく、採用し難く思われた。「大切にする心」とでも訳せば、後者は文を成しはするが、前者はどうか。しかし、ともかく、「神は罪人をも大切にされた」「敵をも大切にせよ」と言い表してみると、「アガペー」を「大切にすること」と捉えることによって、その意味の内実を一段進んで体感的に摑み取ることができるように思われたのであった。

αの訳語が満たすべきもう一つの条件として、命令形にすることが可能であるということがある。聖書は「アガパオーしなさい」と、アガパオーの実行を命じているのであるが、これを「愛しなさい」と訳すことが、〝聖書が教える愛の特異性〟を浮かび上がらせると同時に、その実現不可能性を印象づけて来た。というのも、普通「愛」と呼ぶものは命令されるようなものではなく、命令されたところで、どうしたらよいか分からないものだからである。αが命令されるということが、αは「意志的な愛」であり、「理性的な愛」であり、「感情ではなく、行為としての愛」だといった解説を生んで来た。しかしそう言われると、もはや私たちが普通に「愛」という言葉で摑み取っているものの外に出てしまい、どうしたらよいか途方に暮れてしまうのである。なるほど聖書は特異な、〝高度な〟愛を教えているのだと感心はしたとしても、それを遙か彼岸に眺めるのみである。しかし、それに対して、「大切にしなさい」ということは十分によく分かる。私たちは小さいときからその命令に触れ、それこそその命令を大切にしながら、その実践に努めて来た。相手を大切にするということは相手のために配慮することであり、相手の身になって問題を考え、問題の解決に共に取り組むことである。――こういう言葉を私たちは理解でき、その実践に努めることができる。そして聖書のaの教えがそういう風に相手を「大切にする」ことを教えているということを十分に理解でき、相手が敵であろうとそうすべきだとの教えをも少なくとも頭では――理性では――理解し、そうなればその実践に身を起こすこともできるのである。こういうわけで、「アガパオー」＝「大切にする」という捉え方は筆者の中でずっと王座を保って来たのであった。

3　新しい訳語の閃き

しかし、四年ほど前から事態が少し変わり始め、微かにではあるが地殻変動が起こって来た。直接のきっかけは「人の尊さの教育」ということを真剣に考え始めたことであった。勤務していた聖心女子大学キリスト教文化研究所で『新しい人間像を求めて』の出版が企画され、その巻末に収録する目的で、加藤信朗、下田正弘、佐倉統、諸氏合同の討論を司会・編集したのであるが、その中で「人間の尊厳の教育」の必要性を強く打ち出したのであった。(7) 近年「生命の尊厳の教育」ということが人口に膾炙しているが、その必要性は幾ら強調しても足りないことは間違いないとしても、しかしそれに留まるならば重大な一点を欠き、更に「人間の尊厳の教育」、もう少し柔らかく言って、「人の尊さの教育」ということが今強く求められているのではないかとの思いが働いていた。その後も筆者はあちこちでその必要性を説く研究発表や講演を行って来ていたのであるが、そうする中で人の尊さの教育という観点から聖書を読み直すことへ促されると共に、或る時忽然と「アガパオー」の中心にあることは「尊ぶ」ではないか、「大切にする」を越えて「尊ぶ」ではないか、という考えが閃いたのであった。そして、この観点から既に挙げたaが満たすべき四条件を吟味すると共に、新たな思いで聖書に向かい始めたのであるが、結果は聖書が次々と真新しく読み直され、驚きの目を見張らされたのである。

まず、先程挙げたαの訳語が満たすべき四つの条件については、「尊ぶ」はどうか。②「人は神を尊ぶべきである」、および③④「人は自分のように隣人を尊ぶべきである」に関しては全く問題ないであろう。①はどうか。「神は人を尊ばれる」——それはおかしい、それはあり得ない、というのがキリスト教徒以外の人の健全な常識の反応であろう。なぜなら、辞書によれば、「尊」という字は酒器を捧げ持っていることを表す象形文字であり、そこから、(i)身分の高い人、あるいは(ii)品性の高い人を敬うの意だからである。人を遙かに超えて高い「神が人を尊ぶ」では転倒も甚だしい。しかし、実は、この常識を一八〇度転換させたものがまさにαではなかったか。「キリストは、神の身分でありながら、神と等しい者であることに固執しようとは思わず、かえって自分を無にして、僕の身分になり、人間と同じ者になられました。人間の姿で現れ、へりくだって、死に至るまで、それも十字架の死に至るまで従順でした。」（フィリピ二・6－8）神が人を救うために人の在る所にまで降りて来られ、徹底したへりくだりの中で人を尊ばれた、人を高い者、高くあるべき者として扱われた——これはキリスト教の教えの神髄の中の神髄ではないか。そうであれば、①「神は人を尊ばれる」はキリスト教の中では合格なのであり、それだけでなく、αの逆説性をよく示し得る言葉として、まことに相応しいと言うべきではないか。αを「尊ぶ」と訳すとき、αは常識を逆転させたものであるということがよく示されるのに対して、「神は人を大切にされる」とか「神は人を愛される」と訳すときには、αの逆説性は顕著には示されないであろう。αを「尊ぶ」と訳すことによってこそ、私たちはαの本質に、実感をも伴いながら、一層近づくことができるのではないか。

もう一つの条件、命令できるという点も「尊ぶ」は全く問題ないことは明らかであろう。

4　聖書の文脈に即しての吟味

こうして「尊ぶ」は極めて高い確率でαの訳語として非常にふさわしいと思われて来たのであるが、しかし、これだけでは、αをそう訳すことが他に優る決定的理由を見出したとは言えないであろう。αの逆説性を浮かび上がらせる力は弱くても、「大切にする」とか「愛す」という訳語もイエスが人間に示した教えや生き方に一貫している本質的な点をよく言い表していると言えなくないことは確かであろう。にもかかわらず、「尊ぶ」と捉えるべきだとする一層決定的な理由があるか。

αを「愛す」とか「大切にする」ではなく、「尊ぶ」と捉えるときにこそ、聖書に記されるイエスの言動を正確に、的確に、読み取ることができるかどうか――これが決定的なものさしである。このことを幾つかの個所で実際に調べてみなければならない。

(1)　マルコによる福音書九章33－37節

[33]一行はカファルナウムに来た。家に着いてから、イエスは弟子たちに、「途中で何を議論していたのか」とお尋ねになった。[34]彼らは黙っていた。途中でだれがいちばん偉いかと議論し合っていたからである。[35]イエスが座り、十二人を呼び寄せて言われた。「いちばん先になりたい者は、すべての人の後になり、すべての人に仕える者になりなさい。」[36]そして、一人の子供の手を取って彼らの真ん中に立たせ、抱き上げて言われた。[37]「わたしの名のためにこのような子供の一人を受け入れる者は、わたしを受け入れるのであ

る。わたしを受け入れる者は、わたしではなくて、わたしをお遣わしになった方を受け入れるのである。」

おそらくイエスが先頭を歩き、弟子たちがそれに付き従っていたのであろう、弟子たちは自分たちの中で誰が一番偉いかと話し合ったというのである。イエスはそれが聞こえて分かっていたのであろう。しかし、その場で「お前たちは何というバカなことを話し合っているのだ！」と一喝して瞬時にやめさせることはなかった。ただ、確かなことは、これを放置しておいてよいとは決して考えず、そこで、目的地に着いたときに、「途中何を議論していたのか」と尋ねるのである。弟子たちは議論し合っていたときは夢中で、何とも思わずにそうしていたのであろうが、そう尋ねられた瞬間に、恥じ入って誰も一言もない。「イエスは座り」、つまり、じっくりと腰を入れて、落ち着いて、重大なことを教えようとし、おそらく、静かに、しかし非常に重々しく言ったであろう。「一番先になろうとする者、つまりリーダーであろうとする者はむしろ一番偉くない存在となり、グループの全員に仕える者となりなさい。」グループというものがあれば、そしてそのグループがきちんとした歩みをするためには、必ずリーダーは存在しなければならない。イエスはリーダーの存在まで否定したわけではない。「リーダーであろうとする者はむしろ一番偉くない存在となり、グループの全員に仕える者になりなさい」と言う。これはどういうことか。「リーダーになろうとする者は従う者たち全員を尊びなさい。自分より尊い存在として仕えなさい」ではないか。さらに驚かされるのは次の箇所である。イエスは一人の子供——おそらく二、三歳の幼子であろう——を弟子たちの円の「真ん中」——中心——に立たせて、それから抱き上げて言う。「この小さな存在を受け入れる者は、私を受け入れるのであり、私を受け入れる者は私を遣わされた神を受け入れるのだ。」

この最後の言葉にある「受け入れる」とはどういうことか。これを「……として受け入れる」とした上で「……」に何が入るかを見るとき、意味が明瞭になるであろう。「この小さな存在を……として受け入れる者は、私を……として受け入れるのであり、私を……として受け入れる者は私を遣わした方を……として受け入れるのだ。」この「……」の部分に入る語は何か。この言葉全体は、誰が一番偉いかといったことで争ったりしてはならないと直前でイエスが教えたこととつながらなければならないはずである。小さな存在をどういう存在として受け入れよとイエスが言うとき、前後はつながるか。まさに「尊い存在として受け入れる」ではないか。「あなたたちには、この幼子のように小さな存在を、中心に見て、〈尊い〉存在として受け入れることがあっただろうか？　むしろ視界に入ってすらいなかったということがないか？　もし幼子のような小さな存在を〈尊い〉存在として中心に見ることがあったなら、幼子だけではない、大人であっても、誰の目にもとまらなくなりがちな『小さな』存在を〈尊い〉存在として中心に見ることがあったなら、自分たちの中で誰が一番偉いかを論じ合うようなことはあり得なかったのではないか？」――こうイエスは問いかけているのではないか。

ところで、この「尊い」を「大切である」とか「愛すべきである」に置き換えることができるであろうか。そうすることは真に適切であるとは言えないであろう。なぜなら、子供のように小さな存在を「大切と見る」とか「愛すべきだと見る」ことは自分を「偉い」と見ることと正面から対立するとは言えないはずだからである。小さな存在を「偉い」と見ることが自分を偉いと見ることと正面から衝突するであろうが、「偉い」は既に負価値の言葉として斥けられている。正価値の言葉として残るものは唯一つ「尊い」以外にないのではないか。

こうして、この箇所は、全体で一貫して、イエスが人を「尊ぶ」ということを――「大切にする」とか「愛す」とかいうことをでなく――弟子たちに教えている箇所だと見るべきだと思われる。加えて注目したいのは、そうする教師としてのイエスの姿である。それは「尊大」という態度からどれほどかけ離れていることであろう。「尊」は「大」の一字が加わるだけで尊さを失い、正反対に転落する。にもかかわらず、「尊」が教師の尊大な態度の内に教えられるということがこれまでしばしばであったことはないか。しかし、イエスの教えは、「お前たちには人の尊さというものが分からんのか！」と怒鳴りつけるとか、そこまで行かなくても、「誰が一番偉いかを争うなど人間として屑だ」とか、「私は情けない」とか、「恥ずかしい」とか、くだくだ説教することからすら、どれほど遠いことであろう。幼子を弟子たちの円の中心に立たせてから抱き上げたイエスの姿は、「これ以上尊いものはない」というように、身と頬をぴったり幼子に寄せて、尊びに溢れていたのではないか。そしてそのとき、弟子たちを見つめるその目も、幼子を見る目そのままの尊びに溢れていたのではないか。幼子を尊び慈しむ、溢れる優しさはそのまま弟子たちを尊び慈しむ、溢れる優しさでもあったのではないか。

ちなみに、「私の名のために（尊び）受け入れる……」とは、ちょうど私が友人に私の教え子の就職を依頼して「この遠藤が頼む」と言ったのを友人が受け入れるなら、それは私を尊び受け入れたのに他ならないように、イエスの名のために幼子のような者を尊び受け入れる者はイエスそのものを尊び受け入れるのだ、ということであろう。「私、イエスが頼む。どうかこの幼子のような小さい存在を尊び受け入れてほしい。」そうイエスは弟子たちに懇願しているのである。このことも何とへりくだった、幼子および弟子たちを尊ぶ姿であろうか。

ここで、イエスが「幼子を尊び慈しむ、溢れる優しさはそのまま弟子たちを尊び慈しむ、溢れる優しさでもあった」ということに全く同意しながら、一つの反問があるかもしれない。すなわち、それを「愛」と言い表すことは可能で、極めて適切ではないか、という問いである。「慈しみ」とか「優しさ」とは紛れもなく「愛」の表れではないか。従って、イエスは「この幼子のような小さな存在を愛の内に受け入れる者は私を、ひいては神を、愛の内に受け入れるのだ。また誰が一番偉いかを論じ合ったりしないはずだ」とまさに溢れる優しさの愛の内に弟子たちに教えているのではないか。

これに対しては、次のように答えなければならないであろう。それを「愛」と呼ぶことはできなくはないが、しかしそれが最も適切だとは言えないのではないか。なぜなら、そうした場合には、愛にもいろいろある中で、どういう愛なのかが分からなくなってしまうからである。それは〈尊ぶ〉ということなしの愛なのか。そうではなく、〈尊ぶ〉ということが真っ先に、中心にある愛ではないか。真っ先に、中心にあるものをはっきり示すことが、曖昧さを取り除くために是非とも必要なことではないか。先ほどこの箇所は「イエスが人を『尊ぶ』ということを――『大切にする』とか『愛す』とかいうことをでなく――弟子たちに教えている箇所だと見るべきだと思われる」と述べたが、それはまさにこの理由からである。「大切にする」とか「愛す」とかいうことを教えていると捉えたのでは、肝心の「尊ぶ」ということが抜け落ちてしまい、意味が曖昧に、不正確になってしまうのである。

(2) マタイによる福音書五章21－26節

[21]「あなたがたも聞いているとおり、昔の人は『殺すな。人を殺した者は裁きを受ける』と命じられている。[22]しかし、わたしは言っておく。兄弟に腹を立てる者はだれでも裁きを受ける。兄弟に『ばか』と言う者は、最高法院に引き渡され、『愚か者』と言う者は、火の地獄に投げ込まれる。[23]だから、あなたが祭壇に供え物を献げようとし、兄弟が自分に反感を持っているのをそこで思い出したなら、[24]その供え物を祭壇の前に置き、まず行って兄弟と仲直りをし、それから帰って来て、供え物を献げなさい。[25]あなたを訴える人と一緒に道を行く場合、途中で早く和解しなさい。さもないと、その人はあなたを裁判官に引き渡し、裁判官は下役に引き渡し、あなたは牢に投げ込まれるにちがいない。[26]はっきり言っておく。最後の一クァドランスを返すまで、決してそこから出ることはできない。」

この、理解することすら、ましてや実践することは無限に、困難に思われるイエスの言葉が説こうとしていることは何なのであろうか。要するに、全体でどうせよとイエスは教えているのか。新共同訳はこの箇所に「腹を立ててはならない」という見出しを付けているが、そういうことか。

この箇所は「山上の説教」（山上の垂訓）の一部であるが、五章の冒頭（1節）にイエスは「弟子たちに」語られたとある。「弟子たち」とはここではまだ十二弟子のことではなく、またイエスに弟子となる意志を言い表した人たちのことではなく、イエスの教えを聞くためにイエスに従って来た「群衆」（1節）の中でも特に熱心な人たち、すなわちイエスの教えを学ぼうとイエスに山上まで付き従って来た人たちであり、イエスの弟子として生きる可能性のある人たちのことだったであろう。従ってイエスはここで「私の弟子であろうとする者たちは次のようでなければならない」と教えているのであり、「兄弟」とはイエスの弟子としての「兄弟」、イエスの弟子である同胞のことである。同胞、同族、同士を「兄弟」と言い表す、あるいは呼びかける習慣は旧約聖書の中にも見られ、イスラエルの伝統の中にあった。(8)

さて、22節で、兄弟に向かって「ばか」と言ってはならないとか、「愚か者」と言ってはならないとか、腹を立ててはならないとかいうことで、イエスは全体として何を言いたいのか。これはあまりにも厳しい教えで、これを厳格に守れるような人はいないのではないか。

翻訳によって違いがあり、或る聖書で「ばか」と訳されているところが別の聖書で「愚か者」と訳され、「愚か者」と訳されているところが「ばか」と訳されている。そのことが示すように、まず日本語の「ばか」や「愚か者」を使うことがどうだという話ではないことは無論である。代わりに「阿呆」「脳足りん」と呼ぶのは構わないということではあり得ない。さらにまた、日常生活の中では馬鹿げたこと、愚かしいことをする人を見かけることは事実あるが、そういう人に声を掛けるのは難しい中で、時に率直に声を掛ける人があって、例えば、「君はバカだよ」「お前は愚かだなあ」と言いながら注意していて、それで結構指導がうまく行っていることもあり、それを見る周囲の者はむしろほっとする。……こういう場合はここで言われることに入らないであろう。では、要するにどういう場合が問題なのか。言葉遣いが直ちに問題なのではなく、相手をどう見ながらそう言うかが問題なのではないか。では、どう見てはならないとイエスは言っているのか。相手を見下しながら、軽蔑しながら、侮辱してバカ呼ばわり、愚か者呼ばわりすること、そして怒ることはいけない、ではないか。それをポジティブに言い換えるなら、相手がどんな人間であっても、どんなに愚かしいことをする人間であっても、その人を「尊ぶ」べきだ、何人に対しても「尊ぶ」ということを失うことは絶えてあってはならないということではないか。「君はバカだよ」「お前は愚かだなあ」と言いながら注意することが見ている人をほっとさせることがあるのは、そう忠告している人に相手に対する「尊び」が感じられるときではないか。尊びがいささかもない、侮辱の怒りや罵倒は周囲にいささかも平安・安らぎをもたらすことはないであろう。逆に「尊び」から出てさえいれば、きつい言葉が忠告として却って強い効果を持つこともあり得るであろう。どんな相手に対しても尊ぶということを失うことがあってはならない、尊びを失った怒りはあってはならない。——これがここでのイエスの教えの核心ではないか。そしてまた、これが「ばか」「愚か者」呼ばわりを殺人と結びつける所以ではないか。殺人は相手を尊ばなくなるところから生まれる。相手を軽蔑して馬鹿者呼ばわりすることと殺人とは——人を尊ばない点で——共通だとイエスは言っているのではないか。否、それにとどまらず、軽蔑して愚か者呼ばわりすることは一種の殺人だとイエスは言っているのではないか。実際、現実をふり返れば、教師が、親が、子供をバカにしたためにその子供を精神的に殺してしまったということは数知れないのではないか。上司が部下を軽蔑して愚か者扱いしたために部下を殺してしまうことも同じではないか。イエスの中に絶えてなかったこと——それは相手の人間をバカにすること、愚か者と見ること、尊ばなくなることではなかったか。その意味で「人を殺す」ことではなかったか。ここに私たちはイエスのαの実践を見るのであり、イエスの教える「α」とは「尊び」であるということを明確に知らされるのではないか。[9]

23節以下では、「仲直り」や「和解」といった具体的行為の例示があるのであるが、これは22節の教えとどうつながるのか。

23、24節で言われる「供え物」とは、神に自分の罪の赦しを乞うて、自分の身代わりに捧げる動物の犠牲の供え物のことであろう。つまり、23、24節全体は、神に対して罪を詫び、赦罪を願う前に、まず兄弟に対して罪を詫び、赦罪してもらい、そうしてから神の前に跪きなさいということであろう。隣人との関係をいい加減にしておいて、神の前に謝罪し、赦罪を乞うても、それは受け入れられないということである。ここで教えられていることは「兄弟をこの上なく尊べ」ということであろう。自分が或る罪を犯してしまった相手に謝罪し、赦罪を乞うということは相手に独立の人間としての尊厳を認めることであり、相手を「尊ぶ」ことである。イエスはこの尊びを神を尊ぶことよりも軽く扱ってはならない、神を尊ぶことに並ぶように重く扱わなければならないと教えているのであるが、神以上のものは存在しないのであるから、まさに兄弟を「この上なく」尊ぶよう教えているのである。こうして、これらの節は22節の「如何なる人間をも尊ばないことがあってはならない」を引き継いでおり、強化していることが知られるであろう。

これに関連して思い起こされるのはマタイによる福音書二二章37‐39節でイエスが言った言葉、「『心を尽くし、精神を尽くし、思いを尽くして、あなたの神である主を愛し（アガパオーし）なさい。』これが最も重要な第一の掟である。第二も、これと同じように重要である。『隣人を自分のように愛し（アガパオーし）なさい』」である。隣人をアガパオーすることは神をアガパオーすることと「同じように重要である」――これは一貫しているイエスの教えであり、今見ている二つの節がまさにその一つの場合なのである。ということは、「神をアガパオーしなさい」と「隣人をアガパオーしなさい」の「アガパオー」はやはり「尊ぶ」であることがここに明らかなのではないか。

イエスは続けて25、26節で「和解せよ」と教えるが、これはそれ以前の箇所とどうつながるのか。金銭による償いが最後に述べられているところからすると、金銭的なトラブルから訴えられる場合を考えるのがよいかもしれない。私が五〇万借りて、そのまま返せない状態でいる。埒が明かないため、今から「会堂」（シナゴーグ）に行ってラビ（ユダヤ教指導者）に訴えると相手が言っているような状況ではないか。そこで同行しながら、どう和解するのか。私に返済能力はない。でも当座しのぎで、とりあえず「一ヶ月後に一〇万返す」と出て、和解を取り付ける。――例えば、そういうことでよいのか。あるいは別の所から借りてやりくりすることを考えて、「三日後に返すから、利子のことは目をつぶれ。とやかく言うな」と強く出るのはどうか。あるいは金銭的なトラブルではなく、例えば相手に傷害を負わせてしまった場合に、財産があるのを幸い、高額を提示して和解すればよいのか。とにかく、どういう風にであれ、相手と「和解」すればよいのか。しかしイエスの教えには一貫したものがあるはずである。相手との間に真に「和解」が成り立つために絶対に不可欠なことは何か。それは徹頭徹尾相手を尊重することではないか。訴えられようとしている私が、私のために相手が被った痛手にとことん思いを致すと共に、誠心誠意を尽くして償うことを考えることではないか。嘘は言わず、すべての事情を隠さず打ち明けて、考えられる返済の道をすべて検討し、それが相手に長い忍耐を強いることになるとしても、不正を犯さないでなし得る堅実な道を相手に示して、心の底から詫び、赦しと忍耐を懇願することではないか。一言で言って、相手を心底から尊んで和解を求めるとき、相手も真の意味で和解に応じるのであり、イエスが求めているのはそういう和解ではないか[10]。イエスはここでただ「和解せよ」と教えているのではなく、「真実な態度で和解せよ」「誠心誠意和解せよ」と教えているのであり、それは言い換えれば、「相手を徹底して尊んで和解せよ」と教えているのではないか。教えの中心はこれまでと同じく「尊びなさい」にあり、和解はその具体例に過ぎないのではないか。

もはや次のように結論づけてよいのではないか。――この箇所でも、根底を流れている教えは〈尊び〉である。イエスがこの箇所全体で教えようとしたことは、どんな一人をも尊ばなくなることがあってはならないということである。

ここでも反問があるかも知れない。以上の考察の中で「尊ぶ」と述べて来たところを「大切にする」や「愛す」に置き換えることもできるのではないか。例えば、「真実な態度で、誠心誠意和解する」ということは相手を徹底的に「大切にする」ことではないか。これに対しては、答は先程と同様になるであろう。置き換えることはできなくはないが、それが最もふさわしいとは言えないであろう。なぜなら、「バカにする」「蔑む」の正反対は「尊ぶ」であって、「大切にする」や「愛す」ではないからである。仮に「愛す」に置き換えるなら、またしても言わなければならない。それは「尊ぶ」ということなしの愛なのか。そうではなく、「尊ぶ」ことから生まれる愛ではないか。「大切にする」に置き換えるとしても、「尊ぶ」ことなしの「大切にする」（過保護な親に見られるような）ではなく、「尊ぶ」ことが先ずあり、そこから生まれる「大切にする」ではないか。事実がこうであるとき、ただ「愛す」や「大切にする」と言い表すことは全体を曖昧にさせてしまうだけではないか。真っ先に、中心に、あることを真っ先に示すことが全体をより正確にするために是非ともなければならないことではないか。

以上に加えて、この教えは実行が無限に困難ではないかとの疑問に触れるべきであろう。この疑問は、この箇所が要するに一貫して「兄弟を徹頭徹尾尊びなさい」という教えであるということを知った上でも、まだ発せられるのであろうか。疑問が無限に困難だという言葉で指していることは、「ばかと言わない」とか「腹を立てない」とか、謝罪、仲直り、和解といった、例として挙げられる具体的行為のことではないか。しかし、ここで問題にされているのは、徹頭徹尾相手を尊ぶという、具体的行動以前の「心」の在り方の問題であった。尊ぶところから生まれる行動の具体的形態は無限に多様であり得る。徹底して尊ぶということが心の原点にありさえすれば、そして行為がその一点から発してさえいれば、様々な行為がこの教えに沿うとすれば、行為を他者から指示され、押しつけられたように息苦しく感じる閉塞感は取り除かれ、解放された自由の中で自らの自ずからの行動が可能ではないか。無論、徹底した尊びを心に持つということ自体が無限に困難ではある。しかし、それは「自分のように隣人を尊べ」という教えそのものに付きまとう困難であって、この箇所だけの問題ではない。それはふさわしい別のところで問題にされなければならない[11]。疑問が問題にしようとしていたことは、自動車の原理を知らないまま、操縦方法だけを問題にするのにも似て、行為の源泉を見極めずに行為に乗り出そうと手先の操作だけを問題にする戸惑いではなかったか。「善い人は良いものを入れた心の倉から良いものを出し、悪い人は悪いものを入れた倉から悪いものを出す。人の口は、心からあふれ出ることを語るのである。」（ルカ六・45、傍点筆者）――これは語ることだけでなく、あらゆる行為について言われることであろう。

(3) マタイによる福音書五章38－42節

[38]「あなたがたも聞いているとおり、『目には目を、歯には歯を』と命じられている。[39]しかし、わたしは
言っておく。悪人に手向かってはならない。だれかがあなたの右の頬を打つなら、左の頬をも向けなさい。
[40]あなたを訴えて下着を取ろうとする者には、上着をも取らせなさい。[41]だれかが、一ミリオン行くように
強いるなら、一緒に二ミリオン行きなさい。[42]求める者には与えなさい。あなたから借りようとする者に、
背を向けてはならない。」

理解することすら、ましてや実践することは無限に、困難に思われる、この有名な箇所のイエスの言葉が全体として、一貫して教えようとしていることは何なのか。この箇所にもαという言葉は登場しないが、常にイエスの言動の根本にあったαがどのようなものかを見定めるために、一貫した全体を問題にしなければならない。『目には目を、歯には歯を』はハムラビ法典に登場した同害報復法が旧約聖書にも取り入れられた（出エジプト二一・24、レビ二四・20、申命一九・21）と考えられるから、全体は「同害報復するな」、新共同訳のこの箇所の見出しに示されるように「復讐してはならない」ということを教えているのか。立ち入って、考察しなければならない。

この箇所は、イエスの弟子たる者への直接の命令として、「悪人に手向かってはならない」という言葉が述べられ、以下その例示が四通りなされる構成であると見受けられるのであるが、最初に生まれる疑問は、「悪人に手向かってはならない」とはどういう命令かである。「手向かうな」という言葉は「抵抗するな」と同義に思われ、無抵抗主義の命令かと問われる。そう見る註解もある。しかし、「右の頬を打たれたら、左の頬をも向けよ」は「無抵抗」なのか。無抵抗であるならば、「右の頬を打たれたら、そのまま右の頬を向け続けよ」ではないか。同様のことは第二例にも、第三例にも当てはまる。無抵抗であれとの命令であるならば「下着を取られるままにせよ」「強いられるままに一ミリオン行け」であるはずであるが、そうではなく、いずれも要求される以上に出よとの命令なのである。第四例だけは「要求されるとおりにせよ」で、無抵抗であるかのように見えるが、しかし無抵抗にとどまるのであれば、求める者に「与えよ」ではなく、「取られるにままにせよ」であるはずである。この第四例は求めたり借りようとする者がどういう者かの説明がないが、当然「悪人」であるはずである。悪人が求めたり、借りようとするということは返すつもりは全くなくてそうするのであり、あるいは言いがかりを付けて更に奪ってくる可能性があるのであるから、求めに対して「与え」たり、借りようとするのを「拒まない」ということは無抵抗を越えて、それ以上に積極的に相手に加担することである。こうして、四例はいずれも無抵抗であることではなく、それ以上に進んで、悪人である相手の行為に加勢することを示しているのである。「無抵抗であれ」であれば「同害報復するな」「復讐するな」であろうが、それ以上であるならば、そう要約することはあまりに消極的にとどまり、誤りだと言わなければならないであろう。いったいどう筋道を付けたらよいのか。「手向かうな」と四つの例との間にはつながりがないのか。それとも「手向かうな」は「無抵抗であれ」ではないのか。それとも、そもそも「手向かうな」という訳し方に問題があるのか。

しかし、無抵抗主義の教えである可能性をもう少し探る道がある。相手の右の頬を打つためには、右利きの人は自分の右手の「甲」で打たなければならず、そうして打った右手を戻しがてらに、今度はその「平」で相手の左の頬を打つことになるという見方がある。もしそうだとすると、イエスの弟子たる者は、相手が自分の右の頬を打った以上、次に左の頬を打ってくることを知っていながら、それを避けずに待ち受けなさいという教えだということになる。そうなると、「エスカレートして行くことが目に見えている悪人のひどい行為をそのまま受け続けなさい」という教えであることになり、「無抵抗であれ」ということになるであろう。そして40、41、42節の例ともその線で通じ合うことになるであろう。「手向かうな」と四例との間のずれはなくなり、全体は「復讐するなかれ」の主旨であることになるであろう。

しかし、この箇所でも私たちは、エスカレートして行く悪人の行為を無抵抗に受け続けさえすれば、それでよいとイエスが教えているのかを問わなければならない。一体無抵抗でいるときの心の状態はどういうものか。極めて多様であり得るであろう。憤りを嚙み殺して忍耐していることも、相手を軽蔑し切って無視していることも、魂が腑抜けになって放心状態でいることも、諦め切って絶望状態にあることもあり得、またその複合もあり得るであろう。そのどれであろうと、ともかく無抵抗であれ、手を出さずに耐えよ、とイエスは言っているのか。それとも、そうではなく、心の在り方こそがイエスにとって問題なのか。

後者であろう。イエスがここで教えていることは、単に「事を荒立てない平穏さ」といった意味での〝平和〟の追求ではないであろう。グループの中にひどく乱暴な男が一人いて、そのためにグループが円滑に機能しないときに、その男に立ち向かって意見したりすれば、火がついたような騒ぎになることは目に見えているから、グループの全員が陰では悪口を言い合って鬱憤を晴らしながら、表向きは平穏にやって行く――一言で言えば、男に従いつつも、心底では男を軽蔑し、無視し、男を上手に〝外し〟て、グループ内の平和を保つ。そういうものであっても、ともかく平穏であればよい――というのがイエスの教えであるとは考えにくい。相手のひどい仕打ちに協力するということでイエスが言い表そうとしていることは、上に挙げたような消極的な心の状態で、相手の暴挙に渋々、心そこにあらずのまま従うということではなく、もっと積極的に相手を受け止めながら、相手と共に進むということであろう。では、相手をどのような存在として受け止めよ、なのか。イエスの思想は、そしてそこから出る教えは、当然一貫したものがあるはずである。そして既に私たちは一貫した或る一筋の線を示唆されている。「相手を尊い存在として受け止めよ」ではないか。「悪人をも尊い存在として受け止めなさい。あなたにひどいことをしてくる相手――〈悪人〉をも尊い存在として受け止めなさい。そして尊い存在として遇しなさい。」一言で言えば、「悪人をも尊びなさい。」――これがこの箇所全体を一貫しているイエスの教えではないか。これは単なる無抵抗主義ではない[12]。腕力を振るわないという点では確かに無抵抗である。しかしイエスは単に「腕力を振ってはならない」で終わってはおらず、もっと根本的に、積極的に、相手を尊ぶことを求めているのである。では、「手向かうな」はどうなるか。これは「無抵抗であれ」ではないのか。それともそう訳すこと自体に問題があるのか。

後者なのだと思われる。原文は *ἐγὼ δὲ λέγω ὑμῖν μὴ ἀντιστῆναι τῷ πονηρῷ* であり、「手向かう」と訳されている原語は *ἀνθίστημι* である。これは *ἀντι* + *ἵστημι* であり、文字通りには「反対側に立たせる（*to set against, to set up in opposition*）」、また派生して「組み合わせる、匹敵させる（*to match with, compare*）」の意、中動態で用いられると「自らを反対側に立たせる、対抗する、抵抗する、対立する（*to set oneself against, to withstand, resist, oppose*）」の意味である[13]。上述して来たことを勘案するとき、できるだけ原義に近く訳すことが適切であり、ふさわしい訳は「しかし私はあなたがたに言う。悪人に対して自分を反対側に立たせることのないようにしなさい」ではないか。「相手に対して自分を反対側に立たせない」はポジティブに言えば、「相手と同じ側に立つ」であり、更には「相手の傍らに立つ」「相手と肩を並べて立つ」「相手と共に立つ」であろう。

イエスの教えの真意は「悪人に対して自分を反対側に立たせることのないように」であり、それは「〝悪人〟を〈尊い〉存在として受け止めなさい。そして〈尊い〉存在として遇しなさい」ではないか。「父と私が罪人を〈尊い〉存在として受け止めたように、あなた方もあなた方にとっての〝悪人〟を〈尊い〉存在として受け止めなさい。そして〈尊い〉存在として遇しなさい」ではないか。

さて、ここでも、先に問題にした次の点を検討しなければならない。①一つは、この箇所に関して、これまで「尊ぶ」と言い表したことを「愛す」とか「大切にする」と言い換えることができるか、である。また、②もう一つは、ここで教えられていることを実践することは不可能ではないか、である。
①この箇所が教えていることは、ひどいことをして、しかもエスカレートしてくる人に対して、単に武力や腕力を使って立ち向かうことをしてはならない、というだけでなく、さらにもっと積極的に、その望むところに荷担・加勢しなさい、ということであることを見た。そして、この積極的に相手の望みをかなえるように協力しなさいというところに込められているイエスの教えは、相手に対する心の姿勢の問題であり、「相手を尊びなさい」ということであるということを見て来たのであった。ところで、この最後のところを「相手を愛しなさい」、あるいは「相手を大切にしなさい」と言い換えることができるか。イエスはここで最も根本的には、「悪人をも愛しなさい」と教えているのか。あるいは「悪人をも大切にしなさい」と教えているのか。
答えは、ここでも、まずは、「言い換えはできなくはない」であろう。この箇所（およびそれに続く箇所、マタイ五・43–48）のルカの並行箇所は次のように記している。

[27]「敵を愛し（アガパオー）、あなたがたを憎む者に親切にしなさい。[28]悪口を言う者に祝福を祈り、あなたがたを侮辱する者のために祈りなさい。[29]あなたの頬を打つ者には、もう一方の頬をも向けなさい。上着を奪い取る者には、下着をも拒んではならない。[30]求める者には、だれにでも与えなさい。あなたの持ち物を奪う者から取り返そうとしてはならない。[31]人にしてもらいたいと思うことを、人にもしなさい。……[35]人に善いことをし、何も当てにしないで貸しなさい。そうすれば、たくさんの報いがあり、いと高き方の子となる。いと高き方は、恩を知らない者にも悪人にも、情け深いからである。[36]あなたがたの父が憐れみ深い

ように、あなたがたも憐れみ深い者となりなさい。」

（ルカ六・27－36）

ここには「親切にしなさい（καλῶς ποιεῖτε）」とか、「……祝福を祈り、……のために祈りなさい」とか、さらには「人にしてもらいたいと思うことを、人にもしなさい」「人に善いことをする（ἀγαθοποιέω）」「憐れみ深い（οἰκτίρμων）」といった言葉が並べられている。こういった言葉はどれも相手を「愛す」行為、あるいは相手を「大切にする行為」と言えるであろう。そしてここにルカが挙げているような行為が「左の頬をも向ける」とか「下着をも取らせる」とかいう、積極的に〝悪人〟のひどい行為に加勢・加担するという譬えで語られていることの具体的実践の道と心の在り方であろう。筆者はその心の在り方を「尊ぶ」と捉えたが、ルカが記す一連の言葉からは、イエスは「愛す」とか「大切にする」という言葉で捉えることが適切な心の在り方を説いていたと見られるように思われる。従って、言い換えはできなくない。そしてまた、今取り上げて来た箇所に続くマタイによる福音書五章43－48節が次のように訳されて来たことも十分に理解することができる。

[43]「あなたがたも聞いているとおり、『隣人を愛し、敵を憎め』と命じられている。[44]しかし、わたしは言っておく。敵を愛し、自分を迫害する者のために祈りなさい。[45]あなたがたの天の父の子となるためである。父は悪人にも善人にも太陽を昇らせ、正しい者にも正しくない者にも雨を降らせてくださるからである。[46]自分を愛してくれる人を愛したところで、あなたがたにどんな報いがあろうか。徴税人でも、同じことをしているではないか。[47]自分の兄弟にだけ挨拶したところで、どんな優れたことをしたことになろうか。異邦人でさえ、同じことをしているではないか。[48]だから、あなたがたの天の父が完全であられるように、あなたがたも完全な者となりなさい。」

（マタイ五・43－48）

さらにまた、この「敵をも愛しなさい」という教えの見事な譬え話――「善いサマリア人の譬え話」がルカには記されているが、サマリア人の行動はまさに敵を「愛す」、あるいは「大切にする」行為ではないか。

25すると、ある律法の専門家が立ち上がり、イエスを試そうとして言った。「先生、何をしたら、永遠の
命を受け継ぐことができるでしょうか。」26イエスが、「律法には何と書いてあるか。あなたはそれをどう読
んでいるか」と言われると、27彼は答えた。「『心を尽くし、精神を尽くし、力を尽くし、思いを尽くして、
あなたの神である主を愛しなさい、また、隣人を自分のように愛しなさい』とあります。」28イエスは言わ
れた。「正しい答えだ。それを実行しなさい。そうすれば命が得られる。」29しかし、彼は自分を正当化しよ
うとして、「では、わたしの隣人とはだれですか」と言った。30イエスはお答えになった。「ある人がエルサ
レムからエリコへ下って行く途中、追いはぎに襲われた。追いはぎはその人の服をはぎ取り、殴りつけ、半
殺しにしたまま立ち去った。31ある祭司がたまたまその道を下ってきたが、その人を見ると、道の向こう側
を通って行った。32同じように、レビ人もその場所にやってきたが、その人を見ると、道の向こう側を通っ
て行った。33ところが、旅をしていたあるサマリア人は、そばに来ると、その人を見て憐れに思い、34近
寄って傷に油とぶどう酒を注ぎ、包帯をして、自分のろばに乗せ、宿屋に連れて行って介抱した。35そし
て、翌日になると、デナリオン銀貨二枚を取り出し、宿屋の主人に渡して言った。『この人を介抱してくだ
さい。費用がもっとかかったら、帰りがけに払います。』36さて、あなたはこの三人の中で、だれが追いは
ぎに襲われた人の隣人になったと思うか。」37律法の専門家は言った。「その人を助けた人です。」そこで、
イエスは言われた。「行って、あなたも同じようにしなさい。」

（ルカ一〇・25－37）

追いはぎに襲われて半殺しにされている男を、同胞であるにもかかわらず見て見ぬふりをして通り過ぎた祭司

やレビ人は、我が身可愛さから「隣人を愛す」ことをおろそかにしたのに対して、サマリア人は男が敵対関係にあるイスラエルの人間であるにもかかわらず、また我が身の危険をも顧みず、「その人を見て憐れに思い、近寄って傷に油とぶどう酒を注ぎ、包帯をして、自分のろばに乗せ、宿屋に連れて行って介抱し……」と至れり尽くせりの行為を示す。これを「敵を愛す」、あるいは「敵を大切にする」行為と捉えることは全くもって適切で、どうしてそうしてならない理由があろうか。

従って、くり返すが、これら一連の箇所で、aを「愛す」あるいは「大切にする」と訳すことが間違いだとか、不適切だとか言うことは全くできない。ただ、問題は、そう訳すことが最善で、最適であるかである。「尊ぶ」と比較して、どうかである。

筆者から見て、「愛す」と訳すことの一番の問題点は、これは問題②（実行可能か）と関連してくるが、そう訳されると、読者は意味がよくつかめず、困惑させられ、従ってまたどう実践したらよいのか戸惑わされることである。「敵を愛しなさい」と言われるとき、人はほとんど何の実質的意味も理解できない。「愛す」という言葉で普通に私たちが理解していることは、真っ先に恋愛の意味での「愛す」であるが、そうではなくても、親子の間、友人同士など、親しい間柄での「愛す」である。それがいきなり「敵」という言葉と結び合わされる。健全な言語感覚はそれを聞いて、「敵」という言葉と「好き」という言葉が結びつけられたように、面くらい、拒絶反応を来す。しかし、解説者が登場し、「それほどまでに聖書が説く『アガペー』の愛は逆説的、つまり常識の反対なのです」と説く。聴講者はもはや絶句である。

では、「尊ぶ」はどうか。「敵を尊びなさい」「相手が敵であっても、尊びなさい。」人はこれを理解できないか。筆者の思うに、そういうことはない。実行することは難しいと感じても、何を言おうとしているかは理解でき、意味が判然としないまま取り残されたと感じることはない。先程の場合は、意味がよく分からないから、どう実行したらよいのか見当も付かないのであるが、今度の場合は、意味はよく分かった上で、それの実行は難しいと感じるのである。先程のように「敵」と「好き」が結びつけられるような、強引な言葉の使用が感じられないのは、「尊ぶ」という言葉には、もともと「愛す」という言葉にあるような、癒着的な関係がないからである。つまり、「愛す」ということには、親しい間柄の中で自然に引き込まれて寄り合い、離れがたく結び合う性質があるが、「尊ぶ」ということにはもともと一歩距離を置いて相手と向かい合う性格があるからである。そこから「愛す」は敵対関係——これはもちろん両極に遠ざかる関係である——にある者に全く馴染まないのに対して、「尊ぶ」は敵対関係にある者の中にも敢えて入り込んで行く可能性があるのである。これは既に述べたことであるが、以上と密接に、「愛す」ということは感情の働きであり、従って自分の意志で存在させたりさせなかったりできるようなものではないが、また、だから、「愛す」は本来「愛しなさい」と命じることができるようなものではないが、「尊ぶ」はそうではなく、根本的に理性でその必要性を理解し、意志の力で自分の中にそれを存在させることを努めることができるものであり、従ってまた「尊びなさい」と命令形にできるものである。

「愛す」と訳すことのもう一つの問題点は、既に見たように、αには四つの働きの場面があるが、それを「愛す」と訳すと、四つに共通する意味を摑み取れないことである。「自分を愛す」というのはよく分かる。我が身は誰にも可愛い。「隣人を愛す」とは要するに隣人に親切にするということであろう。「自分を愛す」も自分には無条件に親切にするということだと取れなくもない。「神は人を愛す」とは神は人に親切にするということか。分からなくはない。では、「人が神を愛す」とは人が神に親切にすることか。——これは分からない。神は孤独なのか。何か困っているのか。それとも「神を愛す」は神を恋することか。後に見るように、解説者の中にそれに近いという人もあり、全く違うという人もあって、よく分からない。いずれにせよ四つの場合に一貫した意味では用い得ないのである。その点、「愛す」を「大切にする」に取り替えると、既に述べたように、どの場合にも言えて、αは要するに大切にするということかと思えて来るわけである。しかし「大切にする」とはどういうことか。それは「尊ぶ」とどう違うか。あるいは「大切である」と「尊い」の違いは何か。「大切にする」と

「尊ぶ」ではどちらが「アガパオー」の訳語として一層ふさわしいか。今後に亘る大きな問題であるから、立ち入って詳細に考察しよう。

5　「大切にする」と「尊ぶ」の違い

パントマイムで「大切にする」ことを表現せよと言われれば、おそらく、相手が人であろうと、本であろうと、宝石であろうと、胸に押し当てて抱きしめ、頬を寄せることになるであろう。一方「尊ぶ」を表現するよう要求されたときは、そうはならない。むしろ対象を上方に見て、身が引き下がるであろう——目は大きく見開いて瞬きもせず対象を見つめ、口元を引き締めて、尊敬の色合いを顔一杯に表しながら。また、対象が物（例えば遺骨の入った壺）である場合には、それを両手で高々と押し戴き、腰はそれから少しでも遠ざかるように引き下がる。つまり、先程、「愛す」には離れがたく結び合う性質があり、「尊ぶ」には一歩距離を置いて相手と向かい合う性格があると述べたことは「大切にする」と「尊ぶ」の間にもあるのである。このことは、「大切である」は「……にとって」を欠き得ないのに対して、「尊ぶ」には逆にそれがないということに大いに関係していると思われる。「大切である」は「私にとって大切である」「母親にとって大切である」「人類にとって大切である」のように、必ず或る主体にとって大切なのであり、人格や物そのものが持っている性質ではなく、主体との関係で当の人格や物に存在するようになる性質である。しかし、「尊い」はそうではない。「尊い」は或る人格ないし物そのものにおいて成立する性格である。「神は尊い」という場合、神は神自身で尊いのであって、周囲に誰かがいて、それを欲しているかいないかによって尊いかどうかが決まるのではない。或る人間が尊いときも同じである。誰かが周りにいようがいまいが、見ていようが見ていなかろうが、尊い人間は尊い性格を持っている。しかし「大切」の場合はそうではなく、誰が何をそれに対して期待しているかに応じて相手は「大切」になったりならなかったりするのである。ここには一般に「よい」と「正しい」や「真」(真理、真実)である」との間にあるのと同様の違いがある。「よい」ものは必ず誰か「にとって」よいのであり、つまり誰かの何らかの期待に応えるから「よい」。しかし「正しい」や「真である」にはそういうことはない。「三角形の内角の和は一八〇度である」は正しく、真であるが、誰かの期待に応えた結果ではない。

以上は「大切である」と「尊い」との違いであるが、「大切にする」と「尊ぶ」との違いはどうか。そもそも「大切にする」は「大切である」とどう関係するのか。本は一般に私の知識欲に応えて「大切である」から、私はその大切さを保とうとあれこれのことをするが、それが私が本を「大切にする」ということであろう。それに対して、神は「尊い」方であるから、私はその尊さを保とうとあれこれのことをするが、それが私が神を「尊ぶ」ということであろう。では、私が隣人を大切にするとはどういうことか。上の本の場合と同様に、隣人が私の何らかの欲求や期待に応えて、私にとって「大切である」から、その大切さを保つためにあれこれのことをするということが、私が隣人を「大切にする」ということか。それでは私は私中心に、自己中心に、隣人を大切にしてしまうことにならないか。しかし「自分のようにあなたの隣人をアガパオーしなさい」との命令が指示していることはそのような自己中心のことではないであろう。反対であって、隣人中心に、大切にすることではないか。隣人を隣人中心に大切にするとは、隣人が隣人自身にとって「大切である」ことを知って、その大切さを保つために私があれこれのことをすることではないか。しかし、「隣人をアガパオーしなさい」を「隣人を大切にしなさい」と訳すと、上の自分中心に隣人を大切にする場合と、隣人中心に隣人を大切にする場合との区別がつかず、どちらか定まらないことになってしまうであろう。しかし「隣人を尊びなさい」と訳す場合はどうか。「尊ぶ」ということには、既に見たように、自己中心ということはあり得ない。一般に、「尊ぶ」とは対象が独立のそれ自身の高い価値を持っていることを認めて、その価値が損なわれないように努めることである。「息子が一人の独立した人間になって来ていることを見て、父親は息子を……するようになった」の「……」に入るべき最もふさわしい言葉は、「尊ぶ」であって、「大切にする」でも「愛す」でもない。「大切にする」ことや「愛す」ことなら以前から既にあったはずである。従って、隣人は隣人自身で尊いのであり、その尊さを保つためにあれこれのことをする――これが隣人を「尊ぶ」ということであるはずである。実は、一層厳密に言えば、隣人を「尊ぶ」ということは、上に述べた、隣人を隣人中心に「大切にする」ということとも同じではないであろう。なぜなら、隣人が隣人自身にとって「大切である」ことを知って、その「大切さ」を損なわないように努めるということは、場合によっては隣人のわがままを助長することになることもあり得る。隣人が隣人自身にとって「大切である」とき、隣人は自己中心的である可能性がなくはないからである。しかし隣人の自己中心を助けることは隣人を「尊ぶ」ことの反対であるはずである。隣人を「尊ぶ」とは、隣人が隣人自身にとって「大切である」ということとは別に、隣人が隣人自身にとって「尊い」、つまり隣人が隣人自身で尊厳を持つことを私が知って、その尊厳を保つために私があれこれのことをすることなのである。そうであれば、「自分のようにあなたの隣人をアガパオーしなさい」という命令は、隣人中心にアガパオーすることを、しかも隣人の自己中心を助長することなしにアガパオーすることを命じる掟である以上、それを忠実に訳す最も適切な道は「自分のように隣人を尊びなさい」とする以外にないのではないか。(14)

さて、以上、「尊ぶ」と訳す方が適切である次第を詳述したが、先ほど問題にしたことをここでも問題にしなければならない。――αは「愛す」や「大切にする」と訳すことはできるとしても、「尊ぶ」ことなしの「愛す」や「大切にする」なのか。むしろ「尊ぶ」ことが根本に、あるいは中心にあるような「愛す」であり、「大切にする」ではないか。相手を「尊ぶ」ことなしの、言い換えれば、自分中心の「愛す」や「大切にする」、また、相手のわがままを助長するという意味で相手中心の「愛す」や「大切にする」は現にあるのであり、αはそれを排して、尊びながら「愛す」こと、尊びながら「大切にする」ことを指しているのではないか。

②敵を「愛す」ことなど不可能だ。——これは「敵を愛しなさい」とのイエスの言葉を実践することを誠実に、真剣に、受け止め、また努めた人こそが痛感し、正直に告白することであろう。そして、その意味は、「愛す」とは相手に対して優しい、平和な、柔和な思いで接し、相手のためになるように最善を尽くすことであるが、敵に対して優しい、平和な、柔和な思いで接するなどということは不可能だということであろう。或る信仰者は、「善いサマリア人の譬え話」の中のサマリア人が、強盗に襲われて半殺しになっているイスラエル人を見て「気の毒に思い」（エスプランクニステー、ἐσπλαγχνίσθη）と表現されていることに注目し、その語源的意味まで探った上で、「人間の愛情や憐れみが、自然に何かに向かって放出されること」を示していると捉え、「イエスはこの譬え話の中で、愛というものの本質が自然に働くことのうちにあると教えているのです」と解説している。[15]しかし、その一方で、次のようにも述べている。土砂降りの雨の中で、左前車輪を溝の中に落として身動きできなくなっている女性ドライバーを助けて道に戻した或る男性Mが、女性の感謝の言葉を背に受けながらも何となく腹立たしい気分で車に戻ったという話を聞いて、「あのサマリヤ人も、Mと同じく仕方なしに近づいていったのではないか。厄介で迷惑な話だという内心のいまいましさとは裏腹に、いつのまにか手助けをしている。そういう自分が、二重にいまいましい。しかし、そうせざるを得ない。人間の実践レベルの現実は、案外そういったものかもしれない。[16]」

「気の毒に思う」（原語の語源的意味を探れば、「肺腑がえぐられるような思いがする」に近い）ということが「自然に働く」感情の動きであることは確かであり、またサマリア人が親切な行為の傍ら少々腹立たしさも感じていたかもしれないということも十分頷けることであるが、この両面があったろうという推測から浮かび上がることは、サマリア人は決して「優しい、平和な、柔和な思いで」相手を助けていたわけではないだろうということではないか。血まみれのひどい傷を負った人を見れば、通常の正常な感覚を持つ人間であれば、相手が誰であろうと、ただし「敵」でさえなければ、肺腑がえぐられるような思いに襲われ、助けなければと思うであろう。しかし、助けに動き出すときの感情は、相手が恋人なら、また我が子なら、別であろうが、「優しい、平和な、柔和な思い」ではないであろう。相手が恋人や我が子の場合でも、重い傷には気が動転し、切迫した忙しい感情に翻弄されるであろうが、しかし心底には相手への優しい、和らいだ思いがあって、全体を規定するであろう。著者は「優しい、平和な、柔和な思い」などなくても、傷ついた人を気の毒に思う自然な気持ちから助ける行動に出ることは、過重な負担に多少恨めしさを感じることがあろうと、相手を「愛して」いるのだと言いたいのだと思われる。そのことに異論はない。ただ、肺腑がえぐられるように気の毒に思うことなら――これを今単純に「同情心」と呼ぶとしよう――、道の向こう側を通って行った祭司やレビ人にもなかったとは言い切れないのではないか。それは「通常の正常な感覚を持つ人間であれば」「自然に働く」感情なのである。同情心が三者に共にあったとすれば、行動を分けたものは何だったのか。同情心の深さ、切実さか。しかし、そうだったとして、助けなかった人間が助けるようになるためには、自分に向かって「同情心を深くせよ」と言い聞かせるべきなのか。しかし同情心は自然に働く感情である。意志の力によって生まれるのでなく、自ずから生まれる感情にそもそも命令することができるのか。行動を分けた一番根本のものはむしろ相手に対する「尊び」の有無ではないか。通りかかった最初の二人には強盗に襲われた人を「尊ぶ」ことが何らかの原因から――例えば、聖職にある身として「平民」を軽んじていたとか、我が身の危険の前でこの人を尊ぶことはどうすることかを探る理性の働きが停止してしまったとか――欠けていたのに対し、サマリア人には我が身の危険の前でも失われない、また相手が敵対関係にある「外国人」であることにも動じない、相手を「尊ぶ」ことがあった。――これが両者の行動を分けたのではないか。そして、最初の二人が自らの怠惰を恥じ、反省することがあったとして、「お前は今後もっともっと他人を尊ぶようになれ」と自らに言い聞かせることは意味があることであり、それによって自分が変わることは事実あり得ることではないか。

考察が示したことは、これまでも言って来たことであるが、サマリア人の行動をただ「愛す」と捉えるのはあまりにも大まかで曖昧にすぎるということ、むしろ「尊ぶ」と捉えるべきであるということ、「愛す」と捉えるとしても、「尊んで愛す」とか「尊びから愛す」「尊びの下に愛す」と捉えなければならないということであり、そしてまた、そう捉えるとき、隣人へのアガペーは、敵へのアガペーである場合を含めて、私たちにとって到底実行が不可能な、手の届かないことではなく、私たちにとって一歩身近な、実践への緒を摑み得たものになるということである。

(4) ヨハネによる福音書一三章34－35節

[34]「あなたがたに新しい掟を与える。互いに愛し合いなさい。わたしがあなたがたを愛したように、あなたがたも互いに愛し合いなさい。[35]互いに愛し合うならば、それによってあなたがたがわたしの弟子であることを、皆が知るようになる。」

もう一か所だけ取り上げよう。ヨハネによる福音書によれば、イエスは最後の晩餐の席で、弟子たちの驚く中、彼ら一人一人の足を洗った後、席に着いて言う。「あなたがたは、わたしを『先生』とか『主』とか呼ぶ。そのように言うのは正しい。わたしはそうである。ところで、主であり、師であるわたしがあなたがたの足を洗ったのだから、あなたがたも互いに足を洗い合わなければならない。わたしがあなたがたにしたとおりに、あなたがたもするようにと、模範を示したのである。」(一三・13－15) そして、しばらく続く話の締めくくりに、上に挙げた言葉を語るのである。ところで、この言葉を、日本語訳聖書は例外なく「アガパオー」を「愛す」と訳しながら上のように訳して来たのであるが、これはイエスの意図を忠実に汲み取る訳であろうか。互いに愛し合うようにと遺言するために、なぜイエスはそもそも弟子たちの足を洗ったのか。足を洗うということは当時奴隷のする仕事であった。イエスは弟子たちに対して自らが奴隷になった上で、自分に倣って、みな互いを「アガパオー」しなさいと言っているのである。このとき「アガパオー」に真っ先に込められている意味は奴隷として主人にかかわる姿勢――「尊ぶ」――以外の何であり得るであろうか。正確には、イエスの遺言は「あなたがたに新しい掟を与える。互いに尊び合いなさい。わたしがあなたがたを尊んだように、あなたがたも互いに尊び合いなさい。互いに尊び合うならば、それによってあなたがたがわたしの弟子であることを、皆が知るようになる」ではないか。こうして初めてイエスの言動は首尾一貫するのではないか。

6　「アガペー」は「愛」ではないのか

以上、聖書の数箇所を取り上げて、その文脈からアガペーの意味合いを筆者が検討した次第を紹介した。本章は聖書研究の場ではないから、一旦ここまでで留めて、先に進むことにしよう。

ところで、先に進むに当たって、どうしてもはっきりさせておかなければならない問題がある。それは「尊び」と「愛」の関係についてである。筆者は、「アガペー」が「尊び」でなかったなら、文章や言動が一貫した意味のものとして読めない次第を示して、「アガペー」は「尊び」である、愛であるとしても、尊びが中心にある愛であり、中心にあるものを真っ先に示すべきだと述べて来たのであるが、これに対して次のような問いが投げかけられるかもしれない。――「アガペー」は従来「愛」と訳されて来たのであるが、筆者はこの訳を廃棄すべきだと考えるのか。廃棄してそれに代わって「尊び」と訳すべきだと主張しているのか。――こういう問いである。筆者が一方で「尊び」だと言い、もう一方で「尊びが中心にある愛」であるとも言うのであるから、はっきりさせるよう迫るこの問いは当然であり、正当であろう。

どう訳すかの問題はひとまず後に回して、まず筆者がはっきりと答えておかなければならないことは、「アガペーは愛でない」と述べるつもりは筆者には毛頭ないということである。ただ、「では、アガペーはやはり愛であるのだ?」と尋ねられるなら、「アガペーは愛であると言い切ることには慎重にならざるを得ない」とも答えなければならない。なぜなら、そう言い切ると、従来のアガペーの受け取り方をそのまま全面肯定してしまうからである。言い方を換えれば、そうしたのでは、既に述べたことであるが、どのような愛であるのかが分からなくなってしまい、全体が曖昧なままに留まってしまうからである。どうしても一定の条件付きで愛であると言わなければならない。その条件が「尊びが真っ先に、中心に、ある」ということである。アガペーはどうしても「尊びが真っ先にある愛」「尊びが中心にある愛」なのであり、「尊びが真っ先に、中心に、ない愛」ではないのである。

筆者がもう一つはっきりさせておきたいことは、愛することを含まないような、あるいは伴わないような「尊び」はないということである。自己本位の恋人や過保護な親の場合のように、愛してはいても尊んではいないということは起こり得る。愛することは必ず尊ぶことへつながるとは言えない。しかし、尊ぶことは必ず愛することへつながるはずである。或る人を尊ぶなら、必ずその人を「大切にする」はずであるが、「大切にする」ことは「愛す」ことの一つであることを否定する人はいないであろう。従って、尊ぶことは必ず愛することへつながる。いや、尊ぶこと自体が愛していることだとも言えなくないであろう。そういうわけで、筆者は「尊ぶ」という言葉を、それ自体が「愛す」ことの一つだと見なしながら、あるいは「愛す」ことを必然的に伴い、含んでいるものだと捉えながら、用いて来ているのである。(17)

ところで、この尊ぶことであり且つ愛することでもあるもの、つまり「尊ぶことが真っ先に、中心に、ある愛」を一語で言い表す日本語があるであろうか。「アガペー」というギリシア語は一語でこういう意味合いを表しているらしいのである。従って日本語にもそういう語があるなら、それを「アガペー」の訳語とすれば、私たち日本人はいわば「アガペー」という言葉を丸ごと手に入れることができることになる。筆者はこの点にもずいぶん長い間思いを巡らされて来ているが、結果は、間違いなく尊びと愛の両方を語感に含んでいる日本語が一語あると思えている。それは「慈しみ」である。「慈しみ」は真っ先には「愛」を感じさせるであろう。「慈愛」とも言う。しかし、静かに、深く、慈愛心の奥底を見るなら、そこには必ず「尊び」があり、尊びがないなら「慈しむ」とは言えないことが認められるであろう。子供を慈しむ母親は決して子供をむやみに甘やかすことはしない。深慮の内に、子供が最善に至ることを第一に考え、つまり子供を尊び、愛をそれに添わせるであろう。従って、「慈しみ」という美しい日本語が「アガペー」の訳語にそのまま使えたら、どんなに好都合かと思われるのであるが、しかし既に見たように、(18) 人が神を「慈しむ」ことはできないのである。

「尊ぶ」という語はその点でどうか。筆者自身は、尊ぶことは必ず愛すことへつながるのであり、また尊ぶこと自体が愛していることだと見られなくないのであるから、「尊ぶ」という言葉を用いれば、それだけで「尊ぶことが真っ先に、中心に、ある愛」を言い表せるようにも思うのであるが、しかし、多くの人には「尊ぶ」が「愛す」ことの一つであるとか、必ず愛を伴うとは思えていないのかもしれない。「尊ぶ」は「愛す」の類語とはみなされていないようである。日本語のどの類義語辞典を調べても、「愛す」の中に「尊ぶ」は含まれていない。どんな種類の愛であろうと、愛に必ず含まれていることは相手が喜ばしく感じるように(相手が無生物であれば、よい状態にあるように)思いやる細やかな心の動きがあるということであろう。自己本位の恋人や過保護な親の愛であろうと、それは変わらないはずである。この特徴を「優しさ」と一言で言い表すとすれば、「優しさ」こそは愛の徴である。しかし、「尊ぶ」とき、人は相手を畏れ多いと感じて、心身がむしろ固くなってしまい、和らいだ柔らかい気持ちにはなっていないかもしれない。そこには「愛」の語感である優しさは感じ取れないのが普通かもしれない。

こうなると、もはや「アガペー」に相当する日本語の一語は見つからないと思えるのであるが、それでは、どうすればよいか。

筆者が熟慮と玩味を経て行き着いているところは次の通りである。「アガペー」を「尊びの愛」と、また「アガパオー」を「尊び愛す」と、敢えて訳すこととする。これが一語の場合と、例えば「慈しみ」「慈しむ」と異なるのは、「尊びの愛」「尊び愛す」の場合には、どうしてもやはり二語の組み合わせで、「尊び」と「愛」とが二つ並び立って表に目立つが、「慈しみ」「慈しむ」の場合には、そういうことはなく、二つが深く溶け合って、一つの芳醇な香しさを湛えているとも言うべき全体となっていることである。同様の違いが一語である「アガペー」との間にもあるであろう。しかし「尊びの愛」「尊び愛す」が苦心の末に行き着いた結果である以上、ひとまずこの用語法によって先に進むことにしたい。ただ、簡潔で明瞭であるためにその方が有益だと思われる場合には、「尊び」「尊ぶ」という訳し方をすることもしたい。その場合「愛」「愛す」の意味合いが排除されるわけではないということを十分心に留めなければならないし、読者にもそうして頂きたい。

第二節　「アガペー」は「尊びの愛」であることの確証

1　アガペーが尊びの愛であることを確証する道筋

「アガペー」の中心にあることは「尊び」ではないかとの思いが閃き、その観点から新約聖書を読み始めたところ、驚くばかりに真新しく、しかも厳密に正確に読み直されることを知って、筆者はこの確信を深めたのであるが、しかしこれが正しいと即断することはまだできない。何分にも聖書の日本語訳において「α」が「尊びの愛」「尊び愛す」と、あるいはそれに近く、訳されて来たことはこれまで一度もないのである。欧米語訳の聖書でも同じである。次第に知ったことであるが、聖書においてだけでなく、古代のギリシア語文献の日本語訳においても同じで、筆者の知り得た限りで「α」がそう訳されたことはほとんどなかった。聖書の翻訳がそうであるから、聖書の中で用いられている「アガペー」について解説がなされる時ですら、言い換えれば、キリスト教の中心概念である「愛」について突っ込んだ解説がなされる時ですら、そういう話はこれまで一度も耳にしたことはなく、目にもしたことがないのである。そうである以上、今後「α」が「尊びの愛」あるいは「尊び愛す」に近い意味の語であるということを説いて行くことはいわば未踏の荒野を切り開いて進んで行くようなことであり、これから様々な道を通って余程厳密に、正確に、慎重に、丹念に、十全に証拠立てられなければならないであろう。そうしなければ、学問的に正式に評価され、承認されることはないであろう。そういう次第で、本章のこれから先の長い、そしてしばしば込み入った、仕事はすべてそのことに向けられている。

では、それはどんな道を通って進むべきか。初めからそうはっきり見定められていたわけではなく、むしろ模索しながら次第に進んだ作業を後からふり返って整理して挙げるのであるが、次のような道を通る必要があった。

(1) 真っ先に、当然のことであるが、「α」の意味を辞典類で調べる。

(2) 「α」が用いられている文にできるだけ多数当たって、前後関係（文脈）からその意味合いを割り出す。その文はⓐ真っ先に新約聖書のものであることは当然であるが、ⓑまた古典ギリシアの文献、ⓒさらに『セプチュアギンタ』に含まれる文でなければならない。

(3) 同じ問題（「α」の語義）を研究している他の文献に当たり、検証・吟味する。

以下、順次、それぞれの道を進んで明らかになったことを紹介しよう。

2　辞典類における解説

筆者は「α」は「愛」「愛す」という意味だと、いつからか〝刷り込まれて〟思いこんでいたので、特に辞書で調べるということはしないで来たのであるが、ここに来てあらためて調べる必要を感じたのであった。その際、「α」だけでなく、ラテン語訳聖書『ウルガータ』でほぼ「アガペー」「アガパオー」に当てられている「カーリタース」（caritas）・「ディーリゴー」（diligo）についても調べる必要を感じた。『ウルガータ』は今よりははるかにまだギリシア語が身近だった時代に訳された聖書である以上、「α」の意味をより多く反映している可能性があると思われるからである。その結果はこれまた驚愕させられることになったのであった。

まず、ラテン語の二語の意味を見れば、ラテン語‐英語辞典として権威のあるルイス／ショーター『ラテン語辞典』（Lewis & Shorter, *A Latin Dictionary*）では、1 diligo, 2 caritas という名詞形の元の形容詞 carus、3 caritas の三語はそれぞれ以下のように解説されている。

1 diligo: Prop. To distinguish one selecting from others; hence in gen. *To value or esteem highly, to love*
（元来は、或るものを他のものから選び分けること、そこから一般的に、高く評価または尊重すること、愛すること）

2 carus: 1. *Dear, costly, of a high price*　2. Trop. *Dear, precious, valued, esteemed, loved*
（1、高価な、高値の、高額の。2、派生的に、敬愛する、尊い、評価されている、尊重されている、愛されている）

3 caritas: 1. *Dearness, scarecity, high price or value* 2. Trop: *High regard, respect, esteem, love*
（1、高価さ、希少さ、高い額または価値。2、派生的に、高い評価、尊敬、尊重、愛）

これを見て気づかされることは、三語のいずれもが、真っ先に高い価値とその尊重を言い表す数語が挙げられ、最後に「愛す」「愛されている」「愛」等の語が加えられていることである。これは、これらの語の最初の、基本の意味合いは「高い価値とそれの尊び」であり、それに伴って「愛」という意味合いもあるということであろう。もしかしたら、元々は高い価値と尊重の意味しかなかったのだが、聖書ではこれらが「愛」と訳されているので、それを加えたということかもしれない。いずれにせよ、この解説が示していることは次のことであろう。――これらの語は基本的には「高い価値とそれを尊ぶこと」を言い表す。「愛」と訳される場合にも、「真っ先に高い価値を尊ぶということがある愛」「高い価値を尊ぶことに伴う愛」である。何と！　これはこれまで筆者が述べて来たこと、そのままではないか。一言に要約すれば、まさしく「尊び愛す」「尊びの愛」だということに他ならないではないか。

次いでギリシア語「α」の意味である。ギリシア語－英語辞典として権威を認められ、最も普通に用いられるリドル／スコット『ギリシア語－英語辞典』(Liddle & Scott, *Greek English Lexicon*)[19]では「アガペー」「アガパオー」の意味は以下のように解説されている。

ἀγαπάω: 1. of persons, *to treat with affection, to caress, love, be fond of,* 2. in N.T. *to regard with brotherly love,* II. of things, *to be well pleased* or *contented at or with* a thing.
（1．人が相手の場合、愛情を持って扱うこと、愛撫する、愛す、好くこと。2．新約聖書の中で、兄弟愛を持って気遣うこと。Ⅱ　物事が相手の場合、或る物事で喜ぶ、あるいは満足すること）

ἀγάπη: love: esp. brotherly love, charity; the love of God for man and of man for God, N.T. II. in pl. *a love-feast.*

（愛、特に新約聖書において、兄弟愛、慈善、神の人間に対する愛、また人間の神に対する愛。Ⅱ　複数形で、愛餐）

ここには取り立てて「尊ぶ」という意味合いは記されていないと言えるであろう。この Liddle & Scott の辞典は、聖書における用法にも若干触れてはいるが、主として古典語としてのギリシア語の辞典である。これに対して、新約聖書のギリシア語だけを収録しているセイヤー『新約聖書ギリシア語辞典』（Thayer; Greek Lexicon in the New Testament）には「アガパーン」（アガパオーすること）と「フィレイン」（フィレオーすること）との違いについて次のように解説している箇所[20]があるのである。

［ἀγαπᾶν と φιλεῖν の違いについて］前者は ἄγαμαι との結びつきから、元来は感嘆、崇敬、尊重に基礎づけられる愛を指す――ラテン語 diligere と同様に。誰かに対して親切であろうとしていること、誰かが良くあるように願うこと。しかし φιλεῖν は感覚と感情によって引き起こされる好き好みを指す。ラテン語 amare。[21]

ここには「アガパオー」は元来「尊び愛す」であることが明確に述べられている。そのこととその次の「誰かに対して親切であろうとしていること、誰かが良くあるように願うこと」とがどうつながるのかが問われるが、既に、相手を尊ぶ者は必ず相手を大切にもすると述べたことを思い起こすべきであろう。親切であろうとしているとか、良くあるように願うとは要するに相手を尊んで「大切にする」ことの具体例なのである。従って、「――ラテン語 diligere と同様に」の後は、次のように書けば、一層明確になったであろう。「そこから、尊んで大切にすること。例えば、誰かに対して親切であろうとしていること、誰かが良くあるように願うこと。」

セイヤーはこれに続けて若干のギリシア語とラテン語の例文を挙げて解説を裏付けているが、後にも触れることになるので、その内の一例を取り上げることにしよう。[22] これを見ることは一層「α」＝「尊びの愛」と見ることの妥当性をよく示すであろう。それはプラトンの『リュシス』(Plato, Lysis, 215b) からの一文である。

1　ὁ δὲ μὴ τοῦ δεόμενος οὐδέ τί ἀγαπῴη ἄν.

（何も必要としない人は何もアガパオーすることがない。）

2　ὃ δὲ μὴ ἀγαπῴη, οὐδ᾽ ἂν φιλοῖ.

（ところでアガパオーすることがない人はフィレオーすることもない。）

この文の英訳をセイヤー自身は添えていないのであるが、彼は「アガパオー」を「尊び愛す」と捉えているのであるから、そう訳した場合を、日本語訳[23]・英語訳[24]の一例ずつとを比較してみよう。日本語訳と英語訳はそれぞれ次のようである。

1a「何ものも必要としない人は、また、何ものをも求めることがないだろう。」

2a「ところで求めることのないものは、また愛することもないだろう。」

1b And if a man has no need of anything he will not cherish anything.

（人は何ものも必要としなければ、何ものも大切にすることがないだろう。）

2b And that which does not cherish will not love.

（ところで、大切にすることがないものは愛することもないだろう。）

これに対して、セイヤーの受け取り方は、「アガパオー」を「尊び愛す」、「フィレオー」を「友として愛す」と訳すと、[25]次のようになる。

何も必要としない人は何も尊び愛すことがない。
ところで尊び愛さない人は友として愛さない。

1と2の二つの文は善人同士が友達になることはあり得ないということを論証するソクラテスの誘導尋問の中にある。善人が二人いれば、二人は共に善に満ちているから、相手から受け取ろうとして尊び愛すもの（善）はなく、そのように相手から受け取ろうとして尊び愛すもの（善）がない人は、相手からそれを受けようとして、相手を友として愛すこともないだろう。——こういう主旨の文だと思われる。そしてこれは十分筋の通っている主張ではないか。これに対して1aは「アガパオー」を「求める」と訳したのであるが、そうしたのは「何ものも必要としない人は」に続くからであろう。「何ものも必要としない人は、また、何ものをも求めることがないだろう」は申し分なく筋が通っている。しかし「求める」という訳語はどんな辞典の「アガパオー」の解説にもなく、本来考えられないものである。[26]さらに、「尊び愛す」ことと「友となるように愛す」こととの関係は極めて密接であると思われるのに対して、「求める」ことと「友となるように愛す」こととの関係はどれほど密接であろうか。

その点、英訳は「アガパオー」をcherish（大切にする）と訳しているが、「大切にする」には「尊んで大切にする」場合と、ただ自分にとって大事だから大切にする場合のように、「尊ばずに大切にする」場合の二つがあるが、前者の場合が本来の用法であろうから、その意味で用いれば、「尊び愛す」と訳すのとほとんど変わらないであろう。しかしそれは「尊び愛す」と訳すことが本道であることを示しているのに他ならないであろう。

さて、セイヤーの辞典は種々の例文を引用した後で、新約聖書での用法について、次のように解説している。セイヤー自身は文中の「アガパオー」と「フィレオー」に訳を添えていないのであるが、ここでは上に見た彼の解説に従って、前者に「尊んでその善のために尽くす」という、後者に「好んで愛す」という訳語を括弧の中に入れて訳すことにする。これを見れば、セイヤーが両語の意味合いとして汲み取ろうとしているところに迫ることができるであろう。そしてその捉え方は自然であると感じることができるであろう。

ここから、人は神をフィレオーする（好んで愛す）のでなく、アガパオーする（尊んでその善のために尽くす）と言われる。また神は世をアガパオーする（尊んでその善のために尽くす）と言われ（ヨハネ三・16）、またキリストの弟子をフィレオーする（好んで愛す）と言われる（ヨハネ一六・27）。キリストは我々に敵をアガパオーする（尊んでその善のために尽くす）ように――フィレオーする（好んで愛す）ようにではなく――命じる（マタイ五・44）。なぜなら感情ではなく、ただ選びとしての愛が命じられ得るからである。二語の違いを判断するためのさらなる助けとして、以下の節を比較せよ（ヨハネ二一・15－17）。（二語が交換可能なように使われているように見える幾つかの場合でも――例えばヨハネによる福音書一四・28、一六・27――違いを捜し出すことはやはりできる）。上記のことから、「アガパオー」は性的な愛には用いられていないし、用いられ得ない（しかし後世の著作者によっては時に用いられている。プルターク『ペリクレス』二四、一二、165e）。『饗宴』七、180b. ὁ ἐρώμενος τὸν ἐραστὴν ἀγαπᾷ（恋されている男性が恋してくれる男性を愛す）cf. Stephanus' Thesaurus i., p. 209 a. 以下略。

さて、こうして、辞書によって「α」の意味を調べ、それが「尊びの愛」「尊び愛す」であることは間違いないとの確信を深めたのであるが、ただ、では、これでもう十分だと考えることができるかと言えば、そうは行かない。これではまだ学問的に十分だとは言えない。そもそも一、二の辞典の解説を鵜呑みにして終ることはできず、さらに多数の用例に当たって十分に吟味しなければならない。そこで筆者は先ほど挙げた三項の内の（1）（「α」が用いられている文献の文脈から意味合いを割り出す）と（3）（研究文献に当たり、批判的に吟味する）に向かうことになったのであるが、（2）は「α」の類義語との比較を通して、他の語と「α」のそれぞれの特有の意味合いを一層正確に見定めることをも含んだ。これはセイヤーの辞典で、「アガパオー」と「フィレオー」との間で行われていたのであるが、それをもっと広げて、徹底することである。

3 「α」が用いられている文献の文脈から割り出す

既に述べたように、この目的で@新約聖書、ⓑ古典ギリシアの文献、ⓒ『セプチュアギンタ』を取り上げる必要が生じたのであるが、元々キリスト教の説く愛、つまり新約聖書の中の「アガペー」を問題にしようとしている筆者にⓑ、ⓒをも見る必要が生じたのは次の理由からであった。筆者は、ラテン語やセイヤーのギリシア語辞典を調べることによって、「アガペー」が尊びの愛であることが間違いないらしいことを知ったのであるが、同時に次のような疑問に襲われたのであった。――「アガペー」が尊びの愛であるのは「アガペー」が元々そういう意味合いの語だったということではなく、もしかすると新約聖書の中で用いられるようになった結果そうなったのではないか。これは考えようによっては筆者にとってどうでもよい問題である。なぜなら筆者はキリスト教特有の愛、つまり新約聖書における「アガペー」の意味合いを問題にしているのだからである。しかしそれでいて、どうでもよいとは言えない問題であった。というのも、もし新約聖書で用いられる以前から、元来、「α」が「尊びの愛」「尊び愛す」であった場合には「α」は言ってみれば血筋そのものからして「尊びの愛」「尊び愛す」であって、それが揺るぎないこととなるからである。セイヤーの辞典にはアガパオーは「元来は感嘆、崇敬、尊重に基礎づけられる愛を指す」とあった。元来がそうであった以上、古く古典時代まで遡って確認することが学問的に堅固な研究には不可欠のことと思われた。そういうわけでⓑ古典ギリシアの文献にも目を向け始めたのであるが、さらにまた、是非とも『セプチュアギンタ』に当たってみる必要が感じられた。一つには、古典時代から新約聖書の時代に至る中間期の『セプチュアギンタ』を調べることによって、意味合いの一貫性または変化を確認することができるかもしれないと思われ、また何と言っても『セプチュアギンタ』の新約聖書への影響は決定的なのであるから、当然調べなければならなかった。特にまた、「アガパオー」は古典時代から用いられていたが、「アガペー」は『セプチュアギンタ』において初めて用いられたらしいということをいつからともなく知り、これは抜き差しならぬ重要なことと思われたのである。古典ギリシアの文献では「アガパオー」は「フィレオー」や「エラオー」に較べて使用されることがはるかに少なかったのに対して、『セプチュアギンタ』では逆転し、「アガパオー」が圧倒的に他を凌いで用いられるようになったということも知って、これら一連の事実を正確に調べることは必須のこととなったのであった。

そこで、このことを実行し始めたのであるが、これは非常に緊張を伴う仕事であった。というのも、次第に多方面にわたって調べて行く内に、セイヤーが述べていた語源説が必ずしも支持されていないことも知ったからである。セイヤーは「驚くこと」を意味する ἄγαμαι との結びつきを指摘していたのであるが、語源は不明だとする文献にも触れることになった。一九世紀に出されたセイヤーの辞典よりもその後の文献の方が新しい研究に基づいている可能性がある。ただ、諸説あり、「不明」であって、はっきりと否定されたわけではない。いずれにせよ、新約聖書に先立つ文献の中で、「アガパオー」の意味合いを「尊び愛す」と捉えることが果たして適切か、文脈から慎重に吟味して調べなければならない。

こうして、ⓑ古典ギリシアの文献、ⓒ『セプチュアギンタ』での吟味を行い、ここにそれを紹介することになるのであるが[27]、極めて多大で煩瑣なその仕事の全体をそのまま紹介することはできない[28]から、主要な点を紹介することとしたい。ⓑを(1)で、ⓒを(2)で取り上げる。

(1) 古典ギリシアの文献

筆者は、アリストテレスが『ニコマコス倫理学』の中で用いている「アガパオー」のすべて（それは「フィリア」について論じている第八・九巻に集中しているが）の用例（二七箇所）に当たってみた[29]。このいずれにおいても、日本語訳（高田三郎・加藤信朗・朴一功訳）で「アガパオー」が「尊び愛す」と（またそれに近く）訳されていることは一度もない。英訳には、多少ではあるが、ある。

(a)二七箇所の内五箇所で、アリストテレスは人間を人間であらしめる「理性」やその活動を「アガパオー」すべきだという主旨のことを述べているが、この「アガパオー」は「尊び愛す」と取ることがふさわしいのではないか。例えば、「もし神々が、そう考えられているように、人間の事柄を心に掛けるなら、神々は最善の、神々に最も類縁のもの（それは理性であろうが）を喜び、それを最もアガパオーし、それを尊重する人々に善をもって報いるのは当然であろう[30]」という文章があるが、神々と類縁関係にある人間の高貴な理性を「アガパオー」すると言われている文脈での「アガパオー」を「尊び愛す」と捉えることがふさわしいことは言うまでもないであろう。「アガパオー」に続けて「ティマオー」（畏敬する、尊敬する、尊重する、等の意味）という語を書き添えていることもそれを裏付けるであろう。この箇所のロエブ（Loeb Classical Library）の H. Rackham の英訳 esteem and honor は「尊び、尊重する」で筆者の考えにぴったり一致しており、S. Broadie & C. Rowe の cherish this most, and honour it も極めて近いと思われる。

(b)また、アリストテレスは真に「自己を愛す人」とはどういう人かをも問題にしているが、しばしば「自己愛者」(フィラウトス)という言葉は、現在の「エゴイスト」に相当する言葉として、つまり他の人を顧みずに、もっぱら自分の富や名誉や肉体的快楽を重んじる人を指す非難の言葉として用いられるが、しかし別の見方をすれば、「最も自己愛者であるのはこういうものをアガパオーし、こういうものを満足させる人である」[31]と言う。「こういうもの」とはそれに先だって言われる「支配的な部分」のこと、すなわち欲望を制御する理性のことなのである。自分自身を治める理性こそ本当の「自分」と言ってよいはずであり、理性を「アガパオー」する人こそ本当の「自己愛者」だと言うのであるが、ここでも「アガパオー」は「尊び愛す」がふさわしいはずである。S. Broadie & C. Rowe はここでも cherish (大切にする) と訳している。既に見たように「大切にする」には「尊んで大切にする」場合と「好きで大切にする」場合とがあるが、前者の意味で用いているであろう。しかしともかく、理性は高貴なものと考えられているのであり、それに対するふさわしい態度は真っ先に「尊ぶ」であるはずである。そこに成立する愛は理性の魅力に惹かれて生じる感情的な愛などではない。理性に真の「自己」を見出しているものは当の理性自身である。その理性が中心になって働く、意志的な、能動的な、「選ぶ」——つまり「尊ぶ」愛、行為としての愛が「真の自己愛」の愛ではないか。——自己の尊厳に対する感動が伴ったり、先だったりすることはあるとしても。

(c)もう一つ目を留めておきたいことは、五回用いられている「アガペートン　エスティ (ἀγαπητόν ἐστί)」という言い回しである。これは通常「満足すべきである」とか「十分とすべきである」といった意味なのであるが、それは「望むところを十分に満たしている」ということではなく、逆に、「十分に満たしてはいないが、まあ、それでよしとされるべきである」「(悪いもの同士の選びの中では最もましなものとして) 不本意ではあるが同意・

黙従すべきである」（*to be acquiesced in* [as the least in a choice of evils], Liddle & Scott）との意味である。ところで、こういう意味合いは「アガパオー」がどういう意味の語であるときに出て来ることであろうか。それが単に尊ぶということが含まれない「愛す」という意味であるときに、そういう意味合いが出て来るであろうか。「アガペートン」、標準形で「アガペートス」（ἀγαπητός）、という形容詞は通常「愛らしい」「愛しい」、それと同義の「愛すべき」（beloved, worthy of love, loveable, dear）と訳される語であるが、ここから「不本意であっても満足すべきである」という意味合いへ円滑に移ることは考えられないのではないか。しかし、「アガパオー」が「尊ぶ（尊び愛す）」であるときにはどうか。「（不本意であっても）尊ぶ（尊び愛す）べきである」と言うときに、それは初めてこの意味合いを表すのではないか。そして不本意であるにもかかわらず、そのように敢えてそれを乗り越えることができるのは、「尊び愛す」が単に感情の受動的な愛ではなく、意志的、能動的な行為の愛、熟考の結果「選ぶ」愛であるからではないか。[32]

以上の用例は「アガパオー」が単なる「愛す」ではなく、「尊び愛す」であることを極めて明確に示しているであろう。

(2)『セプチュアギンタ』

次に『セプチュアギンタ』である。[33] 先述の通り、古典時代の文献では、「愛す」「愛」と訳される言葉として、「フィレオー」「フィリア」や「エラオー」「エロース」といった言葉が多く用いられていて、「アガパオー」は多くは用いられず、「アガペー」は見出されてすらいないのであるが、逆に『セプチュアギンタ』では「アガパオー」「アガペー」が他を圧倒して膨大な数で用いられている。旧約聖書という書物の性格から、原典のヘブライ語聖書には「愛す」「愛」を意味する語（そのほとんどは「アーハブ」אָהַב・「アハバー」אַהֲבָה）が極めて多数登場するのであるが、『セプチュアギンタ』はそのほとんどを「アガパオー」「アガペー」と訳しているのである。なぜ他の語を斥けてそうなったのかということは大いに問題になることであるが、後に取り上げるウォーフィールドの論文が詳細に論じているので、それを見るときに回し、「アガパオー」「アガペー」の実際の用例を見て、ここでもやはり両者が「尊び愛す」「尊びの愛」であると言えるかを吟味することにしよう。ただ膨大な数の一々に当たることはできないので、ここでは敢えて、「アガパオー」「アガペー」が「尊び愛す」「尊びの愛」であることを疑わせる可能性のある、また事実疑わせている箇所を選んで、検討することにしたい。

『セプチュアギンタ』の中で、「アガパオー」「アガペー」が「尊び愛す」「尊びの愛」であることを疑わせるに足る場合には三つの場合がある。一つは、無価値のもの、あるいはマイナスの価値のものをアガパオーすると言われている場合である。例えば、箴言二一章17節には「浮かれた騒ぎをアガパオーする」[34]という言葉がある。また箴言八章36節には「死をアガパオーする」という言葉がある。「尊ぶ」とは価値のあるものをうやうやしく受け止めることなのであるから、こういう取るに足りないことや負の価値のことを「尊び愛す」と言うことは不合理なことであり、「アガパオー」は「尊び愛す」ではないという意見が生まれ得るのである。しかし、そう結論するのはまだ早いと言わなければならない。というのも、そういうものを尊び愛すことをどう見ているかが問題だからである。くだらないことを尊び愛していることを批判しているなら、むしろ筋が通るであろう。二一章17節の全文は「貧乏な人間は、酒と香油をたっぷりフィレオーしながら、浮かれた騒ぎをアガパオーする」であるが、明らかに、語り手はここに描かれる貧乏人の生き方を賞賛・奨励しているのではなく、逆に見下し、揶揄し、こき下ろしているであろう。従って「貧乏な人間は、酒と香油をたっぷり親しみ愛しながら、浮かれた騒ぎを尊び愛す」というように理解して問題ないはずである。注意してよいことは、本来相容れない言葉を結びつけることによって、そうすることが馬鹿げていることが一層強調されることである。「浮かれた騒ぎを愛す」や「浮かれた騒ぎを親しみ愛す」よりも「浮かれた騒ぎを尊び愛す」は一層軽蔑・嘲笑・排斥へ読み手を誘発するであろう。「貧乏な人間は、酒と香油をたっぷり親しみ愛しながら、浮かれた騒ぎを尊び愛す」には「何と馬鹿げたことか」の余韻が残るであろう。八章36節の全文は「わたしを見失う者は魂をそこなう。わたしを憎む者は死をアガパオーする者」であるが、「わたし」とは知恵であり、「私を憎む者は死を尊び愛す（愚か）者」の意味合いで言われているのであるから、やはり問題ないばかりでなく、単に「死を愛す」と言われる場合よりも愚かさが際だつ、強い表現になるであろう。

もう一つの場合は、いわゆる性愛の場面でアガパオーが用いられる場合である。雅歌三章1節「夜ごと、ふしどにわたしの魂がアガパオーする人を探し求めました」のように、明らかに肉欲的な愛の場面でも「アガパオー」は用いられている。「雅歌」はいわゆるエロティックな愛を濃密に描いているのだから、『セプチュアギンタ』はそれのギリシア語訳に当たって「エロース」や「エラオー」を用いて当然であったはずなのに、驚くべき事であるが、「エロース」や「エラオー」を一語も用いずに、もっぱら「アガペー」「アガパオー」で訳しているのである。しかもそのことが批判されたり非難されたりしている風はなく、淡々と述べられているのである。そこからアガペーは「低次の」愛にも用いられ、従って「尊び愛す」という意味合いはなく、単に「愛す」という意味合いだと主張されることが起こるのである。しかし筆者にはそれは疑問である。というのも、性愛は低次の愛だということは誰が決めることか。それはむしろ先入観であり、そういう先入観を研究者が持っているからこそ、その主張はなされるのではないか。古代のユダヤ人には、性愛は低次のものだという見方がそもそもなかったことはないか。彼らは性愛を本当に尊び愛してはいなかったか。

こうして、無価値なものやマイナスの価値のもの（このマイナスの価値のものには、当時の人にとってもそうであった場合と、後の時代の人にとってそうである場合の両方がありそうなのであるが）を「アガパオー」するという言い回しがあるからといって、「アガパオー」が「尊び愛す」ではないとは言えないと筆者には強く思われるのであるが、しかし筆者にとっても間違いなくそう言うべきだと考えられる場合が実はある。それは不道徳な行為をすることを「アガパオー」すると表現している場合である。既に述べたように、不道徳な行為を、例えば盗みを、アガパオーするという言い回しがあるからといって、「アガパオー」が「尊び愛す」ではないとは決まらない。「盗みを尊び愛すとは不届き者の極み」と言うことは、強く盗みを非難して、少しも道徳を損なわない。しかし、AがBから盗みをするのを見て、AはBを「アガパオー」したと言う場合があったなら、そのときの「アガパオー」は「尊び愛す」だとは言えないはずである（然るべき理由が、例えば、「Aはそうすることによって固く心を閉ざしているBの目を覚まそうとしたのだった」といったような理由が説明されれば別であるが）。ところが『セプチュアギンタ』にはそれと似た用例があるのである。すなわち、旧約聖書には男性が女性を強姦する場面が描かれているが、『セプチュアギンタ』はそこで男性は相手の女性を「アガパオー」していたと訳しているのである。これではどう見ても「アガパオー」は「尊び愛す」ではないのではないか。——これが第三の場合である。しかし果たして本当にそうなのか。立ち入って詳しく見ることにしよう。

男性が女性を強姦する場面で「アガパオー」が用いられる個所は二つある。一つは、ヒビ人ハモルの長男、シケムがヤコブの娘、ディナを襲う場面であり、もう一つは、ダビデの長男、アムノンが、異母の妹、タマルを犯す場面である。前者から見て行こう。創世記三四章で、次のように記されている。

[1]あるとき、レアとヤコブとの間に生まれた娘のディナが土地の娘たちに会いに出かけたが、[2]その土地
の首長であるヒビ人ハモルの息子シケムが彼女を見かけて捕らえ、共に寝て辱めた。[3]シケムはヤコブの娘
ディナに心を奪われ、この若い娘を愛し、言い寄った。[4]更にシケムは、父ハモルに言った。
「どうか、この娘と結婚させてください。」
[5]ヤコブは、娘のディナが汚されたことを聞いたが、息子たちは家畜を連れて野に出ていたので、彼らが
帰るまで黙っていた。[6]シケムの父ハモルがヤコブと話し合うためにやって来たとき、[7]ヤコブの息子たち

が野から帰って来てこの事を聞き、皆、互いに嘆き、また激しく憤った。シケムがヤコブの娘と寝て、イス
ラエルに対して恥ずべきことを行ったからである。それはしてはならないことであった。8ハモルは彼らと
話した。
「息子のシケムは、あなたがたの娘さんを恋い慕っています。どうか、娘さんを息子の嫁にしてくださ
い。9お互いに姻戚関係を結び、あなたがたの娘さんたちをわたしどもにくださり、わたしどもの娘を嫁に
してくださいませんか。10そして、わたしどもと一緒に住んでください。あなたがたのための土地も十分あ
ります。どうか、ここに移り住んで、自由に使ってください。」
11シケムも、ディナの父や兄弟たちに言った。
「ぜひとも、よろしくお願いします。お申し出があれば何でも差し上げます。12どんなに高い結納金でも
贈り物でも、お望みどおりに差し上げます。ですから、ぜひあの方をわたしの妻にください。」

（創世三四・1－10）

さて、3節にある「愛し」こそは、『セプチュアギンタ』ではよもや「アガパオー」であることはなく、「エラオー」なのではないか。ところが事実は「アガパオー」（ἠγάπησεν）なのである。[35] それなら、やはり「アガパオー」は「尊び愛す」でないことが決定的に証拠付けられたのではないか。

しかし慎重な吟味が必要である。

第一に注意すべきは、アガパオーしたのはいつかである。強姦のさなか、つまり強姦のことを指して言われているのではない。強姦の後である。強姦の後でシケムはディナをアガパオーし、そこで彼女と結婚する気持ちを固め、そのように働きかけて行く。——その冒頭で、前置きのように書かれているのである。因みに、新共同訳で「言い寄った」とあるのは『セプチュアギンタ』では「乙女の思いに従いながら彼女に語り」（ἐλάλησεν κατὰ τὴν διάνοιαν τῆς παρθένου αὐτῇ）であり、ヘブライ語旧約聖書からの訳も、KJV で spake kindly unto the damsel、口語訳および新改訳でも「ねんごろに〔この〕娘に語った」とある。さらにまた、8節は諸訳が多かれ少なかれ「〔息子のシケムは〕あなたがたの娘さんを恋い慕っています」というように訳しているが、『セプチュアギンタ』は προείλατο τῇ ψυχῇ τὴν θυγατέρα と訳し、προαιρέω が to take by deliberate choice, choose deliberately, prefer (LS) であることを考えると、「心で慎重にあなたがたの娘さんを選び定めています」（LXE の has chosen in his heart your daughter, NETS の has selected your daughter with his soul を参照）というところであり、決断して選んでいることを表しているであろう。衝動に駆られて無責任な行動に走ったが、よく彼女を見て、責任を持って妻とする心を固めていくことに向かうところで、「アガパオー」が語られているのである。ここでも、「尊び愛す」であることは維持されているのではないか。実際、シケムは父親と共に、ディナを最上級に尊んで迎えることを誓っているではないか。

次に、アムノンの場合を見よう。サムエル記下一三章1－22節である。新共同訳では次のように訳されている。

1その後、こういうことがあった。ダビデの子アブサロムにタマルという美しい妹がいた。ダビデの子ア
ムノンはタマルを愛していた。2しかしタマルは処女で、手出しをすることは思いもよらなかったので、妹
タマルへの思いにアムノンは病気になりそうであった。3アムノンにはヨナダブという名の友人がいた。ヨ
ナダブはダビデの兄弟シムアの息子で大変賢い男であった。4ヨナダブはアムノンに言った。「王子よ、朝
ごとに君はやつれていく。どうかしたのか。どうして打ち明けないのだ。」アムノンは彼に言った。「兄弟ア
ブサロムの妹タマルを愛しているのだ。」
5ヨナダブは言った。「病気を装って床に就くとよい。父上が見舞いに来られたら、『妹タマルをよこして

ください。何か食べ物を作らせます。わたしに見えるように、目の前で料理をさせてください。タマルの手
から食べたいのです』と言ったらよい。」
[6]アムノンは床に就き、病を装った。王が見舞いに来ると、アムノンは王に言った。「どうか妹のタマル
をよこしてください。目の前でレビボット（『心』という菓子）を二つ作らせます。タマルの手から食べたい
のです。」
[7]ダビデは宮殿にいるタマルのもとに人をやって、兄アムノンの家に行き、料理をするように、と伝えさ
せた。[8]タマルが兄アムノンの家に来てみると、彼は床に就いていた。タマルは粉を取ってこね、アムノン
の目の前でレビボットを作って焼き、[9]鍋を取って彼の前に出した。しかしアムノンは食べようとせず、そ
ばにいた者を皆、出て行かせた。彼らが皆出て行くと、[10]アムノンはタマルに言った。「料理をこちらの部
屋に持って来てくれ。お前の手から食べたいのだ。」タマルが、作ったレビボットを持って兄アムノンのい
る部屋に入り、[11]彼に食べさせようと近づくと、アムノンはタマルを捕らえて言った。「妹よ、おいで。わ
たしと寝てくれ。」[12]タマルは言った。「いけません、兄上。わたしを辱めないでください。イスラエルでは
許されないことです。愚かなことをなさらないでください。[13]わたしは、このような恥をどこへもって行け
ましょう。あなたも、イスラエルでは愚か者の一人になってしまいます。どうぞまず王にお話しください。
王はあなたにわたしを与えるのを拒まれないでしょう。」
[14]アムノンは彼女の言うことを聞こうとせず、力ずくで辱め、彼女と床を共にした。
[15]そして、アムノンは激しい憎しみを彼女に覚えた。その憎しみは、彼女を愛したその愛よりも激しかっ
た。アムノンは彼女に言った。「立て。出て行け。」[16]タマルは言った。「いいえ、わたしを追い出すのは、
今なさったことよりも大きな悪です」だがアムノンは聞き入れようともせず、[17]自分に仕える従者を呼び、
「この女をここから追い出せ。追い出したら戸に錠をおろせ」と命じた。[18]タマルは未婚の王女のしきたり

によって飾り付きの上着を着ていたが、アムノンに仕える従者が彼女を追い出し、背後で戸に錠をおろすと、[19]タマルは灰を頭にかぶり、まとっていた上着を引き裂き、手を頭に当てて嘆きの叫びをあげながら歩いて行った。
[20]兄アブサロムは彼女に言った。「兄アムノンがお前と一緒だったのか。妹よ、今は何も言うな。彼はお前の兄だ。このことを心にかけてはいけない。」タマルは絶望して兄アブサロムの家に身を置いた。[21]ダビデ王は事の一部始終を聞き、激しく怒った。[22]アブサロムはアムノンに対して、いいとも悪いとも一切語らなかった。妹タマルを辱められ、アブサロムはアムノンを憎悪した。（サムエル下一三・1－22、傍点筆者）

1、4、15節の傍点部分が「アガペー」「アガパオー」（それぞれ ἠγάπησεν, ἀγαπῶ, τὴν ἀγάπην ἣν ἠγάπησεν）であり、明らかに恋愛・性愛を指して「アガペー」や「アガパオー」が用いられていると言わなければならない。このように描かれるアムノンの「アガペー」や「アガパオー」のどこが「尊びの愛」や「尊び愛す」なのか。少なくともここでは口語訳のように「恋」「恋する」と訳すか、他の場合とも一貫してということであれば、この新共同訳のように、「愛」「愛す」と訳す他ないのではないか。

それだけではない。「憎しみ」の反対は日本語では「愛」なのであり、15節は「その憎しみは、彼女を愛したその愛よりも激しかった」と訳すことが、日本語の使用法に照らしても、また愛憎の事実に照らしても、動かしようのないところではないか。

確かにこの記事は「恋」としての愛が持つ本性を何と見事に描いていることであろう。聖書が人間の赤裸な現実をいかに深い真相で描くか、聖書の「真実性」「迫真性」ということに思いを致しながら、筆者も以前にはこのように読んで、何の疑問も抱くことはなかった。しかし、「〈尊びの愛〉としてのアガペー」の問題に取り組み、本格的に「アガペー」「アガパオー」の吟味・検討を行いながら、あらためて読み直してみると、地殻変動が起こるのを経験し、驚愕させせられたのである。

筆者はこれまでアムノンという王子はあらゆる点で弱い人間の代表であるように思って来ていた。「代表」であるということは、どんな弱い若者も、一歩踏み外せばこのアムノンのようになる可能性と完全に無縁ではないということである。恋に落ちれば、どんな人間も多かれ少なかれ正常な平常心を失うのであり、それでも相手が好意で応えてくれれば平静と正常を取り戻すものの、相手が向こうを向くときからは、何としてもこちらを向かせようと、日夜全身全霊の力を傾け、ために生活のリズムは乱れ、バランスは崩れ、心身の全生活の要が狂い出すことはごく普通のことではないか。アムノンはその恋に病み、盲目になり、狂ってしまった。燃えさかる情欲をもはや制御することはできず、行き着く最後まで行ってしまった。そして思いを遂げたその瞬間、欲情の衰退するのに比例して恋は正反対へと豹変し、覚めて見る現実の恐ろしさに、八つ当たり的に相手に「報復」を加えるに至る。……どんな人間も狂ってしまえばそこまで行くのかもしれない……と、背筋に寒い戦慄を感じながら、人はこの歴史の記事を読むのではないか。――ここに示されているのは「恋愛」「性愛」の利己性以外の何ものでもないと、人間に本源的な利己性の半面に思いを致しながら。

しかし、――しかしである。本当にそうなのであろうか。この記事の全体を貫いているものは恋と性の利己性以外の何ものでもないのであろうか。別のものである可能性はないか。2節に「タマルは処女で、手出しをすることは思いもよらなかったので、妹タマルへの思いにアムノンは病気になりそうであった」とあるのはどういうことか。妹のタマルという女性は何と気高い品位を持す女性であることか。そして欲望を遂げた後のアムノンの逆上は何なのであろう。というのも、欲望がかなえられなかったために怒り狂うということなら分かる。しかし、そうではなく、欲望はかなえられたのである。自分の思いが遂げられたのに、怒り狂うとはどういうことか。もしかすると、アムノンは自分の思いが遂げられたわけではなかったのではないか。つまり彼の「思い」――彼が真に望んでいたことは別のことだったのではないか。彼は何がどうあることを望んでいたのか。

もしかすると、アムノンはやはりタマルを「尊び愛し」ていたのではないか。彼がタマルに心を奪われたのは、単にタマルが美しかったからか。美しいと言っても、どのような美しさか。単に顔がきれいで、容姿が美しく、セクシュアルだということか。アムノンは彼女のいわゆる肉体美に惹かれたのか。肉体美への肉欲から彼女を愛したのか。それならなぜ「タマルは処女で、手出しをすることは思いもよらなかった」のか。タマルはダビデ王の娘、王女である。王の娘にふさわしい気品と精神的な美しさを湛えた女性であったのではないか。彼女には侵しがたいところがあり、だからアムノンは手出しをすることなど思いもよらず、悶々としたのではないか。彼は「尊い」品格に溢れる王女タマルをやはり「尊び愛し」たのではないか。[36] 更に、アムノンが兄弟－姉妹間の結婚を禁じている律法（レビ一八・9、二〇・17、申命二七・22）を知っていたのであれば、律法を犯すことなど考えもしない一定の品位が彼にもあったのではないか。「尊び愛す」ことはそうする当人が「尊い」品性を保っていなければ、なし得ない。

そういうアムノンにヨナダブが強姦――アムノンがそれまで夢想だにしなかったこと――を示唆する入れ知恵をする。その瞬間からアムノンは蛇に入れ知恵されたイヴになる。「尊い」女性に心惹かれ、「尊び愛し」ていた、つまり自分自身も「尊さ」を保ちながら相手を「尊い」存在として高くに押し戴き、節度を保ちながら思い悩みの内に愛していたアムノンが、その瞬間から、魔力にとりつかれて狂い出し、電気仕掛けされたロボットになる。もはやアムノンは死に、魂の抜けた別人が動き出す。別人は描き示された筋書き通りに動く。そしてついに事に至る。しかし事果てた瞬間にアムノンが目覚める。別人が声を立てて笑いながら逃げ、アムノンが生き返る。

アムノンの逆上――それは生き返ったアムノンが本来の彼に返りながら、もはや本来の彼ではなくなってしまったことを見出している全存在からの腹立ちではないか。何人からも侵されてはならない威厳ある「尊さ」を湛えた美しい一人の女性、王の娘である一人の女性を、自らも王の長子として威厳と「尊さ」を保ちつつ愛し、悶々としていたときのアムノンが願っていた女性との関係はこのようなことではなかった。二人が共に「尊さ」を保ちながら、「尊び愛し合う」ことであった。アムノン――本来のアムノンはそうあることを願っていた。しかしそれが見るも無惨な姿でなし崩れた。女性の尊さは侵された。侵したのは、死んでも認めたくないが、自分である。自分ではない自分である。しかし他ならぬ自分である。女性の尊さは侵された。しかし自分の尊さも侵された。もはやアムノンはアムノンでなくなってしまった。今後永久に。アムノンの自尊心はもはや取り返しようがなくずたずたになってしまった。自尊心が息を吹き返し、もはや永久に回復されない傷を負っている自尊心自身を見せつけられて、狂うように荒れている――それがアムノンの逆上ではないか。その荒れ狂いの中で、もはやすべてが自分の敵である。すべてが憎い。まずタマルが憎い。「そして、アムノンは激しい憎しみを彼女に覚えた。その憎しみは、彼女を愛したその愛よりも激しかった。」しかし、憎かったのはタマルだけか。事実は、何よりもまた、いや何よりも真っ先に、自分自身ではなかったか。自己嫌悪こそがタマルへの嫌悪の源泉ではなかったか。自己の醜悪に嫌悪するところには未だ死んでいない自尊心がある。アムノンの自尊心は死んでいない。それは今目覚め、生き返った。しかしそれは遅すぎた。瀕死の傷を負って、それは今かろうじて、よろめきながら、立ち上がっているに過ぎない。彼の「尊さ」は死んでいない。しかし彼は今それを自分に見出すことはできない。彼はこのままでは危ない。彼は一層身を持ち崩して行くかもしれない。

事実はこのようであった――そういう可能性はないであろうか。[37] このことを見た上でもなお、私たちは次のように訳すことは強引で、不自然であると言うことができるであろうか。

ただ、既に述べたように、「アガペー」「アガパオー」はそれぞれ一語であるのに、これを「尊びの愛」「尊び愛す」という合成語に置き換えることはどうしても不自然さを伴うことは否めない。そこで、ここでは思い切って「アガペー」「アガパオー」を、尊びの意味合いを奥深くに含む日本語、「慈しみ」「慈しむ」に置き換えて

みることも試みよう。それを括弧内に入れて、書き添えることにする。問題は同じである。アムノンが引き起こ
した忌まわしい事件について、上に述べて来たことを見た上でもなお、私たちは「アガペー」「アガパオー」を
「慈しみ」「慈しむ」と訳すことは強引で、不自然であると言うことができるであろうか。

[1]その後、こういうことがあった。ダビデの子アブサロムにタマルという美しい妹がいた。ダビデの子ア
ムノンはタマルを尊び愛していた（慈しんでいた）。[2]しかしタマルは処女で、手出しをすることは思いもよ
らなかったので、妹タマルへの思いにアムノンは病気になりそうであった。[3]アムノンにはヨナダブという
名の友人がいた。ヨナダブはダビデの兄弟シムアの息子で大変賢い男であった。[4]ヨナダブはアムノンに言
った。「王子よ、朝ごとに君はやつれていく。どうかしたのか。どうして打ち明けないのだ。」アムノンは彼
に言った。「兄弟アブサロムの妹タマルを尊び愛して（慈しんで）いるのだ。」
[5]ヨナダブは言った。「病気を装って床に就くとよい。父上が見舞いに来られたら、『妹タマルをよこして
ください。何か食べ物を作らせます。わたしに見えるように、目の前で料理をさせてください。タマルの手
から食べたいのです』と言ったらよい。」
[6]アムノンは床に就き、病を装った。王が見舞いに来ると、アムノンは王に言った。「どうか妹のタマル
をよこしてください。目の前でレビボット（『心』という菓子）を二つ作らせます。タマルの手から食べたい
のです。」
[7]ダビデは宮殿にいるタマルのもとに人をやって、兄アムノンの家に行き、料理をするように、と伝えさ
せた。[8]タマルが兄アムノンの家に来てみると、彼は床に就いていた。タマルは粉を取ってこね、アムノン
の目の前でレビボットを作って焼き、[9]鍋を取って彼の前に出した。しかしアムノンは食べようとせず、そ
ばにいた者を皆、出て行かせた。彼らが皆出て行くと、[10]アムノンはタマルに言った。「料理をこちらの部

屋に持って来てくれ。お前の手から食べたいのだ。」タマルが、作ったレビボットを持って兄アムノンのい
る部屋に入り、[11]彼に食べさせようと近づくと、アムノンはタマルを捕らえて言った。「妹よ、おいで。わ
たしと寝てくれ。」[12]タマルは言った。「いけません、兄上。わたしを辱めないでください。イスラエルでは
許されないことです。愚かなことをなさらないでください。[13]わたしは、このような恥をどこへもって行け
ましょう。あなたも、イスラエルでは愚か者の一人になってしまいます。どうぞまず王にお話しください。
王はあなたにわたしを与えるのを拒まれないでしょう。」
[14]アムノンは彼女の言うことを聞こうとせず、力ずくで辱め、彼女と床を共にした。
[15]そして、アムノンは激しい憎しみを彼女に覚えた。その憎しみは、彼女を尊び愛したその尊びの愛（慈
しんだその慈しみ）よりも激しかった。アムノンは彼女に言った。「立て。出て行け。」[16]タマルは言った。
「いいえ、わたしを追い出すのは、今なさったことよりも大きな悪です。」だがアムノンは聞き入れようと
もせず、[17]自分に仕える従者を呼び、「この女をここから追い出せ。追い出したら戸に錠をおろせ」と命じ
た。[18]タマルは未婚の王女のしきたりによって飾り付きの上着を着ていたが、アムノンに仕える従者が彼女
を追い出し、背後で戸に錠をおろすと、[19]タマルは灰を頭にかぶり、まとっていた上着を引き裂き、手を頭
に当てて嘆きの叫びをあげながら歩いて行った。
[20]兄アブサロムは彼女に言った。「兄アムノンがお前と一緒だったのか。妹よ、今は何も言うな。彼はお
前の兄だ。このことを心にかけてはいけない。」タマルは絶望して兄アブサロムの家に身を置いた。[21]ダビ
デ王は事の一部始終を聞き、激しく怒った。[22]アブサロムはアムノンに対して、いいとも悪いとも一切語ら
なかった。妹タマルを辱められ、アブサロムはアムノンを憎悪した。[38]
（サムエル下一三・1－22）

4 「α」の語義に関する研究論文との対峙

以上のようにして、筆者は古典時代の文献のほんの少し、また『セプチュアギンタ』の重要な部分の「アガペー」「アガパオー」の意味合いを検討し、それが確かに「尊ぶ」ということを根底に、奥深くに、持つ愛を言い表すらしいという確信を、さらにまた深めたのであった。これらの語はそもそもの語源から「尊び」の意味合いを含み、古典時代から『セプチュアギンタ』の時代を経て新約聖書の時代に至るまで、一貫してその意味合いを保持したのだ。新約聖書はそのことからは独立に、元々尊びの愛を説く新しい思想の書物として登場したが、その思想を伝えるのに格好・絶好の言葉としてこれらの語を用いたのだ。――そう思ったのであった。それを論文にも書き著し、この二語は新約聖書の中に用いられたために初めて「尊び」のニュアンスを帯びたのではなく、むしろ元来そのニュアンスを帯びていたからこそ新約聖書の中で主要概念を表す語として採用されたのだ――同時にそれによってその意味合いを測り知れなく深化させはしたが――という筆者の見解を披瀝したのであった。

ところが、実は、それと前後して或る論文を読み始めたところ、その主張が筆者のこの考えに大きく立ちはだかるということを知って衝撃を受けることとなった。それはベンジャミン・ウォーフィールドの「新約聖書における愛を表す語の用法」(B. B. Warfield: "The Terminology of Love in the New Testament", *The Princeton Theological Review*, January & April, 1918) という大部の論文である。この論文はタイトルからは新約聖書だけを扱っているかのように見えるが、実際は反対で、古典時代の諸文献から『セプチュアギンタ』はもちろん、新約聖書時代の使徒教父やユダヤ教徒の諸文献にも、普く目を配りながら、「アガペー」「アガパオー」の用法を丹念に、委曲を尽くして精査している論文で、従ってアガペー研究、とりわけ「アガペー」の語義の研究にとって必読のものであり、この論文に正面から向かい合うまでは、筆者の見解も自らの正当性を主張し得るものとはなり得ないと思われたのであった。

この論文には広範な目配りの下に周到な研究を行っているという際だった特徴があり、その一つは、今述べた通り、取り扱った資料の膨大さと、徹底した丹念で精緻な用語分析にあるが、もう一つは、単に「アガペー」「アガパオー」のみを扱うのでなく、その類義語を含めた四語の意味合いの比較考証を行っていることである。序論でも述べたように、言葉の正確な意味合いを知るためには類義語との比較は不可欠であるが、この点でも広範な目配りの下での周密な研究がなされているのである。そして、それも、四語が現代に至るまで辿った盛衰の歴史をも考慮に入れて行っており、従って新約聖書で用いられている「アガペー」「アガパオー」を古代から現代に至る歴史的流れの中に位置づけて把握・分析している――その点でも広範な目配りに立つ研究論文であり、こうして一層必読の研究論文なのである。

このような次第であるので、以下、この論文におけるウォーフィールドの主張を見ることにしよう。長大なこの論文を洩れなく紹介することは煩瑣に堕することであるので、重要な論点を整理して紹介することに努める。ただ、それでもかなり長いものになるが、本書の目的であるaの意味合いをできるだけ正確につかむためには、やむを得ない。

(1) ウォーフィールドの論文「新約聖書における愛を表す語の用法」

序にも述べたように、元々古代ギリシア語にはほぼ「愛」を言い表す語として「ストルゲー」「エロース」「フィリア」「アガペー」(または「アガペーシス」)(動詞形では「ステルゴー」「エラオー」「フィレオー」「アガパオー」)があったが、それぞれの意味合い(ニュアンス)はどう違うのか、それぞれはどういう愛し方を言い表す語だったのかという問題はアガペー研究の出発点に位置する最も基本的・根本的な問題である。ウォーフィールドのこの論文はまさしくそれを問題にしているのである。日本語について同様のことを行うとすれば、広く愛を言い表す日本語の古語には、動詞で、「こふ」「いとおしむ」「めづ」「いつくしむ」「むつぶ」(漢字を当てれば、「恋ふ」「愛おしむ」「愛づ」「慈しむ」「睦ぶ」)などがあるが、その意味合いの違いは何か、それぞれはどういう愛し方を言い表しているのかということを問題にすることであるが、それをギリシア語に関して行っているのである。

ところで、いきなりギリシア語に関するウォーフィールドの議論を見ることは、筆者自身の経験からして、今一歩理解することが容易でない――少なくとも肌に馴染むように「実感」を伴ってしっくり摑むことが難しい可能性があるので、ウォーフィールドが問題にしているのと同様のことを仮に日本語の現代語で問題にするとしたら、どういうことになるか、試してみるところから始めることにしよう。

(a) 日本語の「愛す」関連の語の関係

現代日本語で「愛す」ことを言い表す動詞には、「愛す」の他に、「恋(を)する」「好きになる(好く)」「愛おしむ」「愛でる」「睦まじくなる」「慈しむ」などといった語があるであろうが、この中で最も「包括的な」語は何であろうか。つまり他の語をすべて包み込んで、最も広い意味合いで用いられる語があるなら、それは何であろうか。それは「愛す」であろう。例えば「恋をする」と「愛す」とでは、「愛す」が「恋をする」よりも広いであろう。「恋をする」とは「異性を愛すること」であり、条件付きの「愛す」として「愛す」の中の一つの場合であるから、「愛す」は「恋をする」を包み込むが、「恋をする」は「愛す」を包み込むとは言えない。「恋をし」ていなくても、「愛し」ている場合はあるのであり、「愛す」は「恋をする」の外にもあって、「恋をする」を包み超えているのである。(図1)では「好きになる」と「愛す」との関係はどうか。「好きになる」の外側にも「愛す」はあるか。つまり「好きになる」とは言えないのに、「愛す」と言える場合があるか。やや考えさせられるところであるが、あるであろう。例えば反抗的で好きになれない生徒をなお「愛す」教師のように。好きでなくても愛す場合があるのであるから、こうして先程の「恋する」と同様、「好きになる」は「愛す」の一部であり、「愛す」は「好きになる」を包み含む。同様のことは「愛おしむ」「愛でる」「睦まじくなる」「慈しむ」と「愛す」との間でも言えるのではないか。これらのことをしないでも「愛す」場合はあり、これらのことの外にも「愛す」はあるのに対して、「愛す」ことなしにこれらをすることはあり得ないから、「愛す」はこれらをすべて包んでいて、これらは「愛す」の一部である。従って、「愛す」はこれらのあらゆる愛し方を自分の内に含んでいる語、言い方を換えれば、あらゆる愛し方を指して用いることのできる語、最も包括的な、最も広い意味合いの語であろう。

ところで、こうであるということは、「愛す」という言葉は、他の語が用いられている場合に、そのどれにも置き換えることができるということであろう。「彼は彼女に恋をした」は「彼は彼女を愛した」に置き換えることができるし、「彼はその犬が好きになった」は「彼はその犬を愛した」に置き換えることができ、他も同様であろう。「彼女はその花を愛でた」は「彼女はその花を愛した」と言い換えることができ、「二人は友として睦まじくなった」は「二人は友として愛し合った」に、「母親は我が子を心から慈しんだ」は「母親は我が子を心から愛した」に置き換えることができる。しかし逆は必ずしも成り立たない。「彼は彼女を愛した」は「彼は彼女に恋をした」であるかもしれないが、そうではなく「彼（教師）は彼女（反抗生徒）を慈しんだ」であるかもしれない。こういう風になるのは「愛す」は最も広く、「恋する」の他に「慈しむ」も含むから、「愛す」と決まったからと言って、二つのいずれかに決まるわけではないということであるが、そのことは言い換えれば、「愛す」という言葉は意味が細かく規定されずに、広くゆるやかな意味で使われるのに対して、他の語は特殊な、特有の、意味合いで使わ

図1

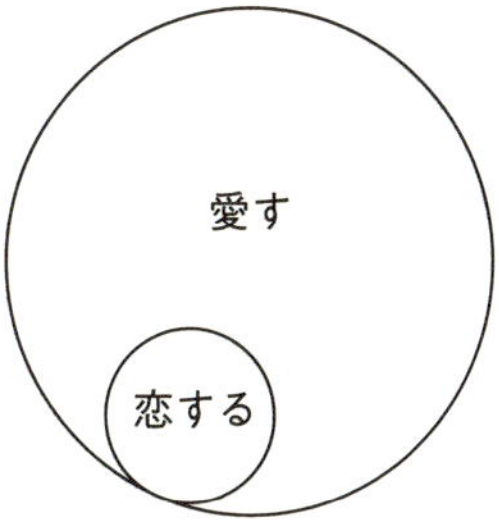

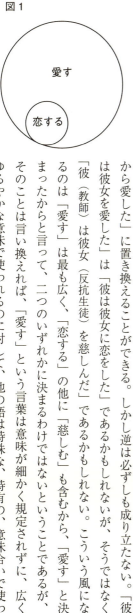

図2

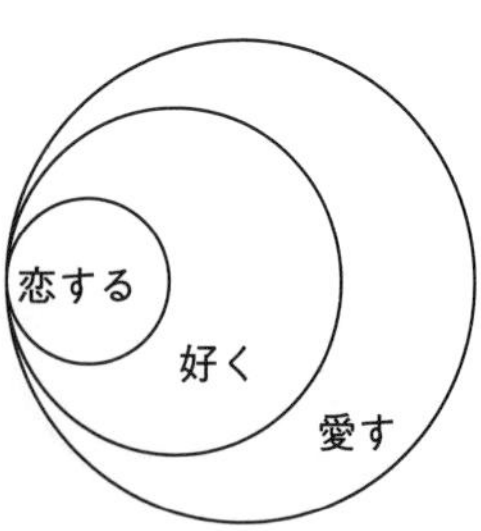

れるということであろう。

「愛す」という言葉はどのように愛すかは示さないのである。そしてそうであれば、例えば「彼女はその花を愛でた」は「彼女はその花を愛した」と言い換えることができるけれども、しかし二つは全く同じ意味だとは言えないということであろう。いや、「特に違わない、同じ意味だ」と言える場合もあるであろう。それは語り手が「愛でる」と「愛す」との違いをことさら意識することなしに語っていた場合である。しかし或る人は二語の意味合いの違いをはっきりと意識し、「愛す」という言葉を避けて、「愛でる」を選んでそう言ったかもしれない。「愛でる」は「愛《め》づ」に由来し、「めづ」は「めづらしい（珍しい）」とつながっていて、珍しいものとして「珍重して愛す」が「愛でる」である。珍しいものに触れた感動の喜びの内に大切に、丁寧に世話をすることを、一々そんな風に細々とした分析はしなくても、直感で一言で「愛でる」と言い表すことができる。そういう日本語の能力を習得した人が、その意味合いを込めながら意識的に「愛でる」を用いたときには、これを「愛す」に置き換えることはできない。そうすることは「愛でる」に特有な意味合いを失って、曖昧な、〝無味乾燥な〟表現に堕することだと感じられるであろう。

以上のことをまとめれば、次のように言えるであろう。「愛す」という言葉は愛すこと全般を広く、しかしそれだけに、ゆるやかに、つまり特別な意味合いを含まずに、言い表す語であり、従って愛すことを厳密さ抜きに大まかに言い表そうとするときに用いられるのに対して、他の言葉は特有の愛し方を言い表す特有な意味合いの語であり、この特有な意味合いを意識的に言い表そうとするときに用いられる――こうである。

こうして、それぞれの語の意味合いの広がりを円で表すとすれば、「恋（を）する」「好きになる（好く）」「愛おしむ」「愛でる」「睦まじくなる」「慈しむ」の円はどれも「愛す」という一つの円の中に収まるのであるが、では、この六つの特有の愛し方は互いに対してどう関係するのであろうか。筆者の見るところでは、この中で一番狭く、ほとんどの円の中に入るのは「恋をする」である。相手に恋をすれば、相手を必ず好いているであろうが、相手を好いていれば、必ず恋をしているとは言えないから、「好きになる」は「恋をする」以上に広い。（図２）これと同じことは「恋をする」と「愛おしむ」「愛でる」「睦まじくなる」との間でも言えるであろうから、「恋をする」はこれらのすべてに含まれるであろう。ただ、相手に「恋をする」人は必ず相手を「慈しむ」かと言えば、それはそうではなく、慈しみながら恋する場合と慈しまずに恋する場合がありそうであるから、「恋をする」の円と「慈しむ」の円は互いに一部だけで重なり合い、一方が他方の中に含まれるということにはならないであろう。（図３）

上：図３　下：図４

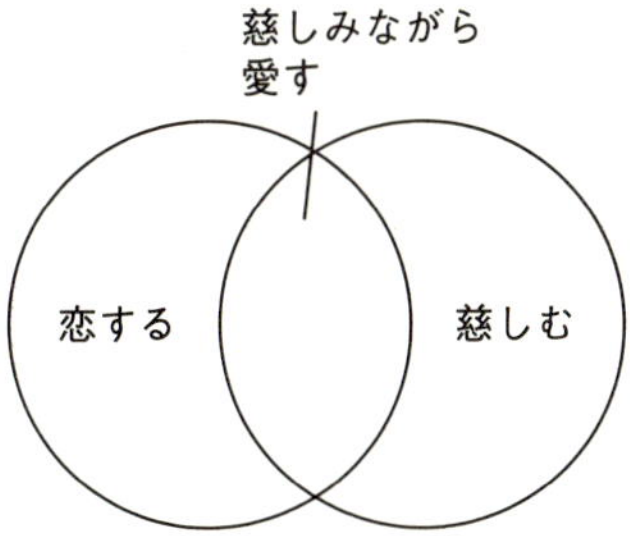

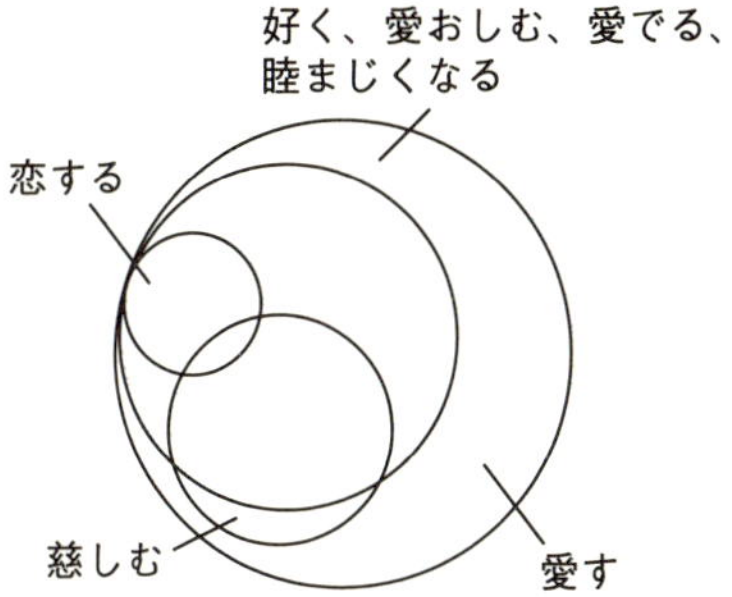

では、「好きになる」と他のものとの関係はどうか。「恋をする」人以外にも、「愛おしむ」人、「愛でる」人、「睦まじくなる」人は必ずその相手を「好いている」であろう。一方、逆は必ず成り立つとは言えなくても、ほとんどの場合は成り立つであろう。従って、「好きになる」と「愛おしむ」「愛でる」「睦まじくなる」は特有の意味合いを意識しなければ、ゆるやかに交換可能であり、大部分が重なり合うであろう。「睦まじくなる」だけは人間同士あるいは動物同士に限られるという制限があるであろうが。最後に「慈しむ」と「好きになる」の関係は、反抗娘を「好きになる」ことなしに「慈しむ」ことはあり得るし、また「慈しむ」ことなしに「好きになる」こともあるはずであり、そしてもちろん「好きになる」と共に「慈しむ」場合はもっと普通にあるから、「好く」と「慈しむ」との関係は先ほどの「恋する」と「慈しむ」

との関係のようになるであろう。以上のことをすべて込めながら、円で関係を示すと、図4のようになるであろう。

以上述べたことには部分的には異論もあるかもしれないが、ここではこれ以上問題にしようとは思わない。これを厳密に受け止めて頂くことは必要なく、ただ、こんなことが問題になり得るのだなという程度に受け止めて頂けば結構である。というのも、これを行ったのは、ウォーフィールドがどういうことを問題にしているかということを少しなりと実感を伴いながら理解して頂けるよう、試みに行ったことに過ぎないからである。いよいよウォーフィールドの主張を見ることにしよう。

図5

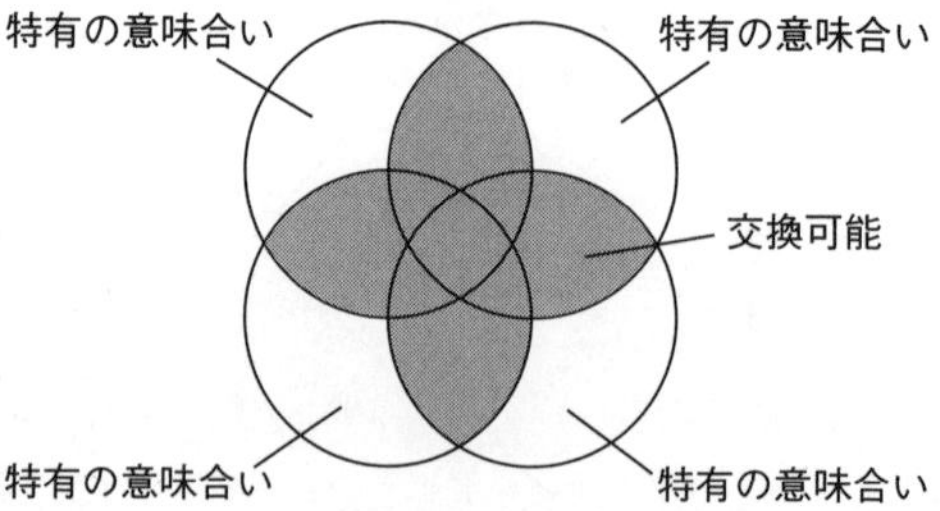

古代ギリシア語「ストルゲー」「エロース」「フィリア」「アガペー」（または「アガペーシス」）がどれもほぼ「愛」を言い表す語として通用していたということは、これらが「類義語」だったということである。「類義語」は厳密な「同義語」ではない。類義語は、既に「愛でる」と「愛す」で見たように、ほとんど意味の違いが問題にならずに置き換えられる場合もあるが、しかし厳密になれば、かすかな意味合いの違いにもかかわらず交換できなくなる。つまり「類義語」は「同義語」と「異義語」の両面を持っているのである。では、ギリシア語の四語が類義語だったとき、四語はどういう関係にあったのであろうか。ウォーフィールドは先ずこのことを問題にするところから論文を始めるのである。

(b) ギリシア語四語の関係

四語が一方で大まかな同義語として交換可能な部分を持ち、もう一方で厳密には異義語として交換できない部分を持っていることを四つの円の図で示すとすれば、普通は、円が重なり合う部分が大まかに共通の意味合いで

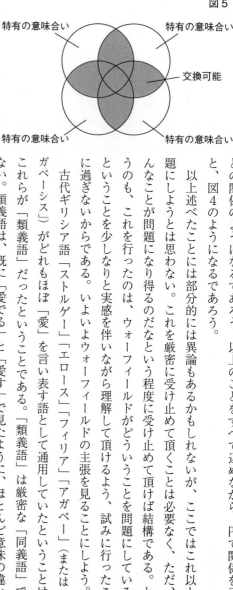

交換可能な部分であり、そこからはみ出す外側の他のどれとも重なり合わない部分が特有の、交換できない意味合いの部分であるというように考えられるのではないか。全体は図5のようにイメージされるのではないか。しかしウォーフィールドはギリシア語の四語についてはそれを否定し、四つの円はみながほぼ重なり合うと言う。四語は一つの円として重なり合って、基本的に交換可能な共通の意味合いの円としてありながら、しかも必要な場合には、それぞれの特有の意味をはっきりと表す。（図6）――こういう主旨のことを彼は述べるのである。

「我々が言おうとしていることは、これらの語は類義語として共通の地盤（common ground）を覆いながらも、その縁を越えて特定の場所に延びて行き、そこを全くの自分固有の追加領域として占有しているということではなく、むしろ、みなが同様に覆っている共通の地盤の内部で、それぞれが特有の性質や様相を持っていて、それを自分だけが強調したり、自分だけが見えるようにすることに適している、といった具合にこれらの語は使用されているのである。」（三頁）これはギリシア語の四語は、先程見た日本語の場合のように、一つの語の円だけが大きく、他の語の円はその中に含まれるということはなく、全部が同じ大きさの円として重なり合いながら、しかもそれぞれが特有の意味合いを持っているということである。これはいったいどういうことであろうか。

図6

正直言って、この主張には少々面食わされる。四語の円が重なるということは、日本語の場合に「好きである」と「慈しむ」の二つの円が交差して、それぞれ一方だけの場合と、両方が重なる場合との三つになるというようなことがないのであろうか。また「エロース」という語は、日本語で「エロス」と言ったり、「エロチック」と言ったりするときに感じるように、多分に肉欲的な「色恋」のことを言うのではないかと思っているのに、それが日本語の「恋をする」のように、他の円の一部になることはないとはどういうことか。日本語の場合には、「恋をする」は通常は異性を対象として愛することであり、「恋をする」の外側にそれとは違う愛し方の領域があるから、

「真理を愛す」とは言えても、「真理を恋する」とは言えないが、「エロース」にはそういうことはないのか。ギリシア人は「真理を恋する」と言ったのか。恋とそれ以外の愛とを区別しなかったのか。そういえば、英語の love は「恋」をもそうでない愛をもひっくるめて言い表す。それと似たことか。それとも「エロース」は「恋」だという理解がそもそも間違っていたのか。各語に特有の意味合いがあることはウォーフィールドも否定していない。「エロース」に特有の意味合いとは「恋」でなければ、何なのか。他の三語それぞれに特有の意味合いも何なのか。

これに対するウォーフィールドの答えは、「エロース」は「恋」であるとは限らないというものである。そして、英語の love と同様に、「恋」をもそうでない愛をもひっくるめて言い表す語であると言うのである。そして、それだけでなく、他の三語もそれと同様だと言うのである。それが四語が重なり合い、その上でそれぞれの特有の意味合いを持っているということに他ならない。しかしそれが理解できない。日本語の場合のように四つの円が重なり合って、突き出た部分があるというわけではないのに、しかも特有の意味があるとはどう理解すべきなのか。重ねて問わなければならない。「エロース」とはいったいどういう愛なのか。また他の三語はどういう愛なのか。

(c) 四語特有の意味合いとゆるやかな同義性

ウォーフィールドは四語の特有の意味合いについて次のように言う。「それぞれの特別の意味合い (implication) を敢えてただの一語で言い当てるなら、あるいは次のように言えるかもしれない。ステルゲイン[39] (στέργειν) についてはそれは自然 (nature) である。エラーン (ἐρᾶν) については情熱 (passion)、フィレイン (φιλεῖν) については喜ばしさ (pleasurableness)、アガパーン (ἀγαπᾶν) については尊さ (preaciousness) である。」(三頁) そして続けて次のように言う。「愛 (love) の観念はこれらのことをすべて含んでおり[40]、従って、愛がそれぞれの語の特別の意味合いの角度から熟慮されていさえすれば、愛を語る際にこれらの語が別々に心に浮かんで来る。[41] 自然な愛情（affection）の発露が問題ならばステルゲインが最も表現に叶う用語である。心を奪う情熱（passion）の盲目的な衝動が問題なら、エラーンである。対象の中に我々に喜ばしさ（pleasure）をもたらすものを知覚したために焚きつけられた心の燃え上がりが問題の時には、フィレインである。対象の中に我々を賞賛させる価値があることに目覚めさせられた感覚が問題ならば、アガパーンである。いずれの語もその特別の意味合いが語り手の心に完全に感じられることがなくなって用いられることはないということは確かである。しかし、にもかかわらず、どの語も実際にはどんな種類の、どんな程度の、愛にも採用されているのであって、それはそもそも愛の感情を呼び起こすことに適していながら、その愛が多くの角度から近づかれず、別の観点から見られ得ないなどという対象は存在しないからである。[42]」（三頁）

論文を読み進む内に、またくり返し読む内に、次第に見えてくることは、ウォーフィールドが四つの円が重なるということで言おうとしていることは、四語が適用される対象の範囲に関してであって、四語は適用される対象に関して大きな差がないということなのである。つまり、どれも異性に対しても、親子間でも、その他の人間間でも、そして何よりも神に対しても用いられる点で変わらないということなのである。それが「どんな種類の愛にも採用されている」と言われていることである。また、おそらく「どんな程度（degree）の愛にも」と言われていることも同じで、彼は愛に高次の愛と低次の愛を区別し、四語はそのどれにも使用されると主張するのである。しかし「程度」という言葉は激しさから穏やかさまでの段階を言っているのかもしれない。例えば通常はエラーンが一番熱烈であるが、フィレインにもアガパーンにも熱烈である場合はあると言われるからである。従って両方の意味に取った方がよいであろう。従って、全体として、四語はどんな対象にも、高次の愛にも低次の愛にも、そしてまたどんな激しい愛にも穏やかな愛にも用いることができたということである。ただし通常は四語のいずれを用いるかは、それぞれの語の特有の意味合い——自然さ・情熱・喜ばしさ・尊さ——を意識しながら選ばれた。「愛がそれぞれの語の特別の意味合いの角度から熟慮されていさえすれば、愛を語る際にこれらの語が別々に心に浮かんで来る」のである。しかし特にそれを意識しなければ、四語はどれでもよいようにして用いられた。というのも、「そもそも愛の感情を呼び起こすことに適していながら、その愛が多くの角度から近づかれず、別の観点から見られ得ないなどという対象は存在しないからである。」

以上の主張には幾つかの重要な、貴重な点が含まれていることが感じられる。①一つは、「エロース」とは「恋」であるとは限らない、しかし恋の場合に最も強烈に現れるとは言える、「心を奪う情熱の盲目的な衝動」から生まれる愛を言い表す語であったということである。また、「アガパオー」に特有な意味合いは「尊さ」であったということである。「アガペー」は「尊びの愛」ではないかという関心を持っている筆者にとって、このことはこの上なく重要である。②第二に、こうして四語はそれぞれに特有の意味合いを持っていた、つまり厳密には「異義語」だったのであり、ギリシア語の語り手が四語を用いるときに、意味合いの違いが「完全に感じられることがなくなるということはなかった」ということである。③第三に、にもかかわらず、注意して言葉を選ばずに用いたときには四語はどれを用いてもよく、言い換えれば交換可能であり、ゆるやかに「同義語」であったということである。例えば、これから詳しく見るように、神を「愛す」ことは四語のいずれによっても言い表されたのであるが、それは神への愛には自然な愛の側面も、激しい情熱の愛の側面も、喜ばしい愛の側面も、尊びの愛の側面も、見て取れたからである。

この中で②と③はウォーフィールド自身の主張として極めて重要である。というのも、これに逆らうように、「フィレオー」と「アガパオー」とは「特に意味の違いはない」「同義語」だとする見解がしばしば、粘り強く、見られるからである。しかしギリシア語以上にと言ってもよいほどに、愛の微妙な意味合いの違いを表現できる言語を持っている日本人の感覚からして、異なる語が「同義」であると言い切ることを受け入れることができるであろうか。日本語に関しては、例えば「愛でる」について既に見たとおり、特有の意味合いを意識しながら特にその語を選んで用いる場合と、大差なくゆるやかに「愛す」を初めとする他の語と交換可能に用いる場合とがあるのが事実であり、それはギリシア語についても同様ではないか。厳密な異義性とゆるやかな同義性との、使い方に応じて分かれる二面性を認めるウォーフィールドの見解は極めて正当であるように思われる。四語は決して「同義語」ではなく、どこまでもやはり「類義語」なのだと思われる。

以上、ギリシア語四語の意味合いや関係についてのウォーフィールドの見解を見てきたが、最後に、一つだけ心に引っかかる問題がある。それは日本語の場合とギリシア語の場合とで大きな違いがないのであれば、日本語の場合に示した図はウォーフィールドがギリシア語の場合に示した同一円の図に描き改めることもできるのか、である。つまり日本語の「愛す」の類義語は共通にあらゆる対象に適用できると言えるか。日本語はそうは言えないのではないか。というのも、既に述べたとおり、日本語の「恋する」という語はまず男女間の恋愛の意味でしか用いられず、また「慈しむ」は、これも既に述べたように、上の者から下の者にしか用いられないからである。日本語ではそもそも人間が「神を愛す」という言葉遣いが、ということはそういう思想そのものが、元々なかったであろうが、従って、「恋する」「愛でる」「愛おしむ」「睦ぶ」等も神への関係に用いられることはないであろう。

(d) ウォーフィールドの詳細な考証

ウォーフィールドの論文は彼が属していたプリンストン大学刊行の雑誌に二回にわたって掲載され、従って前後二篇からなるのであるが、前篇で彼が主張しようとしていることは、要点を最も簡潔に捉えるならば、以上見て来たことだと言うことができる。それは前篇の最初の部分で書かれていることであるが、これに続く部分は、以上で述べられたことを詳しいデータで裏付けることに徹していると見ることができるのである。すなわち彼はこの後、ギリシア語四語が一方で特有の意味合いで、もう一方で同義的に、実際にどのように使用されていたかについて、膨大な資料で詳細な考証研究を行った成果を縷々報告するのである。ここでそれを全部見ることは到底できない。従って「アガペー」を中心に見ることとし、また重要な点を選んで取り入れることとしよう。

ウォーフィールドは「ストルゲー」「ステルゲイン」、「エロース」「エラーン」、「フィリア」「フィレイン」、「アガペー」「アガパーン」の順で、それぞれが用いられている実例を紹介しつつ、その文脈から正確な意味合いを探ることを行っているのであるが、同時に、先程の②と③に当たること（②四語には特有の意味があること、③四語は他の語が用いられる対象にも共通に用いられること）にも絶えず目を向けている。そこで、今後彼が②と③に当たることを述べている箇所には括弧内に「異義性（ないし同義性）への言及」という語を書き添え、注意を喚起するようにしよう。

なお、当然ながらウォーフィールドの主張に対して筆者の見解を述べたくなる場合が起こるが、ウォーフィールドの論述は極めて長きに及ぶものであるので、それを全部見終わってからではなく、その都度書き添えることにしたい。

ストルゲー・ステルゴー(43)

ウォーフィールドはまずシュミット(44)（J. H. Heinrich Schmidt）の次のような解説を引用し、それは基本的に正しいと認める。「ステルゲインは〔エラーンのように――著者〕情熱的な愛や気持ちを、また我々の心を虜にし、我々の心に明確なゴールを与える或るものへの渇望を指すことはない。むしろそれは我々の内にある静かな永続的な感情を言い表す。それは自分に身近な対象の内に安らいながら、自分がそれに密接に結びつけられていることを認め、それを認めて満足しているのである。この種に属するのは両親への愛、妻子への愛、とりわけ自分と密接な縁者への愛、それから自分の国家や国王への愛である。」「従ってステルゲインには、人間に自然に（by nature）備わっている心の内的生命が表出している。一方、フィレインは或る人物や事物との交渉から湧き出てくる、あるいは或るものの中にある自分に好ましい（agreeable）性質[45]によって呼び出される、心の傾斜を示している。そしてエラーンは外に向かって迫って行って（press）、満足を求める情熱を表現しているのである。」（四頁）これによれば、「ストルゲー」は要するに自然な愛――この場合、日本語では「愛情」という語の方がよりふさわしいのではないかと思えるが――生まれながらの自然な愛情、また自然に養われ、育まれる愛情を指し、親子・夫婦・親族間の愛情、また自分の周囲の、自分を守ってくれるものへの愛情、例えば国家や国王への愛情なのである。それは通常は激しく燃え上がるようなものではなく、自分がそれに密接に結びつけられていることを認めて満足している、安らいだ、落ち着いた愛情のことである。

特有の意味合いについてはこの引用で済ませて、ウォーフィールド自身はむしろこのストルゲー特有の意味合いを外れる用例について先ず言及する。具体的には恋愛の場面で用いられる例である。（――同義性への言及）例えば、プルタークは、前妻を捨てたペリクレスが日に二回、市場からの出入りの際に接吻して挨拶するなど、度を過ごして（exceedingly, διαφερόντως）アスパシアをステルゴーしたと記した上で、そのアガペーシス[46]（ἀγάπησις）は「むしろエローティケーな（ἐρωτική）類であったように見える」（四頁）と述べるが、ウォーフィールドはそのことを取り上げて、「ここでのステルゴーはシュミットの言う〝静かな、永続的な感情〟云々ではなく、我々がエラオーで言い表されることを予期する、明確にエロティックな愛（a distinctly erotic love）に用いられている」（四頁）と言う。さらにまたクセノフォンが男女の愛（sexual love）の移ろいやすさを問題にしながら、最善の状況では、つまり両者がステルゴーし合っている場合には、どちらかの魅力が薄れてもそれは持続するか、と問うていることを挙げて、ウォーフィールドは「このような複数の文はステルゴー、ストルゲーの適用がいかに広く拡大され、魂の自然な動きとしての愛という特別の意味合いがいかにほとんど見失われているかを示している」（五頁）と述べている。ただ、同時に「それでも、恐らく全く視界の外に退いてしまうということはないであろう。この語の使用は疑いもなく常に何らかの仕方で、問題の愛は自然であることを示唆している。たとえ第二の自然の獲得によってのみ自然になっていると付け加えるとしてもである」（五頁）と続けて述べているのである。（――異義性への言及）ウォーフィールドのこの但し書きは正当だと思われる。というのも、最初の文に関して言えば、プルタークはペリクレスのステルゴーは「度を過ごした」ものになった、つまり普通のものでなくなったから、エラオーに近いと言っているのであり、明らかにステルゴーは本来は内輪の者同志の落ち着いた愛情であることをわきまえて述べているのである。また、後の文に関して言えば、「両者がステルゴーし合っているなら」の意味は「両者が（激しく燃える恋の激情を抜け出て）静かな落ち着いた愛に到っているなら」の意味だと思われるが、この言ってみれば恋の〝成熟〟を通してたどり着いているステルゴーは「第二の自然」のものであろう。ステルゴーが恋愛の領域で用いられる場合でも、ステルゴー本来の語感は完全には失われていないのである。これは重要なことであろう。

ところで、「自然」であることは規範ともなり、自然に背くことは許されないという考えは世の東西を問わず普く存在して来たであろう。ウォーフィールドは自然を基本とするステルゴーにはまさにそのことが起こり、そこから「アストルゴス（ἄστοργος）」は本来自然にあるはずの「ストルゲー」を欠いている恐ろしい意味の語、「高貴な感情によって心が暖められることのない、無感情（unfeeling）で頑なな（hard）人を指す」（六頁）語、loveless、日本語であれば「無情な」「薄情な」「無慈悲な」という語として、新約聖書でも用いられていることに触れる。（六頁）さらにまた、これも自然な成り立ちを基本とする「ステルゴー」に自然なことであろうが、「これは自然な、あるいは社会的な一集団（unit）がそれによって互いに結ばれる、またそういう集団の一構成員から他の構成員に対して当然の義務となる、絆をなす愛を表すのに適切な語である」（八－九頁）すなわちストルゲーは「連帯性（solidarity）の愛」（九頁）であるとも言われる。（――異義性への言及）

ところで、四語の意味合いの円が重なることを主張するウォーフィールドにとって是非とも確かめなければならない問題がある。それは、取り上げる語が、一方では性愛という最も〝低次の〟領域でも用いられたかということであり、また、もう一方では、神との関係の最も〝高次の〟領域でも用いられたかということである。彼は註では「ストルゲー」が「単なる感覚の愛」の意味で用いられることは「比較的稀に」であると述べているが（五頁）、しかしともかくも、恋愛の領域でも用いられていることを示したわけである。しかしさらに気になるのは、人間同士の連帯性のみならず、神と人間との連帯性を言い表すためにも、「ステルゴー」は用いられることがあったのかである。答えは、事実あった、である。その最たる例は、コンスタンティヌス大帝が「聖徒たちの集会」において述べた式辞を「人間の中に植えられている神なるもの（Deity）へのストルゲーをほのめかすことで始め、神の摂理の中に明白に示されている神（God）の人間へのストルゲーを断定することで締めくくる」（一〇頁）ことである。人間から神への関係にも、神から人間への関係にも、ストルゲーは用いられた。このことは「深い意義なしとしない。」（同）（――同義性への言及）ウォーフィールド自身は特に言及してはいないが、コンスタンティヌス帝がこう語るとき、そこにはキリスト教的な「父なる神」と人間との間に、人間の親子間の自然な愛の結びつきと同様の自然な愛の結びつきが意識されていたであろう。[47] そしてもちろんウォーフィールド自身もそれを意識していたことは間違いない。

エロース・エラオー

「エロース」は「恋」であるとは限らず、英語の love と同様に、「恋」をも、そうでない愛をも、ひっくるめて言い表す語であるとウォーフィールドが述べていることについては、既に述べた。それをもう少し詳しく見よう。彼はシュミットのエラオーの説明をそのまま承認しているのだと思われる。エラーンとは「情熱的な愛や気持ちを、また我々の心を虜にし、我々の心に明確なゴールを与える或るものへの渇望を指す」とシュミットは言っていたが、特にそれを問題にしていないからである。

ところで、ステルゴーからエラオーに移るところで、ウォーフィールドは、ステルゴーについて言われたことは「基本的には、必要な変更を加えて（*mutatis mutandis*）エラオーについてもくり返されるのである」と言う。その意味はエラオーもそれ特有の意味合いを持つと共に、その特有の意味合いを超え出るところでも用いられ、性的愛から神との愛までのほとんどあらゆる愛に用いられるということであろう。「エラオーが伝えることは情熱（passion）の観念であり、そしてあらゆる愛は情熱であるから、エラオーはあらゆる愛に適用できる。」（一〇頁）ただ、エラオーは愛の情熱を強調するから、何にもまさって特別に情熱的な愛に対して、つまり性的欲望を言い表すために――日本語で言えば「恋愛」ないし「性愛」に――頻繁に用いられるのが自然である。しかし、そう言いながらも、ウォーフィールドが終始一貫して強調することは、エラオーの基本的意味が性的な愛（sexual love）であるとは言えないということである。性的欲望にしばしば用いられはしても、「それはそれが賤しい語（base word）であるからなのではない。それは愛を表す他の語以上に本質的に賤しい語であるということはない。それはその心そのものが情熱であり、そのために情熱以外の何ものでもない愛を表現するのにとりわけ適しているからなのである。」（一〇－一一頁）ここには性を賤しいものと見るウォーフィールドの見方があるが、今はそれには触れず、目を留めておくだけにしたい。エラオーは元々恋であるから情熱の愛なのではなく、元々情熱の愛だから恋を指すのに特にふさわしい。しかしあらゆる愛が情熱でもある以上、それは全く同様にあらゆる愛の情熱を表現するのに役立つ用意がある。――この主旨であろう。「従ってその特性がよく表れている（characteristic）用法は低次と高次の両極端にある。もちろんさしあたりそれが情熱でありさえすれば、如何なる種類または度合いの間にある愛にも適用されるのではあるが。」（一一頁）性的愛を「賤しい」と呼ぶことと同じことであるが、「低次の（low）」と呼んでいることにあらためて注意しておきたい。これに対し「高次の（high）」極端の用法とは、言うまでもなく神に関係して用いられる場合である。

さて、実際の用例の紹介と分析を見よう。エラオーが間違いなく恋愛を言っている場合がある。「兄は自分の妹をエラオーすることはできないが、他の誰かはできる。また父親が自分の娘をエラオーすることはできないが、他の誰かはできる」と言われるような場合には、明らかにエラオーは「恋する」(fall in love with)であり、性的情熱(sexual passion)を指している。(一二頁)しかしこれが唯一の用法なのではない。エウリピデスには「子供たちにとって母親以上に喜ばしいもの(ἥδιον)ものはない。子供たちよ、あなたの母をエラオーしなさい。このエラオーすることほど甘いエロースは存在しないのだ」とある。これは明らかに性的情熱ではない。性的情熱でない場合には、エラオーはフィレオーよりも高尚な(lofty)ものと考えられていることがある。プルタークは「ブルータスはその徳によって大衆からフィレオーされたが、友人たちからはエラオーされた」と書いている。同様にクセノフォンは「我々は人からフィレオーされるだけでなく、エラオーされなければならない」と奨励している。[48] ここでウォーフィールドは「フィレオー」を like(好く)と、それに対して「エラオー」を love(愛す)と訳して、それぞれのギリシア語の前に書き添えているのであるが、つまり「ブルータスはその徳によって大衆から好かれたが、友人たちからは愛された」「我々は人から好かれるだけでなく、愛されなければならない」と訳しているのであるが、その上で次のような注意を喚起する。「(フィレオーとエラオーを)『好く』と『愛す』とに対比させて訳すことはどちらに対しても正当ではない。両語とも『愛す』を意味するのであり、エラオーで表現しようとされているものは高揚させられた献身(exalted devotion)の高い愛なのであり、それはこの点から見れば他のあらゆる愛を越えるのである。」(一三頁)エラオーとフィレオーは逆の関係の場合もある。フィレオーは見えているのに対し、エラオーは盲目になり得る。しかしその場合でも、エラオーはエピテュミア(欲望 ἐπιθυμία)とは区別され、それより高次である。プラトンの『リュシス』[49]にはエピテュミアとエラオーとフィレオーの近しいけれども区別される三段階が述べられている。(一四頁)

このような論述を経て、ウォーフィールドはいよいよ高次の極端の用法の場合に進む。C・ビグ(Charles Bigg)は、エラオーはパルメニデス以来最も高められた意味で用いることができたと言う。(一四頁)プラトン的エロース(Platonic Eros)が高次の愛であることは言うまでもなく、詳しく見る必要もない。その影響はプロテ

イノスのヌース　エローン（νοῦς ἐρῶν）に限らず、ユダヤ思想家とキリスト教思想家にも及び、「神の、また神への、愛（divine love）」に採用されているのである。フィロンによれば、神へと導き、またすべての徳を完成にもたらすものは「天上のエロース」（ἔρως οὐράνιος）に他ならない。彼は申命記三〇章20節「あなたの神・主をアガパオーすることがあなたの命、あなたの日数である」を深い感情を込めてしばしば引き合いに出すが、「これは最も讃歎すべき不死の生の定義である。肉にも体にも全く関係ない神へのエロースとフィリア[50]に心を占められるのである」と述べている。フィロンではこうしてエロースはフィリアと共に「アガペーの構成要素」であり、「不死の生の実質（substance）そのもの」なのである。（一五頁）またイグナティウスはローマ人への手紙の有名な句の中でキリスト自身を「エロース（ἔρως）の名で呼び、「私のエロースは十字架に架けられた」と述べている。[51]オリゲネスは『雅歌註解』の序論で、エロースとアガペーは最も高い意味での愛に対してどちらでもよいように用いられている[52]と述べている。「偽ディオニシウスはエロースの名は或る人たちにはアガペーの名よりも一層神的だと考えられていたと言う用意すらあった。」（一六頁）初期キリスト教著者のユスティヌス、クレメント、オリゲネスも神の愛にエロースを用い、クレメントは我らの主を「ホ　エラストス ὁ ἐραστός（愛しい方）」と呼んでいる。このようにも多くの用例によって高次の意味での「エラオー」「エロース」を紹介した上で、ウォーフィールドは次のように主張するのである。――「このようにエラオーは神の愛にも神への愛にも用いられるのであるが、それはエラオーが即色情ではなく、基本的に情熱の愛だからである。エラオー・エロースは感覚的な愛または神的な愛のいずれか一方が占有するものなのではない。情熱というその基本的な意味合いによって、それは両者にふさわしい表現なのである。」（一六頁）

　以上、「エラオー」「エロース」の意味合いについてのウォーフィールドの解説を見て来たのであるが、このギリシア語に近い日本語はあるであろうか。あるなら、何であろうか。ウォーフィールドはこの語は直ちに、また基本的に、性的な愛を、つまり日本語で言えば「恋ふ」「恋」を意味するわけではないと言うのであるが、このことはどうであろうか。兄は妹を、父は娘を、「エラオー」できないという強い制約は「エラオー」が基本的に「恋ふ」であることを示していないか。これを裏書きするように思われることが以下の通り幾つかある。

（1）ウォーフィールドは「エラオー」を特徴づけるものは「情熱」だと言うのであるが、情熱だけなのであろうか。その点で気になるのは、Liddle & Scott では事物を対象にする場合には「愛す、または情熱的に欲すること（*to love or desire passionately*）」と解説されること、またシュミットは「情熱的な愛や気持ちを、また我々の心を虜にし、我々の心に明確なゴールを与える或るものへの渇望を指す」と解説していたことである。プラトンは『饗宴』の中で、ソクラテスを通して「エロース」は自分に欠けているものを欲するものであることを真っ先に確認している。こうして、「エロース」に本質的なことは情熱の他に、もう一つ、今自分に無いもの、しかしそれを得ることによって自分が全うなものになるはずのものを渇望し、欲求し、追求するということがあるのではないか。「エラオー」は激しく恋い慕うこと、恋い求めることではないか。ところで日本語の「恋ふ」という語は、今書いたように、「慕う」や「求める」がごく自然に伴う言葉なのであり、ということは、それ自身の中に「慕う」とか「求める」とかいった意味合いを含む語なのではないか。「恋ふ」は「乞ふ」に由来するというか、元々「こふ」として二つは一つであったという語源説[53]は正しくないか。こうして、「エラオー」と「恋ふ」は自分に欠けている、しかし是非ともあって欲しいものを熱烈に求める点で通じ合い、似通っているのではないか。

（2）さらにまた、「エラオー」は恋愛だけを意味したわけではなかったが、「恋ふ」も恋愛だけを意味したのではなく、古くは「人・土地・植物・季節などを思い慕う。またでいつくしむ」と『日本国語大辞典』（小学館）は解説する。「上代では、時間的、心理的に、離れている物事を慕い、会えずに嘆く気持ちを表す」とも言う。これは「恋しがる」「恋しく思う」「恋しく感じる」といった語で現代にも生きている意味合いであろう。

（3）最後に、現代語ギリシア語辞典によれば、エラオーの現代語「エロテヴォメ」（ερωτεύομαι）ははっきり

「恋に落ちる」(fall in love) を意味する。

こうして、(1)、(2)、(3) を考え合わせると、「エラオー」は日本語では「恋ふ」に極めて近かったと言うべきではないか。従って、これを踏まえるならば、「子達よ、あなたの母をエラオーしなさい。このエラオーほど甘いエロースは存在しないのだ」は「子達よ、あなたの母を恋い慕いなさい。この恋い慕いほど甘い恋い慕いは存在しないのだ」に近く、また「ブルータスはその徳によって大衆からフィレオーされたが、友人たちからはエラオーされた」は「ブルータスはその徳によって大衆から親しみ愛されたが、友人たちからは恋い慕われた」に、「我々は人からフィレオーされるだけでなく、エラオーされなければならない」は「我々は人から好かれるだけでなく、恋しがられなければならない」に近くないか。「我らの主」と同格の「ホ エラストス (ὁ ἐραστός)」は「恋い慕わしいお方」の響きを持っていたのではないか。神が「エロース」と呼ばれたことは元々エロースがギリシア神話で恋を司る神であった背景を抜きにして捉えることはできないであろう。「エロース」が単なる恋愛以上の広がりを持つとき、それは人間の神への恋い慕いをも支配する神として、無上の敬慕と崇拝を得たのではないか。「私のエロース」はそういう意味背景の上で発せられた「私の恋の神」ではないか。エロースは元々恋であったからこそ、情熱の愛一般でもあり得たのではないか。つまり基本的には恋愛であり、それが情熱の愛一般へ拡大適用されたのではないか。

フィリア・フィレオー

シュミットは先に引用された文の中で「フィレオーは或る人物や事物との交渉から湧き出て来る、あるいは或るものの中にある、自分に好ましい (agreeable) 性質によって呼び出される、心の傾斜を示している」と言っていたが、ウォーフィールドはそれを概ね承認している。また彼は既に見たとおり「フィレオー」を「好く (like)」、「エラオー」を「愛す (love)」、と訳し分けていた。シュミットの説明もまさに次第に「好き」になって行く心の傾斜を言っているであろう。しかし、ウォーフィールドはそのように訳し分けたことに注意を促して、そういう風に訳し分けると、「フィレオー」が「愛す」ではないかのように思ってしまう可能性があるが、断じてそうではないとも言っていた。「エラオー」は激しい情熱の愛を言い表すのであったが、「フィレオー」は激しい情熱の愛を言い表さないというわけではない。「フィレオー」が情熱の意味合いが強く感じられないときに用いられることがあることは確かであり、例えば「友情的な愛（friendly love）」に対しては「フィレオー」が適切な語であるが、しかし「それは、それが情熱を排除しているからではなく、愛を異なった角度から述べており、情熱の有無がそれにとってどうでもよいことだからなのである。それは最も静かな、最も熱烈でない愛に対してと同様に、最も強く、最も情熱的な愛に対してもふさわしいものである。」（一七頁）（——同義性の主張）この言葉が示しているように、「フィレオー」は「愛す」でないどころか、英語の love と同様にあらゆる種類の愛に対して用いることができる言葉である。ウォーフィールドはT・D・ウールジー（T. D. Woolsey）の以下の解説を正しいものとして認める。「フィレオーは言うまでもなく、ギリシア語の文献そのものと共に早くからあり、我々の動詞 love と同様に意味が広く、家族や友人との愛から、或ることを単に好くこと、或ることをすることに慣れていることまで、あらゆる種類と度合いの愛の感情を貫いている。無垢な愛の領域からみだらな愛の領域まで、情熱的であろうと、単に感覚的であろうと。」（一七頁）またシュミット[54]の次の言葉が承認される。「フィレオーについて第一に言えることは、我々の愛すことを言い表す全般的な（general）語であるということである。」（一八頁）これによれば、「フィレオー」や「フィリア」は、「自然に愛す」とか「熱烈に愛す」といったように、「然々に」という限定を持つことなしに、ただ「愛す」ということを——愛すこと全般を、言い表す言葉だと言えるであろう。先に日本語では、或る特有な愛し方を言い表すためには「愛でる」「愛おしむ」「慈しむ」等々の語を用いるのに対して、愛し方に特に触れることなしに語る時には「愛す」という語を用いると述べたが、ちょうどその「愛す」と同様に「フィレオー」は用いられたのである。

しかしこう言われることは二つの疑問を引き起こすであろう。一つは、ウォーフィールドは先に四語それぞれの特有の意味合いを挙げ、「フィレオー」のそれは「喜ばしさ」(pleasurableness) だと述べていたことである。ここでもそれはくり返される。「対象の中に、何であれ、それを知覚するときに喜び (pleasure) をもたらすことができるものがあれば、それは愛情 (affection) を引き起こすが、この愛情が『フィレオー』が言い表すものである。」(一八頁) シュミットが言う「好ましさ」(agreeableness) もそれに近いであろう。そうであれば、「フィレオー」にも「喜んで愛す」という限定があるのではないか。なぜそれにもかかわらず、限定なしに、ただ「愛す」ということを、愛すること全般を、言い表し得るのか。このことを表だって問題にすることはウォーフィールド自身にはないのであるが、答はおそらく次のようになるのであろう。どんな愛し方をしていようと、或るものを愛しているなら、そのものは必ず喜ばしい。従って「喜んで愛している」(「フィレオー」) という語は特別な愛し方を言い表すことにならないのである[55]。

ただ、そうかと言って、喜ばしさという「フィレオー」の特有の意味合いが感じられなくなって消え去るということはないこともウォーフィールドは強調することを見失ってはならない。彼は Liddle & Scott が、「フィレオー」は感覚の愛に用いられるときには、意味が「エラオー」に「極めて近づく」と述べていることに異義を唱え、「しかしこれは『感覚の愛の意味に極めて近づく』ことなのではない。それは単にエラオーが情熱として描くその同じ愛を、自らの観点から喜び (delight) として描いているに過ぎない」(一九頁) と述べる。「エラオー」という言葉を避けて、「フィレオー」という言葉を注意深く選んで用いるときには、喜びの方に語り手の目が留められていたのである。

もう一つの疑問は、「フィレオー」がそのように愛全般を言い表すのであれば、四語の意味合いの円は重なることはなく、「フィレオー」が最も大きく、他の語はその中に含まれることになるのではないか——である。情熱的でない愛であっても、「フィレオー」(喜んで愛している) とは言えるのであるから、「フィレオー」は「エラオー」を包み超え、自然でない愛であっても「フィレオー」とは言い表せるのであるから、「フィレオー」は「ステルゴー」をも包み超えているはずである。逆に、「フィレオー」していないなら、情熱的にも、自然にも、愛していないであろう。四つの円は本当に重なり合うのか。――このことを問題にすることも、ウォーフィールド自身にはない。しかし、この問題の答を探ることは、ウォーフィールドが、四つの円が重なるということをどういう意味で言っていたかを明らかにするであろう。既に述べたように、彼は四語が如何なる対象に対して適用されるかを問題にし、それが重なると言っていたのであった。端的に言って、四語とも「無垢な愛の領域からみだらな愛の領域まで」、〝高次の〟愛から〝低次の〟愛にまで、共通に用いられ得るのである。こうして四語の対象はほぼ共通であるが、しかしそれぞれの愛し方は異なる。それがそれぞれの特有の意味合いがあるということである。ただ、その中で「フィレオー」だけはどんな愛し方の場合にも適用できる。言い換えれば、他の語が用いられているときに、それを「フィレオー」に言い換えることはできる。先程述べた通り「喜んで愛す」は特別な愛し方を指さないから、愛し方には無頓着に用い得るのである。しかしそのように無頓着に用いられた「フィレオー」を他の語に置き換えることはできない。日本語の愛全般を言い表している「愛す」を他の類義語に置き換えることはできないのと同じである。結局、ギリシア語四語は、対象に関しては同一円で重なり、愛し方を言い表す特有な意味に関しては「フィレオー」が他の類義語を包み含んで、一番大きいのである。――こう捉えるべきであろう。

さて、「フィレオー」がどんな対象に対しても用いられたということは本当にそうであったか。プラトン、クセノフォン、アリストテレスなどの哲学者のサークルでは「友情」が高い関心の話題となり、「フィレオー」がそれを言い表す主要な用語になった（その場合、日本語では「友情」とか「友愛」と訳されて来た）が、しかしだからといって、この語の他の用法が排除されたわけではない。男女間の、場合によっては同性間の、「性的愛」にも用いられたことは上に述べられたとおりである。問題は神との関係である。というのも、「フィレオー」は神から人間に対しては用いられなかったという見解があるからである。ヘルマン・クレーマー（Hermann Cremer）は「そもそも神なる存在に愛を帰すことなどギリシア人には全く不可能なことであった」と述べて、アリストテレスの二つの文を引き合いに出すのであるが、これに対して、ウォーフィールドは「フィレオー」は神の人間への愛にも人間の神への愛にも用いられていると述べて、かなり長きにわたって真っ向から反論する。「彼〔Cremer〕はアリストテレスからの二つの文章（passage）で自分を支えようとするが、二つとも彼を支えることはない。両方の文章でアリストテレスは友情を――『フィリア』という語ではなく、この議論では『フィリア』がその表現に用いられている友情を――論じているのである。アリストテレスが示唆していることは、神が人間を愛すること、また人間から愛されることはあり得ないということではなく、神と人間が〝友情〟と我々が呼ぶ特別の絆で一つに結ばれると述べることには或る不適合（incongruity）があるということである。」――この一文にウォーフィールドの見解は縮約して述べられていると言ってよい。その要点はこうである。アリストテレスはフィリアに対等な関係に立つ二者の間に成立する場合と、対等でない関係にある二者の間に成立する場合とを区別するが、二者が「友」と「友」として向かい合う場合の「フィリア」――これは「友情」と訳すのがふさわしいであろうが――は対等な関係の場合に属し、これは「あらゆる善の点で圧倒的に優越している」神と人間との間には成立し得ない。しかし、友情ではないフィリアは親子の間に、あるいは支配者と被支配者との間に成立し得るように、神と人間との間にも成立し得る――こうアリストテレスは考えているのだ――こうである。この理解は正しいと思われる。クレーマーは『大道徳学』を取り上げ、ウォーフィールドもそれに応じてそうしているが、アリストテレスは『ニコマコス倫理学』でも、当事者の間の隔たりが、その徳においてであれ、悪徳においてであれ、富裕さにおいてであれ、はなはだしく大きくなる場合は「人々はもはや互いに友ではないし、友であろうと求めることさえしない。これは神々に対する場合を考えれば、何よりも明白である」（1158b38）と述べる一方で、「子の親に対するフィリアや人間の神々に対するフィリアは善いもの、優越するものに対するものとしてのフィリアである」（1162a5）とか、「理性に従った活動をして理性にかしずく人は最善の性状の人であり、神に最もフィレオーされる人であると思われる」（1179a25）あるいは「知慧ある人は神に最もフィレオーされる人である」（加藤信朗訳、三四九頁、1179a30、部分的に修正）とはっきりと述べているからである。[56] ともかくも、アリストテレスが、神と人間との間でも「フィリア」が語られることを認めていたことは間違いない。「フィレオー」も神から人間への愛に、また人間から神への愛に、用いられたのである。こうして、少なくともこれまで見て来た三語は一つの円に重なる。

この後、ウォーフィールドはフィレオーという語は、最初は「愛の感情そのもの」を言い表していたが、次第に「外的行為における表現」に移って行った形跡があるということを述べ始める。（二三頁）外的行為とは具体的には「歓迎する」とか「もてなす」とか、更には「接吻する」とかいうことである。「接吻する」という用法はホメロスにはまだないが、しかしその後間もなく表れ、最後には完全にこの用法が主になる。「現代ギリシア語では φιλῶ は他でもない、接吻することを意味する。」（二四頁）

アガペー・アガパオー

ウォーフィールドは、既に見たように、四語それぞれに特有の意味合いを挙げた際に、「アガパオー」のそれは「尊さ（preaciousness）」だと述べていた。[57]「対象の中に我々を賞賛させる価値があることに目覚めさせられた感覚が問題ならば、アガパオーである」とも述べていた。[58]「フィレオー」「フィリア」に続いて、いよいよ「アガパオー」「アガペー」の意味合いの考察に進むのであるが、そこではアガパオーの語源にも言及しながら「元々の」（native）意味が次のように述べられる。「アガパオーはその特有さを語源的なつながりに負っていて、それがギリシア人の耳には間違いなくそれとなく示唆されたはずである。アガマイ（ἄγαμαι）との結びつきから、[59] それは驚き（astonishment）、驚嘆（wonder）、賛嘆（admiration）、賞賛（approbation）の観念を伝えた。かくして、それは明確に賞賛の愛、あるいはこう言ってもよいであろうが、高い評価（esteem）の愛を言い表し、それによってむしろフィレオーの領域に属する純粋な悦び（delight）の愛に対していた。その衝動を引き出すのは対象の喜ばしさ（pleasure）よりもむしろ尊さ（preciousness）の把握であり、その中身は好むことより称揚すること（prizing）に密接していた。」（三〇－三一頁）同じことであるが、フィレオーは「対象の中に何か喜ばせる（pleasing）ものを」、アガパオーは「何か価値ある（valuable）ものを」知覚することに根ざす[60]。アガパオーの方がフィレオーよりも弱々しいとか、冷たいとかいうことはなく、両方とも極めて弱く、あるいは強くあり得、極めて冷たく、あるいは暖かであり得る[61]。

この概略の解説に続いて、それを裏付ける具体的用例の考察に進むが、まずクセノフォンの『ソクラテスの思い出』の中の一文を拠り所に、古代ギリシア人にはフィレオーとアガパオーとの関係はどう捉えられていたかを探り、アガパオーは「尊ぶ」の意味で用いられていたことを強く主張する。一文とは第二巻七で述べられる以下のような話である。ソクラテスはアリスタルコスが憂鬱そうな顔をしているのを見て理由を尋ねたところ、アリスタルコスは答えて、内乱のお陰で後に残された彼の親戚の女性が十四人も押しかけており、養っていけないとこぼす。ソクラテスは女性たちを自分の下で働かせたらよいではないかと助言し、「いまのありさまでは、君は彼らを愛せず、彼らは君を愛しないと私は思う。君は彼らが君に損をかけていると考え、彼らは君が彼らを厄介がっているのを見て取るのだ。かような状態は、憎悪をさらに増大させ、いままでの感謝を減少させる危険がある。しかし君が上に立って彼らに仕事をさせるようにするならば、君は彼らが君の助けになるのを見て彼らを愛するようになるし、彼らは君が自分たちを喜んでいるのを知って君を好くようになり、ともに以前の深切を楽しく思い浮かべ、その深切の感謝をさらに増し、そしてそのためにお互いに睦まじく、一層親しみのあるものとなろう」と述べる。アリスタルコスがこの助言に従ったところ、「女たちは仕事をしながら昼の食事をとり、仕事を終わってから夕食につき、陰気な顔つきは晴々した顔に変わり、横目で覗いあっていたのにかわって楽しげにお互いを見合うようになり、女たちは彼を保護者として愛し、彼は女たちを役に立つために大切にした。(62)」

この中で、三箇所の傍点部分にフィレオーとアガパオーが含まれているが、それを示せば、

①君は彼らをフィレオーせず、彼らは君をフィレオーしない
②君は彼らが君の助けになるのを見て彼らをフィレオーするようになるし、彼らは君が自分たちをフィレオーしているのを知って君をアガパオーするようになり
③女たちは彼を保護者としてフィレオーし、彼は女たちを役に立つためにアガパオーした。

この中で、フィレオーは「好きになる」あるいは「親しみ愛す」といった程の意味であることは間違いないのであるから、それを代入すれば、

①君は彼らを好きにならず（親しみ愛さず）、彼らは君を好きにならない（親しみ愛さない）
②君は彼らが君の助けになるのを見て彼らを好きになる（親しみ愛すようになる）し、彼らは君が自分たちを好いている（親しみ愛している）のを知って君をアガパオーするようになり
③女たちは彼を保護者として好きになり（親しみ愛し）、彼は女たちを役に立つ者としてアガパオーした

二つのアガパオーの主語は、一方は女性たちであり、もう一方はアリスタルコスである。女性たちとアリスタルコスは相互にアガパオーし合うのである。同時にまた相互にフィレオーし（好きになり）合うのでもある。②ではアリスタルコスが女性たちを好きになり、女性たちがアリスタルコスをアガパオーするのに対し、③では女性たちがアリスタルコスを好きになり、アリスタルコスが女性たちをアガパオーすると言われる。両者が共に

好きになり合い、共にアガパオーし合うようになったのである。――両者が互いに好きにならず、憎悪し合うようになるはずだった関係が一八〇度転換したのである。

ところで、ここでアガパオーは何と訳すことがふさわしいか――これが問題であるわけである。佐々木訳は②の「アガパオー」を「好く」と訳し、③のそれを「大切にした」と違えて訳しているのであるが、なぜか。むしろ「好く」の訳に徹すれば、「フィレオー」も「アガパオー」も同じ訳になるが、まさにそのように二つは交換しても特段変化のない同義語ではないのか。

だが、クセノフォンが報告するこの出来事には間違いなく確かな一つの事があるであろう。それは、アリスタルコスがソクラテスの助言に従ったところ、女性たちがそれ以前とは別人のように生き生きと輝き、互いに対しても主人に対しても平和的になったのは、一言で言えば、女性たちが自尊心を満たされたからだということである。彼女たちは以前の無為で怠惰な生活から抜け出し、自分の能力を活かして人々（主人と町の人々）の役に立つ働きをするという、人間としての価値――尊厳――を発揮し、それを認められる生活に移されたところから、人間としての輝きを発揮し始めたのである。人間としての輝きとは人間としての尊厳から出る輝き、人間としての尊厳に溢れる輝きであり、それは具体的には感謝となり、親切となり、親しい愛、睦まじい交わり、献身的な生に進むことになって表れるであろうが、ここにはそれらが何と見事に開花していることであろう。ところで、このように相手の人間としての尊厳を輝かせた人とそうされた人との間に生まれずにいないものは、互いに相手の中に人間としての高い価値、人間としての尊さを認めて、互いを「尊び」合うことではなかろうか。ウォーフィールドは「アガパオー」はそれだと見るのである。「ただ忍耐して受け入れられているだけの被扶養者、不承不承の恩恵に対して自然に怨念（resentment）を抱いている、役立たずの女性たちの保護者であるという関係は生産的な雇用の導入という単純な手段によって、相互の愛情と尊び（mutual affection and esteem）の関係に移行した。彼女たちは彼女たちの自尊心（self-respect）を取り戻させた男性を好きになるに至った。彼はその労働が彼に益をもたらす彼女たちを褒め称える（prize）ようになったのである。」[63]（三七頁）実際、③の「女性たちを役に立つ者としてアガパオーする」、つまり女性たちを価値ある者として「アガパオー」するにふさわしいのは「尊重する」といったニュアンスの言葉であり、佐々木訳もそこから「大切にした」となったのではないか。また②で、「彼らは君が自分たちを好いているのを知って君をアガパオーするように」なるのは、自分たちが役に立つことをアリスタルコスが喜んでいるのを知って女性たちはアリスタルコスをアガパオーするということである。自分たちが働くことを主人は喜んで好ましく思ってくれている。そのことを知ったことが彼女たちに主人をアガパオーさせるのである。そこには深い感謝が生まれているであろうが、同時に自分たちに人間としての価値を認めてくれている主人に対して、つまりそのように「人間としての器」を感じさせるようになった主人に対して、「尊敬」の念も生まれているのではないか。もちろん尊敬の念だけではない。主人を喜ばしく感じ、「親しみ愛する」気持ちも当然生まれている。保護者としての主人を「フィレオー」もしているのである。一方主人の方は、女性たちを働かせたところ、女性たちが喜んで、生き生きとし始めたのを見た最初の段階のときには、それだけでなく女性たちが自分に益をもたらしてくれそうなことを知った最初の段階のときには、まずはそれを喜ばしく思い、好き好みの愛を感じた（「フィレオー」した）ことであろう。（②）しかし女性たちが次第に人間として輝いたときには、次第に女性を尊敬する気持ちが芽生えたのであった。[64]（③）

さて、さらに先に進むが、上でクセノフォンが「アガパオー」に与えている定義――「アガパオー」は単に好きになる愛に対して尊く感じる愛を表すという定義は「この語の用法を通覧することによって確証される。」（三七頁）例えば、ディオ・カシウス（Dio Cassius）が「ローマ人たちは、ジュリアス・シーザーの死に際して、汝らは彼を父としてフィレオーし、恩人としてアガパオーせり、と言われた」と書いているとき、その意味は「彼ら（ローマ人たち）は彼（シーザー）に対して真実の愛情（true affection）を感じ、且つ彼を多大に評価した（greatly valued）」である。また、先に紹介した[65]セイヤーの『新約聖書ギリシア語辞典』の「アガパオー」の項で挙げられていた例文の一つ――プラトンが『リュシス』215Bで完全な善人同士の友人関係について論じている文で用いている「アガパオー」について、ウォーフィールドは次のように分析している。セイヤーが取り上げていた二文の後者「彼は何ものもアガパオーする（ἀγαπῴη）ことができないのであるから、何ものも好く（fond, φιλοῖ）ことができない[66]」（これをAとしよう）の直ぐ後で、ソクラテスは「互いに相手を重んじる（make much of）ことのできない（μὴ περὶ πολλοῦ ποιούμενοι ἑαυτούς）者は好き合った者（友）同士（φίλοι）であることができない」（Bとする）と述べるのであるが、このA、Bの二つの文は、後者が前者を言い換えたものであって、同主旨なのであるから、「アガパオー」と「重んじる」とは対応していると見なければならない[67]。さらにまた、セイヤーが取り上げていた、既に見た二つの文の前者[68]を「何ものも欠いていない者は何ものにも価値を認めない」と訳し、また後者[69]を「彼が価値を認めないものを彼が好きになることはあり得ない」と訳した上で、これらはアガパオーが「価値を認める（attach value to）」という意味であることを示す決定的な文章（the crucial sentences）（三八頁）だと述べる。ウォーフィールドは、我々にとって欠けており、従って必要なものは我々にとって何よりも真っ先に「価値ある」ものであるという「論理」を、先に筆者が行ったのと同様に、見ているのである。実際それは喜ばしいから価値があるのではなく、価値があるから喜ばしいのである。

　こうしてアガパオーは「尊重する、評価する、称揚する（esteem, value, prize）」といった意味であることをウォーフィールドは積極的に主張するが、ただ、だからといってアガパオーの内容はこういったことに尽きるのではなく、基本的には「愛」を言い表していることに注意を喚起する。このことは、後に詳細に見るが、非常に重要なことだと思われる。「議論が目指していることは、この語が言い表す役に当てられている特有の仕方の愛とは、対象の中に価値を掌握することから生ずる愛であるということ、従って対象の尊さ（preciousness）の感情によって伝達される愛であるということ、その結果それは尊重し、評価し、称揚する領域と密接に類縁する領域内を動いていることである。」（三九頁）

ウォーフィールドはこのことを示す例文をさらに挙げるが、その上で最後に次のように言う。「しかし例文はさらに増やす必要はない。この言葉は――感覚的なこと、密着した交渉、心の内面性がどうであろうと――対象の中に貴重さ（worthiness）を認めるという明確な視点からの愛を指す。[70] 従ってこれは本質的に愛を表す高尚な（noble）言葉である。あるいは、この語に対してその正当な権利を与えて、確定的に（definitely）言おう――これは愛を表す高尚な言葉である、と。プルタークがこれを τιμᾶν および σέβεσθαι に結びつけて『人々は正義に従って神々をアガパオーし（尊び愛し）、敬い、畏れかしこまなければならない』と宣言しているとき、それは正しい結び付き（right company）の中にある。」（四〇頁）

以上、「アガパオー」「アガペー」の特有な意味合いについてのウォーフィールドの主張を見て来た。ところで、ここから先に進む前に、これに関連して、実は以上に先だって彼が論じていた一つの問題に触れておきたい。それはこの語に特有の意味合いを正確に知る上で、極めて重要な問題だと思われるからである。これは決して新しい問題ではなく、古来しばしば議論されて来たこと、また本書でも既に触れたことである。[71] すなわち、他の三語、殊に「エラオー」「エロース」との比較で言われることであるが、「アガパオー」「アガペー」は単に受動的な感情の愛ではなく、理性的な、且つ意志的な愛であり、従ってまた能動的な行動的な愛であるとの主張についてである。一言で言うと、ウォーフィールドはこの主張を一蹴しているのである。以下それを見て、筆者自身の見解をも添えよう。

ウォーフィールドは「アガパオーが特別に意志的な（voluntary）愛、あるいは合理的な（reasonable）愛であるかのように言うことは的外れである」（三一頁）ことを主張する。ウルガータで一般にアガパオーの訳語に当てられた diligere には「選別する」ということが基礎にあったが、「アガパオーには、賛嘆の感情から起こったのであるから、そういう基礎があることをほのめかすものは何もない。事実、尊いことが感じ取られる対象に対して愛が心の中に生じるのは元来非意志的にであり、純粋な感情の問題である。」（三二頁）そしてそのことは「喜ばしいことが感じ取られる対象に対して愛が心の中に生じる場合と全く同じである。」（同上）また、シュミットがアガパオーは「理性的な反省（rational reflection, シュミット自身の語では verständige Erwägung、分別の考慮）」（三二頁）によって生まれる愛だと主張することにも異を唱える。シュミットによれば、フィレオーが人そのものに結びつく心の傾きであるために、多くの事柄で密接に交わり、仲間になることによって呼び出されるのとは違い、アガパオーは「分別（understanding、シュミット自身の語は Verstand）によって自らに説明を与えることができる愛」（三三頁）であり、「感情であるよりは反省である。」（同上）「アガパオーは人の性質が視野にあるのに対して、フィレオーは人そのものがそうである。」（同上）「前者は自らの心の傾きを自らに正当化するのに対して、後者は自分に好ましい（agreeable）ものとの交渉から直接に生まれる。」（同上）ウォーフィールドはこれに反論して、「この推論は理性的な考慮から感情が生まれることと、理性的な根拠の上で正当化することとの混同の上に成り立っている。無論アガパオーの愛はフィレオーの愛よりも合理的な根拠に基づいて正当化しやすい。それは対象の中の価値ある性質の把握の産物であり、そういう性質の価値を挙げることによって防衛できる可能性がある。これに対して、フィレオーの愛は対象の中の好ましい性質の把握の産物であるから、例の伝統的なフェル博士（Dr. Fell）に対する嫌悪以上にましな自己防衛ができない可能性がある。『フェル博士、私はあなたが好きじゃないです。理由は分かりません。』しかし、アガパオーの愛に対するこの後からの正当化は、それを合理的な考慮に基づく意志作用の産物だと宣言することに何の保証も与えない。対象を賛嘆すべきものに成り立たせている性質の知覚は、対象を好ましいものに成り立たせている性質の知覚と同じ種類の作用である。愛の感情における主体の反応は両方の場合に同じ性質のものである。アガパオーによって表現される秩序[72]の愛における主体の反応はフィレオーによって表現される秩序の愛の場合と全く同様に本能的であり、全く同様に魂の直接的な情の（affectional）動きである。二つは心理的な性質において異なるのではなく、掌握された性質の性格が異なるのであり、それに対して両者が応答するのである。」（同上）主張の要点は、「アガパオー」「フィレオー」いずれの場合も対象の中に或る性質を感知するところからそれぞれの愛が生まれる点で変わらないということであろう。感知された性質は異なり、一方は合理的で納得できるものであるが、他方は説明できないものなのである。確かに対象が持つ高い価値（尊さ）は感じられるものである。それに「感動する」こと、「感嘆する」こと、「賛嘆する」ことはいずれも感情の働きを言い表している。その感情の正当化は後からなされることであって、感情の成立の前にあることではない。この主張は理解できる。しかし、同時にウォーフィールドには一つの見落としがないか。それはよく言われて来たことであるが、アガペーは命令されるということである。或る対象を好ましくなれと命ずることはできない。しかし或る対象を尊べ、あるいは尊び愛せ、ということは命じることができる。命じられたことを、脅しや強制によらずに、自発的に行うことができるのは、納得できる理由を見出せるときである。そして納得できる理由を見出すところから愛と、また愛の行為が、生まれることはあるのではないか。「尊びの愛」であるからこそ、そうなのではないか。「高齢者をいたわりなさい」という命令には、高齢者は壮健時の力強さを失っているのであり、他人からの助けを必要としているという正当な理由を見出して、あるいは更に自分も同じ境遇になれば助けを求めるに違いないとの正当な理由に後押しもされて、実際にそう努力することが生まれることが現にあるであろう。その出発点となる「尊びの愛」を胸に抱くこともできるであろう。「理性的な反省」に基づいて意志的にアガペーが起こされることはあり得るのではないか。

　このことと密接なことであるが、アガペーは単なる「感情」にとどまらず、また「行為」だ、「行動」だ、と言われて来たことにも目を向けなければならない。或る人が或る価値を尊いと感じていないときに、それを尊いと感じなさいと命令することはできない。しかし当人が尊いと感じているものをそれにふさわしく尊く扱いなさいと命令することはできる。それだけでなく、実は、或る人が或る価値を尊いと感じていないときに、その価値は本当は尊いではないかと理由を挙げて説明し、尊く感じるように導くこともあり得るであろう。それは本当は当人も尊いと感じてよいはずであるのにそのことに気づかないでいた場合であり、つまり冷静にふり返れば、尊いと感じることが理にかなっている場合である。「高齢者はどんな人生を歩んで来たにせよ、どんな失敗や過ちを犯して来たにせよ、重い困難の山と格闘して来て現在に至っているのであり、その人生を笑うことなど誰にもできることではない。お前にそうする資格があるか」と詰め寄ることは意味のあることであり、それを聞いて心を改めるということはあり得ることであろう。対象の中に見出される或る価値が後から合理的なものとして正当化されるとすれば、その合理性に基づいて、他者から指導を受けるなり、自ら熟考するなりして、努力して対象の中に価値を見出し、その価値を保つよう対象に働きかける行為を起こすということがあり得るであろう。アガパオーのすべてがそうだとは言えない。正当性の考慮などなしに、直接に対象に尊さを感じ、真っ直ぐにそれを尊ぶ行為は無数にある。(73) しかしアガパオーのすべてがそうであるわけではない。ウォーフィールドは一方だけを見ていた。また彼はアガパオーを感情としてだけ見ていたために、行為をも含むアガパオーの全体像を見失っていた。ウォーフィールドの見解とシュミットの見解は相補し合うはずのものだと筆者には思われる。(74)

(e) 「アガパオー」の意味合いの革命的変化

さて、細部の違いはあっても、アガパオーが高い価値を称揚する愛であると見る点で二人は異ならない。ウォーフィールドは基本的にはシュミットにも支えられ、あるいは同感しながら、一言で要約すれば「アガパオーは対象の高い価値に対する驚き、驚嘆、賛嘆、賞賛、称揚の愛を言い表す」と主張していると言える。ところが、である。ところが、そう言い終わったところで、突然、彼はアガパオーのその意味合いに大変化が起こったと述べるのである。「だが、しかし、他の高尚な言葉と同様に、この語がその高次なものを示唆する鋭さと力を失うということはあり得ることであった。この語は、ギリシア語の発展の中で、愛を表す一般的な語となったのである。そしてそれが愛に対する一般的な語となり、考えもなしにあらゆる種類の愛に適用されるのに比例して、おのずからそれは自らの特別な意味合いを示唆する力を多かれ少なかれ失ったのであった。この語が不調和の意識なしに最も低次の愛に適用される時が来た。そうは言っても、その高尚な意味合いはその語の形そのものの中に埋め込まれて残ったから、いつでも簡単な強調によって意識に呼び戻すことはできた。そして愛を表す他の語で、この語と領域を共にしているものが通用していた間は、いつでも、二語を対照させるだけで、この語に本質的な高尚な意味合いを視野に投じることができたのであった。」（四一頁）

「最も低次の愛」という言葉でウォーフィールドが指しているのは、言うまでもなく、性的な愛のことである。古典時代には性的な愛にアガパオーが用いられることはなかったのに、それが「不調和の意識なしに」用いられるようになった。その結果、一つには、かつてフィレオーが占めていた位置にアガパオーが取って代わり、今やアガパオーが愛全般を言い表すようになった。もう一つには、アガパオーの特有の意味合いであった「尊び」ということが通常は感じ取られなくなった。これは日本語に置き換えれば、「尊び愛す」の意味だったものが単に「愛す」の意味になったということに近いであろう。ただし語源の「アガマイ」に近い「アガパオー」という語形はそのまま残っているのであるから、かつては「尊び愛す」であったことが完全に忘れ去られてしまうことはなく、「いつでも簡単な強調によって意識に呼び戻すことができた。」ほぼ同様に「愛す」ことを言い表す別の語、例えばフィレオーと対比させて、「この語に本質的な高尚な意味合いを視野に投じること」はできたのであった。

愛を全般的に言い表す言葉が交代した。――このことを日本語にも見出せると理解は容易であろうが、どうもそれは見出せない。また元々高尚な意味の言葉がそうでなくなり、広い意味合いになったという変化も筆者には直ぐには思い当たらない。反対の意味に転じたという例はある。「貴様」は元々は「軽い敬意を含む」（『全訳古語例解辞典』小学館）「あなたさま」の意味であったが、現代では反対に相手を卑しめて罵る場合に使われるようになっている。「手前《てまへ》」は元々は自分のことを謙遜の響きを込めて指す語であったが、今「てめえ」と言えば、反対に相手を、しかも見下して、喧嘩腰で指す。このように反対の意味にまで進んで固定してしまうのではなく、奥深くにはかつての高次の意味合いが感じ取られるのに、しかも今は広く緩やかに〝庶民的に〟使われるようになっている語はないか。愛を言い表す語に関してどうか。――しかし、どうも筆者には見当たらない。従って、少しでも想像力を働かせる他ない。

ともかくも、ウォーフィールドによれば、ギリシア語ではこの「革命的（revolutionary）」変化が起こったのである。彼がこう述べるのは単なる推測によるのではなく、既に述べた現代の実際の用法に基づいている。現在では「フィレオー」という語は用いられなくなり、「アガパオー（むしろアガポー、αγαπώ）」「アガペー」が圧倒的に幅広く愛全般を指して用いられているという。「恋する」「恋」の場合にだけは「エラーン」「エロース」の末裔の「エロテヴォメ（ερωτεύομαι）」「エロータス（έρωτας）」という語も用いられ、これらはこの意味でのみ用いられている。「ステルゴー（στέργω）」は使われないが、「ストルゲー（στοργή）」は「愛情（affection）」の意味で、また「ストルギコス（στοργικός）」が形容詞の「愛情のある（affectionate）」や「愛する（loving）」の意味で使われているようである。

では、このような変化はいつ頃起こったのか。ウォーフィールドの考えは古典期以降『セプチュアギンタ』が訳されるまでの間だったというものである。根拠は三つあるのだと思われる。第一に、古典時代には決して多く用いられたとは言えない「アガパオー」が『セプチュアギンタ』では圧倒的多数で用いられていること。「アガパオー」に較べて、「フィレオー」が非常に少なくなっていることは革命が既に進行していることを伺わせる。第二に、『セプチュアギンタ』では「アガパオー」が高次から低次までのほとんどあらゆる種類の愛全般に用いられていること、第三に古典時代には存在しなかった名詞形の「アガペー」が、文献上では、『セプチュアギンタ』において初めて、しかもかなり多数登場していることである。こういうわけであるから、『セプチュアギンタ』という書物は愛を言い表すギリシア語の研究にとっては抜き差しならぬ重要な研究対象なのである。以下、

フィールドは見るのか、その考察をより詳しく見ることにしよう。

(f)『セプチュアギンタ』と「アガパオー」——ウォーフィールドの見解

「愛す」「愛」を言い表すギリシア語四語はそれぞれに特有な意味合いを持ちながら、しかも神の（また神への）愛から性的愛にまで広範囲に用いられていて一つの円に重なるということであった。しかし、注意すべきことは、四語は初めから出揃っていて、そうなっていたのではないことである。四語の内、「アガパオー」（「アガペー」）だけは最初はあまり使用されることがなかったのが、或る時期から突然圧倒的に高い頻度で使用され始めたのであった。それが文献上に現れているのが『セプチュアギンタ』に他ならない。『セプチュアギンタ』における四語の使用頻度はウォーフィールドによれば以下の通りである。「アガパオーは約二六六回、フィレオーは約三六回、エラオーはわずかに三回、ステルゴーはただの一回である。」（Ⅱ、一五三頁）ここに既に革命的変化が明らかであろう。しかし、ウォーフィールドによれば、これでも変化の実態の全容を示してはいない。というのも、大多数で「フィレオー」は「接吻する」の意味で使われるようになっているのである。「愛す」の意味で使われているのは一六、または一七回に過ぎない。古典時代には「愛す」を言い表す普通の語であった「フィレオー」は、愛が語られる場面で、わずか五パーセントを少し上回る頻度でしか用いられておらず、九五パーセント近くで「アガパオー」が用いられているのである。それだけではない。「フィレオー」は、愛すことを表して用いられる場合の三分の一以上で、物——食べ物、飲み物——などに対して用いられていて、人格（persons）に対して用いられるのは半分に過ぎない。後者のすべてで、主語は人間である。ということは、神が人間を「フィレオー」するという用法はないということに他ならない。主語が人間である「フィレオー」は肉的な愛から、父の子への愛を経て、知恵への愛に及んでいる。「知恵」とは単なる人間の知恵ではなく、神の知恵なのであるが、ウォーフィールドは知恵への「フィレオー」が知恵への「アガパオー」と同義だと述べるH・クレーマーに疑問を呈し、「この高い愛がアガパオー同様フィレオーでも言い表されることは確かだが、完全に同義かは疑わしい。箴言八章17節では知恵をフィレオーする信奉者に対して、知恵はアガパオーで応えることになっている。フィレオーは知恵自身に本来的な一層重々しい愛情（graver affection）に用いるには不適切だったのではないか」（Ⅱ、一五四頁）と述べている。つまり、ウォーフィールドは、既に見た通り、「アガパオー」は元来高い価値を愛すことを言い表す、高い意味の語であると述べていたが、それは『セプチュアギンタ』においても維持されていることを一方で認めるのである。「フィレオーは、頻度は少ないが、しかし数回アガパオーと結びつけて用いられている。それを見ることは二語の関係を知るのに有益だと思われる」（同）と述べて、そういう箇所を幾つか挙げ、それぞれについて、両語の意味合いを比較検討するが、「各々の語に明確に意味をあてがうことは容易ではないが、一目見て思い当たることは、すべてのアガパオーとフィレオーとの組み合わせにおいて、アガパオーにより高い役割があてがわれていることである。創世記三七章3節で、歴史家〔つまり聖書記者〕は、ヨセフを父親のヤコブはアガパオーしたと言うが、嫉妬した兄たちがそのことを述べるところではフィレオーが使われている。それは、兄たちは父親のヨセフへの愛が理由のないえこひいきであることをほのめかしているかのようである。自分の信奉者たちをアガパオーするのは知恵である。（箴言八・17）信奉者たちの側は知恵をフィレオーする。そして神である主は知恵をアガパオーされて来たのに対して、知恵の従者は知恵をフィレオーして来た。（知恵八・23）ここには何らかアガペーは人間を超える位階のものの愛を表すのにより相応しい語だと感じられている観がある」[75]（Ⅱ、一五五－一五六頁）――こう述べる。ウォーフィールドはまたフィレオー以外のエラオーやステルゴーとの結びつきの場合も取り上げるのであるが、その上で次のように言うのである。「一連の章句が残す印象は愛を表す幾つかの語がかなり自由に、そして様々な自然な交換を伴って、つまり実質的に同義語として、用いられていたということである。しかし、また、アガパオーは何らかの意味で最も高いところを示唆すると感じられていたのであり、対照させられたときには、直感でより高次の位置がそれに与えられていたということである。」(一五六頁)

ところで、「アガパオー」は元来高次の愛を言い表す語であった以上、『セプチュアギンタ』の中に圧倒的比率で採用されたときにも、終始一貫してその高次の意味合いを保持していたのではないか。――これが筆者が『セプチュアギンタ』での「アガペー」の用いられ方について既に示した見方であった。しかし、先ほど述べたとおり、そうではないというのがウォーフィールドの見解である。彼はアガパオーは、注意すれば元々の高尚な意味が感じられるが、通常は単に一般的な愛の観念を表現する一般語に過ぎなくなったと述べていたのである。ところが、こう述べた後、ウォーフィールドは次のような、理解し易いとは到底言えないことを述べ始める。「愛を表す極めて高尚な語が愛の広い観念を表現するために一般的に用いられるようになって来た。そしてこのことは愛に関する語りの全体を高尚にする。しかし語そのものは損失を蒙り、そのようにしてあらゆる種類と状態の愛に無差別に適用されることを自らに許すことになったのである。」(四四頁)「アガパオー」は一方で一般化によって元来の高尚な意味合いを失った。しかしもう一方では愛に関する語りを全体として高めた。この相反する方向への変化を彼は「二重の運動(double movement)」(四四頁)あるいは「二重の変化(double change)」(同)とも呼ぶのであるが、これはいったいどういうことであろうか。「アガパオー」は『セプチュアギンタ』で用いられた結果「愛に関する語りの全体を高尚にする」とはどういうことであろうか。「アガパオー」はあらゆる種類の愛に対して一般的に用いられるようになったために、全体として元々の高次な意味合いを失ったと直ぐ前まで述べていたのではないか。二つは矛盾しないのか。二つはどう調和するのか。「アガパオー」が元来高次の意味であり、それを一方で引きずりながら、もう一方で通俗化して低次の意味でも語られるようになったという二面性あるいは不安定性は、ウォーフィールドの叙述に矛盾を含むとも思わせる難解な表現を生ませるに至っている。厄介な文章であるが、引用しよう。

『セプチュアギンタ』の中で「アガパオーは低次の様々な愛よりも高次の階層の愛に対してははるかに頻繁に用いられているということは全く真実である。これは旧約聖書のページの中で高次・低次の形の愛が占めている割合からの避けがたい結果であって、アガパオーという語が愛をそれぞれに即して適切に表現しているかということについてはほとんど何も示していない。紛れもない事実はアガパオーはギリシア語旧約聖書の中で愛を言い表す一般的な語であり、愛が語られる場面の約九五パーセントで用いられているということである。従ってそれが幾通りかの種類の愛に用いられているのは、それが愛の一々を表現するのに適合しているのに応じてのことではなく、愛が旧約聖書の中で登場する相対的な頻度に応じてのことなのである。五パーセントほどの登場が他の語で言い表されるように残されているが、それがそれ以外〔つまりアガパオーで訳された部分――著者〕と分けられたのは、アガパオーがそれ〔他の語で訳された部分〕を表現するのに本質的に不適合であるという理由によるのだとは思えない。そこに含まれているほとんどの種類の愛は別の文であればアガパオーが使われるようなものである〔意訳〕。もちろんこれらの少数の場合に全くの気まぐれがそれらの語の使用を決めたと想定すべきではない。選択が行われる理由は疑いもなく常にある。そして通常は実際に選んだ語の適切さは多かれ少なかれ明らかに感じることができた。だがしかし、アガパオーを避けて他の語を選んだ理由は、今語られている特別な愛をアガパオーで表現することが本質的に不可能だったからだとは思えない。一般的な語としてアガパオーを使うことは、決して不適切でなしに、やればできたところなのである。(76)」

ここで述べられていることは、要するに以下の通りであろう。『セプチュアギンタ』の中でアガパオーが高次の意味での愛に用いられることは確かに多いのであるが、それは原典のヘブライ語聖書の中で愛が高次の意味で語られる場合が低次の意味で語られる場合よりも多いところへ、一律に愛全般を言い表すアガパオーを訳語として当てた結果に過ぎない。愛が高次である場合に、それに応じて高次の愛を表すギリシア語としてのアガパオーを訳語として選び、適用した結果ではないのである。愛を述べる箇所の五パーセントでアガパオー以外の訳語（フィレオー、エラオー）が使われているが、それは気まぐれによってではなく、両語の微妙な意味合いを活かして訳し分けられたはずであるけれども、しかし愛を言い表す最も普通の語であるアガパオーを代わりに用いることは不可能ではなかったのである。――こうであろう。ここには、アガパオー以外の語が用いられるところではその語の特有の意味合いが意識されていたが、アガパオーが用いられるところでは、元々の高次の意味合いが特に意識されることはなく、一般語として用いられたに過ぎなかったという構図が考えられている。

続けて次のように言われる。傍点は筆者による。（ ）内はウォーフィールド自身の補足であるが、〔 〕内は筆者の補足説明である。

> さらに、様々な高次の愛に対してアガパオーが支配的に用いられるという〔アガパオーにとって〕本質的な意義は強調しすぎる可能性がある。フィレオーも（箴言八・17、二九・3）エラオーも（箴言四・6、知恵八・2）、アガパオーと共に（箴言八・21）、知恵への愛に用いられているのである。ただ、アガパオー以外の語は神の人間への愛には、あるいは人間の神への愛には、あるいは人間の隣人への愛にすら――この第三の愛〔隣人への愛〕は前二者〔人間から神への、及び神から人間への愛〕と共に三つどもえの概念（three conceptions）を構成し、啓示宗教の愛の教えの特有さがそこに要約されるのであるが――たまたまにせよ採用されることはないのである。これは注意すべき事実である。そしてそれは注意すべき結果を伴った。しかしそのこと〔アガパオーが啓示宗教の愛の教えの特有さを示す三つどもえに採用されたということ〕はアガパオーが他の語に勝って高くあった結果であるというよりは、むしろそのこと〔三つどもえに採用されたこと〕の結

果アガパオーが他に勝って高い意味になったのであり、それがアガパオーだけをこの三つどもえの高い形での表現にふさわしくさせたのである。仮に『セプチュアギンタ』の訳者たちがフィレオーが依然愛を言い表す一般的な語であることを見出していたならば、彼らはフィレオーを自分たち自身の一般的な語として採用し、従ってこれらの高次の形の愛を表現するために用いられることがフィレオーに起こったということは多分にあり得たはずである。実際はそうなる代わりに、彼らはアガパオーがフィレオーよりもそれ自身で高次の語であり、またこの目的により一層向いていることを見て取った。そして彼らはアガパオーをこれらの一層高次の〔三つどもえの〕概念をも伝えるようにし向けたのであった。かくして彼らはアガパオーに新しい性質を刻印し、それが新約聖書の中で用いられるための準備をしたのである。しかし心に銘記すべき重要なことは、アガパオーがこの新たな尊厳（dignity）を帯びるまでに高まったのは、それがこの新たな三つどもえの概念を言い表すのに一層多大に本質的に向いていたからではなく（それは本質的にそうするのにより一層向いてはいたが）、『セプチュアギンタ』が書かれたときにそれがたまたま日常の用法の中で愛を表す一般的な語だったという事情からだったということである。このことを証明するのは、アガパオーは『セプチュアギンタ』の記者たちによって高尚な面の愛だけを言い表すための特別な語として用いられたのではなく、あらゆる種類と状態の愛を言い表す一般的な語として用いられたという事実である。それはギリシア語旧約聖書の中で単純に愛を表す普通の語であった。旧約聖書を離れるにつれてそれに纏わされることになる新たな尊厳は旧約聖書そのものによってそれに寄贈されていたものなのである。[77]」

ここでは「啓示宗教」――旧約及び新約聖書の宗教であろう――に特有の三つどもえの愛の教え――神の人間への愛・人間の神への愛・隣人愛――が問題になっているのであるが、そこではアガパオーが用いられていて、他の語が用いられていない理由が説明されている。しかし、その理由が、一方では、「アガパオーが他の語に勝って高くあった結果である」わけではないと言われながら、もう一方では、「彼ら〔『セプチュアギンタ』の訳者たち〕はアガパオーがフィレオーよりもそれ自身で高次の語であり、またこの目的により一層向いていることを見て取った」と言われるのは矛盾ではないか。二、三度読んだだけでは到底すっきりと理解し難いこの一文を読み解く鍵はもう一箇所の傍点部分にあるであろう。「アガパオーがこの新たな尊厳を帯びるまでに高まったのは、それがこの新たな三つどもえの概念を言い表すのに一層多大に本質的に向いていたからではなく〔それは本質的に、そうするのにより一層向いてはいたが〕、『セプチュアギンタ』が書かれたときにそれがたまたま日常の用法の中で愛を表す一般的な語だったという事情からだったということである。」「新たな尊厳」とはアガパオーが啓示宗教に特有の三つどもえの愛の教えに用いられることによって帯びるに至った絶対的な至高の価値のことなのである。ウォーフィールドは「高い価値」にこの「尊厳」と呼ぶべき価値と、そこまでは至らない、しかし高い価値とを区別しているのである。そうする理由は、啓示宗教にはそれ以外の世界にはない特別にも高い愛の教えがある――それが三つどもえに集約されるのであるが――と彼が見ているからである。古典ギリシア語の世界で、アガパオーは愛を表す他の三語と比較したとき、高い価値への愛であり、従ってまたそれ自身が高次の愛であることをウォーフィールドは主張していた。しかしその場合の「高い価値」とは「尊厳」とまで呼べる高い価値のことではないのである。尊厳と呼ぶべき価値は啓示宗教の世界にのみ登場していたものなのであるから、ギリシア語を話す人間が啓示宗教に出合うまでは知らないものであった。しかしともかくもアガパオーは高い価値への高次の愛なのであるから、「本質的にそうする〔尊厳ある愛を表現する〕のにより一層（more）向いてはいた」とは言えるのである。しかし「それがこの新たな三つどもえの概念を言い表すのに一層多大に（greater）本質的に向いていた」とは言えない。「彼ら〔訳者たち〕はアガパオーがフィレオーよりもそれ自身で高次の語であり、またこの目的に一層向いていることを見て取った」が、しかしその本質からして三つどもえの愛の思想に「一層多大に」向いているまでに高次であるという意識は持っていなかった。アガパオーが尊厳を言い表すまでに高次の意味で使われたことは『セプチュアギンタ』以前にはなかったからである。従って、『セプチュアギンタ』にアガパオーが用いられたとき、それは、旧約聖書の愛の教えに尊厳を感じ取って、既に尊厳を帯びた愛を表す語として用いられて来ているアガパオーをあてがったということではない。単に普通一般に用いられるようになっていたアガパオーを当てたに過ぎない。しかしそうした結果、アガパオーは尊厳を帯びる愛を表す語となったのである。そしてそれは、やがて新約聖書が登場して、アガパオーによって尊厳を帯びる愛が一層徹底して説かれるようになる下準備をしたのである。――これがウォーフィールドの言おうとしていることだと思われる。

ウォーフィールドはこうして①アガパオーは元来は高い価値への、高次の愛を言い表す語であった。②しかし『セプチュアギンタ』が生まれた当時、それは幅広く愛一般を表すように用いられ、特に注意しない限り、高次の愛の語感を特に強くは持っていなかった。③そのために、旧約聖書の中の尊厳を帯びた三つどもえの中の「アーハブ」に接したとき、『セプチュアギンタ』の訳者たちは、元来のアガパオーの高次の愛の語感から、それが他の語よりも訳語に向いていることを感じてはいたが、しかし尊厳を帯びた愛を言い表すのにふさわしいものとしてアガパオーを用いたわけではなく、実際の訳出はむしろ旧約聖書に一般に用いられているアーハブにはギリシア語でも一般語であるアガパオーをあてがうという方針に従ってなされたに過ぎない。④しかし三つどもえの尊厳の愛への訳語として用いられたことは、その後アガパオーに尊厳の愛の語感を帯びさせることになり、新約聖書でアガパオーがその意味合いで用いられる用意をした。――こういう筋書きを思い描いているのである。

私たちはもはやウォーフィールドの次の言葉を十分理解し得るところに至っているであろう。「旧約聖書の啓示の中に表れている高次の相（aspect）の愛を描写するように用いられたことがこの語の領域に上方への伸張を加えた。」（四四頁）「旧約聖書全体を通じて、愛の観念をアガパオーで訳したことによって、旧約聖書の愛の観念の全内容がこの語の中に注ぎ込まれることとなり、この語をその示唆において上方へ拡げ、それとなく高められた調子で語るようにさせたのであった。この二重の変化の全体としての効果はこの語の範囲を計り知れなく拡大することであった。」（同）「この語はギリシア語を話すときに愛を表す最も高尚な語であったから、それが愛を表す一般語となって領域が拡げられるということは下方に向かってのみ可能であった。それはまた上方へも拡げられたのであるが、それはこの語が『セプチュアギンタ』において神の自己啓示によって世界にもたらされた愛の深められた概念を伝えるものとなることによってのみなのである。従って、我々が『セプチュアギンタ』を開いて、アガパオーがそのページに愛の一般語として置かれているのを見るとき、我々は新約聖書の愛の語法を準備している或る極めて注目すべき現象を目の当たりにしているのである。」（四四－四五頁）

アガパオーは本来の尊びの愛の意味合いを奥深くに含みながらも、しかし既に尊卑の区別なくどんな愛に対しても用いられるようになっていたから、その点では「高次の意味合いを失った」のであるが、しかしそのどんな愛にも用いられるようになっていたアガパオーを『セプチュアギンタ』でもほとんどの場合無差別に機械的に訳語として用いた結果、『セプチュアギンタ』には三つどもえの「尊厳」の愛、つまり至上の価値の愛を説く部分があったために、そこで用いられたアガパオーを通して、アガパオーが尊厳の愛を指しても用いられる道が開かれた。こうしてアガパオーは「愛に関する語りの全体を高尚にする」ことにもなった。アガパオーという言葉を用いて至高の愛を語る道が開かれたのである。そしてこの基盤の上で、新約聖書においてアガペーが尊厳の愛として説かれることが可能になった。――これが要点であろう。アガパオーは『セプチュアギンタ』において、一方で低次の愛にも使われるようになったが、もう一方で最高度の高次の愛をも言い表すようになり、上下両方向に広く使われるようになった。「この〔上下両方向への〕二重の変化の全体としての効果はこの語の範囲を計り知れなく拡大することであった。」（四四頁）

さて、大分長きにわたってウォーフィールドの論文を見て来たのであるが、それはこの論文が筆者の考えに大きく立ちはだかると思われたからであった。立ちはだかるとはどういうことか。ウォーフィールドの論文に至る前の部分を簡単にふり返らなければならない。

(g) 筆者の見解との突き合わせと調停

筆者は新約聖書を読む内に、そこに記されるイエスの言動は「愛」から出て「愛」に終わるものであることに間違いないが、しかしその「愛」とはどのような愛かを問われるようになり、この問いを抱え続けていたのであったが、或る時忽然とそれは「尊びの愛」ではないかとの考えが閃き、あらためてその観点で聖書を読み直すことになったのであった。そうすることで、聖書が真新しく深層の意義を顕しながら読み取られるのを感じて、一層その確信を深めたのであったが、同時にそもそも原語の「アガパオー」「アガペー」という語はどう意味の語なのかを探るよう促され、ギリシア語辞典やラテン語辞典を調べてみると、驚くべき事に、それはずばり「尊び愛す」「尊びの愛」という意味であるらしいことを知ることになったのであった。ただ辞典によってはこの意味が解説されていなかったり、他の意味合いも併記されていて、厳密に確定するためには実際にテキストに当たる必要を感じ、『ニコマコス倫理学』の用例を調べ（ただしこれは本書にはほんの一部しか取り込まなかったが）、次いで『セプチュアギンタ』に当たったのであった。結果は、この意味合いで読むときに一層テキストが正確に読めそうであることを知って益々確信を深めると共に、次のような確信をも抱いたのであった。「アガパオー」「アガペー」の二語は新約聖書の中で用いられたことによって初めて「尊び」の意味合いを帯びるようになったのではなく、反対にそもそもこの語の誕生のときから「尊び愛す」「尊びの愛」であったのであり、そのことは古典時代から『セプチュアギンタ』を経て新約聖書に到るまで、一貫して保持されたのだ。――こう考えて来ていたのである。ところが「それと前後して或る論文を読み始めたところ、その主張が筆者のこの考えに大きく立ちはだかるということを知って衝撃を受けることとなった」と八二頁に書いていたのである。その「或る論文」がウォーフィールドの『新約聖書における愛の語の用法』に他ならない。ウォーフィールドの主張は筆者の考えにどう立ちはだかるのであろうか。両者はどこがどう対立するのであろうか。整理しよう。

それは以下のようになるであろう。

①筆者がアガパオーは語源からして「尊びの愛」を意味していた（ただしこの日本語のように「尊び」と「愛」の合成語としてではなく、対象の尊さに心を動かされつつ、それを大切にしようとするという意味合いが込められた一語としてだが）のであり、それは古典時代の文献から『セプチュアギンタ』、さらに新約聖書においても一貫してそうだったと考えていたのに対して、ウォーフィールドは語源から古くは「尊びの愛」を意味していたが、古典期を過ぎるにつれて尊いとは言えない対象に対しても用いられるようになり、『セプチュアギンタ』が訳されたときには、特に注意しなければ尊びの意味合いは気づかれない、広く愛全般を言い表す語になっていたと主張する点で異なる。（一貫説と変化説）

②この違いから、筆者は『セプチュアギンタ』で強姦が描かれた箇所で用いられていたアガパオーですらも、注意深く見れば異性を「尊び愛す」だったと捉えたのに対して、ウォーフィールドは異性への愛そのものを「尊び」の意味合いを全く失った、低次の意味で用いられる「愛す」だと捉える点で異なる。（異性愛――高次であり得るか、低次か）

③ウォーフィールドは上のような考えから、『セプチュアギンタ』で用いられているアガパオーは、原典の旧約聖書で「アーハブ」が高次の意味で用いられているのに応じて訳語に採用されているのではなく、「アーハブ」が高次か、低次かに無関係に、愛を表す最も一般的な語として、深い考えなしに機械的に一様に訳語に当てられているに過ぎないと主張し、仮に古典時代と同様「フィレオー」が愛全般を言い表す最も一般的な言葉であったなら、『セプチュアギンタ』の中で「アガパオー」で訳されているところは「フィレオー」で訳されたはずだとすら言う。これに対して、筆者は（このことは今初めて述べることだが）反対に考えて来ていた。すなわち『セプ

チュアギンタ』の訳者たちは旧約聖書の中の「アーハブ」に当てるべきギリシア語を定めるに当たって、真っ先に旧約聖書の中の最も重要な教えの部分で用いられている「アーハブ」――ウォーフィールドの言う「三つどもえ」の愛の教え――「神は人間をアーハブされる」「全身全霊で神をアーハブせよ」（申命六・5）および「自分のように隣人をアーハブせよ」（レビ一九・18）――に目を向け、そこで「アガパオー（尊び愛す）」を選び、そこからそれを旧約聖書全体で用いられているアーハブ全般に押し及ぼしたのではないかと想像して来ていた。（『セプチュアギンタ』の訳者が用いた「アガパオー」は高次だったか、特に高次ではなかったか）

④また（これもここで初めて述べることであるが、）名詞形の「アガペー」が『セプチュアギンタ』で初めて登場し、それ以外の文献では使用例が見出されていない点については、筆者は、旧約聖書には「アーハブ」の名詞形「アハバー」があるために、『セプチュアギンタ』の訳者たちはそれに応じるべく「アガペー」という語を造語したのではないかと想像していた。これに対して、ウォーフィールドは、「アガペー」が『セプチュアギンタ』以外の文献で発見されていないということは承認しているが、[78] しかし『セプチュアギンタ』の時代には「アガペー」が既に、聖書の中だけでなく、日常的に用いられていたはずだと考える点で筆者と異なる。しかもそれはアガパオーが一般化するのと並行してであるから、特に「尊びの愛」の意味合いの語としてではなしに、ごく普通の「愛」の意味でだと言う。彼は「アガペー」と並んでやはり名詞として用いられる「アガペーシス」についてはアリストテレスに既に一例見出されることに言及した上で、次のように述べている。「無論『セプチュアギンタ』は二語（「アガペー」と「アガペーシス」）を造語したのではない。これ以前の著作に現れないアガペーですらそうである。セプチュアギンタはそれをアガパオーと共に人々の通常の使用から受け取ったのである。このことは『セプチュアギンタ』における二語の使用の性格から極めて明らかである。二語は愛の一般語として、愛の概念の全域を覆うように、そして極めて簡明直截に（with the utmost simplicity and directness）用いられている。」（Ⅱ、一六四頁）「全域を覆うように」とは具体的には神と人間の間の愛から肉欲的愛にまでということであり、

また「簡明直截に」とは特に説明や力点や強調なしに、ごく自然に、淡々と用いられているということであろう。確かに造語であったなら、何らかの説明的な補足が必要であった可能性がある。（「アガペー」――『セプチュアギンタ』訳者の造語か、否か）

ウォーフィールドと筆者とはこのように考えが対立しているのであるが、これはどう決着がつけられるべきであろうか。ウォーフィールドの最大の強みは、彼が愛を表す古典ギリシア語四語が辿った、既述の劇的な命運を見据えながら、その中でアガパオーの変化をも捉えている点である。「フィレオー」は現代では全く使われなくなり、アガパオーがそっくりそれに取って代わるようになっている推移の通過点に『セプチュアギンタ』を位置づけているのである。そこではまだフィレオーもエラオーも使われてはいるが、しかしはるかに少ない比率である。新約聖書に至れば、それは一層著しい。この変化は文献上では『セプチュアギンタ』においてのみ確認され、アガペーも『セプチュアギンタ』において初めて見出されるのであるけれども、しかしウォーフィールドの言うように、既に一般的に起こっていた変化が『セプチュアギンタ』に反映していると見るのが自然かもしれない。従って③（『セプチュアギンタ』の「アガパオー」高次か）および④（「アガペー」は造語か）についての筆者の考えは斥けられるべきかもしれない。旧約聖書で圧倒的多数で用いられている、言い換えれば最も一般的に用いられている「アーハブ」に対して、当時ギリシア語で最も一般的に用いられている「アガパオー」が〝ごく当り前に〟――何の問題意識もなしに――あてがわれた。――こう考えることが自然かもしれない。[79]

しかし、元々「尊び愛す」を意味した「アガパオー」が尊くない対象にまでも用いられるようになったために、「アガパオー」は高次から低次までの愛全般を言い表すようになったとのウォーフィールドの主張に対しては、筆者は若干の疑問を感ぜずにはいられない。ウォーフィールドがそう主張するのは性的な愛（恋愛）は低次な愛であり、「アガパオー」がそういう愛にまで用いられるようになったという理由からであった。しかし恋愛を直ちに尊びを欠く低次の愛だとみなすことは正当であろうか。そうみなすことはユダヤ教の伝統だったと言えるであろうか。むしろそう見ることはキリスト教の、否おそらくあらゆる宗教の一部の伝統にだけ属すのではないか。シケムやアムノンが強姦したときには、その瞬間には、無論尊びを失っている。しかし筆者は二つの場合に「アガパオー」が用いられているのは強姦そのものに対してではないことを明らかにし、「アガパオー」は二つの場合でも「尊び愛す」である可能性を示した。『セプチュアギンタ』では異性を愛すことも「尊びの愛」と捉えられた可能性を示唆したのである。もちろん、恋愛がすべて尊びの愛だと捉えられるわけではない。恋愛のみならず、神への愛ですら、自己中心になっているなら尊びは失われているであろう。愛が尊びを失っているかどうかはその対象によってではなく、愛し方によって決まるのであり、どんな対象に対してであれ、実質が名に反することはあるのである。こうして②については筆者の考えを引き下げることはできない。

問題は①「アガパオー」は一貫して「尊び愛す」の意味合いを保持していたか、それとも通常はそれを失っていたか、である。『セプチュアギンタ』に至るまでに、「アガパオー」がほとんどあらゆる対象に用いられるようになった、つまり「広く」用いられるようになった――「低い」ということは抜きにして――ことは間違いないであろう。このとき「アガパオー」は元々含んでいた「尊び」の意味合いを失ったであろうか。もちろんウォーフィールド自身この意味合いが完全に失われることはなかったと言っている。注意深く探れば、それはいつでも語り手に意識された。しかし通常は意識されなかった。このことは十分あり得ることであろう。語形には多くの場合語源が反映しているが、最も古い基層にある語源は通常の使用の中では意識されることはほとんどないことは何語でも同じであろう。日本語でも「いつくしむ」という動詞が「いつくし」という形容詞に由来することはすぐ分かるが、「いつくし」が諸説ある語源説[80]のどれに属するかなどということは語の使用に際して意識されることは全くない。「アガパオー」の場合、「アガマイ」とのつながりが語の響きにも表れて、そこから「尊ぶ」の意味合いがはっきりと意識されて用いられるということはあったかもしれないが、時代が下ると共に様々な対象に用いられるにつれて、様々な対象との結びつきで生まれる意味合いをも一層多く帯びるようになり[81]、元々の

「尊ぶ」の意味合いがいわば埋もれてはっきり意識されなくなったということは十分にあり得ることである。従ってアガパオーは端的に言って、狭い意味合いの「尊び愛す」から豊かな意味合いの「愛す」になったということは確かであろう。しかしそのように豊かさの中に埋もれているということは、この言葉に本来の最も本質的な意味合いを探るときには、奥深くにそれが意識され得るということでもあるであろう。アガパオーは現代でも奥深くに「尊び」の意味合いを含んでいるのではないか。

筆者はそのことを確かめたくて、現代ギリシア語の或る専門家に次のような質問をした。或る男性が出会って間もない女性に「僕は君をアガポーしている」と言い、続けてしきりにホテルへ誘ったとしたら、女性は「あなたが本当に私をアガポーしているとは思えない」と言えるか。また、この「アガポー」を「エロテヴォメ」に置き換えた場合にも同様になり、「あなたが本当に私をエロテヴォメしているとは思えない」と言うことになるか。その方はギリシア人にも訊いて調べた上で回答くださったとのことであるが、「本当にアガポーしているとは思えない」とは言えるが、「本当にエロテヴォメしているとは思えない」とは言えないだろうとのことであった。「アガポー」には、現代でも、きちんと用いる場合には、相手を人格として尊ぶ意味合いが込められるのではないか。

このことが、認められるならば、筆者が考えたように、アガパオーが古代から現代に至るまで一貫して「尊び愛す」を意味して来たか、それともウォーフィールドが説くように、『セプチュアギンタ』に近づいた時代には「尊び」の意味合いが失われていたのに——否、正確に言えば、埋《うず》もれていたのに、『セプチュアギンタ』で採用されたことによって尊厳までの高い価値への尊びの愛をも意味するようになったか、ということはそれほど深刻な違いではなさそうに思われてくる。なぜなら、「失われた」のではなく、「埋もれていた」のであれば、尊びの意味合いは一貫して保たれていたからである。そうであってこそ、アガパオーは『セプチュアギンタ』で至高の価値——尊厳への愛に対しても用いられることができたのであり、また同時にそれによって、実際にそれ以後、尊厳を尊ぶ愛の意味合いにまで高められて用いられるようになり得たであろう。ウォーフィールドは尊びの意味合いは「失われた」（四一頁）と言うべきではなく、「埋もれた」と言い表すべきだったであろう。[82] 一旦失われたものは容易に回復できない。仮にアガペーが異性を対象にしたときには高次でないとしても、別の対象に向かえば高次であるならば、高次な意味合いは失われたのではなく、埋もれたのである。ウォーフィールド自身が、尊びの意味合いは「完全に失われることはなかった」と言っている以上、「埋もれた」と言い換えることを拒むことはないであろう。しかし筆者はまた「尊び」の意味合いは同じ明確さで保たれたかのように考えていたことを修正されなければならないであろう。この意味合いが他の豊かな意味合いの間で埋もれて目立たなくなっていた、また現代でも全体としてそうであるということは、おそらく確かな事実であろう。

(2) キッテル『新約聖書神学辞典』及び他の解説との突き合わせ

さて、以上、ウォーフィールドの論文を取り上げて来たのであるが、これは非常に実り多いことであった。彼の徹底して広範囲に目を向け、且つまた隅々にまで分け入った究明によって、私たちは広義の「愛す」に該当するギリシア語四語の意味合いを、歴史的変化までも含めて、非常に現実感を伴って詳しく摑むことができたことを感じる。ところで、このような見方は果たして、またどの程度、学会で一般的に受け入れられたのであろうか。それは揺るぎないこととして受け入れられたのか。それともこれに対してもやはり疑問や反論が出されたのであろうか。――このことはこの論文が重く、大きなものであるだけに、すこぶる気になることである。

しかし筆者はこの論文が発表されたときにどのような反響を呼んだのか、文献で確かめることはできていない。筆者が当たった限りでは、賛同のものにせよ、反駁のものにせよ、これに対する評価の論文が発表されたということを突き止めることはできていない。その後の同種の（つまり「愛す」を表すギリシア語の意味合いに関する）研究文献の中に、参考文献として名が挙げられていることは目にしているもの[83]の、これについて論じたものを見出してはおらず、また賛同ないし反駁の研究文献があると紹介しているものにも出会ったことがない。そこから生まれている筆者の予想は、おそらく特別の反論は生まれておらず、一つの傾聴すべき仮説ないし見解として慎重に、また重く、受け止められているのではないか、というものである。「仮説」と言わなければならないのは、或る部分では確定的に実証する文献が見つかっていないためである。既に見たように、「アガペー」が『セプチュアギンタ』以前の時代に一般に用いられていたことを実証する資料は今でも発見されていないはずである。『セプチュアギンタ』以前に「フィレオー」に代わって「アガパオー」が一般的になっていたという点についても同じである。否定はできなくても、確定もできないのである。しかしそういう歴史的な経緯のことはさておき、筆者にとって最も重要なアガパオーの意味合いについてはどうか。それが「尊び」の意味合いを、初めから、またその後も、一貫して持ち続けているという点に関してはどうか。アガパオーの意味合いが多様になったために、尊びの意味合いは奥深くに「埋もれた」（——筆者の言い方に改めれば）が、しかし保持され、その線上で新約聖書において至高価値の尊びの意味合いをも込めて使用されるに至ったという点に関してはどうか。

　この点を調べるためには現在一定の評価を得ている辞典類に当たることがよいであろう。そこで果たしてどの程度、またどのように、「尊び」の意味合いが認められているか。以下、主要な辞典類によってそれを確認することにしよう。そのために真っ先に取り上げるべき辞典は何か。

　それは間違いなくキッテルの『新約聖書神学事典』（Gerhard Kittel, *Theologisches Wörterbuch zum Neuen Testament*）であると思われる。というのも、これは新約聖書の語彙に関する最も体系立った研究の集大成であるからである。そこで、これを見ることにしたいが、その中の *ἀγαπάω, ἀγάπη, ἀγαπητός*（「アガパオー、アガペー、アガペートス」）の項に目を向けよう。

この項は、

A　旧約聖書における愛
B　聖書以前のギリシア語で「愛」を表す語
C　ユダヤ教における「愛」
D　イエス
E　使徒の時代
F　使徒以後の時代

からなり、それぞれの項がさらに細目化されて、三五頁にもわたって詳細に解説されるのであるが、この中の「B　聖書以前のギリシア語で『愛』を表す語」の部分が目的に該当する箇所である。そこでは、ステルゲインは取り上げられないものの、愛を表す他のギリシア語三語（「エラオー」「フィレオー」「アガパオー」）の用法の比較が行われているのである。

筆者が一番注目するのは、言うまでもなく、「アガパオー」なのであるが、しかしこの辞典のこの箇所を見るに当たっては「エラオー」および「フィレオー」の解説も併せて見ることがよいであろう。それは、繰り返すが、それぞれの語の意味合いは他の語の意味合いとの比較によって一層明確になるのであり、ウォーフィールドの作業も筆者の関心も一貫して比較研究に向かって来たからである。ところで、Bの項には「フィレオー」も含まれているのであるが、しかしそれは「エラオー」および「アガパオー」と較べると圧倒的に短く、簡潔なものに留まっている。その理由は、「フィレオー」に関しては、「アガパオー」の項の後に、独立の項目 φιλέω, καταφιλέω, φίλημα, φίλος, φίλη, φιλία（「フィレオー、カタフィレオー、フィレーマ、フィレー、フィリア」）が立てられ、そこで詳述されるからである。つまり、新約聖書で「愛」を表す語として用いられている二語、「アガパオー」と「フィレオー」が同等に扱われ、解説されているのである。そこで、最初に「アガパオー」に関するBの項目全体（この箇所を便宜のために今後㈠と記すことにしたい）を、次いで「フィレオー」の項目の中の「A．一般的ギリシア語の用法（Gemeingriechischer Sprachgebrauch）」の部分（この箇所を㈡としよう）を取り上げることにしよう。「一般的」とは「聖書以外の」ということであり、Bの項の「聖書以前の」と重なるのである。要するに㈠と㈡を併せて見ることで、ウォーフィールドが問題にしたのと同様に、聖書以前期の「エラーン」「フィレオー」「アガパオー」をどうキッテル『新約聖書神学事典』が解説しているか、見ることができるのである。

その取り上げ方であるが、以下、まずⅠ．エラオー・エロースで㈠から「エラーン」の項を全訳引用し、Ⅱ．フィレオー・フィリアで㈠と㈡の「フィレオー」の解説を全訳引用し、Ⅲ．アガパオー・アガペーで㈠から「アガパオー」の項をやはり全訳引用することにする。その後Ⅳでウォーフィールドの見解との突き合わせを行い、調整ないし整理を考えることにする。なお、引用に当たっては、初めて読まれる方の理解の助けになればとの願いから、筆者の解説を適宜括弧（〔　〕）内に小字で加えることとする。また原文ではギリシア語の引用は翻訳を添えずになされているが、ここではギリシア語引用文の前に日本語訳を書き添えることにする。またそれが有益と思われる場合には英訳をも添える。さらにまた、ギリシア語の引用が余りに煩瑣になりそうな場合には、その引用は註に回すことにする。

(a) キッテル『新約聖書神学辞典』の解説

エラオー・エロース

（キッテル『新約聖書神学事典』ἀγαπάω, ἀγάπη, ἀγαπητός の項（F. Stauffer）、B．聖書以前のギリシア語における「愛」を表わす語から、1. ἐρᾶν）

エラーン（ἐρᾶν）は自らのために他者を求める情熱的な（leidenschaftlich）愛を意味する。ギリシア人は何者にも支配されずにすべてのものを支配する神である、官能的また悪魔的なエロース（ἔρως）に向かって熱烈な讃歌を歌った。エロースの神は祭儀において大きな役割を果たし、プラトン以後の哲学においては最高の生命の充実と高揚の権化となり、プロティノスの神秘主義においては完全に昇化させられ、感覚から遠く引き離されて、ヘン（ἕν）（一者）との結合への熱烈な要求となる。

〔この一段は今後のエラーンについての解説全体を完結にまとめた序論部分である。〕

ギリシア人がエロースにおいて求めるものは陶酔であって、この陶酔が彼らの宗教なのである。もちろん思慮深さは天が人間の心に植えた最上の賜物であり（ソフォクレス『アンティゴネー』六八三行以下）、それは人類全体を完成させるものである。だが一層素晴らしいものは、すべての思慮深さに終止符を打ち、すべての感覚を荒れ狂わせ、すべての人道主義的な人類の尺度と形式を粉砕し、人間を自分自身を超えて引き上げさせるエロースである。偉大な悲劇作者たちは、畏れと情熱とをもってエロースを讃えている。「戦いにおいて屈することなきエロースよ、……そなたを受ける者は狂ってしまう。そなたは正しき者の心をも不義にさせ破滅へと追いやる。"Ἔρως ἀνίκατε μάχαν . . . ὁ δ' ἔχων μέμηνεν. σὺ καὶ δικαίων ἀδίκους φρένας παρασπᾷς ἐπὶ λώβᾳ (ebd 781ff.)」エロースは神であり、他の神々よりも力があり、「神々と人々との専制君主（τύραννος θεῶν τε κἀνθρώπων）」（Eur Fr 132 Nauck）である。天地の間にあるすべての権力は、唯一の権力であるエロースに対しては第二級の権力に過ぎない。この専制的な全能の権力にとらえられた者は選択の余地もなく、意志の自由も許されず、自分が打ち負かされることによってまさに最高の浄福を経験するのである。

〔古今東西を問わず、恋はしばしば人を陶酔させ、また狂わせる。理性も意志もその前ではなすすべもない。「エラーン」「エロース」はこの激しい情熱的な愛を言い表す語であるが、ただ、注目されることは、それが「上へ」人を向かわせるものと捉えられたことである。そこからそれは宗教的な儀式の中でも追求されることとなった。〕

官能の陶酔という悪魔的な力が宗教的恍惚と共に讃えられるところでは、逆に宗教も官能の陶酔の中にその頂点を味わおうとするであろう。創造力の豊かなエロースは豊作の祭儀で中心的な位置に立ち、偉大な女神たちの神殿では、度々東洋の影響を受けて、神殿娼婦たちがはびこる。神話が伝える神々と人間との性交は、祭儀の中で実際に存在する現実となる。神聖なる結婚（ἱερὸς γάμος）において、礼拝者たちは神々の世界との肉体的結婚を体験する。宗教と陶酔とは宗教的に神聖化された官能において一体になる。

〔神殿娼婦との交合の官能的陶酔が神々との「神聖な結婚」の法悦となるのである。〕

しかしギリシア人がエロースにおいて求めた陶酔は、必ず官能的な（エロティック）感覚の陶酔であるわけではない。すでにギリシアの諸密儀においては、密儀教の場合によくあるように、官能的な諸概念が多様な仕方で超感覚的なものとの出会いを表わす絵画や象徴に姿を変えている。プラトンはエロースに一つの対話篇全体を捧げることによって、この線を一層先まで進めている。彼にとってもやはりエロースは陶酔であって、人間を一切の分別を超えて引きずり出させる。（『パイドロス』二三七以下、二四二以下参照）根本的な欲求に源泉を持ち、創造的な高揚の中で爆発するのである。（『シュンポジオン』二〇〇、二〇六）しかしエロースがそこで燃え上がる肉体美は、すべての愛の中で考えられ、追求されている「善なる神的なものそのもの（αὐτὸ τὸ θεῖον καλόν）」――永遠に存在し、真に善であるもの――への導き手に過ぎない。（『シュンポジオン』二一〇以下）プラトンはエロースを一切の感覚的なものを超え出るよう決定的に引き上げ、アリストテレスはこれを一切の体験的なものから解放して、宇宙的な働きとして捉えた。すなわちエロースは、それによって根本原理があらゆる存在者を秩序と運動の内に保つことができる引力なのである。「（根本原理はあらゆる存在者を）愛されるものとして動かす（κινεῖ δὲ ὡς ἐρώμενον）。」世界をその最内奥において結び合わせるこのような愛は、陶酔とはもはや何の関係もなく、厳密に意志的な作用である。「最初に動かすもの（πρῶτον κινοῦν）」は「欲求されるもの（ἐπιθυμητόν）」ではなく、「最初に意志されるもの（βουλητὸν πρῶτον）」であって、それこそまさに「善なるもの（τὸ ὂν καλόν）」である。（『形而

上学』XII, 7p. 1072a, 二七以下）
〔しかしやがてこの官能的陶酔＝神聖な至福から官能的要素が単なる出発点に位置づけられ、エロースはそこを離れて天上の究極的存在へ人を向かわせる力、あるいは究極的存在を巡って万物を動かす力と、哲学者たちによってみなされるようになる。そういう「純化」が行われる。〕

後期プラトン主義においても、エロースを元々の悪魔的な性格から純化し、人間性の理想の下におこうとする努力が行きわたる。典型的なのはテュロスのマクシムスによる「ソクラテスの恋愛術とは何か（τίς ἡ Σωκράτους ἐρωτική）」という論文である。彼はプラトン自身よりさらにプラトン的であって（『シュンポジオン』一八一以下）、官能的快楽と美的願望とを二律背反に立たせる。「後者はギリシア的であり、前者は蛮人的である。一方が心ならずも患うのに対して、他方は進んでエラオーする（恋い慕う）のである（ἐκεῖνος Ἑλληνικός, βαρβαρικὸς οὗτος. ὁ μὲν ἄκων νοσεῖ, ὁ δὲ ἑκὼν ἐρᾷ）」（Max Tyr XIX 4 Hobein）。そして XX, 2 では完結させて「エロースは……自由にかかわる……事柄である（ἔρως . . . ἐστὶν χρῆμα . . . ἐλεύθερον）」エロースの神秘的理解は、プロティノスの『エネアデス』において再び完璧に表現されるに至る（エロースについて π. ἔρωτος, III 5., Volkmann）。感覚の世界と理性を超えて「超越（ὑπερβαλόν）」と「超出（ὑπεροχόν）」へ（V. 5. 8 参照）向かい、あらゆる境界を越えて、一致点――そこにおいて「愛されるものと愛とがおのれがおのれの愛〔おのれがおのれを愛す愛、つまり同じ一つの愛〕である（ἐράσμιον καὶ ἔρως ὁ αὐτὸς καὶ αὐτοῦ ἔρως）」一致点――へ向かう魂の衝動、このような上に向かう特性こそ真のエロースであり、あらゆる愛の意味である。かつて社交生活において酒宴を催し、神々の神話の中に粋な物語を探し回り、また神殿の中に冒険に出かけたエロースは、マクシムスによってヒューマニズム的に洗練させられ、プロティノスによって神秘主義的に昇華させられた。とはいえそれは依然として同じエロースであり、自らの生を超え高めようとする自然の衝動である。こうしてエロースの宗教の原形は官能的陶酔であり、その高められた形は恍惚なのである。

〔後期プラトン主義の中で、エロースが超感覚的世界において究極的に「一」になる神秘的な愛へと高められ、深められて行った次第に言及する。ただし、それでもエロースはやはりエロースであって、「自らの生を超え高めようとする自然の衝動である。こうしてエロースの宗教の原形は官能的陶酔であり、その高められた形は恍惚なのである」と全体を総括する〕。

フィレオー・フィリア

（1 キッテル『新約聖書神学事典』より ἀγαπάω, ἀγάπη, ἀγαπητός の項（F. Stauffer）、B．聖書以前のギリシア語における「愛」を表わす語から、2. φιλεῖν, φιλία）

これ（エラオー・エロース）に対して、フィレオー・フィリアが言い表すのは、神々から人間への、友から友への好意（Neigung）、気遣いの愛（fürsorgliche Liebe）であり、人間の顔を持つあらゆるものを包み込む愛、アンティゴネーの「私は共に愛し合うために生まれているのです（συμφιλεῖν ἔφυν）」の愛である。ここに極めて明らかなことは、この愛は高貴（Adel）であり、人間が回避することもできる使命、課題であって、人間を克服する本能とか陶酔ではないということである。

〔フィレオー・フィリアについて極めて簡潔に要点が記されている。詳細は次の独立の項目の解説で述べられる。アガパオーは尊びの愛ではないかと考える筆者にとって、「高貴である」と述べられることが注目される。「（エラーンのように）本能とか陶酔ではない」ということを言うのなら、全くその通りであろう。「使命」とか「課題」と言われることが具体的に何を言おうとするのかは、これだけでは分らない。筆者が替わるのでこの後で説明されることもない。〕

（2 キッテル『新約聖書神学事典』より φιλέω, καταφιλέω, φίλημα, φίλος, φίλη φιλία の項（Stählin）から、A 一般的ギ

◆人物である対象を伴うフィレオー

a．φιλ- という語幹の基本的意味がおそらく「自分の」（eigen）、「（誰それに）に属している」（zugehörig）であるということから出てくることは、動詞フィレオーの根本的な意味は「或る人を自分に属するものの一人と見なし、扱う」ということである。それに応じて、それは「自分に属するものへの自然な傾きの愛情（Zuneigung）」「一番身近に属するものへの愛（Liebe）」を指す。例えば、「（あなたが）フィレオーすることが必要であった男性〔つまり夫、息子〕をあなたは嫌っていた（ὃν δὲ χρῆν φιλεῖν στυγεῖς, Aesch Choeph 907）を参照。そこからフィレオーは親から子への、夫婦間の、主人から下僕への、自分の国民への、また自分の都市への、愛に対して用いられる。しかしさらに発展して行くと、フィレインは「自分のもの」から「選ばれたもの（das Erwählte）」へ向かうようになる。「自分自身の者と尊び愛すべき者とをフィレオーすること[84]（φιλεῖν, τό τε ἴδιον καὶ τὸ ἀγαπητόν）」（Aristot. Pol II 1262b 23 参照）。そこから神々の人間に対する愛が見られるようになる。この愛には優先すること（Bevorzugung）、ないし優遇すること（Begünstigung）が特有である。これに対して、人間の神々への愛は見られない[85]。次いで何よりも友人の愛（友愛）が見られるが、これは夫婦愛と同様相互性に基づいている。

b．フィレオーはその際しばしば「助ける」「援助する」という具体的な意味を獲得する。例えば神々が人間である友たちに対してそうする。その際多くの場合 παρίσταμαι（傍らに立つ）と並べて用いられる。あるいは「気遣う（sorgen für）」という具体的意味を獲得する。特に κήδομαι（心配する）と、あるいは τρέφω（養育する）と結びつけられて。それからまた「客として取り扱う」「もてなす」をも意味する。この意味の場合、ξενίζω（受け入れる）と並べて。また δέχομαι（歓迎する）と、また ἀγαπάζομαι（尊重の愛を示す）と結びつけて用いられる。

c．フィレオーは、しかしまた、感覚的な愛をも言い表す。つまり両性間の愛をも。同性愛をも。この意味ではフィレオーはエラオーに極めて近づく。エラオーは新約聖書にはない。

d．新約聖書を視野に入れるとき重要なことは、フィレオーは意味と用法において度々アガパオーと遭遇することである。もちろん第一に、フィレオーは聖書以外の用法ではアガパオーよりも数的にはるかにまさって登場する。[86]――『セプチュアギンタ』と新約聖書の言語ではこれと全く逆になるが。――第二に、アガパオーとフィレオーとの間にギリシア人の言語感覚ははっきりと違いを感じ取ったが、それは（フィレオーが）「好きである gern haben」に対して（アガパオーが）強い感情を伴って、心を込めて献身的に mit Innigkeit und Hingabe、また情熱をもって mit Leidenschaft「愛す（lieben）」という違いだったことである。

この違いの印象に手を貸すのは例えば次のような文である。①Plat. Lys., 215a b.[87] ②Dio C., 44, 48, 1.[88] Aristot. Rhet., I, 11, p. 1371a, 21では違いは若干異なる。[89] フィレオーとアガパオーとが組み合わせて用いられているときでも、両者の意味合いの違いを考慮に入れなければならない。例えばPlat. Lys., 220d; Aristot. Eth. Nic., IX, 7, p. 1167b, 32. あるいは並行的に使われているときも。例えば、Philo Rer. Div. Her.[90] しかし既に古典ギリシア語において両動詞はしばしば交換可能である。Xenoph. Mem., II, 7, 9参照。[91] 同様にII, 7, 12: Aristot. Eth. Nic., IX, 8, p. 1168a, 28-30, Ael Var. Hist., 9, 1. この交換可能性は特に新約聖書のコイネーに当てはまる。ただしそれでも依然として元来あった色合いの違いに対する生きた言語感覚の影響が残っていることを考慮すべきである。ただ、気分の内容の関係は以前のものからはまさに逆転して行った。アガパオーはフィレオーよりも冷ややかだなどということはなくなり、一層心がこもり（innig）、一層深くなっている。

◆物事を対象とするフィレオー

既に早くからフィレオーは「好きである（gern haben）」「良しとする（schätzen）」という意味で物事にも結びつけられている。既にホメロスに珍しい文がある。「まことに神聖な神々は無謀な行動をフィレオーされない（お好きでない、良しとされない）[92]。」さらに「少なくとも私はレスボスのプラムニアンワインはフィレオーする（好きだ、良しとする）[93]。」Ephippus fr 28（CAF II 264）; Prv 21, 17 を参照。

◆不定詞を伴うフィレオー

a.〔不定詞を伴ったときの〕「喜んでする（gern tun）」といった程の意味―― Hdt VII 10, 5 以来見られ、副詞 gern の代わりとして通用する――には、語幹 φιλ- の「フィレオーする人にとって自分のものである（eigen）ことをする」「彼にとって親密な（nahe）ことをする」――「他のようにすることも同じようにできたはずだ」では全くなく――という原初の意味がまだ示されている。以下を参照。「自然は……隠れることをフィレオーする（好む）[94]。」Heracl fr 123（Diels I 178）「ミューズの神は大いなる競演を思い起こすことをフィレオーされる（好まれる）[95]。」（Pind Nem 1, 11f）

b. 聖書以外のギリシア語ではフィレオーはしばしば何かをしがちであることを言う[96]。Hdt II 27, Xenoph Eq Mag 7, 9, Mitteis-Wilcken II 2 Nr 372 col 6, 14f（1. Jhdt nChr）. しばしば a に従う翻訳と同様に b に従う翻訳も可能である。例えば以下を参照。「しかし年老いたヒューブリス（傲慢）は悪い人間の中に若いヒューブリスを生み出すことをフィレオーする（好む、よくする）[97]」Aesch Ag 763 - 766.

〔以上のシュテーリンの解説は非常に系統的で筋道立っており、説得性に富んでいて、深く傾聴すべきものがあるように思われる〕。

アガパオー・アガペー

（キッテル『新約聖書神学事典』より *ἀγαπάω, ἀγάπη, ἀγαπητός* の項（F. Stauffer）、B. 聖書以前のギリシア語における「愛」を表わす語から、3. *ἀγαπᾶν*）

ギリシア人はアガパオーという語の下ではエラオーの強制力や魔力はまったく感じないし、またフィリアの暖かさもほとんど感じない。語源は不明である。その意味はぼんやりとして（blaß）揺らいでいる（schwankend）。アガパオーはしばしば単に或るものに満足することを意味し、またしばしば迎える、挨拶する、敬意を込めて遇する（mit Ehre behandeln）ことを意味する。この場合、おのずからまず外的行為が考えられている。しかしアガパオーが或ることを求めようと努力する、或る人または或るものを好む（gerne mögen）という意味に用いられているときは、より内的な態度にかかわる。この動詞は同等な者の間の尊敬（Achtung）と友情、あるいは同情を表わすのに好んで用いられる。特に典型的（charakteristisch）なのは、アガパオーが優先する（bevorzugen）という意味、すなわち一つの善や一つの目標を他のものの上に立て（über . . . stellen）、或る人を他の人より尊重する（hochhalten）という意味を持つ場合である。こうしてアガパオーは例えば或る特定の人に対する神の特別の愛（Vorliebe）になる。「神に愛される人（ἠγαπημένος ὑπὸ τοῦ θεοῦ）」は神の前に特別の位置を与えられている。その人は神から特別な賜物と祝福とを受けているのである。

まさにここにアガパオーの独自性（Eigenart）が明らかとなる。エラオーは元々何でもござれの愛であって、或るときはここに、或るときはかしこに、満足を求める。アガパオーは区別し、自分の相手を選び、堅く保つ愛である。エラオーは多かれ少なかれ或る客体への不定の衝動によって規定される。アガパオーは主体によって規定されるのであり、自由な、決断的な行為である。エラオーはその最高の意味では、人間の上に向かう衝動、神的なものへの愛を表わすのに用いられる。アガパオーはとりわけ神の愛、低いものを高め、他のもの以上にする、高位のものの愛を表わす。エラオーは他のものにおいて自己の渇望を充足させようとするが、アガパオーはしばしば「愛を示す」と訳され、他の人を益する恩恵的、活動的な愛を意味する。

アガペートスの用法もだいたいにおいて同様の範囲に属し、それぞれの場合に動詞の意味のニュアンスがここでも認められる。この語は私にとって望ましい事柄、私にとって愛しい人に関係し、特に唯一の大切な子供に関係する。

しかしそれにもかかわらず、アガパオー等の意味がいかに不鮮明であるか、その特有さがいかに兆候程度に留まっているかは、エラオーおよびフィレオーと一緒に、また言い換えて、用いられる時に常にくり返し明らかになる。その場合アガパオーはしばしば単に強調のためにエラオーおよびフィレオーと並べて、または文体上の変化のためにそれらに代えて、用いられる同義語に過ぎない。だがプロティノスの場合には、常に意識的にエラオーを上を目指して行く愛、アガパオーを下降して行く愛として用いているかのように思われる。しかしエロースがホメロスからプロティノスに至る、詩人や哲学者の思索を常に新らしく働かせたのに対して、アガパオーはほとんど根本的な考察の対象とならなかった。名詞アガペーが聖書以前のギリシア語にほとんど全くないということは極めて特徴的なことである。

(b) ウォーフィールドの見解とキッテル『新約聖書神学事典』の突き合わせ

以上、キッテルの『新約聖書神学事典』が聖書以前の時代の（と言っても、新約聖書時代にも再三触れながら）「エラオー」「フィレオー」「アガパオー」の用法をどのように解説しているかを見て来た。そもそもこれを見るに至ったのは、ウォーフィールドの見解が果たしてどの程度おおやけに受け入れられているかを見る指標の役割を期待してのことであったが、結果はどうだったであろうか。それを探ることに努めよう。

両者を比較して真っ先に受ける印象は、『辞典』の方はさすがに辞典であるにふさわしく、個人研究者の先行研究を最大限包括的に取り入れて調停を図った総合的な、全般的な解説であるのに対して、ウォーフィールドの方はまさに個人研究者の特化された個別的研究であるということであろう。ウォーフィールドのその「特化」は彼の問題意識、つまり広く「愛」を言い表すギリシア語四語は果たしてどこまで、どのように同義であり、どこまで、どのように異義であるかを見定めるということであったであろう。この特化のために、『辞典』と較べると、彼の考察には部分によっては偏りがある、言い換えれば考察から洩れた部分があることが分かる。しかしその一方で『辞典』にはない詳細な立ち入った考察もある。偏りはエラオーの項目に一番著しいであろう。他方『辞典』にない立ち入った考察は何よりもまずフィレオーとアガパオーとの間にあった劇的なドラマ――革命的変化の洞察である。両者の関係を三語それぞれに沿って見よう。

エラオー・エロース

エラオーの項で、ウォーフィールドに欠けていて、『辞典』に豊穣にある考察は、古代ギリシアでエロースが果たした大きな宗教的な意義とそれが哲学的に洗練されて行った過程への洞察である。解説として書き添えたように、筆者シュタウファーは冒頭で序論的総括を行って次のように書いていた。「エラオーは自らのために他者を求める情熱的な愛を意味する。ギリシア人は何者にも支配されずにすべてのものを支配する神である、官能的また悪魔的なエロースに向かって熱烈な讃歌を歌った。エロースの神は祭儀において大きな役割を果たし、プラトン以後の哲学においては最高の生命の充実と高揚の権化となり、プロティノスの神秘主義においては完全に昇化させられ、感覚から遠く引き離されて、ヘン（ἕν 一者）との結合への熱烈な要求となる。」このように、エラオーの本質を真っ先に「情熱」と捉える点で彼はウォーフィールドと共通の出発点に立つが、しかしその後の「情熱」の内実の捉え方は大いに異なり、エラーン・エロースの激しい、動的な展開を詳述し、そのエネルギッシュでダイナミックな特性に迫るのである。「官能の陶酔」「唯一の権力」「神聖なる結婚」「宗教的恍惚」「永遠に存在し、真に善であるものへの導き手」「最初に動かすもの」「愛されるものと愛とが同じ一つの愛である一致点へ向かう魂の衝動」……。歴史的にエロースが辿った比類なく大きなスケールの活動が紹介される。これはまさにエロース概念の実像であろう。

エラオー・エロースに関するウォーフィールドの主張をこれと突き合わせてみると、はるかに簡潔な表現によってではあるけれども、幾つか重なる点があることに気づく。「情熱」が本質的であるという点は言うまでもないとして、他にも、「エラオーは盲目になり得る」「高揚させられた献身（exalted devotion）の、高い愛」「……パルメニデス以来エラオーは最も高められた意味で用いることができた……。プラトン的エロース（Platonic Eros）が高次の愛であることは言うまでもなく、詳しく見る必要もない。その影響はプロティノスのヌース エローン（νοῦς ἐρῶν）に限らず」（本書一〇〇頁）とあった。そしてさらに続けて「（νοῦς ἐρῶν に限らず、）ユダヤ思想家とキリスト教思想家にも及び、『神の、また神への愛』（divine love）に採用されているのである」と述べていたのである。つまり「聖書以前」だけでなく、以後にも、具体的にはフィロン、イグナティウス、ユスティヌス、クレメント、オリゲネスにおいても、「神の、また神への愛」にエロースが用いられた事情をやや詳しく紹介していたのである。この点を押さえるなら、ウォーフィールドが言及していなかった最大のものは、神殿娼婦が存在した古代ギリシアの祭儀においてエロースが果たした官能的陶酔と宗教的恍惚への誘導の働きであろう。

この点にウォーフィールドが深入りしなかったのはなぜか。それはおそらくウォーフィールドの問題関心から来ているであろう。彼の関心の一つは、愛を表すギリシア語四語が性的愛から神との愛にまで共通に用いられた事実を明らかにすること、その意味で四語の意味合いがほぼ同一の円に重なることを明らかにすることであった。そしてエロースに関して言えば、エロースは性的な愛に他ならないという固定観念を払拭して、それどころか、神との関係でも用いられたのだということを実証することに全力を傾けていたのである。そうであれば、エロースが如何に濃密に性的な愛を指して用いられたかは詳述する必要はなかったであろう。

このように一定の関心に沿って追究されたウォーフィールドの或る程度限定された考察と、辞典たるにふさわしい包括的なシュタウファーの解説とはどのように関係づけられるべきであろうか。両者の間に齟齬を来す点が一点もない以上、両者は調和するものとして受け入れられるべきだと思われる。シュタウファーはウォーフィールドがフィロンやキリスト教思想家について述べたことも、「聖書以前」の解説の延長線上に、異論のないこととして受け止めたであろう。ただ、こう関係を押さえた上で、両者の間に秘かにある相違として一点だけ目を留めておきたいことは、ウォーフィールドでは、エロースが神との関係でも語られることが強調される余り、性的愛と神的愛とのどちらがエロースにおいて基本であるかが不透明であるのに対して、シュタウファーでははっきりとエロースは出発点では性愛だったと捉えられていると思われることである。性愛の浄化・純化・昇華としてエロースは神的愛へと高められた。このことは、エラオー・エロースは日本語で何と訳すことが一番ふさわしいかという問題に示唆を与えるであろう。「エロース」は、既に筆者自身の見解として述べたとおり、やはり「恋」に相当するのであり、「エラオー」は「恋する」あるいは「恋い慕う」に近かったであろう。(98)

フィレオー・フィリア

フィレオー・フィリアに関しても、キッテルの『辞典』が極めて包括的であるのに対して、ウォーフィールドでは自らの問題意識に重点が置かれているきらいのあることは変わらない。ただ、ウォーフィールドにあって、『辞典』に欠けていることは、フィレオーが元来「愛す」ことを言い表す最も一般的な語、最も包括的な語、言い換えれば他の三語のいずれにも取って代わり得る語――日本語で言えば「恋する」でもなく、「愛でる」でも、「慈しむ」でもなく「愛す」のような――であったということ、および『セプチュアギンタ』以前の時代にアガパオーがそれに取って代わったことの明確な指摘である。「フィレオー」と「アガパオー」の使用頻度が『セプチュアギンタ』や新約聖書の前後で逆転したとは言われるが、「一般語」としての逆転なのか、はっきりしない。尤も、現代では「フィレオー」は死語となっており、「アガポー」が一般語となっているという事実があるのであるから、一般語としての逆転であることは当然のこととされているのかもしれないが。ただ、その逆転が『セプチュアギンタ』や新約聖書を通して起こったのか、それともウォーフィールドの主張するように無関係に起こったことなのか、知り得ないのである。

それはともかく、解説として付言したように、『辞典』のシュテーリンの解説は非常に系統的に筋道立っていて、極めて説得的だと感じられる。すなわち、語幹フィル（φιλ-）の語源を「自分の」（eigen）と押さえた上で、フィレオー（φιλέω）の根本的な意味は「或る人を自分に属するものの一人と見なし、扱う」であるとし、「自分に属するものへの自然な愛情」「一番身近に属するものへの愛」を言い表したと捉えること、そしてそこからさらに発展して様々な意味合いが付加されて行った次第を跡づけた流れは自然なものに感じられ、事実に近いように思われる。ところでウォーフィールドはこのシュテーリンの解説を受け入れないであろうか。そうは思われない。彼はシュミットの「フィレオーは或る人物や事物との交渉から湧き出てくる、あるいは或るものの中にある自分に好ましい（agreeable）性質によって呼び出される、心の傾斜を示している」という解説を承認していたが、この解説がシュテーリンの解説と相容れないとは思われない。むしろ語源から説くシュテーリンの説を自説を補足・強化するものとして支持するであろう。対象が「好ましく（agreeable）」「喜ばしく（pleasurable）」感じられ、「好き（like）」になって愛することがフィレオーだというウォーフィールドの内面描写が主の解説はほとんどの人が承認するものであろうが、好ましく、喜ばしく感じられることが元々「自分自身の（自分に属する）」ものへ向かってのことだったという出発点は、フィレオーには相手に「同和」し、「親和」して相手と「トモ」（共–友）になる傾向がある理由を深く理解させてくれるであろう。「フィレオー」は日本語では「親しみ愛す」に置き換えることが近いことだと思われるが、興味深いことに、「親」という漢字は「したしむ」「したしい」や「ちかい」の他に、「みずから」「みずからする」とも訓読し、そういう意味があることである。「親征」とは「（天子）自ら征す」の意味である。アリストテレスが「友（フィレオーされる人）はもう一人の自分である（ἔστιν ὁ φίλος ἄλλος αὐτός）」と言っているのは、事柄の真実を語っていると同時に「フィレオー」の真義に則って語っていることをも感じさせられる。

こうして、フィレオーの部分でも、ウォーフィールドの主張とキッテルの『辞典』は相互補完的で調和すると見るべきであろう。愛を言い表すギリシア語四語の対象が同一の円で重なることを明らかにすることに重大な関心があるウォーフィールドは、フィレオーは人から神に対しても成立することをアリストテレスが認めていることを見逃さないのに対して、『辞典』は「人間の神々への愛（フィリア）は見られない」と述べていたことは修正されなければならない。

最後に、両者の間にはもう一つ重要な共通点があることに目を向けなければならない。それはフィレオーとアガパオーが組み合わせて用いられたり、交換可能なように用いられている場合でも、「両者の意味合いの違いを考慮に入れなければならない」のであり、「依然として元来あった色合いの違いに対する生きた言語感覚の影響が残っていることを考慮すべきである」とシュテーリンが述べている（本書一四三頁）ことである。ウォーフィールドも「アガパオー」は愛を表す一般的な語となったのであるが、「そうは言っても、その高尚な意味合いはその語の形そのものの中に埋め込まれて残ったから、いつでも簡単な強調によって意識に呼び戻すことはできた」と述べていた。（本書一一七頁）このことは筆者自身も、日本語の例を引きながら、強く主張して来たことであった。（本書九二、九三頁）異なる二語が完全に同義であることはまずない。同義・異義の両面を探ることは、言葉の意味の厳密な探求にあっては、決して放棄されてはならないであろう。

シュテーリンの解説をも合わせて踏まえるとき、「フィレオー」「フィリア」は何という日本語に訳せば、その語感に少しでも近づくことができるであろうか。おそらく「好きである」がその一つであろうが、先程も述べたように、「親しみ愛す」「親しく愛す」が近いのではないか。その場合の「親しく」には「うちとけて（内解けて）」「信頼して」ということがおのずからのこととして含まれているであろう。「フィリア」は「親しみ」「親しみの愛」「親愛（の情）」「親密な愛」などが近くないか。

アガパオー・アガペー

キッテルの辞典のこの箇所を一読したときに少なからず驚かされるのは、アガパオーの意味は「ぼんやりとしていて揺らいでいる（blaß und schwankend）」とか、また「不鮮明（unscharf）」であり、その特有さは「兆候程度に留まっている（ansatzhaft bleiben）」といった言葉が目に付くことである。この項の解説は、これまでの二語の場合の明解な、詳細な、積極的なものとは違って、どこかしら消極的で歯切れの悪いものに感じられる。それはおそらく「語源は不明である」という立場に立つ[99]ところからくるのかと思われる。全体を貫く一筋が感じられず、様々な意味合いが系統立てられずに羅列されている印象を受けるのである。参照文献にウォーフィールドの論文が挙げられているから、目が通されていることは確かなのであるが、いったいそれはどう受け止められたのか。アガペーは「尊びの愛」だとの説は否定されているのか。

しかし、二度、三度と重ねて注意深く読んでみると、決してそうは言えないことが見えてくる。というのも、次のような言葉があるからである。アガパオーには「敬意を込めて遇する」の意味がある。「この動詞は同等な者の間の尊敬と友情、あるいは同情を表わすのに好んで用いられる。とりわけ典型的である（charakteristich）のは、アガパオーが優先する（bevorzugen）という意味、すなわち一つの善や一つの目標を他のものの上に立て（über . . . stellen）、或る人を他の人より尊重する（hochhalten）という意味を持つ場合である。」「アガパオーは区別し、自分の相手を選び、堅く保つ愛である」ところに「アガパオーの独自性がある。」アガパオーという語の特有の意味合いが最もはっきりと示されるのは、一言でまとめれば、「選び、尊ぶ」という意味で用いられるときだという主旨のこの解説にはウォーフィールドに代表される「尊びの愛」説が受け入れられ、取り入れられていると見るべきであろう。

ただ、にもかかわらず、その一方で、シュタウファーは、先程見たシュテーリンの主張に逆らうように、「エラーン」や「フィレオー」と並べられたり、言い換えられたときに、アガパオー特有の意味は「不鮮明である」、その特有さは「兆候程度に留まっている」と述べ、これらは単に強調や修辞のために用いられる「同義語」に過ぎないと言い切るのである。

一方で特有の意味合いについて語り、他方で他の語と並べられるときにはその特有の意味合いが消えると述べる、この主張はどう受け止めたらよいのであろうか。併記された場合の意味合いの違いを丹念に探ったウォーフィールド等の解釈は如何なる理由から斥けられたのか。フィレオーとアガパオーが組み合わせて用いられたり、交換可能なように用いられている場合でも、「両者の意味合いの違いを考慮に入れなければならない」とシュテーリンが述べていたこととの整合をどう考えたらよいのであろう。この点に関しては、筆者は、先ほどの言葉を重ねて言わなければならない。異なる二語が完全に同義であることはまずない。同義・異義の両面を探ることは、言葉の意味の厳密な探求にあっては、決して放棄されてはならないであろう。(100)

総じて、この項ではシュタウファーは自らの見解を積極的に示すことはできず、そのために極めて慎重で消極的であるように感じられる。自身の見解を積極的に立てるに足る客観的証拠を見出せないということは幾らもあり得ることであり、その場合には「辞典」としての公正さのために、その通り消極的に書かれて然るべきであろう。ただ、惜しまれるのは、そうであるならば、諸説の中で重要なものが斥けられた場合には、その根拠を註などで示すことが望まれるところであるのに、それがないことである。例えば、語源は不明であるという立場に立つなら、それまで定説としてあったものを否定する自らの見解なり、定説を覆した人の研究成果なりを、典拠として示すべきであろう。愛を表す他の語との併記の場合も、例示があって然るべきだと思われるが、それはない。(101)

ウォーフィールドの主張との関係を一言に要約するならば、「シュタウファーは全体として慎重な態度の中で、消極的にではあるがウォーフィールド（等）の見解を取り入れた」というところであろう。

(c) 他の新約聖書ギリシア語辞典の解説並びに「アガパオー」の意味合いについての筆者の最終的見解

広く「愛す」を言い表す古代ギリシア語四語の比較研究はほぼ終結を迎えていると言ってよいであろう。「アガパオー」はその基本的意味として「尊ぶ」の意味合いを含んでいる——たとえ付加された他の意味合いが表に出て、それに埋もれることはあっても——ということはもはや間違いないこととして認めてよいであろう。そのことはキッテルの『事典』以後に著された新約聖書ギリシア語辞典によっても一層確認されることである。例えば、極めて簡潔に、しかも要点を正確に述べている Timothy Friberg, Barbara Friberg and Neva F. Miller; *Analytical Lexicon to the Greek New Testament* には次のように解説されている。

> ἀγαπάω love, especially of love as based on evaluation and choice, a matter of will and action; (1) toward persons *love, be loyal to, regard highly* (EP 5.25); (2) toward God (MT 22.37); (3) from God (JN 3.16); (4) toward things *value, delight in, strive for* (LU 11.43); *long for* (2T 4.8); (5) ἀγάπην ἀγαπᾶν *show love* (JN 17.26)
>
> 愛す、特に評価と選びに基づく愛に関して。意志と行為の事柄。（1）［人に対して］愛す、誠実である、高く尊ぶ（エフェソ五・25）、（2）神に対して（マタイ二二・37）、（3）神から（ヨハネ三・16）、（4）［物事に対して］評価する、悦ぶ、追い求める（ルカ一一・43）、待ち望む（二テモテ四・8）、（5）愛を示す（ヨハネ一七・26）

また、一層新しい辞典であるBDAGでは、まず次の三つの意味解説の大項目が挙げられ、それぞれが細目化されて、多大な用例が例示される。

1　to have a warm regard for and interest in another, *cherish, have affection for, love*
他者に対して暖かな配慮を、また関心を持つ、「大切にする」「に愛情を持つ」「愛す」

2　to have high esteem for or satisfaction with someth., *take pleasure in*
或る物事に高い評価を置く、または満足する、「楽しむ」

3　to practice/express love, *prove one's love*
愛を実践する／愛を表現する、「誰々の愛を証しする」

この辞典でも1に regard、2に high esteem という「尊び」「敬意」「尊重」の意味合いがはっきりと盛り込まれているのである。ただ、イタリック体で添えられている訳語の例の中には「尊ぶ」という意味合いの語が挙げられていないところは若干気になるところである。なぜそうなるのか。1の regard の場合には形容詞 warm が添えられるが、warm regard となると regard は「尊び」とか「尊敬」よりも「気遣い」「思い遣り」に近く、そこから cherish（大切にする）という訳語が示されるのであろう。ただ、この「気遣い」や「思い遣り」や「大切にする」は相手を尊ぶことから来ていることは間違いないのであるから、訳語の部分に「尊ぶ」を〝埋もれ〟させず、第一に挙げてもよかったのではないか。1は「他者（another）」、つまり他の人や神に対する場合として解説されるのであるが、他人に対する場合はともかく、神に対する場合に warm regard は適切であろうか。用例として「心を尽くし、精神を尽くし、思いを尽くして、あなたの神である主をアガパオーしなさい」が示されるのであるが、「心を尽くし、精神を尽くし、思いを尽くして」は「アガパオー」を修飾している言葉であっ(102)

て、アガパオーの中身ではないのではないか。尤もこの用法が慣用されれば、中身に組み込まれるであろうが。

2は物事（something）に対する場合として解説されるのであるが、物事に対してhigh esteemを抱くとは「尊敬」や「敬意」を抱くということではなく、そのものを高く評価して享受するといった意味合いのことであるから、take pleasure in（で楽しむ）という訳語例が示されるのであろう。2の用例として示されるのは例えばルカによる福音書一一章43節の、ファリサイ人が「会堂では上席に着くこと、広場では挨拶されることをアガパオーする」という箇所であるが、そしてここの「アガパオー」は日本語訳では「好む」「好きである」等と、また欽定訳ではloveと訳されているが、これを「尊ぶ」とか「尊び愛す」と訳すことに何の困難もないばかりか、そう訳した方がファリサイ人の本末転倒ぶりは一層明確に表現されるであろう。[103] 2の用例にはヘブライ人への手紙一章9節の「義を（δικαιοσύνην）アガパオーする」も挙げられるが、これを「義を楽しむ」とは訳せないであろう。訳語の例にはどのみち限界があることを考慮に入れなければならないが、BDAGの訳語例はやや不十分であるとの印象を受けなくはない。

1に関して補足すれば、1のbのaに分類される神が人間をアガパオーする用法の例示の中にはFribergの辞典が挙げている、そして神の人間への尊びの愛を示す最も代表的な言葉と言うべき、ヨハネによる福音書三章16節「神はそのひとり子を賜わったほどに、この世をアガパオーして下さった。それは御子を信じる者がひとりも滅びないで、永遠の命を得るためである」はなぜか挙げられていないのであるが、人間が永遠の命という至上の価値を獲得することから洩れて「滅ぶ」ことがないようにと、「ご自身のひとり子を賜るまでに神はこの世をアガパオーされた」の「アガパオー」は何よりも真っ先に「尊ぶ」または「尊び愛す」であり、「暖かい配慮を持つ」ではないであろう。前者が先であり、根本であり、後者はそこから出てくることであろう。「至高の価値」を得させることに直接結びつくのは「尊ぶ」ことであるはずである。

こうして、次のように言うことができるであろう。BDAGもregardとかhigh esteemという意味合いが根幹にあることを認めている、——ただ、訳出の示唆に当たっては原意の「尊ぶ」を埋もれさせ、派生的・付加的な意味合いを表立たせているきらいがある。

ちなみに、日本語の大部の『ギリシア語　新約聖書釈義事典』（教文館、一九九三年）は *Exegetisches Wörterbuch zum Neuen Testament, hrsg. Von Horst Balz u. Gerhard Schneider* の翻訳であるが、この中の *ἀγαπάω, ἀγάπη, ἀγαπητός* の項の説明はこれらの語の語義の解説というよりは、むしろ主としてこれらが聖書の中でどのような背景や文脈で用いられているかの文献学的研究の成果の解説である。語義に関しては極めて簡潔に *ἀγάπη* は「愛、愛餐、親睦」と、*ἀγαπάω* は「愛する、いつくしむ、好む、惜しむ」と、また *ἀγαπητός* は「愛された、敬愛された、親愛な」と記されるに過ぎない。

一方、筆者は極めて最近になって知ったのであるが、織田昭編『新約聖書ギリシア語小辞典』（教文館、二〇〇二年）には、「φιλία が自然発生的な人情、友愛の情であるのに対して、*ἀγάπη* は主体的に積極的に尊重する愛」であると、また「φιλῶ が親愛の情をおもに表わすのに対し、*ἀγαπῶ* は『私にとって何より大事だ』という主体的な判断と選択を表現する」、とりわけ神の「個人の生命の価値と尊厳に対する主体的肯定」を表すとの解説がなされている。これだけ凝縮された簡潔な表現で読者にどれほど理解されたかは分らないが、要点を押さえた解説だと言えるであろう。

一層最近になって知ったことであるが、玉川直重『新約聖書ギリシア語辞典』（キリスト新聞社、一九七八年）にはアガパオーの解説に「⑨（尊敬と従順と感謝とをもって）愛する（to love with affectional reverence, prompt obedience and thanks）」とある。ただし「アガペー」の解説には「愛、愛情、好意」以外の訳語はない。

「アガパオー」「アガペー」の日本語訳については、筆者は既に十分に述べた。原意を強く表立たせれば「尊び愛す」「尊びの愛」であるが、原意を奥底に潜ませれば「愛す」「愛」が近いであろう。ウォーフィールドの主張するように、新約聖書の時代には既に「アガパオー」「アガペー」が最も広く、包括的に用いられていたとすれば、現在の日本でも最も広く、包括的に用いられている、しかも奥深くに「尊び」を忍ばせている「愛す」「愛」で訳すことは、「アガパオー」「アガペー」の意味合いをかなり忠実に感じ取ることができる道であろう。ただ、既に述べたように、日本語の中で、奥深くに尊びを湛えながら、しかも暖かさと優しさに満ち溢れ、真心を込めて、細心の配慮を払いながら愛すことを言い表す言葉は「慈しむ」「慈しみ」である。もしこの言葉に「上から下へ」という制約がなかったなら、これにまさるふさわしい訳語はなかったことは間違いない。一語の中にこのようにも様々な意味合いを溶け合わせて持ち、香を放つ「慈しむ」という言葉があることを忘れないようにしたい。そして「アガパオー」「アガペー」がそのような一語であるらしいことに思いを馳せたい。(104)

こうして、新約聖書の日本語訳ということに関して言えば、従来「愛す」「愛」と訳されて来たことを改めるまでのことはないであろう。

ただ、同時に考えるべきことは、新約聖書の時代にはまだ「フィレオー」も用いられていたことである。ということは、ウォーフィールドやシュテーリンの言うとおり、「アガパオー」と「フィレオー」が併用されたとき、人々は両語の意味合いが、〝語感〟が、微妙に違うことを感じ取れたのであった。どう違うかを説明することなど普通の人にはできなかったであろう。現代の日本人が、併用された「愛す」と「いとおしむ」はどう違うか訊かれて、簡単には答えられないのと同じである。しかも、両者はぴったり同じではない。語り手自身は特に違いを言い表そうとしてはいなかったかもしれない。しかし別の語り手は違いを響かせていたかもしれない。求められることは後者の可能性を徹底して追究することである。(105)

再び新約聖書の日本語訳について言えば、こういう次第であれば、聖書研究などの目的のためには、「アガパオー」「アガペー」を「尊び愛す」「尊びの愛」と訳す翻訳が併せて出されることがあってよいであろう。

第二章　「アガペー」の原意に立って新約聖書を読み直す

「アガパオー」「アガペー」は元々、そして今も、とりわけ新約聖書においては一層、奥深くに「尊ぶ」の意味合いを持っているらしい。——このことを第一章を通して、見て来た。では、この意味合いを深く汲み取りながら新約聖書を読むことはどのような新しい読み方を開くか。「アガパオー」「アガペー」が新約聖書の、ひいてはキリスト教の、最大のキーワードであることは間違いない以上、このことは是非とも今後総力を結集して追究されなければならない。本章はその出発点となるべき一つの試みである。

このことを行うために、新約聖書の幾つかの箇所を取り上げ、その中の「アガパオー」「アガペー」を敢えて「尊び」を強く表《おもて》に響かせて、「尊び愛す」「尊びの愛」と訳した上で読み、その真意を探ることにしよう。さらにまた、これらの語が含まれていない幾つかの箇所をも、イエスの教えと実践はいかに尊びの愛に貫かれていたかという視点の下に取り上げ、考察を加えることにしよう。

これまで「尊び愛す」「尊びの愛」という言葉をさんざん用いて来たのであるが、しかし、そもそも「尊ぶ」とはどういうことかということを私たちは十分理解しているのであろうか。共通の理解を持っているであろうか。「尊ぶ」とは対象に高い価値を認め、それにふさわしく丁重に受け止めたり、遇したりすることであることは間違いないが、「高い価値」とは具体的にはどのような価値か。高い価値は様々な分野にそれぞれに応じた形で存在するのではないか。芸術の分野で、スポーツの分野で、食事の分野で、倫理・道徳の分野で、その他様々な分野でそれ相当の高い価値があるのではないか。アガペーが尊びの愛であるとき、それはそのすべてにかかわるのか、それともどれかにかかわるのか。価値の代表として、しばしば「真・善・美」ということが言われるが、あるいはこれに「聖」が加えられることがあるが、アガペーはそのどれかにかかわるのか、それともすべてにかかわるのか。ウォーフィールドは、アガペーは元々高い価値への高次の愛を言い表したが、しかし次第に低次の愛までも含めて広く用いられて行ったことを、『セプチュアギンタ』や新約聖書が用いたことによって、一方で依然として広く用いられながらも、もう一方で「尊厳」と言うべき至高の価値への愛をも言い表すよう高められたと述べていたが、それは具体的にどういうことか。
こういったことを今初めから一般的に、抽象的に論じることはできない。言葉は文章の中に用いられて初めて生の、実質のある意味を担い、また表す。聖書の中で「アガパオー」「アガペー」が具体的にどのような文脈で用いられているかを見ることを通して、その積み重ねの果てに、こういった問題にも触れることができるであろう。ただ、このような問題意識を持って聖書に向かうことは必要であり、絶えずこの根本問題に立ち返る用意を持っていることが求められるであろう。

さて、「〈尊びの愛〉としてのアガペー」の観点から聖書を読むということであるが、実は、このことは本書の初めの部分で、新約聖書の幾つかの箇所について既に行っていた。ご記憶と思うが、誰が一番偉いかと言い争った弟子たちをイエスが諭す箇所[2]（マルコ九・33－37）から始まって、山上の説教で「兄弟に腹を立てる者はだれでも裁きを受ける」とか「だれかがあなたの右の頬を打つなら、左の頬をも向けなさい」とイエスが説く箇所（マタイ五・21－26）等々である。それによって、これらの箇所は、この観点で読むときに初めて一貫性を持って、正確に、読めるということを実感し、イエスが教えるアガペーは「尊びの愛」であるとの確信を深めたのであった。イエスは、「兄弟に腹を立てる者はだれでも裁きを受ける」の箇所では、人は争い事があったとき、とかく相手をバカ者呼ばわりし、愚か者扱いし、憤慨から怒り狂い、一人の人間としてまともに扱おうとしないが、それは「殺人」に等しいことだ、まず自分の方から先に自分の非を詫びるようにと教え、また最初の箇所では、およそイエスの弟子にふさわしくない、世俗的な争いをした弟子たちを諭すに当たって、幼子をこれ以上尊い存在はないというように慈しみつつ抱き上げて、もしこのように小さい、弱い、とかく見失われがちな存在にしっかり目を留めていたなら、醜い争いをすることはなかったはずだと、静かに〝視覚教育〟を行ったのであった。尊びの愛の「尊び」とはどのようなことか、ここには既に豊かな示唆が与えられているであろう。これからの作業はこのようなことをさらに続けることである。

ところで、これから取り上げるものは、大部分が、筆者がこれまで長年にわたって様々なグループ聖書研究やゼミや講義の中で行って来た学び合いの成果である。いずれも筆者が一方的に講義を行ったものではなく、参加者が全員で問いを出し合い、考え合い、討論し合うという、基本的にゼミ形式で行った学び合いの成果であるが、それを筆者が整理・総括して参加者に報告したもの、またそれに今回加筆訂正したものを多く取り込んでいる。このような多人数による共同的な学び合いは、個人の限界を超える、どれほど豊かな、深い、行き届いた学びを可能にするかは想像もできないほどである。その報告をそのままの形式で取り込むことがよいかどうかは問われるところであるが、熟慮の末、原則としてそのままとすることにした。従って、「です、ます」調で書かれたものも入ることをご承知おき頂きたい。それは、このような報告は学び合いに実際に参加した方々に向かって、語りかける口調で書かれた生き生きとしたものになっていて、文章体で堅い調子で書かれたものにはない生命力を持っていると考えられるからである。またおそらく読み易いものになっている。

1　イエスの慈しみのまなざし

「アガペー」は、その意味合いに深く思いを致せば、「尊びの愛」なのだということを念頭に置きながら、これから新約聖書を読んで行き、その結果それがどう読めてくるか、何か新しく読めてくることはあるかを見るのであるが、その第一歩として、「アガパオー」が「慈しむ」と訳されている唯一つの箇所を取り上げることにしよう。既に述べたとおり、仮に「慈しむ」という言葉に「上の者から下の者へ」という制約がなかったなら、「アガパオー」の訳語としてこれ以上ふさわしい語はないのではないかと思わされて来ているのであるが、そのことを実地に調べて、はっきりと確かめてみたいからである。そうすることは日本人の私たちが「アガパオー」という語の意味合いを〝肌になじむ〟ように摑み取るのに役立つことが期待されるであろう。そしてまた、それはすなわち、そのまま、日本語の新約聖書の中で用いられている「愛す」という言葉の意味合いを深く実感することができることにつながることが期待されるであろう。

17イエスが旅に出ようとされると、ある人が走り寄って、ひざまずいて尋ねた。「善い先生、永遠の命を受け継ぐには、何をすればよいでしょうか。」18イエスは言われた。「なぜ、わたしを『善い』と言うのか。神おひとりのほかに、善い者はだれもいない。19『殺すな、姦淫するな、盗むな、偽証するな、奪い取るな、父母を敬え』という掟をあなたは知っているはずだ。」20すると彼は、「先生、そういうことはみな、子供の時から守ってきました」と言った。21イエスは彼を見つめ、慈しんで言われた。「あなたに欠けているものが一つある。行って持っている物を売り払い、貧しい人々に施しなさい。そうすれば、天に富を積むことになる。それから、わたしに従いなさい。」22その人はこの言葉に気を落とし、悲しみながら立ち去った。たくさんの財産を持っていたからである。

（マルコ一〇・17－27）

学び合いから

21節には「慈しんで」という言葉が出て来ます。この言葉に光を感じるというご意見が異口同音に多くの方から述べられたのですが、それはなぜ、また、どういうことだったのでしょう。当日出されたご意見に私自身の考えも加えながら、整理することに努めます。

「慈しんで」の原語はご紹介したように「エーガペーセン」（原形は「アガパオー」）ですが、日本語訳聖書が、ここに用いられている「アガパオー」を「慈しむ」と訳したのはまことに適切で、「動かせない」――つまり他の語に置き換えられない――と私も感じて来ています。実際、別の日本語訳をしている聖書は、古くは別として、ないようです。ウォーフィールドという人が述べているところによりますと、欧米にはこれを「接吻した」と訳すことを提案する学者が一人ならずいたそうですが、実際にそう訳している英訳聖書は、私が調べた限りでは、見当たりませんでした。「愛した（loved）」と訳すとしても、その実際の意味は「接吻した」だとも言われていたのだそうですが、私にはどうしてもそれはふさわしい読み方だとは思えません。どうしてでしょうか。

ゼミでも申したとおり、そもそも「慈しむ」という訳語がぴったりすると感じられるのは、「見つめ」が前にあるからだと思われます。「慈しむ」[3]という語にはそもそも相手を見つめるということが含まれているように思えるのです。相手をじっと見つめるということがある。なぜ見つめるのでしょうか。相手の何を見つめるのでしょうか。

それは次のようなことではないでしょうか。親が子供を慈しむ。あるいは教師が生徒を慈しむ。あるいは王が民を慈しむ。こういう場合には、必ず親は子供が、教師は生徒が、王は民が、「善くある」ことを望むということがあると思いますが、ということは子供や生徒や民は善くあるとは決まっておらず、むしろ悪くあるか、あるいは善くなるか悪くなるか分からないのですが、そのために、「相手を心配する」ということが「慈しむ」にはあるのだと思われます。相手の今後が心配で、それを「気遣う」ということが「慈しむ」には含まれています。「慈しむ」とは相手の将来を思い遣りながら、相手が悪い方向にではなく、善い方向に――精神的にであれ、肉体的健康面においてであれ、経済的にであれ――向かうことを心から願いつつ、相手の将来を――これからの歩みを――じっと見つめるのです。それだけでなく、じっと見守る。――そういう語感もあるのではないでしょうか。相手を見放してしまうなら、もはや「慈しむ」はそこにはありません。見放すことなく、目をそらすことなく、じっと、暖かく、静かに、見つめ続ける、つまり見守る。――これが「慈しむ」ということだと思われます。

こうして「イエスは彼を見つめ、アガパオーして言われた」の「アガパオーして」は「慈しんで」と訳してぴったり決まるのだと思われます。

しかし、では、「慈しむ」は見つめれば、それで完結するのでしょうか。そうではないと思われます。そうではなく、相手が善くなるために、必要なら、手を貸す用意があることも「慈しむ」には含まれているでしょう。相手を助けようと待ち構えており、実際に必要があったなら駆け寄るということが含まれて、つまり「含意」されているのではないでしょうか。「慈善」という言葉はそういう駆け寄りのことでしょう。

しかし、実は、正直申しますと、前回の学び合いの後、これでもまだ「慈しむ」を十分捉え切れたとは思えないという気持ちを私はどうしてもぬぐうことができませんでした。まだ欠けているものが何かある。それは何か。……ずっと考えさせられて来たのですけれども、やっと思い当たるところがありました。それは「慈しむ」には、同時に又、必要がないのに駆け寄って援助することはないということもあるのではないか。もしも相手が善い方向へ向かうように自分で努力するだけの力（精神的、肉体的、両面の）と意志を持っていることが見て取れるときには、何よりもそれを尊重し、暖かい思いで心の中で応援し、暖かい眼差しで静かに見守るということ――このことも「慈しむ」には含まれているのではないか。――そう思われたのです。「慈愛の眼差し」という言葉はそういう眼差しのことを言うのではないか。――こう思われたのです。(4)

「慈しむ」はこのように、「自分本意」と正反対で、「相手本位」である。このことが極めて重要、いえ、決定的に重要で、「本質的」である。相手の自主性を尊び、相手の努力を尊重し、しかしいつもしっかりと見つめて見守り、必要な限りで援助の手を差しのべる――ここに初めて「慈しむ」ということがある。――こんな風に思えて来たのです。如何でしょう。

さて、「慈しむ」とはどういうことかを見てきましたが、この箇所に見られる、イエスの「ある人」に向かう姿はまさにこのような「慈しむ」であったのではないでしょうか。この人はどうしてイエスのところに来たのか。イエスをどう見ていて、どういう気持ちで「善い先生、永遠の命を受け継ぐには、何をすればよいでしょうか」と言ったのか。ゼミの場ではいろいろな意見が出されましたが、「走り寄って、ひざまずいて」こう尋ねたところに並々ならぬ一途な真剣さが表れていると思われました。態度も真剣であれば、問いも真剣です。「永遠の命」という最大価値のものを目指し、その獲得のためにどんな善行の実践が求められるかを、信頼できる「善い」先生に尋ねるのです。イエスは、その問いは本当は神に向かって問われるべき問いだ（なぜ、わたしを『善い』と言うのか。神おひとりのほかに、善い者はだれもいない）と述べつつ、従って、人間の姿の私からの答に左右されるのでなく、目に見えない神からこそ答を受け取るようにとおそらく促しながら、十戒を君は知っているはずだと言います（「この純粋な真剣さはそれを知らないはずはない」）。案の定、男性は知っていると答えるだけでなく、「そういうことはみな、子供の時から守ってきました」と答えます。問いのあの一途な純粋さと真剣さに加えての、答のこの真っ直ぐさと屈託のなさ！　男性にはこれは傲慢な答えにならないかという慮りが、つまり世間の人の目や神の眼差しを意識した自己吟味がありません。この純粋さと単純さ、屈託のなさ、〝初《うぶ》さ〟から、この男性は青年だったろうと想像されて来ましたが[5]、教師によっては、この答えに「自惚れ」「奢り」「傲慢」を見出して、「この金持ちのぼんぼん息子が！」と、軽蔑と皮肉を目と顔に滲ませることもあったに違いない場面で、イエスは何と、それとは正反対に、青年の純粋な真剣さと真っ直ぐな屈託のなさを、それに等しい純粋な真剣さと真っ直ぐな屈託のなさで受け止めて、答えていることでしょう。「あなたに欠けているものが一つある。行って持っている物を売り払い、貧しい人々に施しなさい。そうすれば、天に富を積むことになる。それから、わたしに従いなさい。」これは、例えば、「自惚れるのも程々にしなさい。みな守れるなどということがあると思うか」とか、「子供の時からみな守って来たとしても、今のあなたの傲慢が全部を台無しにした」と答えた場合と何と異なることでしょう。こう答えたとしたら、それは青年の未熟ではあっても真っ直ぐに伸びて行こうとしている純粋でひたむきな向上心を何と無慈悲にへし折って、摘み取ってしまうことでしょう。しかしイエスの答はそれと何と真反対であることでしょう。律法をみな守り切って、最大限善の完成に至り、永遠の命を受け継ぎたいという青年の純粋な願いを、イエスはこの上なく尊いこととして正面から受け止め、それを助けるべく、最大限の完成に至る具体的な道を彼の前に開き示して、青年を招くのです。ただ、青年は前へ足を踏み出すことはできませんでした。手放すにはあまりに惜しまれる宝の山を自分のものとしていたのでした。

ここには先程「慈しむ」に見たこと——「相手が善い方向へ向かうように自分で努力するだけの力と意志を持っていることが見て取れるときには、何よりもそれを尊重し、暖かい思いで心の中で応援し、暖かい眼差しで静かに見守るということ」——が何とまぎれもない姿で現れ出ていることでしょう！　イエスの目は青年の悪い点にではなく、善い点（純粋な真剣さと真っ直ぐな屈託のなさ）に真っ先に向かい、それを暖かく受け止めつつ、その善い点が一層発揮されて、真に善く結実することを促すべく、必要な助言を、最高度に高い目標の助言を、与えるのです。しかしイエスは青年がその最高度の目標に必ず達すると確信していたのではないでしょう。むしろ青年の将来を「心配しながらじっと見つめ」てもいたでしょう。イエスの目は楽観に輝いてはおらず、むしろ憂いと気遣いをも湛えながら青年を「じっと見つめ」ていたでしょう。——これらすべてを通して、イエスの一連の態度には青年の存在全体をこの上なく「尊い存在」として受け止め、その尊さが真っ直ぐに育って行くことを願う何と熱い思いが溢れていることでしょう。私たちはここにも、イエスの「〈尊びの愛〉としてのアガペー」の姿を、何と曇りない明るさの下に見ていることでしょう。(6)

＊

以上が、取り上げた箇所の中で「慈しむ」に関係した部分の整理である。ところで、以上の個所からは、「アガパオー」—「慈しむ」—「尊び愛す」—「愛す」という言葉の意味合いの関係について幾つかの貴重なことを学ばされ、あるいは再確認させられるであろう。

第一のことは、「アガパオー」という語はイエスの今見たような愛し方をただの一語に包み含んで言い表し得る言葉なのだということである。第二のことは、日本語の「慈しむ」もまたこのような愛し方をただの一語に包み含んで言い表せる言葉なのだということである。このことが示すことは、「アガパオー」という言葉の意味合いはやはり「慈しむ」という言葉の意味合いに極めて近いということであろう。これを「慈しむ」でなく、「尊び愛す」と訳した場合には、「尊ぶ」と「愛す」との組み合わせであるために、「慈しむ」の場合のような、様々な意味合いが一語の中に渾然一体に込められている感じがない。ただ、しかし、「イエスは彼を見つめ、尊び愛して言われた」と訳した場合には、「尊び」という語が先頭に、前面に出るために、そこに注意が喚起させられるであろう。「慈しむ」には必要なときには相手を尊重して最高度に厳しい道を選んで示す面もあることが分かったが、それは「慈しむ」の中に含まれている「尊び」の「選ぶ」働きが特に強く動き出すときであろう。「慈しむ」に真っ先に、またごく普通にあることは自然に（つまり、選ぶのでなく）溢れ出る「やさしさ」であって、厳しい選びは感じられないに等しい。尊びからの厳しい選びは通常は奥深くに潜んでいるのである。そういう意味で、「慈しむ」は「（尊びつつ、）やさしく包み、大切にする」ことを言う語だと言えるであろう。

ところで、日本語訳聖書は「アガパオー」の訳として、今見た一箇所を除いて、すべて「愛す」を当てて来たのであるが、「アガパオー」に当てられた以上、そして「アガパオー」と「慈しむ」との密接なつながりからして、その「愛す」は今見た「慈しむ」に含まれていた意味をそっくりそのまま含んでいるのだと見なければならない。つまり聖書で用いられている「愛す」はやはり基本的に「（尊びつつ、）やさしく包み、大切にする」という意味合いの語なのである。少なくともそういう意味合いを核にしているのである。このことをしっかりと摑んだ上で、新約聖書の中の「愛す」を受け止めることが求められるであろう。同時にまた、このことをしっかり心に留めて「愛す」という言葉を用い、また受け止めるなら、日本語聖書が「アガパオー」を「愛す」と訳すことには何の問題もないということになるであろう。

ただ、本書は「〈尊びの愛〉としてのアガペー」をしっかりと見つめながら聖書を読み直そうとしているのであるから、今後も「アガパオー」を単に「愛す」ではなく、「尊び愛す」と訳して考察を続けて行くことにする。

2　最も重要な第一の掟「心を尽くし、精神を尽くし、思いを尽くして主であるあなたの神を〈尊び愛し〉なさい」

[34]ファリサイ派の人々は、イエスがサドカイ派の人々を言い込められたと聞いて、一緒に集まった。[35]そのうちの一人、律法の専門家が、イエスを試そうとして尋ねた。[36]「先生、律法の中で、どの掟が最も重要でしょうか。」[37]イエスは言われた。「『心を尽くし、精神を尽くし、思いを尽くして、あなたの神である主を愛しなさい。』[38]これが最も重要な第一の掟である。（マタイ二二・34－38）

37節のこの言葉は元々旧約聖書にある言葉（申命六・5）であるが、その中の「アーハブ אָהַב」を『セプチュアギンタ』が「アガパオー」と訳し、それが新約聖書に引き継がれた。神に対する「アガパオー」を「尊び愛す」と訳すことがこれ以上なくふさわしいことは多言を要しないであろう。およそ神は、どんな神であっても、この上なく尊い存在だと考えられているのだからである。しかし、ウォーフィールドが、「アガパオー」は『セプチュアギンタ』や新約聖書の中で、あの三つどもえの中に、ということは、一つにはこの掟の中に、用いられたが故に、「尊厳」を帯びるまでに高められたと述べていたのはどういうことか。そのことを考察することが必要且つ有益であろう。

それは、おそらく、聖書は聖書を通して語ってくる「主」（ヘブライ語の原語は「ヤハウェ」）以外の神々を「偶像」とみなし、それを拝むことを禁じたということと関係しているであろう。聖書が偶像崇拝を禁じる一方で、「真《まこと》の神をアガパオーせよ」と命じたことが、アガパオーに尊厳――至高の厳粛な価値――を付与したのである。しかし、これに対しては、もちろん、聖書に登場する神も偶像ではないかとの問いかけがなされ得るであろう。旧約聖書冒頭の天地創造の物語も要するに空想の産物であり、そこに現れる神も同様ではないか。しかしキリスト教やユダヤ教や、そしておそらくイスラム教も、そうは考えないであろう。というのも、聖書の中の神も根本は万人が理屈抜きに出会う神と変わらないからである。あらゆる人が必ず出会う神――それは絶体絶命に陥ったときに「助けて下さい！」と心中叫んで縋《すが》るものである。この叫びと縋りつきは空想などでは全くない。そもそも私が意志してそうすることでもない。むしろ、私がその一部である自然全体の動きとでもいったことなのである。私は気が付いたときには既に叫んでいたのであり、縋りついていた。「私」の「理屈」や「知性」や「意志」の働きなど一切なかった。また、相手が何であるかの知識も全くなかった。絶体絶命の中、全身全霊を貫いて叫びと縋りつきが走った。それが向かった先の何か――分からないその何かを人は「神」と（日本人は。他の国語を話す人々はそれぞれの母国語の「神」に相当する語で）呼んだのである。ここに最も原初的な「神」との出会いがある。

しかし人間は分からないものを分からないままに留めておくことはできない。それが「感性」の他に「知性」「理性」「意志」を与えられている人間という存在に自然な、当然のことである。そこからあの叫びと縋りつきが向かった何か或るものを何とか見極め、形あるものとして摑みたくなる。知性や手によって何とか輪郭の定まった神なるものを作り上げたいという欲求が生まれ、そこに偶像神が立てられるのである。石柱の神や金で牛の形に鋳造された神や多くの神話物語の中の神々はそれに属すであろう。しかし見極める働きがそれとは違う形で展開されることもある。それは知性や理性や感性を適切に働かせて、不合理に陥らないように、「神」と呼ばれたあの大いなるものを可能な限り推し量って追究する道である。あの叫びと縋りつきが向かった或る何かは「最も大いなるもの」であり、従ってそれは宇宙全体の、自然全体の創造者であるはずだという考えはまさにそういうものである。この考えは空想ではない。理にかなった推測である。ただ、それを人間の姿をしたようなものとしてイメージし、その人間の顔形をした神が、人間が手で物を作るのと同様に万物を作ったと捉えることは空想であり、神の偶像化につながる。しかし神は「言葉」によって宇宙を創造したと記す[7]旧約聖書の創世記の言葉はそのような手による創造とは別の創造を暗示している。創世記は神の似姿に人間を創造したと記しているが、これは肉体の姿が似ているということではない。神は永遠に不滅の存在であるはずであるから、神には肉体はないだろうと考えられている。そうではなく、あの大いなるものは「霊」（英語ではspiritで、通常は「精神」と訳されるが、聖書では一貫して「霊」と訳されている）であるに違いない、そして私たち人間にも霊がある、そこが似ていると言っているのである。人間に存在する「言葉」の源は霊であり、私たちが絶体絶命の危機に思わず「言葉」を発して縋りつくのは、私たちの霊があの大いなるものの「霊」に感応しながら起こっていることだ、そこには私たちの霊と大いなる霊との響き合いがある、と考えられているのである。「霊」の一番重要な本質は「自由[8]」であり、従って霊は、法則に縛られてのみ動き、自由を全く持たない「物質」には由来しない、独立の存在だと考えられる。私たちが「神」と呼ぶあの大いなるものは霊であり、人間も霊が存在することによって初めて人間としてある以上、人間は神の似姿だ。――これは推定であって、空想ではない。[9]

このような話は今はここで留めなければならないが、このようにして聖書は万人が叫び、縋りつく「大いなるもの」の在りようを推量・推定しているが、空想によって「作り上げて」はおらず、逆に作り上げることを徹底的に禁止しているのである。「あなたは自分のために刻んだ像を造ってはならない。上は天にあるもの、下は地にあるもの、また地の下の水の中にあるものの、どのような形をも造ってはならない。」（申命五・8）キリスト教徒やユダヤ教徒やイスラム教徒は或る明確な神のイメージ――極めて人間に近い――を持っていて、その神を拝んでいるのだろうという考えがあるなら、それは全く違う。これらの宗教にあっても、あの絶体絶命の中で思わず叫び縋りついた原体験をそのまま持ち続けることが求められるのであって、何であるか分からないものに向かって祈りの声を発するのである[10]。これは非常に重要なことであって、これらの宗教では分かるものに（もっと正確には、分かったつもりのものに）向かって祈ることは神に匹敵するものに立とうとする不遜・傲慢として厳しく斥けられるのである。ただ、それは全くの「無」[11]なのではない。無であったなら、身を預けて頼れなかったはずである。分からない中で自分が全存在をそこに預けるようにして祈った当の相手は、意識するとしないとにかかわらず、存在するものの中で最も大いなる存在[12]なのであり（そうでなかったら頼んだはずはなかった）、言われてみれば、確かに、宇宙全体・自然全体を在るようにしておられる方であるはずであり、そういう方に自ずから（つまり自分の意志によらずに、自然に）頼っていた、その自然のままに祈るのである。また、叫び、縋りついたときには、無限に困難な願いをもかなえて下さるはずの方に頼っていたのであり、そのことを言葉に言い表すならば、確かに「全知、全能の」また「全き善の」存在に自ずから（つまり自分の意志とは関係なく、自然に）頼っていたのであり、その自然のままに、そう呼びかけて祈るのである。このとき、祈りはこの私という一個の自然存在を包みつつ超えた自然全体の動きとして、全自然の運動として起こっている。従って、祈りは――それが本物であるなら――「私」が祈るのではない――こう言いたくなるような面すらあるのである。すべてがただ自然に起こっていることなのであり、つまり自然全体が祈りの働きになっているのである。祈りを起こしているものは、実は、一番大本では、あの大いなるものそのものかもしれないのである。

　人間が叫び、縋る大いなる存在は、さらにまた、完全に正しい存在でもなければならない。私たちが叫び、縋るのは生命や健康が危機に曝されたときだけではない。正義がないがしろにされ、冤罪を着せられたり、正当性を無闇に否定されて、四面楚歌、そのまま闇に葬り去られようとしたときにも、人は〝天に向かって〟叫び、縋りつかざるを得ないであろう。そのとき、それが向かう何ものかは絶対に間違いのない真理を知り、絶対的に正しい判断と裁きを下すはずの存在である。こうして絶体絶命の中で人が叫び、縋りつくものは「全知、全能、全き善の」に加えて「全き正義の」存在である。これは空想ではない。すべてが自然に動いてそうなっているのであり、人間という一自然を含む全自然の動きなのであり、この厳粛な事実を受け止めて、それに忠実に沿って進められる自然な「推理」である。それを最も大きく捉えれば、自然全体を在るようにさせている、他ならぬ「大いなるもの」によって在らしめられていることである。

ところで、「偶像神を拝んではならない」と語るのは人間であろうか、それともあの大いなるものであろうか。日本語の場合には日本人が語っているという、そういう問題ではない。何語かにかかわりなく、そういう主旨の命令を発するものは何なのかである。それは大いなるものそのものでなければならない。大いなるものこそが発信源であり、それを人間が受け止めて自分の言葉（自分の用いている言語）で言い表すのである。

この、言葉を発する大本は人間ではなく、大いなる存在そのものである。――こう考えることはこれ以上ないほど「合理的な」ことであって、そう考えないことは逆に不合理の極みである。それはピタゴラスの定理はピタゴラスが自分の言葉で作ったものだと言うようなものだからである。ピタゴラスは法則自身が無言の内に〝語って〟いることを自分の言葉（ギリシア語）で言い表して〝取り継いだ〟に過ぎない。それと同じように、「偶像神（大いなるものの模造品）を大いなるものとして拝んではならない」ということは、大いなるもの自身が無言の内に〝語って〟いる「法則」を人間が自分の言葉で言い表して取り継いでいるのである。これは人間が大いなるもの――これを「神」と呼ぼう――を擁護しようとして語るようなことではない。人間が神の位置、あるいはそれ以上の位置に立って神の代弁をするといった不遜・傲慢ではない。そうではなく、大いなるもの――神――に従って人間が考えることであり、そのように神に従うことが人間にはできるのであり、そこから人間は神の似姿に造られたと言われるのである。しかしそれは最終的に理性をも支配する霊の働き[13]を指して言っているのであって、肉体を持った姿のことを言っているのではないことは先述の通りである。

こういうわけであるから、聖書には、例えば偶像崇拝禁止の命令について「自分は神からこの言葉を聴いた」と言う人が現れたと記されているが、それは正しいことなのであり、周囲の人もそれを認め、そこに「預言者」と呼ばれる人が誕生したのである。しかし神の言葉を聴くと言っても、文字通り神が自分の口から音声を発し、預言者が耳でその音声を聞いたということではなく、いわゆる〝心の耳〟で聴き取るのであることは言うまでもない。ピタゴラスの法則そのものが無言のうちに語る言葉を〝知性の耳〟あるいは〝理性の耳〟(?)で聴き取ってピタゴラスの定理として言い表したように。聖書には神が人間の姿をしているように感じさせる表現があることは否めない。しかし、子供に語り聞かせるときには、動物を擬人化して人間の言葉を語らせるが、それを咎めることは〝大人気ない〟ことであるように、聖書にある擬人的な表現を文字通りに取って非難することも同様である。そういう表現はそれが伝えようとする真のメッセージを摑み取るための補助手段として適切に位置づけながら受け止められなければならない。

こうして、以上見て来たとおり、聖書は、あるいはむしろ聖書を通して神は、全身全霊を尽くして神を尊び愛すことを命じている。そしてその神を人間が思想的に、あるいは手の技によって、偶像として「作り上げる」ことを厳しく禁じ、最も大いなる、全知、全能の、全き善にして全き正義の方である、真実の神を尊び愛すことを厳命している。このとき、尊びの愛はこれ以上なく高く厳粛な価値――「尊厳」を帯びる。――これがウォーフィールドが言わんとしていることであろう。そしてそれは正しいであろう。

3　第一の掟と等しく重要な第二の掟「あなたの隣人を自分のように〈尊び愛し〉なさい」

[39]「第二も、これと同じように重要である。『隣人を自分のように愛しなさい。』[40]律法全体と預言者は、この二つの掟に基づいている。」　（マタイ二二・39－40）

この掟も元々旧約聖書にあった（レビ一九・18）ものであるが、その中の「アーハブ אהב」を『セプチュアギンタ』が「アガパオー」と訳し、それが新約聖書に引き継がれた。ウォーフィールドが「三つどもえ」においてアガパオーは尊厳を帯びることになったと述べた、「三つどもえ」のもう一つがこの掟である。第二の掟においてアガパオーが尊厳を帯びているとは具体的にはどういうことか。

そのことを正確に見るためには、それに先立って、この掟がどういう掟であるのかを正確に見極めなければならない。そしてそのためには、この第二の掟においてアガパオーを「尊び愛す」と訳すことが如何に重要か、如何に際だった意義を表すか、ということを見なければならない。なぜそう言えるか。二つのことが挙げられるであろう。

一つは、アガパオーをただ「愛す」と訳すことが次のような途方もない解釈を生じさせているからである。ニーグレンはその著『アガペーとエロース』の中で、アガペーの掟の中には第一の掟（神を愛せ）、第二の掟（隣人を愛せ）に加えて、第三の掟として「自分を愛せ」という掟が含まれているなどということはあり得ないと主張し、従って、この第二の掟は、実際には、「自己愛を捨てて隣人を愛しなさい」だと述べるのである。理由は、自己愛というものは誰でも生まれながらに自然に持っているもので、ことさら命じられるようなものではない。

加えて自己愛は人を自己中心的にさせ、「罪に陥らせる元凶」なのであるから、隣人を愛するためにはそれは捨て去られるべきなのだ。――こういうものである。[14] これはまさに途方もない解釈ではないか。「自分のように隣人を愛しなさい」という掟が実際には「自分を捨てて隣人を愛しなさい」という掟であるなどということがどうして言えてくるのであろうか。一般に「PのようにQしなさい」という命令文では、Pは模範で、それに倣ってQをするよう命じられるはずである。それなのに、Pを捨て去れと命じると解釈することは、どこから出てくることか。

ニーグレンはこう主張するとき、註でブルトマンの次の主張を引用しており、それに共鳴しているのである。

「従って、次のように言うことは無意味である。――これはまたしても人道主義的（ヒューマニズム的な）な人間の理想のもとでのみ可能なことだが、いわく、隣人愛には正当な自己愛が、必要程度の自尊心（Selbstachtung）が、先立たなければならない。なぜなら、われわれは『自分のようにあなたの隣人を愛しなさい』と命ぜられているのだからである。（こう言っている。これに対して私は言いたい。[15]）従って自己愛は前提されている。然り、それは事実前提されている。但し、人間が初めて学ばなければならないもの、明確に人間に要求されなければならないものとしてではなく、克服されなければならない生まれながらの人間の態度としてなのである。」（*Jesus*, S. 99）[16]

第二の掟において、自己愛は、たとえそれが自尊心であったとしても、本当は前提されていないということの主張――これは要するに、筆者のように、第二の掟を「自分を尊び愛すように、隣人を尊び愛しなさい」と捉えることに真っ向から対立することである。しかしこれは「アガパオー」を、私たちが行ったように原義に目を留めることをせずに、ただ「愛す」という意味に捉えた結果ではないか。

第二の掟を年長の小学生にも分かるように易しく説明するとすれば、次のようになるのではないか。「人は誰でも最善を尽くそうとしますね。それと同じように隣人のためにも最善を尽くしなさい。これが第二の愛の掟です」とか「自分が困ったことになったときには、人は誰でも必死で自分を助けようとしますね。それと同じようにあなたの隣人が困ったときには必死で助けなさい。これが第二の掟です」など。この「自分のために最善を尽くす」とか「自分を必死で助けようとする」ことがなぜ自己中心の罪の元凶なのであろうか。自分のために最善を尽くすこと、自分を必死で助けることは罪なのか。早い話、悪に染まっていた自分を反省し、そこから自分を抜け出させようと努力することは罪なのか。向上心は罪なのか。自尊心がなぜ罪なのか。

いったい「自己愛」は悪いものなのか、善いものなのか。――これは西洋において長い論争の歴史を持つ問題である。既にアリストテレスが徹底的に論じている。「自己愛」に相当するギリシア語は「フィラウトス（φίλαυτος）」つまり「自己をフィレオーすること」であるが、彼は、一般的にはこの言葉は悪く言われるけれども、しかし真の自己愛と呼ぶべきものは理性を働かせて自己を向上させて行くものであって、それは善いものであるはずだと言う[17]。これは穏当な、健全な主張ではないか。しかし、アリストテレスのこの主張にもかかわらず、自己愛は悪だと決めつける考えは根強く、多くの思想家がそう主張するのである。アウグスティヌスに既に自己愛（amor sui）が「あらゆる罪の始まり、あらゆる悪の根」であるとの考えがあるが、ルターがそれを受けて、「あらゆる罪の基礎」であり、「倒錯した」愛である自己愛は、神や隣人への愛の前には、抹殺されなければならないと主張し[18]、それが、ブルトマン、ニーグレンへと引き継がれているのである。驚くべきことにカントも自己愛を肯定していない[19]。既に見たとおり、「フィレオー」は、その語幹の「フィル」が「自分の」という意味合いであり、そこから「自分に属すものを愛す」「自分の身内のものを愛す」、さらに次第に「自分に親密なもの全般を愛す」へと拡大して行くものであったから、とかく自分という出発点・中心点に向かいがちな傾向があると言えるであろう。一般に悪く言われるとのアリストテレスの言葉はその消息を伝えるものと思われる[20]。そして英語でself love、ドイツ語でSelbstliebeと言われるときもこの含意を引きずっている可能性がある。しかし第二の掟の「自分を愛すように」もその線で捉えてよいのであろうか。第二の掟で用いられている自分を「愛す」は「フィレオー」ではなく、「アガパオー」なのである。この二つを区別せずに、両方とも「愛す」と訳して、同一の言葉であるかのように扱うことは問題ではないか。今や聖書の説く愛の第二の掟がアガパオーの原義に立って新たに読み返されなければならないのではないか。その場合、掟は「自分のようにあなたの隣人を尊び愛しなさい」であり、即ち「自分を尊び愛すようにあなたの隣人を尊び愛しなさい」であり、従って「自分を尊び愛しなさい。そしてそれと同じようにあなたの隣人を尊び愛しなさい」なのではないか。この意味合いで厳密に、正確に、読まれなければならないのではないか。

自分を尊び愛す自己愛は人間が生まれながらに持っているものかもしれない[21]が、自然なままで育つとは恐らく言えないであろう。それは最深の尊びの愛、日本語で言えば「慈しみ」によって細心の心配りの内に丁寧に育まれなければならないであろう。従って自分を尊び愛すようにと子供を養い育てることは親や教師に対して命令されるであろう。そしてまた自分を尊び愛すことも大人にも子供にも命令されるであろう。——あの、大いなるもの——人間を含めて全宇宙・全自然をあるようにさせている何か、〝全知・全能〟、全き善・全き正義の何かから[22]。

人間の自己愛は現実には自己中心的になることが幾らもあり、それどころか、そうでないことは極めて困難ですらあることは、大人と言える程の者は誰でも身に沁みて痛感しているであろう。ただ、それは自分をアガパオーする（尊び愛す）自己愛ではない。自分をフィレオーする（自分にとって好ましいから愛す）自己愛、「フィラウトス」である。

そういう自己愛（フィラウトス）をイエスは捨て去るように命じた。——これは事実である。ヨハネによる福音書一二章25節には「自分の命を愛する者は、それを失うが、この世で自分の命を憎む人は、それを保って永遠の命に至る」（傍点筆者）というイエスの言葉が記されている。この「自分の命を愛する」ことを「自己愛」と言って構わないであろうが、「自分の命を愛する」の「愛する」は「アガパオー」ではなく、「フィレオー」であり、[23]従ってこの自己愛は「フィラウトス」なのである。それは自分の命を自分のものであるが故に離れがたく愛す自己愛、いわゆる「自己執着」というところであろう。この「フィラウトス」に完全に背を向けて、それを突き放す、つまり「憎む」までにならなければ、単なる自分の肉体の命の領域を越えた永遠の命に至ることはできないとイエスは教えているのである。

従って「フィラウトス」としての自己愛は、永遠の命に至るためには、捨て去ることが求められる。これを「自己愛は隣人を徹底的に尊び愛すためには捨て去ることが求められる」と言い換えて構わないであろう。永遠の命に至るために、神と隣人を徹底的に尊びに愛せというのがイエスの教えだからである。こうして「自己愛を捨てて隣人を愛せ」――これがイエスの教えであることは確かである。ただ、その「自己愛」は、繰り返すが、自分をフィレオーする自己愛であって、自分をアガパオーする自己愛――第二の掟の中で言われている自己愛ではないのである。[24]自分を尊び愛す心――「自尊心」でないことも言うまでもない。

ここにニーグレンとブルトマンの誤りが紛れもなく明らかになっているであろう。聖書は本当は「自分をアガパオーするようにあなたの隣人をアガパオーしなさい」と教えているのに、二人は「自分をアガパオーするように」をいつの間にか「自分をフィレオーするように」に読み替えて、それを「隣人をアガパオーする」と合わないとして捨て去ろうとしたのである。その読み替えの根底に「アガパオー」と「フィレオー」をきちんと区別せず、安易に同義とみなす、おそらく二人のものばかりでない慣習があった。

さて、このことをしっかりと押さえた上で、先に進むことにしよう。「隣人を徹底的に尊び愛す（アガパオー）ために自己愛（フィラウトス）を捨て去れ」――これはイエスの教えであった。従ってニーグレンたちが「フィラウトス」を思い浮かべながら「捨て去るべきだ」と言っていたこと自体は間違ってはいない。ただ、しかし、このことを認めながらも、同時にしっかりと見極めなければならないことがある。それは、イエスは「フィラウトス」が悪であると常に決まっているかのように、常にそれを捨て去りなさいと命じているわけではないことである。ニーグレンやブルトマンのもう一つの誤りがここにある。二人は第二の掟は常に自己愛（フィラウトス）を捨てるよう命じているかのように捉えたのである。しかしイエスはそうではない。では、捨てることが求められるのはどういう場合か。それは隣人を「アガパオー」することと自分を「フィレオー」することとが衝突してしまい、相容れない場合である。それは、例えば、隣人ではなく神との関係で言えば、先ほどのヨハネによる福音書一二章25節の場合のように、神への尊びの愛を貫いて死を選ぶか、それとも皇帝に跪いて命を得るか、二者択一を迫られる場合である。つまりキリスト教が禁令だった時代にあった「転ぶか、殉教か」の場合である。その場合には、命を捨てなければならない。これがこの箇所のイエスの教えである。ところで二者択一を迫られることは神との関係だけでなく、隣人との関係でも幾らでもある。私がこの金で一杯やって喜ぶか、それとも彼が車椅子を押してもらって楽しむか。私が音楽会に行って楽しむか、それともあのホームレスが今日ただ一度の食事にありつくか。……しかし事態はいつも両者が相容れないとは限らない。今例に挙げた場合でもそうである。私は車椅子を押して彼と一緒に音楽会に行き、二人で一緒に楽しむことはできないのか。ホームレスと二人で一緒に食べて喜ぶことはできないのか（二人分の金銭的余裕があればであるが）。重要なことは、相容れなくないときには、二人で一緒に楽しみ、喜ぶことが、一方が犠牲になるよりも勝るはずであることである。このとき「フィラウトス」は捨て去られるどころか、逆に活かされる。二人が共に自らを喜ばせるのである。いや、おそらく二人が共に自らを、そして相手をも、喜ばせるのである。しかし重要なことは、このとき私の「フィラウトス」は隣人を尊び愛すことに組み入れられる[25]ことによって自分を尊び愛すことへと高められ、こうして「自分を尊び愛すように隣人を尊び愛す」ことが実現されることである。しかも通常は「自分を尊び愛す」ように「隣人を尊び愛す」ことは、二つが必ずしも同時ではないのに対して、ここでは両者が同時に成立しているのである[26]。こうして①自分をフィレオーする自己愛（「フィラウトス」）と自分を尊び愛す自己愛とは敵対するような関係にあるのではなく、後者は前者を導き、前者は後者に昇華し得るのであり、従ってまた②「フィラウトス」は罪であるとか悪いものであるとか、その根源であるとか決まってなど全くいないのである。「フィラウトス」――自分を好きで愛す自己愛、自分を喜び楽しませる自己愛――は生まれながらの自然なものである。自然なものが悪であると決まっていると考えることは聖書の教えに反する。[27] 自然なものはすべてあの大いなる存在にとって「甚だよい」ものとしてあらしめられたというのが創世記の言葉であるが、[28] これもまた大いなる存在の必定の定めを預言者が自分の言葉に翻訳して言い表したものに過ぎない。大いなる存在にとって善いものを人間は自己中心的・利己的になって悪いものにしてしまうことがある。しかし大いなる存在の〝意志〟に従うことによって真に善いものにすることもできるのである。[29]

　以上の考察を通して、ニーグレンやブルトマンの自己愛に関する主張は、一部に正しい点がありはしても、如何にその範囲は限られたものであるか――つまり自己愛（フィラウトス）が隣人へのアガペーと衝突する場合だけであったということ――を知ることができるであろう。同時にまた、全体としては認め難くなったが、それは「フィレオー」と「アガパオー」を原義に迫って区別することなく、一律に「愛す」と訳して来たためだということも見て取ることができるであろう。

　ただ、しかし、このことを押さえた上で、もう一つのことを見落とすことがあってはならない。私の「フィラウトス」は①隣人の「フィラウトス」と二者択一を迫られるときには捨てられなければならないが、②両立できるならば、できるだけ一緒になってよい働きをするよう活かされなければならないということであった。しかし①と②とではどちらの方がより根本的なのであろうか。というのも、隣人と自分とが一緒に楽しむとしても、相手と自分のどちらがより多く楽しんでいるかという問題は、そうしている間に、常につきまとうが、そこでも、自分か、相手か、二者択一を迫られることがあるからである。これに対しては、両者が同じだけ楽しむことができるなら、それが理想であるが、しかしそれがかなわないときには、相手の楽しみを尊び愛して、自分の方がより少なく楽しむことへ開かれていなければならないということが、少なくともイエスの教える第二の掟[30]にかなうことであろう。つまり②の根本には常に①があると言ってよいであろう。必要があるときには私が自分を楽しませる自己愛（つまり私のフィラウトス）を相手のフィラウトスより多く捨て去る用意を常に持っていなければならない[31]——これが第二の愛の掟の本意にかなうことであろう。この限られた意味では、ニーグレン[32]やブルトマンの主張はその正しさを失わないと言うことができるであろう。ただ、くり返せば、その自己愛とは「フィラウトス」としての自己愛であることに変わりはない[33]。相手のフィラウトスよりも私のフィラウトスが小さくなったからといって、私が自分自身を尊び愛す自己愛が損なわれることは全くなく、むしろ一層高まるのであるから、それを捨て去ることなどとんでもない。もちろん相手をも一層尊び愛しているのであるから、「自分を尊び愛すように隣人を尊び愛しなさい」の教えの通りになるのである。

縷々述べられた第二の愛（アガペー）の掟を敢えて一言に要約するとすれば、どうなるであろうか。——「自分を尊び愛すように隣人を尊び愛しなさい」——これが第二の掟である。これが第一のことであろう。しかしこれは自分を喜ばせる自己愛（フィラウトス）に無関係な掟であるわけではない。むしろこの掟は私のフィラウトス（私が自分を喜び楽しませる自己愛）を私が適切に尊び愛すことも命じるのである。つまり自分のフィラウトスを相手のフィラウトスと共に尊び愛して、「私たちが共に自分たちを喜び楽しませる私たちの自己愛」にさせるように促すのである。ただし私の喜び楽しみが相手の喜び楽しみに勝ることのないように気をつけながら。その時には私のフィラウトス（私が自分を喜び楽しませる自己愛）は私が自分を尊び愛す自己愛に導かれ、そこへ高められている。それは自分を尊び愛す自己愛の下で自分を喜び楽しませる自己愛でもあるのである。ただ、自分を喜び楽しませる自己愛（フィラウトス）には、自己中心に傾いて、自分と隣人を等しく尊び愛すことから遠ざかる（罪に陥る）危険もある。第二の尊びの愛の掟はその傾きのままに進むことは決して許さず、それを何としても阻止し、克服するよう命じる。――こういうところであろうか(34)。

さて、第二の掟に関しては以上の通りなのであるが、実は、以上見て来たことは「アガペーははたして、また、どこまで、無償の愛か」という問題に極めて深く関係している。フィラウトスは神や隣人への尊びの愛の妨げになると考える人は一般にアガペーはフィラウトスを根絶し、従って無償の愛だと考える傾向にある。この問題をきちんと検討することは、アガペーの本質の研究にとっても、またキリスト教の本質に迫るためにも、是非取り上げなければならない重要な中心問題であるので、これについては、後に第四章で独立の問題として取り上げることにしたい。

第二の愛の掟の中で「アガパオー」は際だった意味を持っていると言える第二の理由は、イエスによって、第二の愛の掟が単なる隣人への愛の掟から敵へ、の愛の掟にまで拡げられたことに関係している。「あなたがたも聞いているとおり、『隣人を愛し、敵を憎め』と命じられている。しかし、わたしは言っておく。敵を愛し、自分を迫害する者のために祈りなさい。」（マタイ五・43―44）これがイエスの革命的な新しい教えであるが、これがギリシア語で表現されるに当たって「アガパオー」はまことによくその任務を果たし得たのである。というのも、この「敵を愛せ」の部分を「敵をフィレオーせよ」と言えたであろうか。フィレオーは元々自分のものであるものを自然に好きになる愛である。「敵を自然に好きになれ」あるいは「敵を自然に好きになって愛せ」「敵を自分の内輪の者として自然に愛せ」「敵を自然に親密になって愛せ」――これは「黒を自然に白にせよ」と言うに等しく無理なことではないか。にもかかわらず、「アガパオー」と「フィレオー」とを区別せずにただ「愛す」と訳したことが、このイエスの教えを「敵をフィレオーせよ」という教えであるかのように受け止めさせ、高邁ではあるが実行不能の単なる理想ないし空疎な夢とみなす人々を数限りなく生じさせて来たのではないか。

しかし実際は「あなたがたは敵をアガパオーし（尊び愛し）なさい」なのである。「アガパオー」をここで用いることができるということは「アガパオー」の正確な意味合いを探る過程で既に見た。「アガパオー」は対象を評価し、より高い価値のものをそれにふさわしく尊ぶことのできる愛であった。それは自然なままの好きを越えて、熟慮の上で、より高い価値のものを選んで、尊ぶことのできる愛であった。敵を憎むことと敵を尊び愛することとでどちらがより善いか、どちらが真に、究極的に、平和をもたらすか。――このことの熟慮の上で、「敵を尊び愛せ」は選ばれて、イエスの口から発せられているであろう。「アガパオー」はそのことを伝えるのに何とふさわしい語であろうか。

「あなたがたは敵を尊び愛し（アガパオー）なさい」――もちろんこれは隣人愛を排除するのではなく、「隣人と共に敵をも尊び愛しなさい」ということなのであるから、結局「万人を尊び愛しなさい」に実質等しいのであり、従って最も広い尊びの愛の命令であろう。それはあの万物を、そして万人を、あるようにさせている最も大いなるものから直接発せられる命令であることが素直に認められる命令であろう。このことを知るとき、第二の愛の掟において「アガペー」は単に尊い（高い価値の）愛を言い表していると言っただけでは不十分で、ウォーフィールドの言う「尊厳」――至高の厳粛な尊い価値――を帯びているということを私たちは十分納得できるのであろう。(35)

4　善いサマリア人の譬え話

イエスは第二の愛の掟を「万人への尊びの愛の掟」に拡大した。「自分のようにあなたの隣人を尊び愛しなさい」は「自分のようにあなたの敵を尊び愛しなさい」をも含むと教えた。この転換を鮮やかに伝える記事がルカによる福音書の中に記される、既に一度取り上げた「善いサマリア人の譬え話」（ルカ一〇・25－37）である。

25すると、ある律法の専門家が立ち上がり、イエスを試そうとして言った。「先生、何をしたら、永遠の命を受け継ぐことができるでしょうか。」26イエスが、「律法には何と書いてありますか。あなたはそれをどう読んでいますか」と言われると、27彼は答えた。「『心を尽くし、精神を尽くし、力を尽くし、思いを尽くして、あなたの神である主を愛しなさい、また、隣人を自分のように愛しなさい』とあります。」28イエスは言われた。「正しい答えです。それを実行しなさい。そうすれば命が得られます。」29しかし、彼は自分を正当化しようとして、「では、わたしの隣人とはだれですか」と言った。30イエスはお答えになった。「ある人がエルサレムからエリコへ下って行く途中、追いはぎに襲われました。追いはぎはその人の服をはぎ取り、殴りつけ、半殺しにしたまま立ち去りました。31ある祭司がたまたまその道を下って来ましたが、その人を見ると、道の向こう側を通って行きました。32同じように、レビ人もその場所にやって来ましたが、その人を見ると、道の向こう側を通って行きました。33ところが、旅をしていたあるサマリア人は、そばに来ると、その人を見て憐れに思い、34近寄って傷に油とぶどう酒を注ぎ、包帯をして、自分のろばに乗せ、宿屋に連れて行って介抱しました。35そして、翌日になると、デナリオン銀貨二枚を取り出し、宿屋の主人に渡して言いました。『この人を介抱してください。費用がもっとかかったら、帰りがけに払います。』36さて、あなたはこの三人の中で、だれが追いはぎに襲われた人の隣人になったと思いますか。」37律法の専門家は言った。「その人を助けた人です。」そこで、イエスは言われた。「行って、あなたも同じようにしなさい。」

（新共同訳を引用しているが、学びの中で、律法学者が「です、ます」調であるのに、イエスの言葉だけが「である」調であるのは高圧的で、イエスにふさわしくないとの意見があり、一同で賛同したところであるので、思い切って「である」を「です、ます」に変更した。）

学び合いから

一人の「律法の専門家」がイエスを試そうとして「永遠の命を得るにはどうしたらよいか」イエスに尋ねたのでした。「律法の専門家」は「律法学者」と訳されているものと同じで、ユダヤ教の根幹をなす律法の正統的解釈を受け継ぎ、民衆を正しく指導するために長年学者である師（ラビ）に師事して研鑽を積んで来た人々です。おそらくイエスが、第一と第二の愛の掟が聖書に定められているあらゆる律法の中で最も重要なものだと教えていること、また日頃から永遠の命について説いていることを、この学者は知っていて、「試そうとして」つまりイエスを試験しようとして質問したのだろうと私たちは推測しました。民衆に教えを垂れる者が異端を教えていないか吟味することは律法学者の正当な、重要な職務だったでしょう。ただ、学者には厳正に職務を遂行するということを越えて、イエスをやりこめて裁判に訴えようとする魂胆が感じられると私たちは話し合いました。ところが、イエスは答える代わりに、逆に質問し返します。「律法には何と書いてありますか。あなたはそれをどう読んでいますか」「律法には何と書いてありますか」は律法についての知識を問うているのでしょう。それに対して「あなたはそれをどう読んでいますか」という質問は、言い換えれば、「あなたはどうそれを実生活に結びつけて読んでいますか」つまり「聖書のその言葉をどう実生活に活かしていますか」というイエスの鋭い問いかけであることに私たちは目を向けました。学者の方は予期していた質問であった可能性があります。すらすらと答えます。するとイエスは言います。「正しい答えです。それを実行しなさい。そうすれば命が得られます。」学者はやりこめようとしてやって来たのでしょうが、それに対して少しもひるむことなく真正面から立ち向かっているイエスの姿が目に浮かびます。しかし学者の方も負けてはおらず、予想通りのイエスの答えだったかも知れません。というのも、即座に言い返します——「では、わたしの隣人とは誰ですか。」私の隣人が誰かまではまさか答えられまい。それを教えてくれないで、どうして私が隣人を愛することができるか！」胸を張って言ったでしょう。「自分を正当化し」ていることはその顔つきや態度に滲み出ていたでしょう。学者にはイエスが答えに窮して困惑した表情がもうほとんど目に浮かび始めていたかも知れません。ところが少しも動じないイエスから予想もしなかった答えが返って来たのでした。善いサマリア人の譬え話です。

譬え話のポイントは以下の通りでした。「或る人」（断り書きがないので、当然或るイスラエル人、おそらく商人）がエルサレムからエリコまでの道（水平距離約三〇キロメートル、その間に約千メートル下るという険しい、木一本ない荒野の中をうねる道で、実際に強盗の出没する場所でした）を行く途中、強盗の一味に襲われて半死半生になります。そこへ通りかかった祭司が見て見ぬふりをして「道の向こう側」を通って行きます。神殿で祭司の下で働くレビ人も同様です。神に仕える「聖職」の身である二人がそうだったのです。彼らが真っ先に思ったことは「やばい！」だったでしょう。同じ目に遭わないか、身心凍る思いで、生きた心地なく行き過ぎたことでしょう。ところが、三番目にサマリア人（イスラエル人にとっては「敵」に当たる）が通りかかり、「憐れに思い」（原語は「スプランクニゾマイ」「肺腑がえぐられる思いで」）、身の危険も省みずに手当をし、宿屋に連れて行って……と、文字通り「至れり尽くせり」の介抱をし、翌日宿屋の主人に託し、最後の責任を負う約束もして、商用に向かうのでした。

譬え話を終えて、イエスはまたしても答えを自ら述べるのでなく、学者に問いかけます。「あなたはこの三人の中で、だれが追いはぎに襲われた人の隣人になったと思いますか。」学者「その人を助けた人です。」「行って、あなたも同じようにしなさい。」

この譬え話からは、汲めども尽きぬ貴重な教えを学び取らされて来ているのですが、今回私たちが問題として取り上げたことは次のことでした。

一、この譬え話は、隣人愛の実行例として、一サマリア人が敵対関係にあったイスラエル人を助けたことを挙げているのであるから、イエスはこれによって第二の愛の掟は「敵をも愛せ」までも含むということを明確に示したということは確かであるが、しかしそのためならイスラエル人がサマリア人を助けるようにしても同じことを言えるはずなのに、なぜサマリア人がイスラエル人を助けるという話にしたのか。二つの場合、どこがどう違ったことが想像されるか。

二、学者の質問「私の隣人とは誰ですか」とイエスの問いかけ「誰が追いはぎに襲われた人の隣人になりましたか」とはよく似ていることは確かであるが、基本的に同じ問いか、それとも違う問いか。違うなら、どこがどう違うか。

三、今敵対関係にある人を隣人として尊び愛すためにはどういうことに気をつけたらよいか——この問題についてこの箇所から学ばされることは何か。

四、仮にイエスが現代に現れ、これと同主旨の「善い……の譬え話」をするとしたら、「……」には何がくることが予想されるか。キリスト教徒に向かって語る場合には、「……」に何がくることが予想されるか。

五、譬え話の中のこの善いサマリア人のような人間が現実に存在し得るか。

私たちが辿り着いた考えは次のようでした。

一、敵を愛することを教えるために、なぜイエスは、イスラエル人がサマリア人をではなく、サマリア人がイスラエル人を助ける話にしたのか。

確かにどちらも敵を愛することを教えることになりますが、この譬え話を聴いたイスラエル人にとっては、親切なサマリア人がイスラエル人を助けたという話の方が一層不愉快だったでしょう。そのことは、太平洋戦争中に日本人教師が日本人に向かって、善い日本人の譬え話をした場合と、善い支那人または朝鮮人の譬え話をした場合とを比較すれば分かるでしょう。善い日本人が傷ついた支那人または朝鮮人を助けたという作り話をしたとしても、お前は非国民かといぶかられたでしょうが、立場を逆にした話をしたときには、スパイかと疑われ、官憲に捕らえられ、血祭りに上げられた可能性が高いでしょう。

　このことは、イエスはなぜ十字架に架けられるに至ったのかという重要な問題に貴重な手がかりを与えるでしょう。当時イスラエルではローマ帝国が敵国であり、反乱の不穏な空気は常にありましたが、イエスは、イスラエル人がローマ人以外にも敵として忌み嫌っていたサマリア人を模範的な善行者として立て、イスラエル人を憐れむ物語を創作して、語り聞かせたのです。しかもユダヤ教指導者を、見て見ぬふりをして逃げて行くという、およそ神に仕える者の名に恥じる小心者に仕立て上げながら。しかも更に、ユダヤ教の指導者である律法学者に向かって。

　イエスがどのような結果に至るかに無知でこの話をしたことは考えられませんから、以上のことが示すことは、イエスは自分が十字架刑に至ることを見据えながらこの話をしたということでしょう。イエスは自らの命を賭けてこの話をしたのでした。

二、学者の質問とイエスの問いかけとは基本的に同じか、違うか。

　二つの問いは基本的に正反対です。二つを比較するために両方の語順をできるだけ近いように、「○○の隣人○誰○○か」の形に変えて並べれば、

　学者の問い——「私の隣人は誰であるか」

　イエスの問い——「追いはぎに襲われた人の隣人に誰がなるか」

です。学者は「私の隣人」と言い、「私」を基点にして「隣人」を捉えているのに対して、イエスは「追いはぎに襲われた人（助けを必要としている人）の隣人」と言って、「助けを必要としている人」（他者、相手）を基点にして「隣人」を捉えている点で、正反対です。

また、「誰である」と「誰がなる」というように、「ある」（静止）と「なる」（変化）が正反対です。

ここから見て取れることは、学者は自分が何もしないでいても、どこかに既に自分の隣人は存在するかのように考えていて、「それを教えてください、教えてくれれば尊び愛します。教えてくれないなら、尊び愛することができなくても当然でしょう」と、少しも動こうとしない姿勢でいるのに対して、イエスは「あなたの方が先に隣に行かないで、だれがあなたの隣にいますか。あなたの方が先に隣人にならないでいて、どこにあなたの隣人がいますか。相手が私の隣人になったら、つまり相手が私を尊び愛してくれたら、私もその『私の隣人』を尊び愛そうというのは何もするつもりがないことにほかなりません。お互いがそう言い合っていたら、事態はいつ動き出しますか。そうではなく、あなたが先ず必要を持つ人の隣人になる、つまりその必要に届くように尊び愛すのです。そのとき初めて相手もあなたの隣人になるでしょう。つまり相手もあなたを尊び愛すでしょう」――こう言っているのでしょう。

あるいはまた、学者が「私の隣人が誰であるか教えてください。教えてもらえば、その人を尊び愛します」という姿勢でいるのに対して、イエスは「あなたの隣人はあなた自身が見つけるべきです。あなたが相手を隣人と見れば、（それが誰であろうと）相手はあなたの隣人になるのです。あなたが必要を持つ人を『私の隣人』と見れば、その人はあなたの隣人になったのであり、その隣人を（掟の通りに）尊び愛すべきです」と教えているでしょう。

さらにまた、学者が「敵が私の隣人であるはずはなく、だから敵を尊び愛すなどということはとんでもない」と考えているのに対して、イエスは「あなたが相手を隣人と見れば、（それが誰であろうと）相手はあなたの隣人になるのです。その隣人を（掟の通りに）尊び愛しなさい」と教えているのですが、このことは真っ直ぐに「あなたの敵をも隣人として尊び愛しなさい」という教えにつながり、拡大して行っているでしょう。

ここに一貫しているイエスの教えを一言でまとめれば、それは「相手が誰であろうと、あなたの方が先ず相手を隣人と見て尊び愛しなさい」でしょう。

三、**敵対関係にある人を尊び愛するためにはどういう点に気を付けるべきだと教えているか。**

前項を見たところから考えて、最小限次の三つが必要であり、一つでも欠けるなら、私たちは「敵」である人を尊び愛してはいないでしょう。

①相手が自分を尊び愛してくれたら、自分も相手を尊び愛そうという姿勢で両者がいるなら、いつまでも事態は進展せず、膠着したままであるから、自分が先に尊び愛す。言い換えれば、自分の方が先に隣人となる。

②敵対関係にある以上、簡単に働きかけることはできない中で、相手が助けを必要とする時が来るのを、相手を見守りながら、じっと待つ。そしてその機会が訪れたなら、直ちにその必要に届くよう走り寄る。

③（自分の方から先に）相手の中に尊く感じられる点（長点）を見出すことに努める。そしてそれを尊び愛す。――相手の尊くなく感じられる点（欠点）に真っ先に目を向け、それをあげつらい、責め立てるのではなく。

四、仮にイエスが現代に現れ、これと同主旨の「善い……の譬え話」をするとしたら、「……」には何が来ることが予想されるか。キリスト教徒に向かって語る場合には、「……」に何が来ることが予想されるか。

この問いにはいろいろな答えが出ました。現代の日本の状況を考慮して、「善い韓国人の譬え話」「善い中国人の譬え話」が真っ先に出ましたが、「善い〝被差別者〟の譬え話」もありました。イスラエル人に対しては「善いパレスチナ人の譬え話」、パレスチナ人に対しては「善いイスラエル人の譬え話」だろうという答も。では、キリスト教徒に対しては？　「善いイスラム教徒の譬え話」が真っ先に出され、続いて「善い仏教徒の譬え話」。しかし当然また、イスラム教徒に対しては、そして仏教徒や神道の人に対しては（その人たちがキリスト教徒を敵と見ているなら）「善いキリスト教徒の譬え話」だろうという答えも出されました。

このことから明らかになることは、この譬え話は世界中のあらゆる人に向かって、その人と敵対関係にある人を「……」に入れて「善い……の譬え話」として語られているのだ、ということだと思われます。学び合いの後も私は引き続き考えさせられているのですが、この譬え話はあらゆる人がその上に立たなければならない土台である教えなのではないか、いや、さらに、あらゆる宗教がそれを踏まえなければならない根本の土台であるのではないか。――そう思わされて来ています。イエスはあらゆる宗教がその上に立つ根本の土台となるようにこの話をしたのではないか。いや、イエス自身があらゆる宗教がその上に立つ根本の土台となるために世界に来たのではないか。あらゆる宗教の上に立つ超人としてではなく、反対に、あらゆる宗教に踏みしめられる土台として、来たのではないか。それが聖書に「キリストは、神の身分でありながら、……かえって自分を無にして、僕の身分になり、……人間の姿で現れ、へりくだって、死に至るまで、それも十字架の死に至るまで従順でした」（フィリピ二・6―8）と記されていることの本当の意味ではないか。そうであれば、キリスト教が他の宗教の上に立つと考えることはイエス・キリストが目指したことと反対のことなのではないか。これからの新しいキリスト教徒はイエスに従って、イエスと共に、他のすべての人々、他のすべての宗教に踏みしめられる土台となければならないのではないか。いや、キリスト教を含めてすべての宗教がやがてこの同じ土台の上に立ち、あるいは土台となり、互いを尊び愛し合うようになるのではないか。――こんな風に思わされているのですが、如何でしょう。

五、譬え話の中のこの善いサマリア人のような人間が現実に存在し得るか。

この譬え話をイエスは命がけで語ったのでした。つまり、イスラエル人から敵と見なされていたサマリア人がこれ以上ないほどの善人としてイスラエル人を助けた話をすれば死を免れずには済まないことを覚悟で語ったのです。命がけで敵を介抱したサマリア人は実はイエスが自らを投影したものに他ならないでしょう。

以上が今回のまとめです。もし今回の学びを、無理を押して、一言だけに縮めるとすれば、次のように言ってよいでしょうか。

私の方が先に尊び愛すつもりがないなら――命がけでそうするつもりがないなら、私は本当には相手を尊び愛していないのである。

*

以上が学びの報告であるが、この箇所は「隣人を尊び愛す」とは、そしてそれを一歩進めて「敵を尊び愛す」とは、具体的にどういうことであるかを何と深く、また具体的に学ばせてくれることであろう。

5　ザアカイとイエス

「敵を愛せ」が第二の愛の掟から出てくる命令だというのがイエスの教えであり、それが具体的にどういうことであるかを上に見たのであるが、第二の掟から出てくることはそれにとどまらないということが、また、イエスの教えである。というのも、「敵を愛せ」は「罪人《つみびと》を愛せ」と切っても切れないからである。例えば、マタイによる福音書五章43‐48節には次のように言われている。

[43]「あなたがたも聞いているとおり、『隣人を尊び愛し、敵を憎め』と命じられている。[44]しかし、わたしは言っておく。敵を尊び愛し、自分を迫害する者のために祈りなさい。[45]あなたがたの天の父の子となるためである。父は悪人にも善人にも太陽を昇らせ、正しい者にも正しくない者にも雨を降らせてくださるからである。[46]自分を尊び愛してくれる人を尊び愛したところで、あなたがたにどんな報いがあろうか。徴税人でも、同じことをしているではないか。[47]自分の兄弟にだけ挨拶したところで、どんな優れたことをしたことになろうか。異邦人でさえ、同じことをしているではないか。[48]だから、あなたがたの天の父が完全であられるように、あなたがたも完全な者となりなさい。」

ここから知られるとおり、「敵を尊び愛せ」という命令は「悪人を尊び愛せ」という命令に何の説明もなしに移行しているのである。なぜか。それは当然である。「敵」を直ちに「悪人」と見なし、「悪人」を直ちに「敵」と見なすことは世の常であり、二つは「表裏」として切っても切れないからである。そしてそうであれば、「敵を愛しなさい」というイエスの命令は「罪人《つみびと》を愛しなさい」という命令につながらずにはいない。実はイエスの教えの中で、「罪人を尊び愛せ」という教えは、「敵を尊び愛せ」という教えよりも圧倒的に多いのである。従って取り上げるべき箇所は無数に多いが、今は最小限に絞らなければならない。

イエスが罪人を尊び愛することはしばしば「徴税人」を尊び愛することとして表れた。

徴税人とはローマ帝国が被統治国民の中から入札制度によって徴税の権利を与えた者、またはローマ帝国から権利を得たローマ人徴税人の下請け人として働いた者のことであるが、ローマに媚びて、また財力に物を言わせて、その権利を獲得し、支配者である敵国のために同朋から税金を徴収するこの職業の者は、当然のこと、イスラエル国民の激しい憎悪を浴びて、「罪人」と呼ばれた。徴税人は文字通り「敵」（の一味）である「罪人」なのである。当然徴税人の方も市民への憎悪に燃え、不正に取り立てることも稀ではなかった。

[1]イエスはエリコに入り、町を通っておられた。[2]そこにザアカイという人がいた。この人は徴税人の頭
で、金持ちであった。[3]イエスがどんな人か見ようとしたが、背が低かったので、群衆に遮られて見ること
ができなかった。[4]それで、イエスを見るために、走って先回りし、いちじく桑の木に登った。そこを通り
過ぎようとしておられたからである。[5]イエスはその場所に来ると、上を見上げて言われた。「ザアカイ、
急いで降りて来なさい。今日は、ぜひあなたの家に泊まらなければならない(36)。」[6]ザアカイは急いで降りて
来て、喜んでイエスを迎えた。[7]これを見た人たちは皆つぶやいた。「あの人は罪人(37)のところに行って宿を
とった。」[8]しかし、ザアカイは立ち上がって、主に言った。「主よ、わたしは財産の半分を貧しい人々に施
します。また、だれかから何かだまし取っていたら、それを四倍にして返します。」[9]イエスは言われた。
「今日、救いがこの家を訪れた。この人もアブラハムの子なのだから。[10]人の子は、失われたものを捜して
救うために来たのである。」
（ルカ一九・1－10）

学び合いから

今回取り上げたのは、徴税人ザアカイへのイエスのかかわりでした。エリコはエルサレムに次ぐ大きな都市ですから、徴税人も大金持ちが多かったでしょうが、中でもザアカイはその「頭」だったのですから、推して知るべしでしょう。「敵」「罪人」と同胞から忌み嫌われることが分かり切っているのになぜ徴税人になる者がいたの

かは大いに問われるところですが、利権目当てであることは当然として、ザアカイの場合にはさらなる理由があった可能性が考えられます。それは「背が低かった」ことです。特にこう記される以上、余程のことで、子供の背丈位しかなかったのでしょう。そういう〝障害者〟がどういう目で見られたかと言えば、世の東西を問わず、本人または親に下った〝天罰〟の表れと見られ、からかわれ、見下され、忌み嫌われ、いじめられ続けたのでした。そのすべてに報復せずには済まない怨念がザアカイをローマ帝国の権威を笠に着た徴税人にさせ、頭《かしら》にまで昇り詰めさせた可能性があるでしょう。

そのザアカイの住む街、エリコにイエスが来ます。既にイエスは有名人になっていたのでしょう。街道を進むイエスを見に大勢の群衆が押し寄せていたのでした。ザアカイも負けじと出かけて行きますが、背が低い彼は見物人の列に割って入ろうとしても、おそらく肘鉄を喰らって、あるいはむしろそうなることは分かり切っていて、近寄ることはできません。と、近くにある大きないちじく桑の木が目に入るや、身軽に木に登り、下を見おろします。いつも「見下され」ている町中の連中を逆に今「見下し」ているザアカイの心中はどういうものだったでしょう。しかし町の人々の方は「見てみい、あのチビを！」とか「犬めが！」[38]と冷笑していたかも知れません。向こうから次第にイエスが近づいて来るのが見えます――群衆の歓呼の内に。イエスがいよいよザアカイの近くに来たとき、傍に居合わせた誰もが、いえ、ザアカイ本人も、耳を疑う言葉がイエスの口から発せられます。「ザアカイ、急いで降りて来なさい。今日は、ぜひあなたの家に泊まらなければならない。[39]」もしかすると、「犬」と呼ばれていた男が本名で呼ばれていることも驚きだったかも知れません。しかし、何よりも、この大悪人の家に、神の教えで名高いイエスが泊まる！　しかし、それとは対照的なのがザアカイ本人。驚きはしたでしょうが、「急いで降りて来て、喜んでイエスを迎えた。」恨み辛みの町中の人間を一転見返してやるこれ程の好機があろうか。小さなザアカイが突き出た腹を一層前に突き出して胸を張り、イエスと弟子たちとを豪邸に連れて行く得意満面の姿が目に浮かぶようです。人々は一層ザアカイに敵意を感じ、それだけでなくイエスへの失望と非難を込めて、聞こえよがしにつぶやきます。「あの人は罪人のところに行って宿をとった。」7節から8節の間の記述は欠けていますが、ザアカイが丁重にイエスと弟子たちを迎えたこと、またさらにおそらく同業者仲間を大勢迎えたこと、[40]召使いたちに用意させて大御馳走を振る舞ったこと、楽しく豊かな会話が弾んだことなどがあったことでしょう。宴もたけなわに達したその時、ザアカイがすっくと立ち上がり、胸を張って宣言します。「主よ、わたしは財産の半分を貧しい人々に施します。また、だれかから何かだまし取っていたら、それを四倍にして返します。」居合わせた全員が耳を疑う大宣言です。一般に財産を持つほど欲が増すものですが、ザアカイは半分を困窮者に分かつというのです。不正な取り立てに対する補償は規定では一・二倍でしたが、それを四倍にすると言う。これはザアカイの生き方の根本的転換――「回心」を表しているでしょう。この記事にはザアカイに対するイエスの並々ならぬ「尊びの愛」が示されていると思われますが、その尊びの愛はザアカイの劇的な回心を引き起こしたのです。

描かれてはいませんが、一同の楽しい食事と語らいの時には、いえ、その前後にも、イエスのまなざしはあの「慈しみのまなざし」――富裕な青年に注がれたのを見た、あの慈しみのまなざし――で、それが居合わせたすべての人々に注がれ続けたに違いありません。それなくして、この回心があり得たでしょうか。

イエスは言います。「今日、救いがこの家を訪れた。この人もアブラハムの子なのだから。人の子は、失われたものを捜して救うために来たのである。」イスラエル人が「自分たちはアブラハムの子だ」と胸を張り、徴税人たちをその外に排除していたのをイエスは正します。「この人も同じアブラハムの子だ。」そして言います。「人の子は、失われたものを捜して救うために来たのである。」「失われる」とは他の箇所での用例からも推測して、神の懐に暖められていたのに、そこから転がり出て、目と手の届かないところへ行ってしまうことでしょう。神の尊びの愛のまなざしから飛び出して、目と手の届かないところに行ってしまうと言い換えてもよいでしょう。そういう人を見つけ出して救うために「人の子」[41]は神から遣わされたと宣言するのです。

この記事にはイエスの「罪人」への尊びの愛がどのようなものであったかが非常に鮮やかに描かれていますが、もう一つ見失うことのできないことがあります。問われてよいはずのことは、街の人々が聞こえよがしに「あの人は罪人のところに行って宿をとった」とつぶやいているのをイエスはどのように受け止めていたかです。何も書かれていないところからして、イエスは言葉を発せず、黙したままだったのでしょう。しかし、黙している心中はどうだったでしょうか。「うるさい連中が！」だったでしょうか。憤りに燃え、胸中罵声を発していたでしょうか。しかし激しい感情の抑制はかえって強い顔の表情となりますから、そうであったなら、そう記されなかったでしょうか。「イエスは怒りを表して、ザアカイの後に続いた」のように。むしろそれとは反対であり、イエスは沈黙の内に人々のつぶやきを痛々しく受け止めて、全身でじっと耐えていなかったでしょうか。その痛みとは、一つにはザアカイの身になり切っていて、ザアカイと一体に感じる痛みであったかも知れません。しかしそれだけでしょうか。それだけではなく、街の人々のとげとげしさを街の人々の身になり切って痛んでいるということはなかったでしょうか。イエスは街の人々は自分の外側に排除して、ザアカイ一人だけを自分の〝内輪〟として尊び愛したのでしょうか。仮にザアカイがあの大宣言を実行し、初めは人々のいぶかりや軽蔑や拒否を受けながらも真剣な努力を貫き通した結果、ついに人々も受け入れてザアカイを見直すようになったとしたら、そしてそれをイエスが知ったとしたら、イエスはそれを喜ばなかったでしょうか。正反対であり、それこそイエスが願っていたことだったのではないでしょうか。イエスの目から見て、罪人はザアカイだけだったでしょうか。街の人々も、街の人々が考える意味（「敵の犬」）とは違う意味で、つまり一人の人間を「人でなし」として〝抹殺〟し去る点で、しかも自分たちは罪人でないかのように思いこんでいる点で、イエスの目には重度の「罪人」だったのではないでしょうか。そのとき、イエスは、ザアカイの罪は自分の身に痛く感じながら、街の人々の罪はそう感じないということが、ザアカイの罪は悲しみながら、街の人々の罪は悲しまないということが、あり得たでしょうか。イエスは罪人のザアカイは尊び愛し、罪人の街の人々は尊び愛さなかったということがあり得るでしょうか。「尊びの愛」にそういうことがあり得るでしょうか。

事実は、イエスは尊びの愛をザアカイに対して先立たせ、しかしそれを通してザアカイを含めた街中の人々が互いに尊び愛し合うに至ることを願い、目指したのではないでしょうか。

このことを見るならば、イエスは「敵を愛しなさい」と人々に教えておきながら、自分を非難する人々に対しては自らの教えに背いたということはありませんでした。また、このイエスを見るならば、すべての人を尊び愛していない者は、誰をも本当には尊び愛していない。——このことが明らかではないでしょうか。

6　罪の女とイエス

イエスが「自分のように隣人を尊び愛しなさい」は「自分のように敵を尊び愛しなさい」にも、さらには「自分のように罪人を尊び愛しなさい」にも通じ、拡がることを教えたとき、その「罪人」とは、ザアカイに見たように、街の人々によってそのレッテルを貼られた人のことである場合もあったが、それだけにはとどまらなかった。レッテルを貼られた「罪人」には徴税人の他に遊女（娼婦）があり、イエスは徴税人を尊び愛すように遊女に対しても同様であった[42]が、レッテルを貼られた「罪人」をすら人々の前で公然と尊び愛したのであれば、そうでない罪人にも同様であることは当然であった。

[1]イエスはオリーブ山へ行かれた。[2]朝早く、再び神殿の境内に入られると、民衆が皆、御自分のところに
やって来たので、座って教え始められた。[3]そこへ、律法学者たちやファリサイ派の人々が、姦通の現場
で捕らえられた[43]女を連れて来て、真ん中に立たせ、[4]イエスに言った。「先生、この女は姦通をしていると

きに捕まりました。[5]こういう女は石で打ち殺せと、モーセは律法の中で命じています。ところで、あなた
はどうお考えになりますか。」[6]イエスを試して、訴える口実を得るために、こう言ったのである。イエス
はかがみ込み、指で地面に何か書き始められた。[7]しかし、彼らがしつこく問い続けるので、イエスは身を
起こして言われた。「あなたたちの中で罪を犯したことのない者が、まず、この女に石を投げなさい。」[8]そ
してまた、身をかがめて地面に書き続けられた。[9]これを聞いた者は、年長者から始まって、一人また一人
と、立ち去ってしまい、イエスひとりと、真ん中にいた女が残った。[10]イエスは、身を起こして言われた。
「婦人よ、あの人たちはどこにいるのか。だれもあなたを罪に定めなかったのか。」[11]女が、「主よ、だれも」
と言うと、イエスは言われた。「わたしもあなたを罪に定めない。行きなさい。これからは、もう罪を犯し
てはならない。」

（ヨハネ八・1－11）

「姦通罪」はユダヤ教では配偶者がいる男女だけでなく、婚約中の女性との性交渉にも適用された[44]から、この女性が夫のいる女性なのか、婚約中の女性なのかは分からない。そもそもそのいずれでもないことも考えられるであろう。つまり浮薄な生活を送っていた女性、あるいは遊女である可能性すらなくはないであろう。というのも、女性は訴えようとした人々の策略で連れて来られた可能性も大きいからである。律法では一緒だった男性も訴えられるべきだったのに、女性だけが連れて来られたことはそれを裏書きしそうである。従って、この記事はレッテルを貼られたわけではない「罪人」なのか、レッテルを貼られた「罪人」なのか判然としないのであるが、それはかえってよいことであろう。というのも、イエスにとって尊び愛されなければならない「罪人」はその両方であるからである。

学び合いから

「朝早く、イエスは一群れの人々に御教えをされていたということですが、私はその光景を想い浮かべるとき、いつも何とも言えない平和な思いに満たされます。おそらく夜が明けたばかり、淡い朝日の光が、まだ薄暗い、物音一つしない静寂《しじま》に溶け入っている。そんな朝早くから、イエスを慕って集まり、一心にその御言葉に聴き入っている人たちがいたのです。御言葉は霊の飢え渇きを癒し、人々の顔は平安に満たされていたことでしょう。」――これは2節の短い記述について筆者が嘗て書いていた文章ですが、異口同音にこれに類する感想がひとしきりでした。

しかし、その平和が破られます。騒々しい声を上げながら一群の人たちが近づいて来たのです。律法学者・ファリサイ人(45)の一群です。中に一人の女性が引き立てられていて、イエスのところまで来ると、女性を前に突き出し、輪となって取り囲みます。「真ん中に立たせ」――女性を群衆全員の晒し者にして、辱めようという気持ちの表れのように思えます。「先生、この女は姦通をしているときに捕まりました。こういう女は石で打ち殺せと、モーセは律法の中で命じています。ところで、あなたはどうお考えになりますか。」口調は穏やかで丁寧ですが、「イエスを試して、訴える口実を得るため」だったと記されています。どう答えたら、どう訴えるつもりだったのか。（おそらくそうなるであろうが、）「赦してやれ」だったら、律法違反を指導したとして最高法院に訴えるのでしょう。「石打ちにせよ」だったなら（まずそうはならないだろうが）、日頃のイエスの教えとの矛盾を突くつもりだったのでしょうか。ところが、それを聞くと、イエスは――日頃のイエスらしくもないと感じられたところでしょうか――急に地面にかがみ込みます。そして地面に何か書き始めます。「答えられない！」と見るや、学者・ファリサイ人たちは勢いづき、怒声が矢を継いで放たれます。「どうした！」「答えられんのか！」

「早く答えろ！」

と、その時、かがんだまま背筋を伸ばして、彼ら一人一人の目をひたと見つめたイエスの口から、彼らの誰もが想像もしなかった言葉が発せられます。「あなたたちの中で罪を犯したことのない者が、まず、この女に石を投げなさい。」イエスは再び地面に向かい、何か書き始めます。すると、今度はあの怒声はどこへ行ってしまったのでしょう！　しーんと水を打ったような静寂が訪れ、辺り一帯を領します。すべての者が息を呑んでいるかのようです。三〇秒経ち、一分が経過します。と、一人の最年長の学者が息を殺したままの静けさで、列の後ろへ二、三歩引き下がると列に背を向けて、足音を忍ばせて去って行きます。と、次の年長とおぼしきファリサイ人が同じようにします。すると、今度は次々と年長者から同じように去って行き、それだけでなく初めからいた群衆も同様になり、ついに女性とイエスと弟子たちだけが残ります。

最後の一人が去って行ったとき、イエスは身を起こして女性に言います。「婦人よ、あの人たちはどこにいるのか。だれもあなたを罪に定めなかったのか。」女「主よ、だれも。」イエス「わたしもあなたを罪に定めない。行きなさい。これからは、もう罪を犯してはならない。」

最後の一人が去って行く一歩を踏み出した瞬間、女性を襲った気持ちはどういうものだったでしょう。思いもかけなかった展開への驚愕と共に、残酷な死刑を免れた天にも昇る歓喜の気持ちが全心身にこみ上げたことでしょう。同時にまた、驚嘆すべき仕方で、直前まで自分を絶体絶命の窮地に追い込んでいた人たちを去らせてくださった、目の前の方に対する絶大な感謝の気持ちがこみ上げ、胸に溢れたのではないでしょうか。ところで、その女性に向かって「婦人よ、あの人たちはどこにいるのか。だれもあなたを罪に定めなかったのか」と分かり切ったことをイエスが質問するのはなぜか。——考えさせられた問題でした。もちろん誰も女性を罪ありとして石を投げつけられなかったことを女性自身にはっきりと確認させるためだったでしょうが、なぜはっきり確認させる必要があったのか、です。落ち着いたところは、一言で言えば、罪に関して女性を街の人たちの束縛、むしろ〝呪縛〟(?・)から解放するためではなかったか、というものでした。女性はそれまで罪というものをどう捉えていたでしょうか。女性は姦淫が罪だということを知らなかったはずはないでしょう。しかし、知っていて、その罪というものをどう捉えていたのでしょう。女性はただ街の人たちから白い目で見られること、眉をひそめられること、呪詛を浴びることとしてしか捉えていなかったということはないでしょうか。それがあったために明け方早々に捕まって、衆目の晒し者にされ、危うく死にかけ、際どく助かった。――ただそれだけのこととして受け止められ、終わってしまうことはなかったでしょうか。しかしイエスは、そのような、まるで街の人々がそう見るから罪だというように、街の人々に縛られ、呪縛されている女性をもっと本質的なところへ立たせて、真実に自分の罪に向き合わせようとしてこの質問をしたと考えることはできないでしょうか。女性は「あの人たちはどこにいるのか。だれもあなたを罪に定めなかったのか」と問われ、「主よ、誰も(いません)」と答えていますが、そう言いながら、誰もいないのだから、もう私はこれで誰からも責められることはないと、すっかり晴れやかな、涼しい気持ちになっていたでしょうか。むしろ、目の前にいるこの人はどうか、と「この人」のことが気にかかっていなかったでしょうか。「この人」は自分を連れて来た人々が律法に従う処罰について意見を仰ぐような宗教上の権威がある人らしいこと、いや、それだけでなく、その人々がこの人のあの一言であのようにも驚くべき仕方で去って行ってしまった人、「ただ者でない方」として今女性の目の前にいたのではないでしょうか。イエスはまさにそのように女性の前にありつつ、「誰も(いません)」という答えを導き出すことによって、あなたを罪に定める(有罪に裁定する)ことができるものは人間の中には一人としていないのだということをしっかりと心に刻ませ、そこからさらに人間にではなく神に目を向けるように、神の前に立つように、神から罪を問われるようにと、促していることはないでしょうか。女性は既に「主よ」とイエスを呼んでいますが、そこには女性が既にイエスを「ただの人間ではない」方――どこか人間を越えた方、神に通じる権威のある方と意識していることが表れています。女性はそれをただ直感的に感じただけで、それ以上の分析をする時間も余裕もなかったでしょうが、私たちが分析すれば、またもし彼女が後からきちんと分析することができたとすれば、それはこんな風になるところではなかったでしょうか。――自分を本当に根本から救ってくださった方、――力づくなどによってではなく、「言葉」によって、それも脅しの言葉などでなく、連れて来た一人一人を自分自身に向き合わせて、いや、ただ自分自身にでなく、神の前で自分自身に向き合わせて、その神の前で問われ、答えさせる――そんな力を持つ言葉によって。だから一緒に一固まりでやって来た人たちを、「一人」「一人」としてばらばらにし、それぞれのところへ帰って行かせた。――女性自身にはこのような分析など全くなかったでしょうが、ただしかし何か本質的に重大な、重要なことがありそうに感じて、畏れ多い気持ちで一杯になりながら、「主よ、誰も」と答えたのではないでしょうか。私は、ここまで来ると、どうしてもキルケゴールが言った「単独者」という言葉を想い起こさずにはいられません。「神の前にただ独りとして立つ」という意味が込められている言葉です。女性を連れて来た人たちがそういう風に単独者として神の前に立たされた。女性もおのずからその同じところへ促されている。――そういうところで発せられた「婦人よ、あの人たちはどこにいるのか。だれもあなたを罪に定めなかったのか」ではなかったでしょうか。そしてそれに対する女性の「主よ、誰も」ではなかったでしょうか。

女性の答えを受けてイエスは言葉を継ぎます。「わたしもあなたを罪に定めない。行きなさい。これからは、もう罪を犯してはならない。」――これはどういう言葉だったのでしょうか。女性が本質的なところへ向かって行っていて、厳粛な、畏れ多い気持ちで「主よ、誰も」と言った言葉をイエスも厳粛に受け止めて、「メシア」「キリスト」――つまり「罪の赦しによる救い」を伝え、もたらす特別な使命を神から託されている者として、「わたしもあなたを罪に定めない」と重々しく宣言し、さらに「行きなさい」と女性を新しい生き方へ向かって解放し、送り出している言葉だと捉えられました。そのことに間違いはないでしょう。ただ、しかし、私たちの考究はそこで終わることなく、もう一歩先の突っ込んだ問題にまで踏み入ったのでした。それは「罪に定めない」と「これからはもう罪を犯してはならない」との関係でした。「これからは罪を犯してはならない」と言っているのですから、イエスは姦通をはっきり「罪」であると言っていることが分かります。そして、それはそうでしょう。十戒の中でも「あなたは姦通してはならない」と定められていますが、姦通が夫‐妻の人格的関係を破綻させることとしてとして――言い方を換えれば、夫‐妻の「尊び愛し合いの関係」を破壊することとして、永遠に許される（許可される）ことでないということは、イエスの中で確固として揺らぐことはないでしょう。ただ、そうであるにもかかわらず、つまり姦淫は罪だと考えるにもかかわらず、イエスが今女性を「罪に定めない」、言い換えれば「有罪に定めない」と述べることはどう考えたらよいのか。女性は明らかに罪を犯したのだが、それを「赦した」のだと言えば、それまでですが、しかしそれだけでは片づかないものを感じたのです。

私たちはうっかりすると、イエスに敵対した律法学者やファリサイ人たちは「とんでもない人間だ」と初めから決めつけてかかり、彼らが問題にしたことも取るに足りない些末なことだ、ただ悪意からひねくり出したものに過ぎないと受け止めかねませんが、それは気をつけなければなりません。ここには「イエスを訴える口実を得るために」とありますから、一層そう捉えがちですが、一層気をつけなければならないと思われます。律法学者やファリサイ人たちの問いに含まれている重大な、本質的な問題点を見ないことは、それに対するイエスの答えの中にある本質的に重大な点を見失わせることにそのままつながります。律法学者やファリサイ人たちはなるほどイエスをやりこめたいと思って尋ねました。しかし、ともかくも、これまで女性自身が姦通を神の前で問題にしたことはおそらくなく[46]、単なる人間関係の都合で犯しているのに対して、それは律法に照らしてどうかと、いわば神の前に女性を連れ出して来ている――このことは認めなければならないでしょう（たとえそういう自覚は明確にはなかったとしても）。ですから、その神の前で「あなたはこの姦通の女を赦すのか、どうか」という問いかけは「あなたは神の定めた掟を守るのか、破るのか」という本質的に重大な問いです。言い換えれば、「あなたは神の正義に従うのか、背くのか」という根本的な、本質的な問いです。これが彼らがイエスに突きつけた「こういう女は石で打ち殺せと、モーセは律法の中で命じています。ところで、あなたはどうお考えになりますか」という問いに他なりません。それに対してイエスが「人間のあなたたちに裁く資格のある人はいるか」と答えることは素晴らしいことでしょう。この一言で、彼らは神の前で「資格はありません」と答えて、引き下がって行きました。それはそれでよいですが、彼らが去った後で、イエスが「わたしもあなたを罪に定めない」あるいは「わたしはあなたの罪を赦す」と言うことはどうでしょうか。「罪に定めない」にせよ「赦す」にせよ、現に生じた罪を消し去って白紙にし、なかったことにするということでしょう。罰を受けさせた上で白紙に戻す――これは、いえ、これこそが「正義」でしょう。しかし、罰を受けさせずに白紙にする――これは神の正義を破り、歪め、捨て去ることでなくて何でしょうか。イエスが神の正義を破る！　それでどうして「神の子」であり得るでしょうか。

これはイエスに突きつけられる正当な問いです。誰が問おうと、それには全く関係なく正当な問いです。キリスト教徒である私たちも当然問わなければならない問い、問わないなら私たちがキリスト教徒であることはかなりいい加減なものであることが露呈するかもしれない、根本的に本質的な問いです。その根本的に本質的な問いを誰が問うたか。それがあの女性を連れて来た律法学者・ファリサイ人たちだったのです。彼らは「イエスよ、あなたは姦通罪の女性を神の正義に反して赦すのか」と問いかけているのに他なりません。ここまで見れば彼らの質問がいい加減な、取るに足りないものなどでないことは火を見るより明らかでしょう。

ともかく、私たちもこの問いを真っ直ぐに問わなければなりません。イエスが姦通は罪だとはっきり口にしながら、しかも「私はあなたの姦通を罪と裁定しない」と宣告するとはどういうことか。罰を与えずに放免するとはどういうことか。神は姦通を罪だと教え、それを犯した者を死罪に定めている――この「神の正義」をイエスは破るのか。破りながら、「キリスト」を名乗るのか。

私が万引きした少年を見つけて傍に近づき、少年の更生を願って「私は君を罪に定めない」と言って、少年を放免することは許されることか。それに似たことがイエスにないか。

　これは難しい問題です。厳しく、難しい問題です。答えが容易に見出せない難問です。しかも単に私たちに人間にとって難しいだけでなく、他ならぬイエス自身にとって厳しく、難しい問題であるはずです。イエスがキリストであるかどうか、つまり「イエス＝キリスト」の死活にかかわる難問です。

　この深刻な難問の壁にぶつかって、実は、私自身長い間容易に進めませんでした。頭をぶつけてにっちもさっちも行きませんでした。しかし、です。しかし、やっと、或る時、私に光が閃きました。イエスはやはり女性の罪をいささかもおろそかにし、軽々しく扱うことはなかったのだ、正義をいささかでも歪め、損なうことはなかったのだ。私が盗品を持つ少年を店長のところへ連れて行き、事情を話して、代金を払った上で、少年を赦すよう頼み、また少年に「二度と罪を犯すことのないように」と言って放免することが唯一許されることではないか。或いは店長のところへ連れて行かなくても、自分が代金を支払うことを告げ、同じように言って放免する。女性へ向けられたイエスの言葉はおそらくそれだったのだ。「わたしもあなたを罪に定めない（その罪はわたし自身に定める）。行きなさい。もう二度と罪を犯すことのないように。」――「その罪はわたし自身に定める。その罰を私が受ける」――それがイエスの十字架だったのだ。――こう考え至ったとき、私は震撼させられました。恐怖によってではありません。生まれて初めてのように、十字架上にかかっているイエスが目の前にまざまざと仰ぎ見られ、言葉を失うその大きな出来事に胸を押しつぶされながら、その中に含まれる計りしれない正義の真理を思って戦《おのの》いたのです。

　前回はこの私の経験と考えを披瀝させて頂きました。みなさまが深く納得してくださいました。そして次のようなことも話し合われたのでした。イエスが突然地面にかがみ込んで何か書き始め[47]たとき、それまで真ん中に立たされた女性に向かって矢と注がれていたとげとげしい視線は、怒声をも誘って、一斉にイエスの丸められた背中に注がれることになったのではないか。そのようにして女性が受けていた非難と侮蔑をイエスは代わって自らの背に受けたのではないか。それは意図してやったことではなく、おのずからそうなっていたのではないか。——そう話し合ったとき、私たちは言葉にできない思いに襲われ、深く長い沈黙に引き込まれたのでした。

ここには、イエスがどれほど、またどのように、罪の女を「尊び愛し」たかが、何と根本的で本質的な問題に沿って徹底した姿で示されていることでしょう。愛と正義はどのように関係するかという問題は古来宗教上の、また哲学・倫理学・政治学上の根本問題ですが、イエスの尊びの愛は正義をいささかも疎かにすることなく、しかも自らを貫いたのでした。神の前で神の正義に従いながら、それ故、女性の罪と罰を自らに負いながら、そこまで女性と一つになりながら、女性と共に神の前に立つ——これほど罪の女性を、言葉の全き意味で、「尊び愛す」ということがあるでしょうか。

しかし、私たちが尊びの愛という点に関して目を向けたことはこれだけにとどまりませんでした。私たちは学びの途中で、次の問題も取り上げました。——イエスは「あなた方の中で罪を犯したことのない者がまず石を投げなさい」という、あの言葉をどのような声の調子で言ったことが想像されるか。

私は聖書のこの箇所をおそらく五〇回では済まない位それぞれ異なったグループで学んで来ましたが、その中で一人たりとも、この問いに対して、イエスが怒鳴りつけて言ったと答えた人はありませんでした。反対に、一人一人の心に重く、深く届くように、これ以上ない位に静かに、一人一人の目を真っ直ぐに見つめながら、言ったと思う、という答えが圧倒的でした。私ももちろん同意見です。ここに私たちはまたしても、イエスは女性一人を尊び愛したのではなく、律法学者・ファリサイ人たち一人一人をも、共に神の前に立つべき「一人」「一人」として、重く、深く、尊び愛していたことを、紛う方なく見るのではないでしょうか。イエスに女性だけを尊び愛して他を尊び愛さないなどということはあり得ないこと、そもそもすべての人を尊び愛することのない「尊びの愛」などというものは存在しないということ、――このことを私たちは何と明らかにここにもまた見ていることでしょう。

7　アガペー（尊びの愛）と怒り

イエスは姦通を犯した女性を連れて来た律法学者・ファリサイ人たちに向かって――そして、もうこう言ってよいはずであるが、あの素晴らしいイエスの答えを引き出すような質問をした律法学者・ファリサイ人たちに向かって、静かに語りかけ、怒鳴りつけることはなかったと見たのであるが、怒鳴らなかったとは「怒って言う」ことはなかったということであろう。ところで、イエスはこの時はたまたま怒らなかったのであろうか、それともイエスは生涯そもそも怒るということはなかったのであろうか。――これは重大な問題である。というのも、イエスは以前に既にとりあげた箇所[48]で「怒ってはならない」と人々に説いているからである。イエスは自らのこの教えに背いたことがあったか、それとも背くことはなかったのか。これも「イエス＝キリスト」の死活にかかわりかねない問題である。

そこで、以下、この問題に関連して三箇所の学び合いを取り上げることにしたい。この三箇所には明らかにイエスが怒ったことが記されているように思われて来ているであろうが、しかしはたして本当にそうか。イエスが自らの教えに背く自己矛盾を犯していない可能性はないか。それともイエスが禁じた怒りとは別の怒りがあるのか。――探ってみたい。

*

筆者の中で「イエスの怒り」という問題は長い間心に引っかかったままで来ていた。それが最初に強い形で心に上ったのは、ブッシュ大統領がイラク戦争に踏み切ったときであった。筆者はそれまでは、正義のために怒ること――「義憤」――は聖書も当然はっきり肯定しているのであり、そこに何も問題はないと思って来ていた。しかしブッシュ大統領を初めとするアメリカの為政者たちは、イラクに核兵器があることをきちんと確認してから戦争に踏み切るべきだという国連の意見に耳を貸さず、フセイン大統領の支配下に核兵器を保有していると決めつけた上で、その不正義を取り除く正義の行動としてイラク戦争に突入したのであった。そしてその行動の正当化の拠り所にしたものがマタイによる福音書五章22節の「兄弟に腹を立てる者はだれでも裁きを受ける」に対して加えられた解釈――「怒りは抑えられなければならないが、正義が侵されているときは別だ」というものだったらしいことを知って、にわかに疑問を感じたのであった。筆者には、彼らはマタイのこの箇所が教えている最も重要な点を汲み取らずに、いたずらに正義の名の下に猪突猛進していると感じられた。私は激しい憤りを覚え、学生時代以来初めて抗議デモに参加したが、それはキリスト教・仏教・イスラム教三宗派合同のもので、最初に或る寺院に集合してそれぞれの代表が祈った後、参加者全員が火の灯されたキャンドルを手に夕闇の中を黙々と行進するものであった。私にはこれは抗議デモの理想の姿だと思われ、深い満足を覚えたのであった。と同時に、「不正に対する憤り」と「アガペー」はどう関係するかという問題に正面から向き合うように促されたのであった。これは「正義と愛の関係」という大昔からの問題であるが、ただ、筆者の中では「愛」が次第に「尊びの愛」になって来たところが新しく、その点を含めてきちんと考えたいと思ったのである。取り上げた箇所は①「イエスは怒って人々を見回し」と記されるマルコによる福音書三章1－7節、②いわゆる「宮清め」の箇所、そして③律法学者・ファリサイ人への激しい非難が集められているマタイによる福音書二三章である。①は筆者が既に論文[49]として書いていたものを、一部書き換え、また他に合わせて「です・ます」調に改める。

(1) 律法学者・ファリサイ人の頑なさに対する怒り

1イエスはまた会堂にお入りになった。そこに片手の萎えた人がいた。2人々はイエスを訴えようと思
って、安息日にこの人の病気をいやされるかどうか、注目していた。3イエスは手の萎えた人に、「真ん中
に立ちなさい」と言われた。4そして人々にこう言われた。「安息日に律法で許されているのは、善を行う
ことか、悪を行うことか。命を救うことか、殺すことか。」彼らは黙っていた。5そこで、イエスは怒って[50]
人々を見回し、彼らのかたくなな心を悲しみながら、その人に、「手を伸ばしなさい」と言われた。伸ばす
と、手は元どおりになった。6ファリサイ派の人々は出て行き、早速、ヘロデ派の人々と一緒に、どのよう
にしてイエスを殺そうかと相談し始めた。

（マルコ三・1－7）

学び合いから

この箇所はイエスに「怒り」（ὀργή）が語られる唯一の箇所です。イエスが安息日にもかかわらず会堂にいる手の萎えた人を癒すかどうか、「イエスを訴えようと思って」「注目していた」律法学者・ファリサイ人たちに、イエスは正面から立ち向かい、「安息日に律法で許されているのは、善を行うことですか、悪を行うことですか。命を救うことですか、殺すことですか」と問うのですが、「彼らは黙っていた。」「そこで、イエスは怒って人々を見回し、彼らのかたくなな心を悲しみながら、その人に、『手を伸ばしなさい』と言われた」とあるので

す。ここにはイエスが怒ったことがはっきりと記されています。ただ、注目しなければならないのは、それに続いて「彼らのかたくなな心を悲しみながら」と述べられることです。怒りは一瞬顔をよぎりはしましたが、直ぐに悲しみの表情に覆われたのです。「悲しみながら」は原語では συλλυπέω の現在分詞・受動態 συλλυπούμενος ですが、συλλυπέω は συλ（共に）＋ λυπέω（悲しませる）で、「共に悲しませる」という意味であり、受動態では「共に悲しまされる」「同情を感じる」（be grieved with, feel sympathy）の意味です。この意味での用法はアリストテレスの『ニコマコス倫理学』1171b7 に明瞭に見られます。ところが、おそらく二つの理由からでしょう、この箇所については、この意味では取らない解釈が示されています。また翻訳のほとんどすべてがそれに倣っています。[51] 理由は、一つには、イエスが律法学者・ファリサイ人たちのかたくなさに「同情する」ということはあり得ないと考えられるからでしょう。また、もう一つはイエスが律法学者・ファリサイ人たちと「共に悲しむ」ためには、彼ら自身が自分のかたくなさを悲しんでいなければなりませんが、そうしているとは思われないからです。そこから、BDAG Greek Lexicon は、根拠を示さないまま、ここでは「接頭詞（つまり συλ）は間違いなくそれのない動詞を強調する以外の力を持っていない」と書き、「深く悲しみながら」と訳しています。また、セイヤーは一般に σύν との合成語の場合に、σύν には「自分と共に」の意味での用法があるとして、συλλυπούμενος は「自分と共に悲しむ（to grieve with oneself）」、言い換えれば、「自分の内側で悲しむ（be inwardly grieved）」の意だと解説し、ただし σύν を共感的（sympathetic）と取る学者もあると伝えながらも、今問題にしている箇所については、根拠を示さないまま、「憤りの苦痛（the pain of indignation）」について言われているとしています。それは、おそらく、すぐ前に「怒り」が語られる以上、そう取ることがつながりが自然だという考えからでしょう。このように、BDAG にせよ、セイヤーにせよ、人々と「共に悲しみながら」と取る解釈を避けようとするのですが、根拠は曖昧でしょう。事実は、イエスは彼らの心のかたくなさに、文字通り、彼らと「共に悲しんだ」のではないでしょうか。

いったい、「悲しむ」とはどういうことでしょう。人が悲しむのはどういう場合でしょうか。人が最も深い悲しみに陥る代表的な場合は肉親の死に、あるいは恋人の死に、遭うことでしょう。あるいは失恋するとき、あるいは肉親の愛を失うとき、でしょう。また肉親でなくても、自分が愛している友人（親友）や尊敬している人が亡くなるときも、私たちは悲しみます。愛し、尊んでいる人間を失うときだけでなく、愛し、尊んでいる物を失うときも私たちは悲しみます。「物」とは言えないですが自分の「健康」が失われるときも悲しむ。仮に肉親が亡くなっても、物を失っても、それを愛し、尊んでいないならば、悲しむことはありません。極めて重要なことですが、「悲しむ」ことは「愛する」こと、「尊ぶ」ことと切り離せないのです。こうして明らかであるように、悲しみとは自分が深く愛し、尊んでいるものを失ったときに陥る心の破綻した状態です。しかし、また、愛し、尊んでいるものを失うときだけでなく、愛し、尊んでいる人――自分自身を含めて――が災難に遭ったり、愛し、尊んでいる物が故障したりする場合にも、つまり愛し、尊んでいるものが傷つく場合にも私たちは悲しみます。従って、全体をまとめれば、自分の愛し、尊んでいるものに何か負（マイナス）の出来事が起こるときに私たちは悲しむのです。負の出来事とはその愛し、尊ぶものが活動力を奪われたり弱められたりする出来事のことです。

ところで、上に挙げた悲しみの様々な場合の中には、私の愛し、尊ぶものに負の出来事が起こることが①直接私に痛手を及ぼす場合（例えば、愛し、尊ぶ人の死や病気、愛し、尊ぶ物の喪失や故障などの場合）と、②直接私に痛手を及ぼすわけではない場合（例えば、親友が災難に遭った、自分が援助している国の人々が被害を受けた、などの場合）がありますが、前者の場合は私は直接そのことを「悲しむ」のに対し、後者の場合はそうではなく、私はそのことを私が愛し、尊ぶ相手と「共に悲しむ」のでしょう。(52)

さて、以上を踏まえて、イエスについて書かれる「彼らのかたくなな心を共に悲しみながら」とはどういうことでしょうか。真っ先に明らかなことは、「悲しんで」いた以上、イエスは「彼ら」、つまり律法学者・ファリサイ人たちを愛し、尊んでいたはずであるということです。愛していたと言っても、彼らの方がイエスを訴えようとしていた間柄なのですから、親しんで愛していたということではあり得ません。むしろ、尊んでいた、尊んで愛していた、ということです。イエスにとって、彼らは「尊い」存在であった。尊ばれなければならない存在であった。その彼らに今「かたくなさ」という負の出来事が起こっている。そこでイエスは悲しんでいるのです。しかし、なぜ「共に悲しみながら」なのか。彼らがかたくなであることはイエスに対して直接何か痛手を被らせるようなことではありません。従って、その限りでは、先程見た②の場合に当たり、「共に悲しむ」ことが成立しそうですが、しかし②の場合には負の出来事が起きていることを当人は悲しんでおり、だからこそ、その人を愛し、尊ぶ人は「共に悲しむ」ようになるのです。当人自身が悲しんでいないなら（今の場合「彼ら」自身が悲しんでいないことは確かです）、「共に」は成り立たないのではないか。

しかし、見方を変えれば、彼らのかたくなさからイエス自身が痛手を被っていないのに、そしてまた彼らのかたくなさを当人たち自身も悲しんでいないのに、イエスが彼らのかたくなさを悲しんでいるならば、「共に」悲しんでいると言える場合があるのではないでしょうか。私と全く無縁な人が何か犯罪を犯したときに、私が、その犯罪によって多くの人が被害を受けたから悲しむというのではなく——そういう理由から悲しむときは、私は被害者と共に悲しんでいるでしょう——、またその犯罪の凄惨さから私が精神的ショックを受けたから悲しむというのでもなく、その人が犯罪を犯したということが「痛ましい」と感じて悲しんでいるときには、私はその犯罪を犯した人と共に悲しんでいるのではないでしょうか。それは犯罪を犯した人自身が悲しんでいて、私もその悲しみを共に悲しんでいるというのとは違います。そうではなく、その人がそのような犯罪を犯すということはあってはならないのに、それがあってしまった——そのことが悲しいという悲しみなのです。理解しやすい例を探せば、青少年の自立援助ホームの職員が、預かっている少年の一人が犯罪を犯してしまったときに、被害者の悲しみに思いを馳せて被害者と共に悲しむのとは別に、またそれによってホームと職員が世間から非難されるから悲しむのとは別に、その少年がそうしてしまったということ自体を悲しむ場合です。例えば、少年の不幸な生い立ちを知っていたり、少年の行く末を思い遣ったりして悲しむ場合です。世間を騒がせ、ホームの名を傷つけた少年を罵り、追放するという道もあり得るでしょう。でも、職員はそういう道を選ばず、例えば少年を抱きしめながら泣いている。そのとき、職員は「少年と共に」悲しんでいるのではないでしょうか。少年自身は悲しんでいなくても、少年と「共に悲しんで」いるのではないでしょうか。つまり、少年と「共になって」いて、悲しんでいるのではないでしょうか。少年をどこかへ追いやってしまうのと反対に、少年に心も体もぴったり寄り添って、悲しんでいるのではないでしょうか。この意味で、つまり身も心も寄り添って、「共に悲しむ」ということは、少年自身が悲しんでいるのに心を合わせて「共に悲しむ」という場合に少しも劣らず、深く少年を尊び、愛しているところから起こるのではないでしょうか。イエスが「彼ら」と共に悲しんだとは、それに似たことではなかったでしょうか。

ここで思い起こされずには済まないことは、「かたくなさ」は一種の「罪」ですが、イエスが人の罪に対して取った関係です。イエスは人間の罪を自らに担った、否、自らのものとして担ったと言われることです。イエスにとって人の罪は自分と無縁に、「向こう側に」放置されるものではあり得ませんでした。イエスは人の罪を自らに担い、そこまでその人と「共に」あった。そういうイエスにとって、人の罪は「自分の」悲しみであったのではないでしょうか。その罪が他の人々を悲しませたから悲しいというのとは別に、またイエスに何か痛手を与えるから悲しいというのとは別に、イエスが人の罪を自分のものとせずにいられなかったからイエス自身が悲しいという意味で、人が罪を犯すことはイエス自身の深い悲しみであったのではないでしょうか。罪というものは本来、当人の良心が目覚めていれば、当人にとって悲しいものです。イエスは人が、良心が曇っているために自分の罪を悲しいと感じていないときにも、既にその罪を自分のものとして担った。そのとき、良心が目覚めているイエスには、その「自分の」罪が悲しかった。否、人の罪＝自分の罪が自分自身において悲しかった。この、人の罪＝自らの罪を悲しむという事態を言い表すのに、単に「イエスは人の罪を悲しんだ」と述べるのと「イエスは人の罪を共に悲しんだ」と述べるのでは、いずれがより適切でしょうか。「人の罪を自分の罪として」ということほど、「共に」ということを最も深い意味で実践することはないのではないでしょうか。

イエスのこの悲しみは、律法学者・ファリサイ人たちが姦淫の女性を告発して連れて来たあの場でも、女性に対してだけでなく、律法学者・ファリサイ人たちに対してもあったと見ることはできないでしょうか。女性がとげとげしく見られていることと、律法学者・ファリサイ人たちがとげとげしく見ていることへの両方の悲しみがイエスの背を丸めて地面にかがみ込ませたことはないでしょうか。罪を犯した一人の女性を、まるで罪は自分には無関係だと言わんばかりに、鬼の首を取った勝ち誇りで意気揚々と連れて来て公衆の前にあからさまに突き出した彼らと、その女性の罪を自分のものとして「共に悲しむ」イエスとの間にある大きな違いはどれ程のものでしょう。しかもイエスはそういう彼らをも〝向こう側〟に見ることはできず、彼らのその罪をも自分のものとして彼らと共に悲しんだのではないでしょうか。

(2) 宮清め（神殿の聖化）におけるイエスの〝怒り〟

[12]それから、イエスは神殿の境内に入り、そこで売り買いをしていた人々を皆追い出し、両替人の台や鳩を売る者の腰掛けを倒された。[13]そして言われた。「こう書いてある。
『わたしの家は、祈りの家と呼ばれるべきである。』
ところが、あなたたちは
それを強盗の巣にしている。」

（マタイ二一・12－13）

学び合いから

イエスの怒りというテーマを掲げるとき、真っ先に思い浮かぶ箇所はどなたにとってもこの宮清めの場ではないでしょうか。しかしこの記事は四福音書のいずれにもありますが、「イエスは怒って」という一句はそのどこにもありません。

この箇所を解説書などで調べますと、なぜイエスが普段の姿からは想像もできないような手荒なふるまいをしたのかを理解させてくれる説明に出会います。それによれば次のようです。イエスは、神殿内で神殿の祭儀に献げられる犠牲用の動物などを売って自分たちの生活を支えている商人たちに対して、その非道を指弾して大胆に振る舞ったと書かれているのですが、しかし本当の弾劾の対象はむしろ商人たちではなく、商人たちに商売を認可し、売上金から一定の益金を受け取ることによって莫大な収入を得ていた神殿の組織的な営利事業に、「祈りの家」であるべき神殿の神聖さを汚す腐敗を見て、それを除去しようとしたのだというのです。それは十分あり得たことでしょう。

ところで、もしそのように、神殿という、これ以上ない程神聖な、重大な場の重大な問題点を、神の御心に照らして凝視した上で、一大決心に基づいて行なった大鉈振るいであったのであれば、神殿に入って偶々目にした営利行為に思わずむらむらと来て暴力を振るったということではなく、おそらく祈りの中で父の御声を聴いてそうすることへ促され、心を定め、用意も整えてその場に臨んだのではないかと想像されます。神から促され、神のためになされたでしょう。

仮にそうだったとしたとき、「怒り」はあったでしょうか。あったとしてどのような怒りだったでしょうか。怒りがあったかどうかは「怒り」をどう定義するかによるでしょう。「怒り」という言葉で感情がむかむか、あるいはいらいらしていることを言うなら、それはおそらくなかったのではないでしょうか。イエスの心の中はもっと冷静で、理性的、意志的だったのではないでしょうか。怒りがあったとしても、「感情的な怒り」ではなく「理性的・意志的な怒り」だったのではないでしょうか。「腹立ち」ではなく、親が子供の将来を考えて厳しく鞭を下す「叱責」に近かったのではないでしょうか。しかしそれよりももっと考えられることは「聖なる怒り」、聖なる思いに満たされた怒り、ではなかったでしょうか。

ガンジーに導かれて塩の行進をしていた人々は最後には英国軍人の隊列が棍棒を振りかざして待ち構えている中へ身を投げて飛び込んで行き、打たれました。彼らに「怒り」はあったでしょうか。もちろん英国人の横暴――インド国民を独立の人間として認めないような横暴な抑圧と搾取に対する激しく燃え上がる怒りがあったでしょう。ただ、ガンジーに従って塩の行進に身を挺して参加した人たちはどうだったでしょうか。次第に目的地に近づき、決死の時が迫って来たときにはどうであったでしょうか。その怒りは次第に「聖なる怒り」になって行ったことはないでしょうか。心の中は次第に騒がしく乱れてはおらず、堅固で揺るぎなく不動になって行ったことはないでしょうか。たとえ打ちのめされて血が流れようと、自分たちの掲げる目標――インドの塩の権益を英国が占有している不正義を正すという正当な、そして高邁な目的――を貫き通そうとする強い覚悟で固まった、強靱な意志の塊になっていなかったでしょうか。そこで支配していた第一の感情は正義を武力によってではなく、受難の犠牲を通して達成しようという崇高な目標に対する澄み切った「聖なる思い」ではなかったでしょうか。それは「怒り」というよりは、怒りが昇華したものではなかったでしょうか（飛び込んで行った場面の実写を見た限りでは、飛び込んで行った人々の顔の表情には今述べた壮絶な「覚悟」は感じられても、「怒り」は、私には、感じられませんでした）。

商売人たちの溢れる喧噪の神殿で、イエスは十字架を覚悟して問題の行動に出ていたのではないでしょうか。マルコによる福音書一一章18節にはこの記事の後に「祭司長たちや律法学者たちはこれを聞いて、イエスをどのようにして殺そうかと謀った」と書かれていますが、一刻も早くイエスを十字架へという神殿内の動きはこの事件によって決定的に加速したように思われます。逆に言えば、イエスは既に十字架へ身を投げて飛び込んで行く行動として、このことを意図し、また覚悟して行なったのではないでしょうか。その時、心中を支配していたものは崇高な目的への聖なる思いではなかったでしょうか。塩の行進に参加した人々のそれ以上に、はっきりと「父」である神の目的を意識した上での「聖なる思い」ではなかったでしょうか。十字架上でと同じ、神に同化した聖なる思いではなかったでしょうか。

イエスに触れた心ある人々に「この人は人間ではなかった」と思わせたもの——それはイエスの顔や眼差しや声や挙動・振る舞いのあちこちに感じ取られた「神を思う熱心」(53)と「聖なる思い」の表情ではなかったでしょうか。

この記事を記す四福音書のいずれにも、「イエスは怒って」という一句がないのは、こうして、やはり十分な理由があってのことだったように思われます。

(3) 律法学者・ファリサイ人に対するイエスの激しい非難

[1]それから、イエスは群衆と弟子たちにお話しになった。[2]「律法学者たちやファリサイ派の人々は、モーセの座に着いている。[3]だから、彼らが言うことは、すべて行い、また守りなさい。しかし、彼らの行いは、見倣ってはならない。……[4]彼らは背負いきれない重荷をまとめ、人の肩に載せるが、自分ではそれを動かすために、指一本貸そうともしない。……

[13]律法学者たちとファリサイ派の人々、あなたたち偽善者は不幸だ。人々の前で天の国を閉ざすからだ。自分が入らないばかりか、入ろうとする人をも入らせない。……

[16]ものの見えない案内人、あなたたちは不幸だ。あなたたちは、『神殿にかけて誓えば、その誓いは無効である。だが、神殿の黄金にかけて誓えば、それは果たさねばならない』と言う。[17]愚かで、ものの見えない者たち、黄金と、黄金を清める神殿と、どちらが尊いか。……

[23]律法学者たちとファリサイ派の人々、あなたたち偽善者は不幸だ。薄荷《はっか》、いのんど、茴香《ういきょう》の十分の一は献げるが、律法の中で最も重要な正義、慈悲、誠実はないがしろにしているからだ。これこそ行うべきことである。もとより、十分の一の献げ物もないがしろにしてはならないが。……

[25]律法学者たちとファリサイ派の人々、あなたたち偽善者は不幸だ。杯や皿の外側はきれいにするが、内側は強欲と放縦で満ちているからだ。……

[33]蛇よ、蝮の子らよ、どうしてあなたたちは地獄の罰を免れることができようか。　（マタイ二三・1－33）

学び合いから

マタイによる福音書二三章には、1節から36節まで律法学者・ファリサイ人たちに対するイエスの厳しい、激しい批判の言葉が集められています。これは、或る時或る場所で律法学者・ファリサイ人たちを前に、この通りにきちんと整理されて語られたのでしょうか。もちろんそうではなく、あちこちで、様々なときに、断片的に語られたものをマタイが編集したものでしょう。山上の垂訓によく表れているように、マタイにはそういう整理された編集が見られます。さらにまた、これは直接当の律法学者・ファリサイ人たちに向かって語られたものなのでしょうか。13節以降は律法学者・ファリサイ人に向かって「あなたがた」と呼ぶようになっていて、面と向かって語ったようになっています。しかし1節には「イエスは群衆と弟子たちにお話しになった」とあるのです。明らかに前後で食い違いがあります。ここにもマタイの編集の影が残っているのではないかと思わされます。もしこれが直接当の律法学者・ファリサイ人たちに向かって語られていたなら、律法学者・ファリサイ人たちも黙ってはおらず、その場は激論や力の衝突にすらならずには済まなかったでしょうが、そういう記事は聖書のどこにもありません。事実はイエスが特に弟子たちへの教育のために語られたものを、マタイが編集に当たって律法学者・ファリサイ人相手の語りかけに改めたのでしょう。こうなると、直接当人たちに向かって語ったと思って読むときに感じられる激烈さは差し引いて読まれなければならないでしょう。32、33節（「先祖が始めた悪事の仕上げをしたらどうだ。蛇よ、蝮の子らよ、どうしてあなたたちは地獄の罰を免れることができようか」）の激烈な、挑戦的な調子はイエス自身のものであるよりは、筆者マタイ自身の感情の高揚とそれが乗り移った筆の勢いを思わせます[54]。

この箇所には律法学者・ファリサイ人の問題点が整理して挙げられています。①2－12節は比較的冷静に書かれている部分ですが、自分を偉く見せようとしている点、②16－24節はものが見えておらず、本末転倒の教えをしている点、③25－28節は自分たちの外側を美しく見せかけている点、④25－32節は予言者を殺した先祖達とは別人であると主張する点――のように。4節と13節とは内容的につながり、独立の、重要な問題点であるように思われるので、⑤としてよいでしょう。

ところで、「イエスの怒り」というテーマのもとで取り上げている今、特に注目させられるのは13節から始まって、七箇所で言われる「律法学者たちとファリサイ派の人々、あなたたち偽善者は不幸だ」という言い回しです。新共同訳で「不幸だ」と訳された部分は、口語訳では「わざわいである」（これは文語訳の「禍害《わざはひ》なるかな」を踏襲しています）、新改訳では「忌まわしいことだ」、岩波訳では「禍だ」、本田哲郎訳では「なげかわしいことだ」、バルバロ訳では「のろわれてあれ」、といった具合に実に多様ですが、原語は「ウーアイ（οὐαί）」という感嘆詞です。これは悲嘆や憤慨や不快の気持ちを表し、英語ではah!, alas!, woeに当たると解説されています[55]。日本語訳はこの感嘆詞を感嘆詞としてでなく、一定の言葉にして訳しているのですが、感嘆詞は元々言葉にできない複雑な気持ちの混淆を表すのですから、同じく感嘆詞で訳すべきではないでしょうか。日本語で悲嘆や憤慨や慨嘆の感嘆詞は「ああ！」または「おお！」でしょう。

もう一つ気になるのは、「偽善者」という訳語です。既に中国語訳聖書でこの訳語が当てられた影響を受けていますが、これはその後日本の一般社会で広く用いられるようになり、それも、そう呼ばれることは最も深く人格を傷つけられる強い非難語となっています。しかし原語「ヒュポクリテース（ὑποκριτής）」は元々演劇の「役者」の意味であり、そこから「見せかける人」「芝居がかって振る舞う人」「ごまかす人」といった意味の言葉だと解説されています。そういうわけですから、問題の部分は、少しなりと近く訳せば、「律法学者・ファリサイ人達、芝居役者達よ、あなたたちには[56]、ああ！（または、おお！）」とか、「律法学者・ファリサイ人達、見せかけ人達よ、あなたたちには、ああ！（または、おお！）」いうところではないかと思われます。

ところで、この「ああ！」または「おお！」に込められている感情はどのようなものだったでしょうか。前後で律法学者・ファリサイ人の「なっていない点」を次々とあげつらう口吻からは、真っ先に非難の怒り、憤り――「義憤」が感じられるでしょう。弟子達に向かって律法学者・ファリサイ人の間違いがどこに、どのような形であるかを正確に、厳密に教えることは弟子達を育てようとしているイエスにとってこの上なく重要なことだったはずですから、それはこのようにも幾重にも、おそらくくり返し語られたでしょう。そのような義憤が込められていたことは間違いありません。ただ、義憤というものは、それが本当の義憤である限り、単なる私的な感情的な怒りの爆発――腹立ち――ではないはずであることを覚えることも重要でしょう。もっと何よりも「使命感」に満たされた、厳かなものだったはずです。①神殿の聖化で見た「聖なる怒り」に通じるものがあったと言えないでしょうか。

では、悲しみはどうでしょう。悲嘆の感情はこもっていたか。民衆を指導する立場にあった人たちが、仰ぎ見られるのをよいことに、威張り、反り返り、少しも民衆と共にあろうとしない。律法を際限なく厳格なものにつり上げて民衆に説きながら、自分自身は実行せずに、しかも平然としている。それどころか本末転倒を説いて、民衆を誤りに導いている――これらはイエスにとって何よりも先ず胸を痛めずにはいられない悪逆非道だったでしょう。イエスは「こんなことは父の御心に真っ向から逆らうことで、断じてあってはならない」という強い表情を顔に滲ませながら、この感嘆詞を深い嘆息の内にもらしたでしょう。ただ、それだけだったでしょうか。イエスは弟子達だけでなく、律法学者・ファリサイ人達をも、本来あるべきところへ導く使命感を抱いていたはずですが、その使命感の中で「聖なる憤り」の「ああ！」または「おお！」を吐いたとき、そこには同時に彼らの現実を直視するところから湧き起こる深い悲しみ＝憫《あわれみ》の慨嘆もこもっていなかったでしょうか。①で見られたファリサイ人達の頑なさを「共に悲しむ」のと同様の深い悲しみがここにもあったと言えないでしょうか。そう見るときにこそ、一貫したイエス像を得ることができると言えないでしょうか。

宮清めの場面やこの箇所の律法学者・パリサイ人への非難の場面で、イエスはもっと激しく「感情的な怒り」を顕わにしていたという見方は依然根強くあるかもしれません。イエスに相手への尊びの愛があることを認めながらも、相手を深く尊び愛すが故にこそ激震・落雷する叱責もあるのではないかとの意見もあるかも知れません。イエスに尊びの愛があったことが認められているのであれば、その見方を排除するいわれはないところですが、重要なことは、仮に激震・落雷だったとして、その中身はどうかです。そして何よりもイエスの一貫性はどうかです。真に尊びの愛に貫かれた激震・落雷とはどのようなものでしょうか。イエスの場合、それは「神を思う熱意」から出る「聖なる怒り」であったはずです。その場合にいわゆる「我を忘れて怒る」ということが果たしてあったでしょうか。周囲が見えなくなり、自分が見えなくなり、ただ激情だけが荒れ狂うということがあったでしょうか。非難の相手と張り合うように並び立って、必死で「打ち倒す」ということがあったでしょうか。むしろ相手を真っ直ぐに見つめ、相手のすべてを見通し、すべてを見渡すところに立って、そしてくり返しますが、相手と共に立って、相手に向かっていたのではないでしょうか。子供や生徒を日頃から深慮のまなざしで見つめている親や教師の叱責にかろうじて少しなりとそれに近いものを見ることができるのではないでしょうか。

＊

以上、イエスの怒りをめぐる三回の学び合いのそれぞれについて私の整理をお示ししました。今、その全体を見渡しながら、次のような一つの結論を導き出すことは許されないでしょうか。——イエスには、抑制された怒りはあったかも知れないが、しかしそのどんな場合にも「軽蔑の怒り」はなかった。正義感から行動する人にとかくありがちな、相手を見下しながら怒るということはイエスには絶えてなかった。イエスの尊びの愛（アガペー）はこうして、怒りの時をも含めて、どんな時にも決して揺らぐことはなかった。

さて、最後にもう一つのことを申し添えて、閉じたいと思います。

実を言いますと、私は(3)の学び合いをしたとき、⑤とした部分、つまり4節と13節に自分の胸が突き刺さるような痛みを覚えていました。つまり4節の「彼らは背負いきれない重荷をまとめ、人の肩に載せるが、自分ではそれを動かすために、指一本貸そうともしない」と、13節の「律法学者たちとファリサイ派の人々、あなたたち見せかけ人には、ああ！　人々の前で天の国を閉ざすとは。自分が入らないばかりか、入ろうとする人をも入らせない」という、律法学者・ファリサイ人に対してイエスが言われた非難の言葉は私にも向けられることはないかと気がかりになったのです。三回の学び合いの中で私の発言を聞いて来られて、また今回のこのまとめを読まれて、みなさまはどう感じられたでしょうか。私はイエスの姿を何かひたすら高いものに見立てようとしている、極限まで理想化して捉えようとしている、と感じられた方はないでしょうか。私自身、自分はそうしていないかという思いが一瞬脳裏をかすめたのです。そして、それによって、私は参加者の方々に背負いきれない重荷を肩に載せ、自分はそれを動かすために指一本貸そうともしないということになっていないか、また、人々の前で天の国を閉ざしている、自分が入らないばかりか、入ろうとする人をも入らせないでいることになっていないか、と問われたのです。私はイエスからできるだけ怒りを取り除こうとし、それを認めても、それを聖化したり、非難の相手と共に立って憐れむ悲しみとつなげるなどして、自分が実際に倣うことが到底できない程の高みにイエスを吊り上げると同時に、他の方々に対してもそうしていないか。すべての人の前で天の国を閉ざしていないか……。

この点を最後に問題にせずにはいられません。

私の今回の読み方が、従来一般的だった読み方と非常に違うことは確かだと思います。イエスは権威を笠に着る人たち、傲り高ぶる人たち、強者に対しては断固立ち向かい、激しく怒り、徹底的に闘ったが、（そして、だからこそ十字架に張り付けられたが(57)）逆に、虐げられている人たち、心の貧しい人たち、弱者に対しては徹底的に優しく、暖かく接し、深い悲愛の内に包み守られた。この徹底した厳しさと優しさの両面を持ち合わせたところに、まさに神の子としてのイエスの姿があった。――これが従来の一般的な見方だと思います。それに対して、今回のような私の見方はどこから、どうして、出て来たのでしょう。どこにその意義があるのでしょう。

ここからは私が自分で自分をふり返って分析することになりますが、このような見方は私がこれまであまり注目されてこなかった細かい点に目を向けた（例えば、「怒った」の次に「悲しみながら」と書かれているとか、乱暴な振る舞いが描かれているにもかかわらず「怒った」という言葉が書かれていないといった点に目を向けた）ところから来たのだと言っただけでは答えにならないでしょう。なぜそもそもそこに目が留まったのかが問題だからです。それを静かに深くふり返ると、見えてくることがあります。それは私がひとえにイエスを「全き愛（アガペー）の方」として捉え尽くそうとしたところから、そして「アガペー」とは「尊びの愛」だということを私自身が最近見出しているところから来ているのだと思います。イエスを「全き愛（アガペー）の方」として捉え切るということはどなたにとっても全く同じでしょう。もう一つの、アガペーは尊びの愛、つまり尊ぶということが奥底に、根本に、含まれている愛であるということはこれまであまり言われたことはなく、私が最近自分のアガペー研究を通して知って来ていることです。この二つを結びつけると、イエスは、全き愛の方である以上、そしてその愛とは尊びの愛である以上、いつどんなときにも、誰に対しても、尊んで愛すということを欠くことはなかったはずだということになるでしょう。律法学者・ファリサイ人達の頑なさに一瞬怒りを表したときも、神殿で鞭を振るったときも、律法学者・ファリサイ人の問題点を激しく告発したときも、イエスは相手を馬鹿にすることだけは、見下し、軽蔑することだけは、絶えてなかった。もしそうでなかったら、「隣人を自分のように尊び愛しなさい」が最も重要な掟の一つだと教え、「隣人」の中には〝敵〟も〝罪人〟も含まれると説かれたイエスは矛盾を犯し、そうなれば「全き尊びの愛の方」ではなくなり、そうなれば、「キリスト」ではないことになる。——この信念が私の中で一層確固としたものになって来ていますが、そういう信念を持って聖書を読んでみると、これまで気づかなかった点に気が付き、新しい発見をするということが起こって来ているのです。この発見は今後も続いて行くでしょう。イエスは十字架上で怒っていたか。サンヒドリンでの強引で不当な裁判の時、怒っていたか[58]。……。

この発見に努めて来たとき、正直言って、私は自分がそのイエスに倣うことができるかどうかという問題は全く頭にないままにそうしていました。4節と13節に触れて初めて、私は自分にも他の人々にも背負いきれない重荷を肩に載せることをしているのではないか、天の国に自分が入らないばかりか、入ろうとする人をも入らせないようにしているのではないか、と問われ、慄然とさせられたのです。ですから、のっぴきならない深刻な問題として、会が終わった後もずっと考えさせられて来ていました。しかし今やっと考え到るところがありましたので、それを書かせて頂きたいと思います。

先に結論を申せば、私は自分に対しても、他の人に対しても、天国への門を閉ざして来たということはないと、神様とイエスの前で、みなさまに申し述べることを許して頂けるのではないかと思います。理由は、私が全き尊びの愛の方としてのイエスの姿を見出すことに努めるとき、イエスは私たち人間にはとてもその通りにはできない高い姿を顕わしますが、しかもさらにそれに少しでも近づくようにと迫って来ますが、しかし私たちがそれに倣うことに極限まで努め、それができないことを知って、泣いて懺悔するときには、他ならぬそのイエスが私たちを天の国に入れてくださる、と考えることを、神様とイエスは許してくださると思えるからです。私たちが天の国に迎え入れられるのは、イエスの完全な愛に少しなりと倣うことができたことを慎みの内に感謝することによってだけでなく、むしろ多くは、倣うことができないことをお詫びすることによってだ、――そうイエスはお教えになったのではないかと思えるのです。イエスの完全な愛の姿を知らないままでいて、不正確な物差しによって自分を計り、それに合格することによってではなく、少しでも多く正確な物差しに照らして自分を計り、不合格になり、立てなくなった私たちをこそイエスは全き赦しの内に抱き取ってくださり、天国へ迎えてくださることを約束してくださっていると思えるのです。律法学者・ファリサイ人達がモーセを通して授かった律法をできる限り厳格に高めて人々に突きつけたた場合と、イエスが尊びの愛を限りなく高い姿で自らの言葉と行動で教えてくださったこととの間には決定的な違いがあります。前者はそれに合格しない人々を自分と無関係であるとして突き放し、放置したのに対して、イエスは反対にそういう人々に一体になって十字架に架かられたのです。ですからイエスの全き尊びの愛の姿をできる限り厳密に見出すことは、他ならぬそのイエスの尊びの愛が私たちを救ってくださるところへつながる。――そう言ってよいように思えます。――こんな風に考えましたが、どうでしょうか。(59)

8　兄弟の罪を赦しなさい

イエスの「アガペー」は、世の中で「罪人」のレッテルを貼られている人々を、また実際に罪を犯した人々を、さらにはまたそういう人々を「罪人」と見るために自分は罪人ではないかのように思いこんでいる、イエスの目には明らかな「罪人」達を、どれほど深く、細やかに、配慮を持って尊び愛したかを、――より具体的には、自分が身代わりになってそういう人々の罪と罰を負ったことを、見て来たのであるが、そのイエスからは、当然のこと、私たち人間もイエスに倣って自分に罪を犯した兄弟を尊び愛すべきであることを、必要なときにはその咎を自分の身にかぶって赦すべきであることがくり返し説かれた。「七度を七〇倍するまで赦しなさい(60)」とすら説かれた。しかし、その際、イエスはただ赦しなさいと述べたのではないことに注意しなければならない。イエスは、罪人でない私たちが罪を犯した相手を赦しなさいと教えたのではなく、私たちが誠実に、自ら神の目に罪人である者として相手に向かい、つまり両者が共に神の前に罪人である者として向かい合い、真っ先に自分が神から赦されていることを覚えて、それに倣って相手を赦すようにと説いたのである。「七度を七十倍するまで赦しなさい」という教えに続けて、イエスは次のような譬え話を語っている。

23そこで、天の国は次のようにたとえられる。ある王が、家来たちに貸した金の決済をしようとした。24決済し始めたところ、一万タラントン借金している家来が、王の前に連れて来られた。25しかし、返済できなかったので、主君はこの家来に、自分も妻も子も、また持ち物も全部売って返済するように命じた。26家来はひれ伏し、『どうか待ってください。きっと全部お返しします』としきりに願った。27その家来の主君は

憐れに思って、彼を赦し、その借金を帳消しにしてやった。[28]ところが、この家来は外に出て、自分に百デ
ナリオンの借金をしている仲間に出会うと、捕まえて首を絞め、『借金を返せ』と言った。[29]仲間はひれ伏
して、『どうか待ってくれ。返すから』としきりに頼んだ。[30]しかし、承知せず、その仲間を引っぱって行
き、借金を返すまでと牢に入れた。[31]仲間たちは、事の次第を見て非常に心を痛め、主君の前に出て事件を
残らず告げた。[32]そこで、主君はその家来を呼びつけて言った。『不届きな家来だ。お前が頼んだから、借
金を全部帳消しにしてやったのだ。[33]わたしがお前を憐れんでやったように、お前も自分の仲間を憐れんで
やるべきではなかったか。』[34]そして、主君は怒って、借金をすっかり返済するまでと、家来を牢役人に引
き渡した。[35]あなたがたの一人一人が、心から兄弟を赦さないなら、わたしの天の父もあなたがたに同じよ
うになさるであろう。」

（マタイ一八・23―35）

学び合いから

この話の「主君」は神のことを指しています。家来は人間を指しており、人間が神から負債の支払いを免除されているのに、つまり罪を赦されているのに、仲間に対しては負債の支払いの免除を認めない、つまり仲間の罪を赦さない身勝手を神は憤り、神への負債を償えと命じたという譬え話です。一デナリオンは当時の平均的な日当であり、また一タラントンは六千デナリオンだったということですから、一デナリオンを今の日本の一万円と見なすなら、一〇〇デナリオンは一〇〇万円、一万タラントンは六千億円です。神の掟に背く人間の罪は無数、無限、です。にもかかわらず、他人の自分に対する罪は一回でも赦すことが困難であるというのが人間の性《さが》ですが、神が神の前で詫びる人間を無限に赦してくださるのに倣って、あなたたちも詫びる隣人を赦しなさいとイエスは教えているのです。

ここには、神が私たち人間を尊び愛してくださっているのだから、それに倣って、人間も他の人間（隣人）を尊び愛さなければならないという教えが根本にあることが知られますが、このことに十分深く目を留めておくことは極めて重要なことだと思われます。というのも、「自分のようにあなたの隣人を尊び愛しなさい」という第二のアガペーの掟には前提があるということがここに示されているからです。その前提とは「神は人間を尊び愛しておられる」ということです。実は、ウォーフィールドが「三つどもえ」の愛の教えと呼んだものを紹介しましたが、そしてその中には、「心をつくし、精神を尽くし、思いを尽くして主であるあなたの神を尊び愛しなさい」（第一の最も重要なアガペーの掟）と「自分のようにあなたの隣人を尊び愛しなさい」（第二の同様に重要なアガペーの掟）が含まれることを見ましたが、三つどもえの内のもう一つにはこれまできちんと目を向けて来ませんでした。そのもう一つがこの「神は人間を尊び愛しておられる」だったのです。[61] ところで、もしこの三つどもえの三つを勢揃いさせて、敢えてどれが一番根本の教えかと問うたなら、答は何となるでしょう。おそらくウォーフィールドは、そして私も異存ありませんが、「神は人間を尊び愛しておられる」だと言うだろうと思われます。というのも、これは他の二つの掟の前提であり、基礎であり、根拠でもあるからです。ですから「第一の最も重要なアガペーの掟」「第二の同様に重要なアガペーの掟」に対して、これを「最も根本のアガペーの教え」と呼ぶことにしてよいでしょう。この最も根本のアガペーの教えは、第二の掟だけでなく、第一の掟の前提・根拠でもあります。つまり、第一の掟は、くわしく言えば、「神が私たち人間を尊び愛してくださっているのだから（あるいは、くださっているように）、あなた方は心を尽くし、精神を尽くし、思いを尽くして主であるあなたの神を尊び愛しなさい」であるのです。ところで、こうして第一の掟と第二の掟の両方の根本に「最も根本のアガペーの教え」があるということは何を意味するのでしょうか。注意してよいことは、最初の二つは「掟」であるのに対して、この根本にあるものは「掟」ではありません。「神は人間を尊び愛しておられる」は神が守るべき掟ではありませんし、人間が守るべき掟でもありません。そうではなく、それは「事実」です。事実を述べているものです。では、これが事実であるということは何を意味するのでしょうか。それが意味することは――ここが重要なところですが――人間が全身全霊で神を尊び愛すとか、自分のように隣人を尊び愛すとかいうことは、人間が自分の力で行うものなのではないということです。もっと正確に言えば、人間が自分の力だけでできるものではないということです。そうではなく、「神は人間を尊び愛しておられる」という事実を受け入れたときに、私たちは、九割は神の力によって、しかし一割は自分の力によって、それを行うのだということです。九割とか一割とかはもちろん分かりやすいように言っていることであって、正確な割合を言うのではありません。要点は神の愛の力の支えが圧倒的に大きいということです。というのも、何か異常なことがない限り、尊び愛されていやだという人間は一人もいないのですから、「神は人間を尊び愛しておられる」ということは私たち人間にとって好ましいことであり、喜ばしいことで、私たちはそれを快く受け入れます。そのとき、受け入れたその神の尊びの愛にいわば乗せて運ばれて、私たちは自分の力一割で、つまりほとんどおのずから（自然に）、第一の掟「全身全霊で神を尊び愛しなさい」および第二の掟「自分のようにあなたの隣人を尊び愛しなさい」を実行するようになるということなのだと思われます。このことを少しなりと実感するためには、幸福な恋に落ちた時のことを思い起こせば参考になるでしょう。そういう場合、私たちは周囲の人々への優しい心遣いを何と易々と、自分自身の喜びの中で、進んで行うことが自然でしょう。しかもその時の「恋」（愛）は何と「尊びの愛」になっていることでしょう。[62] この愛のいわば力学の構造の中で、ということは、「最も根本のアガペーの教え」のもとで、イエスは神と隣人へのアガペーの掟を最高の掟として掲げ、その一環で「人を赦しなさい」とも教えているのだと思われます。

このことが示すことは何でしょうか。それは、私に対して罪を犯した人を私が赦すということは通常は無限に困難ですが、それは私が本当に神から赦されたことがないからであり、それはとりもなおさず、私が神に対して罪を犯したことはないと考えているからであり、それはすなわち私が神に対して傲慢であるからだということだと思われます。仮に自分が死刑に相当する罪を犯したのに、その相手や家族から赦されて放免された人がいたとすれば、そしてそのことに感謝でいっぱいであるならば、その人が自分に対して犯された小さな罪を赦せないということがあり得るでしょうか。「神は人間を尊び愛しておられる」ということを、既に見たイエスの罪人への尊びの愛を通して受け入れて、「神は罪人の私を尊び愛しておられる」と感じるようになったときには、神は罪を犯した相手をも尊び愛しておられると素直に認めることができて、自分を尊び愛すように隣人を尊び愛しなさいという掟に従って、より具体的には「自分が赦されたように、あなたに罪を犯した隣人を赦しなさい」というイエスの教えに従って、心のわだかまりをほぐされて、相手を赦すことができるようになるのだと思われます。神が私を尊び愛しておられることが九割の力になり、それに乗っかる私の一割の力でできるのだと思われます。

9　先ず自分の罪に目を向けなさい

「自分に罪を犯した兄弟を赦しなさい」という教えと切っても切れない関係にあるのは「相手の罪に目を向ける前に、まず自分の罪に目を向けなさい」という教えだと思われる。というのも、隣人の罪を赦せないでいるとき、私たちは自分に罪があることには目が向かないでいるからである。私たちが相手を赦すことができるために踏み出すべき第一歩は神が私を尊び愛してくださっている事実に、我に返って気づくことであるが、第二歩は自分も罪を免れない存在であることに深く思い至ることであろう。

3「あなたは、兄弟の目にあるおが屑は見えるのに、なぜ自分の目の中の丸太に気づかないのか。4兄弟に向かって、『あなたの目からおが屑を取らせてください』と、どうして言えようか。自分の目に丸太がある

ではないか。」（マタイ七・3－4）

学び合いから

「罪」と聖書が呼ぶものは、殺人や盗みや強姦や詐欺などのような法律でも禁じている「犯罪」のことだけでなく、その手前の段階をも指します。つまり相手（神や他人）を尊び愛さないところから生まれる、また自分を尊び愛さないところから生まれるすべてのことであり、相手と自分が輝いて生きることを損なう行動や眼差しのことです。別の言い方をすれば、相手と自分がまるで存在していないかのように振る舞ったり、思いこんだりしていることから始まって、相手と自分を無視・軽視・蔑視する、あるいは傷つけることですから、無数にあります。この罪をすべて免れる人間は一人として存在しないはずです。そしてあなたもそうであろうと言われれば、誰も否定する人はいないでしょう。しかし、にもかかわらず、今述べた罪がまるで自分に存在しないかのように思いこんだり、振る舞うことが現にある。――このことに思いを致すことは極めて重要だと思われます。そのように、自分に罪が存在しないかのように思い、振る舞うことが起こるのはどういう時かと言えば、圧倒的に多いのは、相手と対立し、張り合うときでしょう。このとき人は自己防衛に必死になりますが、そのために自分に罪がないように思いたくなり、事実思うようになるのでしょう。あるいは相手の罪は丸太ほどに大きく見え、自分の罪はおが屑程度に思えるのです。しかしこの自分の罪に目が向かないということ以上に〝質《たち》の悪い〟こと、〝どうにもならない〟ことはないのではないでしょうか。これは罪への居座り・居直りを生むのですから、最も重大な罪、最悪の罪とも言うことができるでしょう。これは、また、相手を尊び愛することから最も遠い状態、そしてまた、自分を最悪に陥らせるのですから、自分を尊び愛することから最も遠い状態だと言えそうです。

この最悪の状態から抜け出すために、あるいはそこへ陥らないために、必要なことは何か。それは自分が神の前に立ち、神から吟味を受けることだと思われます。相手と張り合っているときだけでなく、そうでないときも、常日頃から、そうしていることでしょう。神からの問いかけを意識し、その吟味を受け、自分の罪が丸太のように見えて来たとき、初めて、私たちは他の人間を、また自分を、真実に尊び愛す道へと連れ出されるのでしょう。ただ、問いかけを受けると言っても、私を尊び愛することなしに問うて来る神ではなく、正反対に、尊びの愛に溢れて私に問うて来る、その神から問われるのです。そのとき、私は自分と相手の双方に対して一段多く和らいでいるでしょう。

「自分のようにあなたの隣人を尊び愛しなさい」という第二のアガペーの掟は、「双方が相手を尊び合えずに膠着状態にあるときには、自分の方が先に相手を尊び愛しなさい」という教えだと、「善いサマリア人の譬え話」でイエスが教えたことを学びましたが、自分が相手より先に自分の罪に目を向けるということは、自分が先に相手を尊び愛すということの一つの重要な場合に他ならないでしょう。

10 「皇帝のものは皇帝に、神のものは神に返しなさい」

「兄弟の罪を赦せ」という教えを学んで来たのであるが、それにしても、この命令はどの範囲までの罪を言うのであろうか。それは「犯罪」までも、つまり法律に背く罪までも含むのであろうか。それは違うと考えてよいと思われる。というのも、有名な「カイザル（皇帝）のものはカイザルに、神のものは神に返しなさい」という言葉で、イエスは宗教の領域と政治や法律の領域とを区別しているからである。

[13]さて、人々は、イエスの言葉じりをとらえて陥れようとして、ファリサイ派やヘロデ派の人を数人イエ

スのところに遣わした。[14]彼らは来て、イエスに言った。「先生、わたしたちは、あなたが真実な方で、だれをもはばからない方であることを知っています。人々を分け隔てせず、真理に基づいて神の道を教えておられるからです。ところで、皇帝に税金を納めるのは、律法に適っているでしょうか、適っていないでしょうか。納めるべきでしょうか、納めてはならないのでしょうか。」[15]イエスは、彼らの下心を見抜いて言われた。「なぜ、わたしを試そうとするのか。デナリオン銀貨を持って来て見せなさい。」[16]彼らがそれを持って来ると、イエスは、「これは、だれの肖像と銘か」と言われた。彼らが、「皇帝のものです」と言うと、[17]イエスは言われた。「皇帝のものは皇帝に、神のものは神に返しなさい。」彼らは、イエスの答えに驚き入った。（マルコ一二・13－17）

イエスを十字架刑に処するために、ユダヤ教の指導者達はローマ皇帝から派遣された総督ピラトに政治犯のかどでイエスを訴えたが、イエス自身は政治の問題には立ち入らなかったと見てよいであろう。そのことを汲み取るならば、イエスが兄弟の罪を赦すよう説いているとき、それは法的犯罪をも念頭に置いて言っているのだと取るべきではないであろう。世の中には世間全体を震撼させるような犯罪――その毒牙にかかった人と家族を生きたまま地獄の底に突き落とすような極悪非道の犯罪が、とりわけ子供や若い女性その他の弱い無防備の存在に対してくり返し起こされ、一般の人も嘔吐させられるに至っているが、そういう犯罪者を法的に「赦す」ということは到底できるはずもなく、そもそも正義の秩序を破壊することとして許されないことであろう。そのような犯罪は正義に則った公正な法律が存在する限り、法律に従って公正に、厳正に裁かれるべきだと思われる。(63) 聖書で言う「罪」とは上に述べたように、自他を尊び愛さないところから生まれる一切のことであるが、イエスが赦すよう説く罪とは、法律の荒い網目にはかかって来ない、もっと繊細な、日常の人間関係の機微にかかわる場面での「心の暴力」である。妬んだり、恨んだり、悪口・陰口をたたいたり、見栄を張ったり、嘘をついたり、傲慢になったり、他人よりも多く得よう、他人を出し抜いても楽をしよう、などといったことである。そういう罪には私たちは犯罪の比ではないほど頻繁に、自他を含めて、日常的に出会っている。イエスはそういう罪を人々から取り除くことによって犯罪を未然に防いでいると言える(64)。

11　マルタとマリヤとイエス

そういう心の在り方の歪みとしての罪を赦すということ、あるいはそれ以前の、そういう罪を赦しがたい罪として咎め立てることをそもそもしないということは、問題となる行為にどれほどデリケートな問題がからんでいるかに十分心を向けないと、私たちは実際に適切に実践することはできない。ここでもイエスの尊びの愛に触れることが、私たちの実践を導き、助け、可能にしてくれるであろう。

[38]さて、彼らが旅を続けているうち、イエスがある村にはいられると、マルタという女が喜んで家にお迎えした。
[39]彼女にマリヤという妹がいたが、主の足もとにすわって、みことばに聞き入っていた。
[40]ところが、マルタは、いろいろともてなしのために気が落ち着かず、みもとに来て言った。「主よ。妹が私だけにおもてなしをさせているのを、何ともお思いにならないのでしょうか。私の手伝いをするように、妹におっしゃってください。」
[41]主は答えて言われた。「マルタ、マルタ。あなたは、たくさんの事に心を配って、落ち着きを失っています。

[42]でも、どうしても必要なことは一つです。マリヤはそのよい方を選んだのです。それを彼女から取り上げてはいけません。」

（ルカ一〇・38－42、新改訳、一部変更）

学び合いから

この箇所を学ぶとき、どうしても心にひっかかる問題があります。それは、イエスはマリアがマルタを助けなかったことをどう考えておられるのだろうかという問題です。それは必要のないことだと考えているのか。しかし人を助けることは尊びの愛の発露ですから、全き尊びの愛を教え、自ら実践しているイエスが人を助けなくてもよいと考えていることはあり得ないと思えます。

仮にマルタがイエスと弟子達のもてなしのために忙しくしているのでなく、知り合いの中に急病の貧しい人がいて、その人のために今懸命に食物その他を整えている。そのことを知らずに神の国のことを説き始めたイエスにマリアは聴き入っている。――こういう状況だったとしたら、そしてマルタがイエスのところへ来て、マリアに手伝うように仰ってくださいと頼んだとしたら、どうでしょう。イエスがマルタの仕事の内容を聞いたとしたらどうでしょう。その時でもイエスの答は変わらなかったでしょうか。

到底そうは考えられないでしょう。むしろその時にはマリアにぜひ助けるよう声をかけた可能性があるでしょう。そしてそれが済んでから、そのことも踏まえて神の国のことを説いた可能性もあるでしょう。――もちろんマルタもマリアも一緒のところで。

このことを見れば、マリアがマルタを助けないことをイエスが問題にしていないのは、マルタが自分（イエス）のためにもてなすことに一生懸命だからなのでしょう。私にご馳走してくれることと、私の話を聴いてくれることと、そのいずれにマリアに参加してくれることが望ましいかと問われれば、聴いてくれる方を望む。――

これがイエスの本意でしょう。そして、こうして、今マリアがイエスの足下に座り込んでいるのでしょう。

しかし、では、イエスはマルタにも同じようであってほしいと考えているでしょうか。つまり、マルタにご馳走の準備をやめて、マリアと一緒に自分の話を聴いてほしいと思っていたでしょうか。もちろん、マルタがそれを望むなら、是非そうであってほしいと思ったことは間違いないでしょう。しかし、マルタが自らもてなしの準備の道を選んで、それを今実行しているとき、それでも自分の話を聴くことの方を望ましいと考えたでしょうか。それはまたあり得なそうに思えます。もし考えたなら、イエスははっきりと「今日は大切な話をしたいので、ご馳走の準備は結構ですから、どうかみんなで聴いてください」と言ったのではないでしょうか。そう言わない内にマルタがご馳走の準備を始めてしまったとしても、本当に大切な話であるならば、当然そう言われたのではないでしょうか。そう言われなかった以上、話はそこまで重大なものではなく、ですからマルタがもてなしの準備をしそうなこと、また現にしていることを、それはそれでよいとして、それを尊んで、話をされていたのでしょう。

さて、そういう状況で、もてなしの準備にとりかかっていたマルタが、マリアに手伝いを命じてほしいと頼みに来たのに対して、イエスは「マリアはよい方を選んだ」と言われたのですが、イエスは何と何とを比較してこう言っているのでしょう。何よりも何の方がよいのでしょう。

この問題に対して、これまで多くあった解説は、イエスは「イエスの話に聴く」ことと「もてなしのために心を砕き、忙しく働く」こと——もっと縮めて「台所の仕事をする」こと——とを比較し、前者の方が一層よいことであり、またなくてならないただ一つのことだと教えているのだと説いて来、またそう学んで来たと思います。そしてそうだと頭で理解しながらも、どこかしらすっきりと納得はできず、婦人会は常に「でも、実際にはどうしたらよいの?」と問い続けて来たと思われます。しかし、逆の場合を想像してみたいのですが、つまり、仮にマリアがイエスに向かって「主よ、姉は台所の仕事ばかりして私だけがお話を聴いていることを何ともお思いになりませんか。お話を聴くようにおっしゃってください」と言ったとしたら、イエスは何と答えたでしょうか。「マリア、あなたはよく言った。マルタをここへ呼んできなさい」と答えたでしょうか。そして、マルタが来たら、マルタに向かって「マルタ、必要なことはただ一つです。あなたはもてなしの仕事は程々にして、ここに来て座って私の話を聴きなさい」と言ったでしょうか。もしイエスがこう言ったら、マルタはわっと泣き伏してしまわないでしょうか。「何てひどい方！」と心の中で叫ばないでしょうか。自分の立場は全く無視され、自分の顔は妹の前に、また人々の前に、丸つぶれにされ、自分の存在そのものが根底から否定されたと感じないでしょうか。イエスに「尊びの愛」と正反対のものを感じ、イエスへの尊敬と敬慕は一度に正反対の軽蔑と非難へ豹変するのではないでしょうか。

そんな風にイエスがしたとは到底考えられません。

では、先ほどのマリアの言葉に対してイエスは何と答えたでしょうか。イエスはマリアの言葉に或る問題点を感じられないでしょうか。それはマリアがイエスの話を落ち着いて聴いていないという点ではないでしょうか。イエスはマリアの言葉は、本当は、「主よ、姉は台所の仕事ばかりして、私だけがお話を聴いていることを何ともお思いになりませんか。私は落ち着きません。お話を聴くようにおっしゃってください」であることを見抜かないでしょうか。それを見抜いてこう言わないでしょうか。「マリア、マリア、あなたは私の話を聞きながらマルタの仕事が気になって、思い悩み、心を乱している」と。それだけではありません。もしマリアが落ち着かずにいても、ともかく何も言わずにイエスの話を聞いていれば、イエスも何も言わなかったでしょう。あるいは、もし言うとすれば、そっと、優しく、「マリア、マルタの仕事が気になるのだったら、手伝って上げて、それが済んでから一緒に私の話をお聴きなさい」と言うのではないでしょうか。先ほどのマリアの言葉にイエスが感じる更なる問題点は、自分の心の落ち着かなさをマルタのせいにして、マルタを非難し、マルタに不満を述べているることではないでしょうか。それだけではない。それを何とも思わないで黙認しているイエスに不満を抱き、イエスをも非難していることではないでしょうか。

このことは、イエスから見て、マルタのどういう点が問題だったのかを考えるヒントをも示しているでしょう。もしマルタが心落ち着いてもてなしの仕事に専念していたなら、イエスはマルタに何の問題点も感じなかったのではないでしょうか。イエスから見て、マルタの問題点は、マルタが①「思い悩み、心を乱した」ことであり、またそれだけでなく更にそれをマリアのせいにして②マリアへの不満と非難を口にし、それのみか、③黙認しているイエスへも不満と非難をぶつけていることではないでしょうか。イエスにとって、イエスの話を聴こうと、もてなしの仕事をしようと、心を乱すこと、また自分と別の道を選んでいる人に、そしてイエスに、不満を抱き、非難することがなければ何も問題はないのではないのでしょうか。逆に心に平安を欠き、他人とイエスに不満・非難をぶつけるなら、イエスの話を聞こうと、台所仕事をしようと、同じ重大な問題があるのではないでしょうか。

十分注意してよいことは、イエスはマリアが「平安に満たされながら御言葉を聴くこと」と、マルタが「平安に満たされながら台所の仕事をすること」とを比較して、前者の方がよいと言ったのではないことです。もしそうであったのなら、必要なただ一つのこととは確かに御言葉に聴くことでしょう。しかしそうではなくマリアが「平安に満たされながら御言葉を聴くこと」とマルタが「平安を欠きながら台所仕事をすること」とを比較して、マリアはよい方を選んだと言ったのです。そして仮にマリアが「平安を欠きながら御言葉を聴くこと」とマルタが「平安に満たされながら台所仕事をすること」とを比較したのだったら、マルタはよい方を選んだと言われたと思われるのです。そうであれば、「必要なただ一つのこと」とは「イエスの御言葉に聴くこと」でも、「イエスのもてなしに働くこと」でもなく、「心が平安であること」だということが明らかなのではないでしょうか。

イエスがご自分の御言葉を聴くことと手足を動かして奉仕することとを比較して御言葉を聴くことが必要なただ一つのことだと言われたはずのないことは、イエスが別の個所で、御言葉を聴くだけで何も実行しないことを厳しく戒めているところからしても全く明らかでしょう。[65]

御言葉を聴くだけで行動がそれに伴わないことをイエスが是認されなかった以上、御言葉に聴くこととそれに従う行動との両方が必要不可欠なのであり、「必要なただ一つのこと」があるわけではないことは明らかです。それにもかかわらず、なぜこの言葉を今の場合イエスは口にされたのでしょう。それは二つとも必要不可欠ではあっても、物事には順序があり、順序の上で第一のものはただ一つだからなのではないでしょうか。台所仕事によって神から戴く平安に満たされるためには、神と人々のために奉仕すること――もっと広く言って、神と隣人を尊び愛すること――を神はどれほど尊び愛してくださるか、どれほど豊かに祝福してくださるかを、まずイエスの口からきちんと教えて頂かなければなりません。ですから、「真先になければならないこと」はただ一つ、御言葉に聴くことでしょう。従って、イエスから御言葉を聴くか、台所仕事をするか、二者択一を迫られるときには、必要なただ一つのことは聴くことでしょう。例えば、イエスが半時間しか滞在できない状況で、もてなしの準備と話を聴くことの両方をすることはできなかったのなら、話を聴くことが真っ先に必要なただ一つのことだったでしょう。また、このマルタのように、今奉仕で平安を得られないでいる人にとっては、最初にイエスの御言葉を聴くことが必要なただ一つのことでしょう。しかしそういう限られた場合の話をそうでない場合にまで全面的に押し拡げて、どんな場合にも、御言葉に聴くこととそれに従って行動することとでは御言葉に聴くことが必要なただ一つのことであり、より重要である、より価値がある、というように受け止めるなら、それはイエスの教えを正しく捉え損なうことでなくて何でしょう。

さて、マルタは心の平安を欠き、不満と非難を抱きながら台所仕事をし、マリアは平安に満たされながら御言葉に聴き入っていました。ですから、マリアはよい方を選びましたが、マルタはよい方を選んだとは言えません。では、イエスはなぜ「マルタ、マルタ」と二回も名前を呼ばれたのでしょうか。どんな調子でこれを言われたのでしょうか。マルタを見るイエスのまなざしはどのようなものだったと推測されるでしょうか。

「マルタ、マルタ」は限りなく優しいまなざしと声で言われたのではないでしょうか。「あなたは、たくさんの事に心を配ってくださって、そのために落ち着きを失っていますね。」マルタが自分のもてなしのためにたくさんの事に心を配ってくれていることに深い感謝を覚えながら、ただ「そのために落ち着きを失っていますね」と、そこには残念な思いが滲み出ながら言われたことでしょう。「でも、（今の場合）どうしてもなければならないものは一つだけ、神様から戴く平安の内にその御教えに聴くことです。マリアはそのよい方を選びました。それを彼女から取り上げてはなりません。」「マルタ、マルタ」には〝眠っている〟マルタを目覚めさせるような響きも感じられます。私があなたの仕事をどんなに尊いことと思って感謝しているか、あなたはよく分かっているはずではないですか。……。

ここにはマルタとマリア双方への何と深い、細やかな、イエスの「尊びの愛」（「アガペー」）があることか。――こう思われないでしょうか。

*

私たちはここでもまた、尊びの愛はすべての人を洩れなく尊び愛すのであり、そうでない「尊びの愛」は存在しないということを何と印象深く学ばされていることであろう。

12　富を天に持ちなさい

「自分のようにあなたの隣人を尊び愛しなさい」という第二のアガペーの掟は、イエスにあっては、「自分のようにあなたの敵をも尊び愛しなさい」という教えにまで拡げられたが、その「敵」とは敵である人だけでなく、敵である物にも当てはまり、「敵である物をも尊び愛しなさい」とイエスは教えられた。例えば「神に対してとかく敵となる富をも尊び愛しなさい」と教えられた。

24「だれも、二人の主人に仕えることはできない。一方を憎んで他方を尊び愛すか、一方に親しんで他方を軽んじるか、どちらかである。あなたがたは、神と富とに〔兼ね〕仕えることはできない。」

（マタイ六・24）

学び合いから

人は神と富の両方を自分の主人として、その両方に仕えることはできないとイエスは言われます。なぜでしょうか。「仕える」（δουλεύω）という語は奴隷として仕えることを言う言葉で、ですから「主人」とはここでは奴隷の主人のことです。ですから、「二人の主人に奴隷となって仕えることはできない」ということになります。しかし、なぜでしょうか。奴隷となって主人に仕えるということは、全面的に身を捧げて主人に仕えることですが、全面的に身を捧げることを二人の主人に対して行うことはできません。一方に全面的に身を捧げれば、もう一方には捧げるべき身は残っていないからです。

ところで神に敵対するものとして富ほど有力なものはないでしょう。富というものは人間を奴隷にしてしまいかねない底知れない力を持っていることは人生経験を積んでいる人はみな身に覚えがあるはずです。富は神に並び立つところがあります。神は私が困っているときに助けてくださる、この上なく有り難い方ですが、それと全く同じようなのが富なのです。富も私が困っているとき直ちに、もしかすると神以上に確実に、救ってくれる、この上なく有り難いものです。神は私が拝むこの上なく尊い方ですが、富も私がしばしば拝んでいるこの上なく貴いものです。神に従えば、何でも可能になりそうですが、富に頼れば、何でもできそうです。奴隷になると言っても、神の奴隷になることはいささかも強制されることではなく、私自身が進んで喜んでならせて頂くのですが、富の奴隷になることもそれと全く同じ、私は富に対して自分から喜んで、進んで束縛して来る力に身を委ねるのです。……こうして富は神と並び立ちます。イエスはこのことをよく見抜いており、ですから人は神と富という二人の主人、いえ、二人の〝神〟に同時に仕えることはできないと言っているのです。では、どちらに仕えるべきか。

[19]「あなたがたは地上に富を蓄えてはならない。そこでは、虫が食ったり、さび付いたりするし、また、盗人が忍び込んで盗み出したりする。[20]富は、天に蓄えなさい。そこでは、虫が食うことも、さび付くこともなく、また、盗人が忍び込むことも盗み出すこともない。[21]あなたの富のあるところに、あなたの心もあるのだ。」

（マタイ六・19－21、一部変更）

富の奴隷になると、人はこの「宝」の保全に全神経をとがらせ、富を地上に山と蓄えることに汲々とすることとなりますが、イエスはそれと対比させて、神に全面的に仕えることを「富を天に蓄える」ことと表現しています。これはどういうことでしょう。「天」とは神のおられるところのことを言っていますので、「富を天に蓄える」とは「富を神の管理と支配下に置く」ということでしょう。イエスはこの二つの道を対比させた上で、富を地上に蓄えるのでなく、天に蓄えるようにと説いています。なぜでしょうか。イエスは、人間が富の奴隷になると、善悪に関して無関心や盲目になり、従って人間が富の奴隷になることほど自分を人間として尊び愛さなくなることはない――善悪を問題にしなくなれば、もはや「人間」とは言えませんから――のに対して、逆に人間を人間として深く尊び愛してくださる神に全面的に従うことほど自分を人間として尊び愛することはないからではないでしょうか。そしてこの、自分を尊び愛す・愛さないはそのまま隣人に対しても及ぶでしょう。

しかし、富を天に蓄えるとは、もっと具体的にはどういうことでしょうか。それは、富を神への全面的信頼の内にその管理と支配に委ね、従って富について思い悩まなくなることだというのがイエスの最初の答です。

26「空の鳥をよく見なさい。種も蒔かず、刈り入れもせず、倉に納めもしない。だが、あなたがたの天の父
は鳥を養ってくださる。……28なぜ、衣服のことで思い悩むのか。野の花がどのように育つのか、注意して
見なさい。働きもせず、紡ぎもしない。29しかし、言っておく。栄華を極めたソロモンでさえ、この花の一
つほどにも着飾ってはいなかった。30今日は生えていて、明日は炉に投げ込まれる野の草でさえ、神はこの
ように装ってくださる。まして、あなたがたにはなおさらのことではないか、信仰の薄い者たちよ。31だか
ら、『何を食べようか』『何を飲もうか』『何を着ようか』と言って、思い悩むな。32……あなたがたの天の
父は、これらのものがみなあなたがたに必要なことをご存じである。33何よりもまず、神の国と神の義を求
めなさい。そうすれば、これらのものはみな加えて与えられる。34だから、明日のことまで思い悩むな。明
日のことは明日自らが思い悩む。その日の苦労は、その日だけで十分である。」

（マタイ六・26－34）

神は人間が生きて行くために必要なものをご存知で、必要なときには必ずそれを与えて下さるのだから、信頼して思い悩むことはやめなさい。むしろ何よりも先ず「神の国」（神が王である平和の国）と「神の義」（神の意志に沿う正義）とはどういうものであるか知り、それを地上に実現するように努めなさい。――こういう教えでしょう。この神の国と神の義を第一に重要なこととして真剣に追い求めるときには、衣食は最小限で足れりとされ、清貧の感謝の生活が尊ばれることになるでしょう。

この教えは、富の追求や活用を積極的に説くものではなく、逆に必要最小限で足りるとせよという教えですから、日本でなじみ深い表現を用いれば、「富に執着するな」ということに近いと言ってよいでしょう。しかしイエスの教えは決してこれだけに留まるものではないことに注意することが重要です。というのも、これとは別に、次のようにもイエスは説くからです。

[33]「自分の持ち物を売り払って施しなさい。自分のために擦り切れることのない財布を、無くなることのない富を天に作りなさい。そこは、盗人も近寄らず、虫も食い荒らさない。[34]あなたがたの富のあるところに、あなたがたの心もあるのだ。」（ルカ一二・33－34、一部修正）

[21]イエスは彼を見つめ、慈しんで言われた。「あなたに欠けているものが一つある。行って持っている物を売り払い、貧しい人々に施しなさい。そうすれば、天に富を持つことになる。それから、わたしに従いなさい。」（マルコ一〇・21、一部修正）

二つの引用の後者は既に見た、イエスが裕福な青年に向かって語っている言葉でした。

ここではイエスは、「富を天に持つ」、つまり「富を神の管理と支配下に持つ」道は、具体的には、自分の富を困窮者と分かち合うことだと教えています。これは、先ほどのように富を神の管理と支配に委ねるのに留まらず、富を神の管理と支配のもとでその意に沿うように活用するということでしょう。別の言い方をすれば、富を神の国（神が王の平和な国）を実現する神の働きに与らせ、その価値を高く発揮させること、神の尊い働きのために尊く用いることでしょう。富の価値を高く発揮させるということは富を尊ぶことに他なりません。そして、こうしてイエスは神の敵となることの多い富を尊び愛しなさい――主人である神に忠実に仕える僕《しもべ》とさせることによって尊び愛しなさい、と教えていることが分かります。

先程の、富を神の管理と支配に委ねる場合（これを①としましょう）と今回の、富を神の管理と支配の下で活用する場合（これを②としましょう）とはどう関係するのでしょう。前者①は貧しい人に向かって、後者②は富んでいる人に向かって説かれているのでしょう。さらにまた、富んでいる人の場合でも、自分に対しては①（最小限で足れりとする清貧の感謝の生活）が、貧しい隣人に対しては②（分かち合い）が求められているのでしょう。このことを見れば、富の獲得に努力することをイエスが全面的に否定したり、低く評価していることは決してないことが分かります。そうではなく、ただ神の国の実現に役立たせるように獲得することが求められているのでしょう。他人を顧みずに、他人を踏みつけて困窮に陥らせ、自分だけのために富を獲得し、使用すること――そのように富をマイナスの価値のものにしてしまうこと、富を尊び愛さなくなることははっきりと拒否しているのだと思われます。

「だれも、二人の主人に仕えることはできない。一方を憎んで他方を尊び愛すか、一方に親しんで他方を軽んじるか、どちらかである」こうイエスは言いました。これに従えば、神を主人とすれば、富を主人とせずに「憎む」か「軽んじる」しかない。――これが世の中の一般的な考えでしょう。しかしイエスはこの常識を覆します。神を主人とし、富を神に仕えるものとすることによって、富を尊び愛しなさいと教えたのです。ここにも私たちはイエスの革命的に新しい思想を見ていると言えるでしょう。そしてまた、すべてを尊び愛すことのない「尊びの愛」は存在しないことをまたもや確認すると共に、神を尊び愛す人は、富だけでなく、他のすべてのものを、神との関係で適切に位置づけることによって、尊び愛すようになるということを知ることができるでしょう。

13　性を尊び愛しなさい

神の敵となることが多い点で、富と並び立つものに、性がある。性が人間を奴隷にさせることがあることは、古来、東西を問わず、賢人達が常に警鐘を鳴らすところであった。それは全く正しいことであろう。しかし、では、性に警戒するとして、それをどう位置づければよいのであろうか。性を憎むべきなのか。軽んずべきなのか。「捨て去る」べきなのか。それとも尊び愛すべきなのか。これまでの考察すべてを通して、私たちが示されている方向は次のことではないか。――「『性を尊び愛しなさい』――これがイエスの教えである。」

[27]『姦淫するな』と言われていたことは、あなたがたの聞いているところである。[28]しかし、わたしはあなたがたに言う。だれでも、情欲をいだいて女性を見る者は、心の中ですでに姦淫をしたのである。[29]もしあなたの右の目が罪を犯させるなら、それを抜き出して捨てなさい。五体の一部を失っても、全身が地獄に投げ入れられない方が、あなたにとって益である。[30]もしあなたの右の手が罪を犯させるなら、それを切って捨てなさい。五体の一部を失っても、全身が地獄に落ち込まない方が、あなたにとって益である。

（マタイ五・27―30、口語訳）

有名なこのイエスの言葉は聖書を読んだことのない人も耳にしたことがあるであろう。と同時に、少なくとも男性である人はこの言葉に何とも言えない複雑な思いを抱き続けて来たことであろう。真っ先に、誰もが身につまされて、ぎくりとさせられたであろう。しかしまた、それがいけないと言われたって、それ以外にはできないのだから、まともに相手にする気にはなれないといった拒否反応を一方で生んで来たであろう。しかし、また、それではこれを全く一蹴し去って、心の片隅にも居つかせないようにすることができるかと言えば、それはまたそうは行かず、女性にかすかにも心を動かされない「聖人」とされる人々の心境というものをはるか彼方に推し量って、自分の居所を得ない、何とも落ち着きのない思いもするというところであろう。

しかし、そもそもはっきりしない点がある。これは如何なる女性をも欲情を抱いて見てはならないと言うのか。そうであったなら子孫を残すことができないのではないか。欲情はそれがあってこそ子孫を残すことができるのであるから、この上なく尊い自然本能であって、間違っていると見るべきでないどころか、逆に最大限に尊ばれるべきものではないか。少なくとも「女性」の中に「妻」は含ませるべきではないのではないか。

「女性」と訳されたγυνήは「女性」とも「妻」とも訳せる。新共同訳は原文にはない「他人の」を加えて、「他人の妻を」としている。男性の場合、姦淫とは他人の妻と、またそうときまっている女性と、関係することなのであるから、そうすれば、すっきり筋が通ることは確かである。しかしここで言われている「女性」はそう限定されているのか。どんな女性に対してもではないのか。

このように定かでない点を含むこの箇所を、しかし、どう捉えることが「本旨」に沿って、つまり全体で言おうとしているはずのことに沿って、捉えることであろうか。イエスの尊びの愛の教えの線に沿うことではないか。

まず確かなこととして確認しておくべきことは、「しかし、わたしは言っておく」以下の言葉は、「しかし」とはあっても、「姦淫するな」という十戒の一つを否定するものでは全くなく、逆に一層強化する言葉であることであろう。すなわち「姦淫するな」という命令はイエスの中で確固不動である。なぜか。イエス自身の説明はないが、それは言うまでもないことであろう。「結婚」とは自分たちが、また周囲（社会）が、性的関係を持つことを正式に認める男女の関係のことであり、それに第三者が性的関係によって介入することは、この関係を破綻させ、重大な混乱を招かずにはいないことだからである。なぜ性的関係がそこまで重大な意味を持つのか。それは性的関係がそのようにも「結婚」ということを成り立たせる中核のもの――直接の〈かすがい〉――であるということがもちろん理由であるが、しかしそれだけでなく、「人間」と「人間」が結ばれる結婚[66]の中で中核のものであるからである。言い換えれば、結婚において性関係は単に肉体を結ぶだけでなく、「人間」と「人間」を結ぶのであり、その証拠に結婚においては私が誰と結ばれるかということが最大の関心となる、決定的に重要な問題なのだからである。選ばれた二人の結合は二人のこれからの人生、――否、それだけでなく性関係を通して授かる二人が一体に溶け合った新しい〝人間〟をも含めた「家族」の人生――「人間」としての歩み――を他の相手との組み合わせだった場合と全く別の、唯一・一回きりのものにさせるのである。そしてこれ程重大な「人間」と「人間」の結合の「かすがい」を性的関係が担っているのである。

上の文章の中で「人間」と書き表したものは人類一般の人間のことではなく、他の誰とも交換できない、「かけがえのない」「この私」としての一人一人の人間のことであるが、そういう「個」としての人間のことを欧米語ではpersonと呼び、日本語で「人格」と訳して来た。これは非常に重要な言葉であって、上の文章の中の「人間」はすべて「人格」と置き換えることができ、そうしたときに一層意味が明確になる。そこで上で述べたことを一言で言い改めれば、性的関係は人間の結婚においては肉体の結合の〈かすがい〉であるだけでなく、「人格の結合の〈かすがい〉」である。欧米語の翻訳語はなかなかしっくり来ないことになりがちであるが、「人格」とは動物の一種としての人間のことではなく、精神的な（聖書の言葉で「霊的な」）面をも含めた一個の人間全体のことであると言えばよいであろう。

さて、こうして性的関係が人間にあっては肉体の結合と人格の結合との両方の〈かすがい〉であるとき、人間は結合の相手を（1）主として「肉体」として見てかかわる場合と、（2）主として人格として見てかかわる場合とを両極に持つことが必至である。男性達がいわゆる猥談に花を咲かせているようなところでは、男性達は女性を「人格」としてはほとんど見ていない。一方人生をどう生きていったらよいか真剣に話し合っている男女は互いに人格として向き合っている。

さて、聖書に戻れば、「情欲をいだいて女性を見る者」とは女性を「人格」として見ることがなく、もっぱら性欲の対象としてしか見ない男性のことを言っているのではないか。イエスはそういう風に女性を見ることは姦淫に通じる間違いであると説くが、これは女性を人格として見るということが歴史上極めて最近のこと、まだ十分でないと言えそうなことを考えるならば、画期的なことであろう(67)。イエスは女性を一個の人格として最大限尊び愛することを命じているのである。と同時に、人格の結合の〈かすがい〉としての性的関係、ひいては性欲の、尊い意義を最大限に説いてもいるであろう。姦淫を永遠不変に罪だと断言することによって、性的関係は本来結婚を通して人格的結合に貢献する〈かすがい〉として最高度に尊いものであることを、最高度に尊び愛されなければならないことを、語り伝えているであろう(68)。

イエスは「結婚できないように生まれついた者、人から結婚できないようにされた者もいるが、天の国のために結婚しない者もいる。これを受け入れることのできる人は受け入れなさい」（マタイ一九・12）と言い、自らも神の国実現の働きのために独身を貫いたが、こう述べるのも、神の国がこの上なく尊いものであるのに対して、結婚が卑しいものだからなのではない。反対であって、結婚が尊いものだからこそ、それを犠牲にして、神の国のために仕えることは一層尊い働きになると言うのである。価値のないものを犠牲にしたところで、それは何ほどの意味を持つか。そもそも無価値なものを捨てることを「犠牲」とは言わない。「もしあなたの右の目が罪を犯させるなら、それを抜き出して捨てなさい」「もしあなたの右の手が罪を犯させるなら、それを切って捨てなさい」という激しい表現は、もう少し具体的に言えば、「神の国実現のために働こうとする者は、女性を性的対象としてしか見られないなら、性欲が働く余裕のある場から自分を完全に断ち切りなさい（例えば男子修道院の中に入り切って神への祈りと働きに専念しなさい）」といったことであろうが、くり返せば、これは性欲とその働きが卑しい、どうでもよいものなのだからではなく、正反対に、「万物を創られた神から与えられたものとして、神の働きにかなう仕方で（つまり、神に従う聖い結婚生活・家族生活の歩みに）用いられるときには尊く輝く性欲の働きを、尊い「犠牲」として神のために献げた上で、直接神に仕える（つまり、聖職として仕える）ことによって一層尊く輝かせなさい」ということなのである。

このイエスの教えを継いで、初代教会の中で、結婚というものが、そして当然性的関係というものが、どれほど尊いものと考えられていたかは初代教会の指導者達が書いた手紙[69]に明らかである。

神の敵となるものは価値のないものなのではない。価値のないものは到底神の敵になどなり得ない。そうではなく、本来尊いものであるのに、それを本来の働きから逸脱させたために尊くなくさせられたものが初めて神の敵となるのである。――神と富、また神と性の関係を見て来た私たちは、もはやこのことを疑いようなく定かに見ているであろう。

なお、性を尊び愛すということに関連して、最後にもう一つのことを見ておきたい。「だれでも、情欲をいだいて女性を見る者は、心の中ですでに姦淫をしたのである。」この言葉は言うまでもなく男性に向かって語られている。しかし性は両性のものである。女性に向かって語られるイエスの教えはないのか。無論、当然あり、既に見た姦淫の現場を捕らえられた女性にもイエスは姦淫は罪であることをはっきり教えていた。ただ、問題にしたいのは、今見ている「情欲をいだいて女性を見る者は、心の中ですでに姦淫をしたのである」の部分にはないのかである。男性は情欲を抱いて女性を見れば心の中で姦淫を犯している。それと表裏の、女性が情欲を抱いて見るように男性を誘うという問題はないのか。男性が情欲を抱いて女性を見れば心の中で姦淫の罪を犯すのであれば、当然、そのように男性を誘惑することは女性の罪ではないか。姦淫誘発の罪ではないか。誘惑は間違いなく罪であろう。誘惑する女性は自らが男性を情欲で見ていると言ってよいのであろう。では「誘惑」まで行かない、「誘発」はどうか。誘惑は意図的であろう。しかし意図的ではない「誘発」はどうか。意図的ではなしに、情欲を抱いて自分を見るように男性を誘発することはどうか。それはやはり「意図的ではない罪」なのではないか。注意してよいことは男性が女性を情欲で見ることはほとんどの場合意図的ではないことである。女性特有の肉体を目にすれば男性の性欲は燃え上る自然本性に造られている。とすれば、男性の情欲の発動に女性が関与しないことがあり得るであろうか。

女性が限度を超えて肉体を露出することは情欲を抱いて自分を見るように男性を誘発することである。これは男性である筆者ははっきりと女性の方々に向かって言わなければならない。私が創造者から授かった尊い性欲は妻でない女性に不適切に働くよう促されずにはいない。女性の方々はおそらくそのことを、自ら体験できない以上、明確に知ってはいない。何となしにそうではないかと感じることはあっても、定かに知ってはいない。ほとんどの男性がはっきりと声を上げて言わないからである。しかし、性がどれほど尊いものであるかを十分に見て来た今、性を尊び愛す一人の男性として、同じく性を尊び愛すことに努めておられる女性の方々に向かって、筆者ははっきりと申し上げたい。——女性の方の過度な肉体の露出は「男性に対するセクシュアル・ハラスメント(70)」である。

性の問題は男女間の問題であり、どちらも相手側を自分で体験することはできないから、暗中模索の手探りで進まなければならないことが多い。このとき、求められる必要なことは、相手を尊び愛し、それに沿うことを願いながら、自分の側の真実を伝え、互いに理解を深め、尊びの愛を深め合って行くことができるように、力を合わせることであるはずである。

第三章　従来の読み方への反省と教会の新しい歩みへの希望

前章では、「アガペー」「アガパオー」が本来は「尊びの愛」「尊び愛す」という意味であるであることを踏まえて、新約聖書の幾つかの箇所をその観点から新しく読み直すことを試みた。その結果明らかになったことは、それによってこれまで気づかずに来た点が少なからず新しく読み取られたということであるが、しかし、それ以上に何よりも大きなことは、イエスの教えと行動の全体が一貫したものとして、すなわち一貫して「尊びの愛」に貫かれたものとして、把握されることになったということである。――こう言うことが許されるであろう。「アガペー」「アガパオー」という言葉が用いられているか、いないかにかかわりなく、そうであることを見ることができたのである。

ところで、これまで気づかずに来た点が新たに読み取られたということは、裏返しに言えば、これまでは「アガペー」が「尊びの愛」であるということに深く心を留めなかったために、読み落とした点があった、十分に読み切れていなかった、ということである。しかし、「アガペー」が「尊びの愛」であることに深く留意しなかったために起こったことはそれだけに留まったであろうか。さらに聖書を読み誤ったということはないであろうか。――この点を次に新しく調べてみなければならない。それはやはりあったと思われるのである。

1　従来あった聖書の読み誤り

一つの例は、「アガパオー」が性的な愛の場面で用いられるときには賤しい、低次な意味で用いられていると見なしたことである。ウォーフィールドを初めとして、そういう捉え方をする人に対して、筆者は既にくり返し異議を唱えて来た。性を賤しいものと見ることは歴史上確かにキリスト教の一部にはあった。しかしそれがイエスの言葉の正しい理解ではないことは先の章の終わりに見たばかりである。

読み誤りの中で最も深刻で重大なものは、イエスが自らの説いた言葉に反する言動を取ったと見るような矛盾を含む解釈である。その中でも最も重大なものは、「敵をも尊び愛しなさい」という、イエスの教えの中でも最も重要なもの、別の言い方をすれば、イエスでなければ言わなかった、最もイエスのものらしい教えにイエス自身が反することを言ったり行ったりしたと捉える見方である。そんな見方があるのかと問われるかもしれないが、現にあるのである。

実はこの点も既にある程度見た。それは律法学者・ファリサイ人に対するイエスの態度の捉え方である。これまでの大半の解釈は、彼らに対するイエスのかかわりの中に垣間見られる尊びの愛に目を留めることはほとんどなく、イエスは彼らを「向こう側」に、「敵対する側」に見たと捉えて来た。かくしてイエスは自らの教え――「自分を敵視して向かってくる人々を自分と反対側に見ることのないようにしなさい」――に背いたと、またその上で彼らに激しく怒ったと、受け止めて来たのである。言説と実存との間に自己矛盾があるなら「キリスト」とは言えなくなるのではないかという疑問を抱くことなしに。

一点だけを取り上げて、再度確認しておこう。イエスが律法学者・ファリサイ人達を厳しく非難する箇所で発する「律法学者・ファリサイ人達、ヒュポクリテース達よ、あなたたちには、ウーアイ！」を聖書の訳者達はどう訳して来たか。「爾書司與法利西偽善輩禍哉」（モリソン漢訳）、「ああ禍なるかな偽善なる學者とパリサイの人よ」（日本語明治訳）、「禍害なるかな、僞善なる學者、パリサイ人よ、」（日本語文語訳）、「禍なる哉爾等、偽善なる学士及びファリセイ等よ」（正教訳）、「偽善な律法学者、パリサイ人たちよ。あなたがたは、わざわいである」（口語訳）、「忌わしいものだ。偽善の律法学者、パリサイ人たち」（新改訳）、「律法学者たちとファリサイ派の人々、あなたたち偽善者は不幸だ」（新共同訳）、「のろわれてあれ、偽善者の律法学士ファリザイ人よ」（バルバロ訳）、「禍だ、お前たち律法学者とファリサイ人よ、偽善者どもよ」（岩波訳）、「ああ禍だ、君たち聖書学者とパリサイ人、この偽善者！」（塚本訳）……このいずれに律法学者・ファリサイ人達に対するイエスの尊びの愛が感じ取れるであろうか。中でもバルバロ訳と岩波訳には最も強い呪いと見下しさえが感じられるのではないか。わずかに塚本訳にだけは「君たち」と呼びかけている点にかすかに尊びが感じられなくはない[1]。それでも「ああ禍だ」はどうであろうか。筆者が目にした限りで最も穏やかな非難に感じられるのは本田哲郎訳の「律法学者とファリサイ派の人たち、あなたがたはなげかわしいことだ」である[2]。これに対して筆者が示した訳は「律法学者・ファリサイ人達、芝居役者達よ、見せかけ人達よ、あなたたちには、ああ！（または、おお！）」とか、「律法学者・ファリサイ人達、芝居役者達よ、あなたたちには、ああ！（または、おお！）」であった。

さて、問題を一気に中心点にまで押し進めよう。イエスはユダを尊び愛したか。いや、教会はそう見て来たか。それとも反対に、ユダを敵意で見ていたか。そう解釈して来たか。後者であった――これが筆者の見るところである。

2　イエスはユダを尊び愛したか

イエスはユダを尊び愛したか。これは是非とも問われなければならない問いである。イエスの生涯を一貫したものとして捉えることを目指すなら、欠くことのできない問いである。なぜなら、イエスを売り渡したユダはイエスにとって最大の「敵」であるはずだが、イエスは「敵を尊び愛しなさい」と教えたのであるから、そのユダをも尊び愛したのでなければイエスは首尾一貫しない。この問題について、大部分の聖書翻訳者は「アガパオー」を「愛す」と取った上で、イエスは弟子になった当初のユダはともかく、自分を裏切ったユダを「愛すことはなかった」と捉えた。しかし翻訳者だけでなく、誰も疑問を持たずにそれを受け入れて来た限りで、少し前までの筆者をも含めた大部分のキリスト教徒がそうなのである。そのことは最後の晩餐の場面に顕著に表れる。マタイによる福音書二六章20‐25節で見よう。

[20]夕方になると、イエスは十二人と一緒に食事の席に着かれた。[21]一同が食事をしているとき、イエスは言われた。「はっきり言っておくが、あなたがたのうちの一人がわたしを裏切ろうとしている。」[22]弟子たちは非常に心を痛めて、「主よ、まさかわたしのことでは」と代わる代わる言い始めた。[23]イエスはお答えになった。「わたしと一緒に手で鉢に食べ物を浸した者が、わたしを裏切る。[24]人の子は、聖書に書いてあるとおりに、去って行く。だが、人の子を裏切るその者は不幸だ。生まれなかった方が、その者のためによかった。」[25]イエスを裏切ろうとしていたユダが口をはさんで、「先生、まさかわたしのことでは」と言うと、イエスは言われた。「それはあなたの言ったことだ。」

これを読んだときの全体の印象はどうであろうか。全体はイエスがユダを愛しているとか、尊んでいるとかは到底言えず、むしろ恨みがましい、呪いたい気持ちであり、ただそれを必死にこらえているというところではないか。事実、24節を新改訳は「人の子を裏切るような人間はのろわれます。そういう人は生まれなかったほうがよかったのです」とすら訳しているのである。また口語訳は「人の子を裏切るその人は、わざわいである。その人は生れなかった方が、彼のためによかったであろう」と訳し、文語訳も「されど人の子を売る者は禍害（わざわい）なるかな、その人は生まれざりし方よかりしものを」である。新改訳のものは「そういう人は生まれなかったほうがよかったのです」という言葉までも含めて、口語体の優しい口調にもかかわらず、この節全体がユダに対する呪いの言葉となっているであろう。「あなたは生まれなかった方がよかった」という言葉ほど深い呪詛の言葉があるであろうか。その点新共同訳は「呪われる」とか「わざわいである」を避け、「不幸だ」と訳している点でやや呪いは緩和されている。不幸だと捉えることは相手への同情の気持ちの表れだからである。後半も

「生まれなかった方が、その者のためによかった」と、ユダ自身のためを思って言っていることを示している。[3] しかし「生まれなかった方がよかった」という断定が、口語訳の「その人は生れなかった方が、彼のためによかったであろう」と比較して、何とも冷厳で、冷たく突き放している感じが漂う。そのことは次の節の最後の部分にも強く表れる。ユダが明らかに空とぼけて「先生、まさかわたしのことでは」と言うのに対して、イエスが放つ「それはあなたの言ったことだ」は突き放し以外の何ものでもないであろう。

なぜ「呪われる」とか「わざわいだ」とか「不幸だ」といったような様々な訳が生まれるのか。それは原語が既に見た律法学者・ファリサイ人達へ向けられたのと同じ「ウーアイ」（οὐαί）だからである。繰り返せば、これは英語の alas や woe に相当する「悲嘆や弾劾の感嘆詞」（interjection of grief or of denunciation）（Thayer）なのであるが、本来感嘆詞は言葉に表せない複雑な感情を込めて発せられるのに、ここでも日本語訳はそれを一定の語に置き換え、弾劾・非難と解釈して「呪われる」や「わざわいだ」に、あるいは同情の籠もった悲嘆と取って「不幸だ」に訳しているのである。しかしイエス自身の感嘆詞を一定の方向に解釈する資格を誰が持っているのであろうか。にもかかわらず、訳者達が、多分イエスを思い遣るあまりなのであろう、この感嘆詞を敵意の表れと捉え、ユダを呪わせる、あるいは呪詛させる。この事態はどう捉えたらよいであろうか。筆者にはイエスから叱責されたペトロの姿が重なる。つまり、イエスから受難の予告を受けてイエスを諫めたところ、いわば逆襲されるように、当のイエスから「サタン、引き下がれ。あなたはわたしの邪魔をする者。神のことを思わず、人間のことを思っている」[4]と叱責された、あのペトロの姿である。イエスへの思い遣りが単なる人間的な感情に支配されていて、イエス自身の神と直結している意志に届いていないのである。どうしてもっとイエス自身を尊び愛さないのか。イエス自身を尊び愛さない愛は「アガペー」ではなく、単なる人間的な自然感情としての愛なのではないか。イエス自身を尊ぶとすれば、感嘆詞をできるだけそれに近い日本語の感嘆詞に置き換えるべきではないか。最も強い悲嘆や弾劾の感嘆詞は日本語では「おお！」ではないか。「おお！　何ということ！」と叫ぶときの「おお！」ではないか。

ここでも英訳聖書はほとんどが感嘆詞 woe に置き換えていて問題ない。[5] しかし、それでは英訳にはユダへの「尊びの愛」が感じられるか。そうとは言い難い。というのも、欽定訳を直訳すれば、「人の子が裏切られることになるその人は、おお！」であり、それに倣う訳が圧倒的に多いからである。「おお！（何ということ！）」にも、「おお！（何と痛ましい！）」（同情）の場合もあれば、「おお！（何とひどい！）」（非難）の場合もあるであろうが、「人の子が裏切られることになるその人は、おお！」の場合の「おお！」はどちらに近いであろうか。後者、非難であろう。というのも、あなたは私を「裏切った」と言えば、それは通常非難がましさや恨みがましさを含んでいる語だからである。しかし「裏切る」と訳された原語 παραδίδωμι（パラディドーミ）は第一義的には「（他人の）手に渡す *to give into the hands*（of another）」、そこから「（誰かの）力や使用に引き渡す *to give over into one's power or use*」（Thayer）というのが原意であり、事実「裏切る」でなく「引き渡す（deliver up）」と訳している英訳聖書も多少あるのである。問題が極めて重要なのは、この παραδίδωμι という語はこの箇所以前にもイエスが受難を予告するときに（同じマタイで言えば、二〇・19、二六・2）も用いられており、その箇所を訳すときには日本語訳は「引き渡す」と訳しているのである。つまり日本語訳は、そうする者が誰かを特定せずに自分がユダヤ教の指導者の手に渡ることをイエスが予告するところでは「引き渡す」という訳語を使いながら、ユダに特定されるところでは「裏切る」と訳し変えるのである。その点、英訳は一貫しているのが普通で、最後の晩餐で「裏切る」（betray）と訳すものはそれ以前の予告のところでも「裏切る」と訳し、「引き渡す」（deliver）と訳すものは終始それで貫いている。[6] παραδίδωμι も背信的な（treacherous）意味を込めて用いられる場合には「裏切る」の意になると説明されるが、παραδίδωμι のみならず、「渡す」とか「売る」といった意味の他の多数の語も、同様に用いられ得る。それは要するに敵に「渡す」あるいは「売る」、また約束に反して「売る」いった行為は通常背信からの「裏切り」行為とみなされるからである。だが、同一の行為を、敵に「渡した」「売った」

とか、約束に反して「売った」と言い表すことと、「裏切った」と言い表すこととは意味が同じではない。前者は語り手の主観を交えずに事実を事実として述べているだけであるのに対して、後者には語り手の主観が入って、それが表だって述べられているからである。ユダがイエスに「背いて」「忠誠を失って」、イエスに「敵対する」ユダヤ教指導者に、イエスを引き渡したことは疑いない。しかしそれを単に「引き渡した」と見るか、「裏切った」と見るかは同じではないのであり、どちらに訳すかは、イエスがユダをどう見ているかを問題にしている今の場合、決定的に重要である。「裏切り者」（betrayer）に当たるギリシア語を検索すれば προδότης（プロドテース）が示され、実際ルカによる福音書六章16節において「裏切り者となったイスカリオテのユダ」と紹介される場面ではこの語が用いられているのである。はっきりと「裏切る」と言い表すためなら προδίδωμι（プロディドーミ）を用い得たはずではないか。全体が示すことは、多くの「裏切る」と訳した聖書では、先程の「ウーアイ」の場合と同様のことが起こっているということであろう。イエス自身はユダの行為を単に事実描写して「引き渡す」と述べているのを、訳者達がイエスを〝愛する〟余り、自らの人間的感情をイエスに投影して「裏切る」と訳した結果、当の訳者自身がイエスに背いて、無意識にイエスを裏切ったということではないか。以上見て来たことの反省の上に立つなら、この部分の訳は「人の子が引き渡されることになるその人には、おお！」であるべきではないか。

無論、そう訳したとしても、聖書を読む者は、「おお！」が「おお！（何と痛ましい！）」なのか、「おお！（何とひどい！）」なのか、あるいはさらに別の意味なのかを探ることは求められる。ただ、そこで、少なくともイエスを「キリスト」として捉えようとする者が探ることを求められることは、イエスの言動を一貫したものとして読み取る可能性であろう。イエスはユダを、自らが教えたとおりに、敵をも尊び愛す「アガペー」で「アガパオー」しているか。私たちは既にイエスが罪人の罪を罪人と「共に」悲しんだことを見た。とすれば、イエスはここでユダに向かって「おお！　何と痛ましい！」との意味で「おお！」と叫んでいると読むべきではないか。

また、そう読んだときに、初めて、続く後半「その人は生まれてこなかった方がその人自身にとってよかったろうに！」との慨嘆に連続するのではないか。私たちは既に、イエスが罪人の罪を罪人と「共に」――罪人自身が自らの罪を悲しんでいなくても――悲しむところには、イエスにとって罪人がどれほど「尊い」存在であるかが表れていることを見た。イエスにとってユダはこの上なく「尊い」存在、決して「失われ」てはならない、「尊い」存在であったのではないか。

ここまで見てくるとき、同じ理由から、25節の「それはあなたが言ったことだ」という訳にも賛成し難そうである。原文は直ちには意味がつかみにくい「あなたは言った」（σὺ εἶπας）だけであり、そこから「あなたが言った（とおりである）」と補って「いや、あなただ」（口語訳）、「いや、そうだ」（新改訳）と訳されたりもしたが、新共同訳は、通常省略される「あなた」（σύ）という語がわざわざ述べられることに注目して、それを強調と取ったところから、「それはあなたが言ったことだ」となったのであろう。欧米語の聖書は総じてこの点原文に忠実であると言えるが、しかし数は少なくても日本語訳と同じ訳し方もある。欽定訳は忠実にHe said unto him, Thou hast said. であり、大半の英訳は同じである。said の後に it または so を補うものが幾つかあるが、それは問題なく許されることであろう。しかし Yes, it is you や Yes の他に、僅かであるが You have said *it* yourself が、そして新共同訳とほぼ同じ It is you who say it（The New Jerusalem Bible）もある。ここはどう捉えるべきか。ここでも徹底して追求されるべきことは、まずは、できるだけ原文に忠実に訳した上で、一貫した読みが可能でないかを探ることである。「そう」を補うことは許されるであろうから、「あなたはそう言った」が忠実でありそうであるが、ただ、アオリスト形は行為のいわゆる時制よりはむしろ様態に関係し、一まとまりに捉えられた行為の現成を言い表すのであるから、日本語では「あなたはそう言ったのだ」とか「あなたはそう言うのだ」と訳すことが可能ではないか。（英訳の大部分は現在完了形に、しかし多少は現在形に訳している。ルター訳も現在形である。）そう言った場合、それは非難から発せられることも、悲しみから発せられることも可能であろうが、私たちが摑み取った一貫した読みの方向から促されるのは、無論後者である。イエスはこの言葉を悲しみながら、しかもユダと「共に」立って悲しみながら、言わなかったか。そのとき、イエスの心中は、空とぼけるユダをしっかりと受け止めながら、しかし深い悲しみを持って、「君はそう言う（言った）のだね」あるいは「君という人はそう言う（言った）のだね」というものではなかったか。これに対して、「いや、あなただ」や「いや、そうだ」はユダの空とぼけをややいらだちを持ってはねのけ、自身の断定でねじ伏せている感じがあり、「それはあなたが言ったことだ」は、通常「それはあなたのいったことで、私は知らない」と冷たく突き放すのであるから、いずれもユダと「共にある」の正反対であろう。

最後の晩餐の場面を巡る以上の考察が示したことは、またしても、イエスはユダをも、自分を裏切ったそのユダをも、尊び愛していたということであり、「敵を尊び愛しなさい」との自らの教えをユダに対してだけは放棄して、言行不一致に陥ったということはないということである。

3　教会の歩みへの反省

以上の考察――従来の聖書の読み方には誤りがあり、イエスを一貫して捉えることを欠いていた――が正しいとすれば、それは従来の聖書の読み方に根本的な反省を促さずには済まないであろう。そしてまた、それだけでなく、そもそもこれまでの教会やキリスト者の歩みにも根本からの反省を迫らずにはいないのではないか。聖書は教会において何と言っても土台の中の土台なのであるから、その読み方が本来あるべきところを外れていたとすれば、教会の指導も本来の線を外れたものとならざるを得ず、当然一般のキリスト教徒もそれに従う他ないであろう。イエスがユダを呪ったのであれば、キリスト教徒が敵対的なユダヤ教徒を呪詛することはイエスの弟子としての義務ですらなかったか。是非とも問題にしなければならないことは、これまでキリスト教はユダヤ教をどう見て来たかである。そしてまた他の宗教をどう見て来たかである。しばしば、一神教は他宗教の神々を排除せざるを得ないから必然的に排他的・戦闘的であると言われることがあるが、それは必ずしも正しいとは言えない。万人をその宗教の如何にかかわらず慈しむ唯一神を信じている者は宗教の違いを理由に戦いを起こすことはないはずである。現にイスラム教は一神教であるが、寛容であったと言われる。ユダヤ教は、少なくとも昔は、他の宗教の神々を「偶像」として排斥したから排他的にならざるを得なかった。では、キリスト教はどうか。キリスト教はユダヤ教の狭隘さを越えたと自負していたはずであるが、どうか。事実はイスラム教を容認できず、十字軍を派遣するほどに戦闘的だったのではないか。イスラム教が神として崇めるものはユダヤ教、キリスト教と同じく(呼び名は異なっても)天地万物の創造者であり、偶像神の崇拝を厳禁したのであるから、偶像崇拝を理由に撲滅しようとはできなかったはずである。イスラム教はイエス・キリストの神性を承認していない以上、キリスト教と完全に同一の神を信仰しているとは言えず、従って相容れないのは当然であると反論するであろうか。そしてユダヤ教に対しても全く同じ理由で反論するか。では、同じキリスト教の内部ではどうか。イエス・キリストの神性を承認し、同じヤハウェの神を信じるキリスト教の内部ではどうか。事実は、他宗教に対してのみならず、それに劣らずキリスト教の他教派に対しても排斥的で、戦闘的ですらあったのではないか。いったいイエスはどこへ行ってしまったのか。イエスの尊びの愛=アガペーはどこへ行ってしまったのか。それは確かにイエスが教えたと言い伝えられた。しかし、イエス自身は敵を尊び愛することはなかったとも誤って捉えられ、言い伝えられたのである。「敵を愛しなさい」とイエスは口で教えたとは言い伝えられながら、律法学者・ファリサイ人という敵を愛さない、またユダという敵を愛さない、そういうイエスの姿がずっと言い伝えられて来たのである。そういう伝統の中で、他宗教、他教派という「敵」と戦うことはあまりにも当然のことであり、イエスの言動に照らして正しいと考えられて来たのではないか。しかしこれが真実に正しいことがあり得ようか。

筆者がこう述べるとき、どうか間違えないで頂きたいことは、筆者は従来のキリスト教を向こう側に、〝敵〟側に回して、以上のことを言っているのでは毛頭ないことである。そんなことができるはずがあろうか。そうしたなら、「敵を向こう側に回して立ち向かってはならない」とイエスは教えていると言ったばかりの私が、舌の乾く間もない内に、そのイエスの教えに背くことを口にし、行うことになってしまうではないか。私は、反対に、私がこう語りかける方達の傍に立って、一つになって立って、静かに、深い悲しみの内に、申し上げているのである。しかもそれはイエスのようにではない。イエスは私たちと違うところにありながら、しかも私たちの過ちを向こう側に突き放して非難攻撃することはなく、反対に私たちに寄り添い、私たちと一つになって、私たちの過ちを共に悲しむのであるが、私は元々今私が語りかけている方々と全く同じところに立っていたのである。その仲間の一人だったのである。誰よりも筆者自身が、昨日までは「イエスに背いている」と今筆者が言っている人間なのであった。ただ、「尊びの愛」が〝啓示〟された瞬間から、すべてが変わり始め、すべてが新しく見直され始めたのである。昨日まで自分は間違っていないと思っていた筆者が間違っていたと気づかされ、立ちどころがなくなっているのである。そしてどうしてもこれは声を上げなければならないと、神から託される使命と感じて、敢えて申し上げているのである。もう、これ以上、イエスと神を裏切り続けるようなことをしてはならない。裏切り続けるなら、言葉が強いかもしれないが敢えて申して、神とイエスを殺してしまうだろう。その切迫した思いの内に、キリスト者お一人お一人に向けて申し上げているのである。私の「アガペートス」（尊び愛する）キリスト者お一人お一人に向かって。尊び愛して止まないキリスト者お一人お一人に向かって。

私に現在の教会の実情に対する理解がないと、どうか考えないで頂きたい。また、それと関連して、私が具体的にどうあることを願っているのかをご理解頂きたい。こういう声が帰ってくるかもしれない。「教会は今の分裂の現状をどうでもよいと考えているわけでは決してない。一致へ向かっての対話の努力は絶えず行われている。その努力の果てにいつかきっと一致・和解の時が来るであろう。しかし互いの間に教理の違いがある以上は、それを無視してまで一つになることはできない。それは自他を裏切ることであり、ひいては真理をないがしろにすることであり、さらにひいては神の意志に背くことであろう。教理において一致点を見出すまで忍耐強く対話を重ねなければならない。」しかし、申し上げたい。なぜ教理において一致しなければならないのであろう。それは教派の区別がなくなるということではないか。しかしなぜ教派の区別がなくならなければならないのであろうか。それでは「敵を尊び愛す」ことにならないのではないか。それはイスラエル人とサマリア人との区別をなくし、なくなってから尊び愛し合おうとするようなものではないか。尊び愛し合うことと区別がなくなることとでは、どちらが先なのか。区別がなくなることが先だと考えることはイエスの教えに背くことであることを理解しよう。「善いサマリア人」はイスラエル人を双方がそれぞれであるままで愛した――こうイエスはあるべき姿を説いたのである。

そのイエスの教えに教会が従う道だと筆者が考えるものは、各教派が自らの教理を変えて相手と一致したら尊び愛すということではない。教理の一致を目指すことはもちろん貴重なことであろう。その真剣な努力は神の前に尊いであろう。その努力をいささかでも軽視するものではない。しかし一致できないところは一致できないままでよいではないか。それはそのままに、しかも互いに尊び愛すこと――それがイエスの道である。教理は筆者にとっては専門外であるが、教理の中には、もはや人間の認識能力を超えている問題、人間が真偽の判断を下すことができない問題が少なくないと思われる。そういう問題に関しては、相手の見解が自分のものと異なっても、答えは神に委ねて、それを尊重し、――互いに弱さ（人間としての限界）を抱えているままに尊重し、その上で相手を受け入れ、それを相互に行なって、最大限の一致を達成することがイエスの教えにかなうことではないか。例えばミサ（聖餐式）に用いられるパン・葡萄酒とイエス・キリストの肉・血との関係については見解は大きく分かれる。しかしその見解が一致に至れなくても、正しい答は神のみがご存知の問題である以上、自分と異なる見解を一つの見解として尊び、教派の違いを越えて、希望者にはその儀式に与れる道を開くことがイエスの尊びの愛に従うことではないか。そうしないことは、イエスのところへ（司祭や牧師のところへではないはずである）御肉・御血を戴きたいと近づいて来た人を、人間が勝手にイエスの前で立ちはだかり、追い返すことではないか。たとえ司祭、牧師であろうと、人間の誰にそんなことをする資格があるか。他ならぬイエス自身が「私の血と肉を受けたいと願う者には誰にでも与えよう」と身を差し出していたのに。そして今も差し出していることが間違いないのに。

くり返せば、「違いがなくなったら、尊び愛す」のではなく、「尊び愛せば、違いはなくなる」のである。「敵でなくなったら、尊び愛す」のではなく、「尊び愛せば、敵でなくなる」のである。「私の隣人はどこにいますか。教えてくだされば尊び愛します」と言った律法学者に、「誰が隣人になりましたか。あなたが尊び愛した相手があなたの隣人です」と答えたイエスをもう一度心に甦らせよう。イエスは、「今誤って神の敵と見なされているあなたの富を、尊び愛して、神に仕える尊いものに、つまり神の味方にしなさい」と教えたのであった。「今誤って神の敵と見なされている性を尊び愛して、神に仕える尊いものに、つまり神の味方にしなさい」とも教えたのであった。それはあらゆることに及ぶのであり、あらゆることに及ぼすことが求められているであろう。「今誤って神の敵と見なされているあなたの相手を、尊び愛して、自分たちと同様に神に仕える尊い相手に、神の味方である仲間に、しなさい。(7)」真剣な神学上の見解の相違から教派の区別があることは尊びの愛の妨げになるどころか、尊びの愛の中に置かれる場合には、一層尊びの愛を輝き出させ、区別がないときよりも一層神の前に尊い価値を持つこととなり、神に一層仕える道となるであろう。世界にただ一種類の花しか存在しなかった場合にはさぞかし寂しかったと思われるように、世界中が一致して一色であるものを尊び愛することは或る意味では貧困である。そうではなく、多彩な世界を尊び愛することこそが真に豊かであろう。尊びの愛の「原理」は「すべてを尊び愛すのでなければ、尊び愛してはいない」であった。富をも、性をも、他の教派をも尊び愛していないなら、何ものも真実には尊び愛してはいない。そしてそれはもちろん他の「宗派」に対しても変わらないはずである。

もちろん古代にユダヤ教が偶像崇拝を厳しく排斥したことにはそれ相当の大きな意義があったことは間違いない。自分たちの手で鋳造した金の牛を拝むとか、木石や動物を拝むとかいうことは人間が作り上げることのできない、また有限な物体ではあり得ない、真実の神に心を向けることを余りにも甚だしく妨げるであろう(8)。しかしキリスト教は、そしてユダヤ教もおそらく、自分達以外の宗教は必ずしもそういう偶像崇拝をしているものばかりでないことを次第に知って来ているはずである。そうであれば、他宗教を単純に偶像崇拝の宗教と決めつけて排斥することは厳に慎まなければならない。幸いに、今では、キリスト教の中でも、例えば座禅のように、仏教の中の優れた精神の研ぎすましの道を取り入れて宗教性を深めようとする努力が生まれていることはまことに喜ばしい。他宗教の中にある優れた価値を発見して尊び愛することこそイエスが指し示していた道であった。一層そのようにして進むことが筆者も願っている具体的な将来の在り方である。

キリスト教徒は、教会は、今、いわばもう一度洗礼を受けて、新たに生まれることが求められているであろう。アガペー(尊びの愛)そのものである神ご自身から求められているであろう。まことに尊びの愛に徹して生き切った実像のイエスに倣って、尊びの愛そのもの(神)の働きに与り生かされながら、すべてのものを尊び愛す者の群れとなり切るように。

他教派の上に、他宗教の上に、立つのではなく、「あなたが先に尊び愛しなさい」という、あのすべての人が立つべき土台に率先して立って、他教派、他宗教の人々を、否、今特定の宗教に属さない人々をも含めて、すべての人々を、イエスと共に尊びつつ愛し切ることを。こうして「おのれを低くして、死に至るまで、しかも十字架の死に至るまで従順であられた」(ピリピ二・8、口語訳)イエスの弟子となることを。

「神の国」とは、教派・宗派を問わず、一人がもう一人を真実に尊び愛したとき、そこにある。そこに既に実現している。尊びの愛の群れはそこから始まる。そこから生まれる。

この尊びの愛の群れへと「新たに」生まれることは、実像のイエスに従う本来の姿のキリスト教に「帰る」ことである。そこへ帰るよう、アガペーそのものから、今、わたしたちは求められている。

4　尊び愛すとはどういうことか。何を、どう、尊び愛すのか

筆者は既に、そもそも尊び愛すとはどういうことかという根本的な問題が私たちの行く手に絶えずあることに言及していた[9]。尊び愛すとはどういうことかを私たちは自明のこととして分かって、完全に一致しているわけではなく、それはむしろ今後問われ続けるべき問題だろうと述べたのであった。またそれはいきなり一般的に抽象的に論じられるべきことではなく、具体的な経験とその考察の積み重ねを通して、次第に掴み取って行かれることだろうとも述べたのであった。そのことはきっと永遠に続いて行くことなのかもしれない。ただ私たちの考察はそう述べた時から既にかなりの道程《みちのり》を経た。今、これまでの考察を踏まえて、或る程度の整理をすることができないか、探ることに努めよう。

私たちはこれまで終始イエスがどういう人々をどのように尊び愛していたかを見て来たのであるが、答えは、一言で言えば、あらゆる人を尊び愛したと言ってよいのであった。いや、最後には富や性までもイエスは尊び愛すよう教えたのであった。しかし、ひとまず人間だけを取り上げても、幼子から若者、女性から弟子の男性達まで、しかし何よりもイエスに敵対した人々、また罪を犯した人々までも、尊び愛したことを見、すべての人を尊び愛していないなら真実に尊び愛しているとは言えないという根本原理を学ぶまでに至ったのであった。イエス

にこの点で例外がないことを確認したのである。では、イエスがすべての人を尊び愛したとき、その「尊び愛す」とはどういうことだったのであろう。そこに共通のことがあるとすれば、それは何であろう。「尊ぶ」とは既に見たように、最も典型的である場合には、高い価値のものを上に恭《うやうや》しく押し戴いて、それをその高い価値のものにふさわしく遇すること、当然自身はへりくだって畏れ多い気持ちに満たされてそうすることである。イエスの場合、その「高い価値」とはどういう価値か。イエスに尊び愛された人々に共通にある高い価値とは何か。それは一言で言って、「人間としての高い価値」「人間性の高い価値」と言ってよいのではないか。人間の生き方には、「あの人は人間として高貴に生きた」と言えるような、あるいは言われるような、生き方があるであろう。その「高貴」とは身分の高さのことではない。そうではなく、「気高さ」とも言われるような、人間の品性の高さである。「あの人は気高い生き方をした」と言われる、そういう高さである。しかしこれには直ちに反問ないし反論があるかもしれない。イエスは罪人をも尊び愛したが、「罪人」とは人間としての高い価値を喪失している人を言うのではないか。しかし尊び愛すとは必ずしも今現実に高い価値が表れている人を尊ぶだけではなく、今表れていなくても、これから表れるはずの、あるいは表れなければならないその人の高い価値を尊んで、それにふさわしくその人を愛す場合もあるのである。イエスの場合、こういう場合の方が圧倒的に多かった。厳密に言えば、現実に高い価値が完全に備わっている人間はいないであろう。

　では、完全にとは言わなくても、人間に表れている、あるいは表れなければならない「人間としての高い価値」とは、さらに推し進めて、どのような価値か。それは人間の品性の高い価値であるが、少しなりと共通の理解に至るために、今ではやや古めかしい感じのする言葉を敢えて持ち出せば、「徳」と呼ばれて来た価値である。古来、およそその名に値する宗教や倫理・道徳はいずれも様々な「徳目」を掲げて、その獲得を目指すことを奨励して来た。イエス自身には体系的に整理されたものは見られないが、使徒書簡を含めれば、新約聖書も所々で徳目を挙げる点は同じである。例えばパウロはガラテヤの信徒の手紙五章22－23節に「喜び、平和、寛容、親切、善意、誠実、柔和、節制」を挙げているが、またコロサイの信徒の手紙三章12節では「憐れみの心、慈愛、謙遜、柔和、寛容」を説いているが、これはその一例であろう。ただ、幾つかの注意が必要である。まず、これは旧約聖書の「十戒」に挙げられる掟の項目と著しく異なる。十戒は、一、ヤハウェ以外の神の礼拝の禁止、二、偶像礼拝の禁止、三、ヤハウェの名を軽々しく口にすることの禁止、四、安息日を聖なる日として厳守する命令、五、父母を敬う命令、六、殺人禁止、七、姦淫禁止、八、盗みの禁止、九、偽証の禁止、十、貪りの禁止からなるが、禁止条項が多いことからも分かるように、これは人間としての最低の姿（「罪」の姿）を示して、そこまで落ちることを禁じていているのであって、人間としての高貴な姿を積極的に、具体的に、示しているとは言い難い。ただ、既に見たように、旧約聖書には愛の二つの掟（「心をつくし、思いをつくし、力を尽くしてあなたの神であるヤハウェを愛しなさい」と「自分のようにあなたの隣人を愛しなさい」）があり、これをイエスは継承していたのであった。これも抽象的であって、具体的な行動や心構えを指し示しているわけではないのであるが、しかしそれだけに却って無限にある具体的な形を自ら追求するよう促していて、その意味で「生きた」掟である。「徳目」の問題点は人がどうしてもそれに縛られがちになり、自由な創造性が欠けて硬直し、「律法主義」に固まって人間性の「死」に至りかねないことである。キリスト者は従って何にも優って愛の二つの掟を重んじ、具体的な形を一々の状況に応じて創造的に実践することを求められ、自らも目指すのであって、先程パウロが挙げていた徳目めいたものはその実践の結果の実りとして、それ自体が直接の目標であるというよりは、自分の神・隣人・自身への尊びの愛が本物かを計るための参考項目とされることが多いものなのである。中でも神や他の人間に対する「謙遜」ないし「敬虔」、また「誠実」「感謝」などは尊びの愛から直接出てくる最も重要な参考項目とされて来た。いずれにせよ、こうして、イエスの教える尊びの愛が目指す高い価値とは人間性の高い価値であって、それとは別の高い価値、例えば芸術性の高い価値とか、学問上の高い価値とか、運動能力の高い価値といったものとは別のものである。

しかし人間性の高い価値を尊び愛すということは上に見た人間の「徳」――道徳的ないし宗教的な品性の高さ――の場合に限られるのであろうか。上に見たことは聖書の中の世界でのことである。その時から既に二千年。世界は聖書が書かれた時代から大きく変わったのではないか。そのとき、尊び愛すべきものもそれに応じて変化、あるいは拡大したということはないか。先ほど挙げた芸術性の高い価値とか、学問上の高い価値とか、運動能力の高い価値といったものも人間性を高度に発達させた価値、人間性の高い価値、と見ることはできないか。イエスの時代、イスラエルはこういった価値を追求したり発展させたりすることはできなかったが、それはそうするには余りに貧しかったからである。こういった価値は一言で「文化的価値」と呼んでよいであろうが、文化的価値は生活に追われているところでは生まれず、或る程度余裕ができて初めて生まれ、発展させられる。時代が進むに連れて文化的価値が一層多彩に、豊かに、力強く（ダイナミックに）発展させられて来たとき、それを尊び愛すことはイエスの教えた尊びの愛、「アガペー」と無関係なのか、あるいは排斥し合うのか、それとも融合する、あるいは一方に包摂されるのか。

どうなるかは文化的価値の内容によるであろう。既にヨーロッパの中世以来宗教音楽や宗教絵画がめざましく発展したことに明らかなように、両者が深く結びつくことは十分にある。しかし稀にはキリスト教に対する敵意から反宗教的な芸術活動がなされることもあった。ただ、確かな一事は、キリスト教の側に文化活動を排斥する理由は全くなく、イエスの教えた尊びの愛（アガペー）は文化活動をも最高度に尊び愛すことへと自らを拡充して行くはずであろう。つまり、イエスが教える尊びの愛（「アガペー」）に既に見て取られた「すべてを尊び愛していないなら、尊びの愛ではない」という原理はここでも当てはまるはずなのである。イエスが富をも、性をも、尊び愛すように教えたように、イエスの教えを受け継ぐキリスト教も芸術・学問・スポーツ、すべてを尊び愛すはずであろう。イエスが直接説いた人間性の高い価値――宗教的な、また倫理的な価値（「善」ないし「聖」）――が主として人間性を「高める」働きを持つとすれば、学問の追究する価値（「真」）や芸術・スポーツが追求する価値（「美」）は主として人間性を「豊かにする」ことに貢献すると見ることもできるかもしれない。しかし宗教もそれにふさわしい仕方で人間性を美しく、豊かにし、また学問や芸術やスポーツもそれぞれの仕方で人間の品性を高めるのだと思われ、こうして両者が相俟って人間性を高く、美しく、豊かに発展させるであろう。

注目してよいことは、文化的価値の追求はしばしば人間品性の高い価値（単純化して「徳」あるいは「徳性」とも呼ぼう）を高めることにつながることである。徳と文化的価値との大きな違いは、徳性はあらゆる人が求められる普遍的な価値であるのに対して、文化的価値の達成は誰もが等しく求められるわけではないことである。それは文化的価値の達成は当人の才能に大きく依存するからである。そこから時たま見られることは、例えばスポーツの領域で若い内から才能を発揮して頂点に立った人はややもすると傲慢になり、周囲への細やかな心配りを欠くことである。しかしそれに劣らずよく見られることは、スポーツでの華々しい活躍は全観衆のみならず、全国民をすら歓喜させ、その熱狂的な応援と支持を受けて「尊び愛される」ようになるが、その結果は、初めは傲慢で独りよがりの気配があった選手が次第に謙遜になり、周囲への配慮を持つように「人間として」成長することである。様々な文化活動で活躍している人たちが被災地に足を運んで被災者達を慰め、励ますことなどはその代表であろう。国民全体が、いや、世界人の全体が、文化活動をする人は単に文化活動に秀でるだけではなく、同時に高い品性を身につけることを期待し、そういう人をこそ尊び愛しているのである。文化活動は才能の発揮だけで留まっているならまだ本当にその目的を達成したとは言えない。人間品性（徳性）の高まりと一つになって初めて完成する——何かそういう了解が私たちの中にはあるのではないか。

これが事実であるならば、キリスト教は一層文化活動を尊び愛すことに真剣にならずにはいられないであろう。これもぜひ心に留めたいことは、尊び愛すということとは「表立つ」ということとは相性がよくなく、むしろ他のものに紛れて覆われているほど、深く、真実なものとなることである。それは尊ぶということはへりくだるということと表裏一体であることから当然である。尊びは自らを表に表さない傾向にある。実際一見「尊ぶ」こととは無縁、あるいは反対でさえあるかに見えるようなふるまいの根底に尊びがあることを知ることほど大きな感動を与えて、感化を及ぼすことはないであろう。「バカ者！」と言い放ったり、怒って殴りかかって来た父親の心底に実は深く自分を尊んでくれる愛があったと、長じて悟る息子を考えれば、よく理解できるであろう。尊びの愛は他に紛れて隠れることが多い。暖かいユーモアは奥深くに尊びの愛が潜む美酒である。この点で筆者はどうしても敢えて幾つかのテレビ番組の名を挙げて例示し、理解を深めることに務めざるを得ない。例えば、「キッチンが走る！」。生産者が心血を注いで尊び、慈しみ、育んだ自然のなりいでものを主役とコックが陰にあった辛苦や情熱や愛に思いを致しながら、それを料理という芸術作品に絶妙の味わいと形で結晶させる。――何と「味わい深い」番組であろう。何という深い尊びの愛が根底を流れていることであろう。あるいはまた「鶴瓶の家族に乾杯」。ここでは「尊び」は笑いに覆われ、紛れてほとんど表に出ない。しかも奥底にそれが流れ、かすかに滲み出る。あるいはまたドラマでは尊びの愛がもっと明確に表れるものがあるが、例えば「マッサン」。これはもう言葉にならない程深い尊びの愛がかぐわしい気品の香りを放っていた。敢えて名を挙げるが、NHKはこの点で出色である。そのすべての放送が――あらゆる分野の、またあらゆるジャンルの人々の放送が――尊びの愛に貫かれ、支えられ、保たれていると言っても過言ではないであろう。このような国営放送を持つことの幸いを思う。

事実がこうであるとき、キリスト教は文化的価値の多彩な活動に絶えず注目し、その根底にある尊びの愛の働きを一つでも多く発見することに努め、それが発見されたときにはそれを尊び愛し、それが一層尊く生かされて、人間性の価値が一層高く、美しく、また、一層豊かに発揮され、展開されるために力を合わせるよう努めるであろう。

と同時にまた、文化的活動に尊びの愛が欠落することがないかにも絶えず注意の目を向け、それが認められるときには、それに対して助言・提言・忠告・警告を発することにも努めるであろう。この点で今一つだけどうしても緊急に取り上げなければならない問題があると思われる。本章の最後に、この問題を取り上げよう。

5　表現の暴力の自由はあるか

筆者がこの部分を書いている今は、表現の自由を侵されたとの怒りが欧米を中心に火と燃え上がった直後である。すなわち、北朝鮮の金正恩第一書記を暗殺する映画がアメリカで作製され、公開されかけたことに対して北朝鮮がサイバー攻撃をしたと報じられ、それが表現の自由を侵すものだと、非難と攻撃が渦巻いているさなかに、今度はイスラム教の教祖や指導者を度々風刺画化して来たフランスの新聞社をイスラム教徒が銃撃し、多数の犠牲者を生んだことに対して、やはり表現の自由を踏みにじる許すべからざる行動だと、欧米社会で非難と糾弾が囂々で、三〇〇万人とも言われる規模でデモが各地で繰り広げられたと報じられたばかりである。しかし表現の自由とは本当にどんな表現でも無制限に許されるということなのであろうか。それは神なのか。それに仕えれば如何なる活動も許される絶対至上の一者なのか。今実在している人間を暗殺する小説や芝居を書くことは許されることなのか。有力政治家だけでなく、どんな市民に対してもそれは許されないことではないか。それを許したなら、子供や若者の間に少なからずある言葉による「いじめ」も許さなければならなくなるのではないか。また、或る宗教の教祖や指導者を風刺画にすることが本当に許されることなのか。その宗教を信じている人にとって、それはその人自身を殺害するのに等しい暴力ではないか。風刺に特有のことは、相手を笑いものにして揶揄する（からかう）ことであり、一言で言って「バカにする」ことである[10]。それを最も崇高な存在として崇められている対象に無神経に適用してこき下ろす権利が誰にあるか。「欧米では神すらも風刺される自由がある」と誇らしげに語られていたが、それは神が死んでいる人々の間でだけの話に過ぎず、そういう人々が表現の自由を神に祭り上げる一方で、自分達が精神的に殺害する相手の痛みに気づくこともないのであれば、何を誇っているのか。もし「自由」という言葉に誇りとそれにふさわしい気概と品位を込めようとするなら、それを「表現の自由」と呼ぶことは全く不適切であり、「表現の暴力」と呼ぶべきではないか。表現の暴力は許されるのか。精神的な殺人は許されるのか。

こう述べることは、言論の暴力に対して武力の暴力で対抗することが正当だと述べることでは全くない。どんな言論・表現の暴力に対してでも、武力の暴力で応じることの不当さを訴え、糾弾することは健全で正当である。しかしそれと同様に言論と表現の暴力に対しても非難と糾弾が向けられないなら、「表現の自由」「言論の自由」は実際にはどこにも存在していないと言わなければならないであろう。実際、一方の暴力だけを責めて、もう一方に目を向けることができないなら、私たちに精神的自由はない。

実は、筆者はつい二日前に、「表現の暴力は許されるか」と題して、以上の主旨の文章を極度に圧縮して某新聞社に投稿したが、翌日の朝刊に大筋で同様の主旨の他の原稿が採用されて、筆者のものは掲載されなかった。しかしその当の朝のNHKのテレビのニュースで、バチカンの教皇フランシスコが宗教的指導者を風刺することは許されることではないとの見解を公式に表明したことが伝えられ(11)、尊びの愛（アガペー）に基づいてあるべき秩序が示されたことに深い満足を覚えたのであった。

こう言ってよいであろう。「表現の自由」は最大限に守られなければならない。しかしそれは無制限ではあり得ない。相手と自らの双方を尊び愛すことの上でなければ表現の自由（の権利）は成立しないのであって、相手を尊ぶことを欠く表現の自由（の権利）は存在しない。それは「表現の暴力」と呼ぶべきであり、武力の暴力を禁じるのと同様に、表の暴力を禁じる世界的規模での協定なり規約なりを設けることが今強く求められている。

筆者は今これをこれ迄「表現の自由」を叫んで来られた方々を含む全ての尊び愛する方々に向かって発信する。

第四章　アガペーは無償の愛か

アガペーとはどういう愛かということを考えるときに、避けて通ることができない一つの重要な問題がある。それは「アガペーは無償の愛か」という問題である。この問題がことのほか重要であるのは、アガペーは無償の愛であるからこそ純粋な愛であり、身を投じるに値すると考える人々が少なくないと思われる一方で、無償の愛などあり得ないと冷めた目で見る人もあると思われ、アガペーの評価を決定的に左右する問題だからである。どちらが真実か、ぜひ正確に見極められなければならない。(1)

できるだけすっきりとさせながら考察することに努めなければならないが、真っ先にはっきりさせなければならないことは、当然のことであるが、「無償の愛」という言葉でどういう愛を考えているのかである。それは「お返し（報い）を求めない愛」であることは間違いないが、どういうお返しを求めないのか。(1)物質的なお返しか。金銭や物品のお返しか。それとも(2)精神的なお返し、つまり感謝をも求めないのか。あるいは(3)相手からではなく、神からの「ご褒美」としての幸福・幸い・平安等をも求めないのか。西欧の伝統的な概念で言えば、利益・快楽・幸福のいずれも求めないのか。どれかは求めるのか。

筆者が勤務していたミッション系の大学ではミッションスクール出身の学生が多かったが、何年間か、挙手で調べたところ、一クラスの内(1)物質的なお返しのみを求めないと答えた学生は二、三名、(2)感謝又は(3)平安も求めないと答えた人も同様、すべてを求めないと答えた学生が八〇パーセント前後であった。キリスト教系の中高校ではアガペーとは一切報いを求めない愛だと教えているのであろう。

しかし、或るとき、十数名の学生と黙想会に参加したところ、一人の学生がボランティアで高齢者のお世話に行った話をし、下の世話をする段になったとき思わず逃げ出してしまった体験を痛み入って語ったのを聞いて、別の学生が、おそらく慰めようとしてであろう、「そんなの当たり前じゃない？　人間ってどうせどんなことしたって利己的よ」と意見すると、座はたちまちそれに流れ、そうだということに収まってしまった。アガペーは無償の愛だという考えはどうも地に根を深く下ろしているとは言えなそうである。それは無理もない。そもそも、思想史的に言っても、これまで徹底的にきちんと考えられたことはないと言ってよいのである。

この問題を考えるに当たって、もう一つはっきりさせなければならない問題があるが、それは「人間は利己性を免れない」と発言した学生がそれとなく考えていたこと、つまり「人間はどんな行為も結局は自分の利益目的で行うのだ」ということは真実か、否かである。このことをはっきりと明言した人がいて、それはアリストテレスである。アリストテレスは「人は一切の行為を最終的には自分の善を求めて行う」と主張した。「善」とは具体的には先ほど挙げた利益・快楽・幸福をひっくるめて言ったものである。彼はこれをあの『ニコマコス倫理学』の冒頭で述べたのである。利益・快楽・幸福の内、最終的には幸福に行き着くとし、「人は一切の行為を最後は自分の幸福のために行う」と彼は言った。いつもそうであるが、アリストテレスに反論することは至難である。

アリストテレスの言葉は人間の真実を言い表しているのか。真実であった場合にはあらゆる行為が利己的になるのか。つまり無償の愛の行為というものはそもそも存在しないのか。――筆者のアガペー研究は最初の頃長年にわたってこの問題に取り組むこととなったが、行き着いた結論を先に述べると、1、アリストテレスの「人は一切の行為を最終的には自分の善を求めて行う」という言葉は正しい。アガペーも最終的には自分の善を求めて行われる。2、しかし、だからと言って、あらゆる行為が「利己的」つまり「自己本位」であるわけではなく、相手本位の行為もある。3、自己本位の行為は「アガペー」とは言えない。4、「無償の愛」という言葉の用い方によっては、無償の愛であるアガペーは存在する。しかし、また、用い方によっては、アガペーは無償の愛ではない。5、アガペーは、無償の愛ではない場合に、少しも純粋さを失うわけではない。これを順次詳しく述べよう。

1　人は一切の行為を最終的には自分の善を求めて行う

これは正しい。なぜなら、人はどんなことをするにしても、そうすることが最終的に自分にとって「よい」から行うからである。自分が望んで行うことは当然そうであろう。しかし自分が望まない場合でもそうである。自分が望まずに行う行為には真っ先に義務から行う行為がある。私はＰＴＡの役員は望まないのだが、しかしいつかはしなければならない規則であり、不承不承引き受ける。しかしそれはともかくも引き受ける方が引き受けないより「まし」だから、つまり「よりよい」からするのであって、もしそうでなかったら引き受けることはないはずである。望まないのにするもう一つの場合は、強制されて行う場合である。私は相手を傷つけるその行為をしたくないのに、脅されて嫌々してしまった。しかしその場合でも、ともかくそれを自分でした以上は、そうする方がそうしないより私にとって何らか「よい」から、そうしたのである。よくなかったら、するはずはなかった。ここで「よい」とは正確に言えば「益になる」ということである可能性が大であるが、しかし「気持ちが収まる」つまり「満足が得られる」という意味もありそうであり、「無難である」つまり「安らぎが得られる」という意味もありそうである。消極的なものではあっても、利益－快楽－幸福なのである。

ところで、「人は一切の行為を最終的には自分の利益－快楽－幸福を求めて行う」ということが認められると、「従って人間の一切の行為は利己的である」と考える人が圧倒的に多いのが実情である。先ほどの学生もそうであった。そう考えることは理解できる。というのも人が最終的に目指すものはいわゆる「究極目的」（最終目的）であるが、「終わり善ければすべて善し」（当然、また「終わり悪しければ、すべて悪し」）と言われるように、最後の目的が行為全体の性格を定めるからである。人間の行為は或る目的を目指して行われ、その目的はさらにその先の目的を、またさらにはその目的の目的を、というように目的の連鎖を持ち（例えば、私が一生懸命勉強するのはよい大学に合格するため、よい大学に合格するのは社会で十分に力量を発揮するため、社会で十分に力量を発揮するのはそれによって世の中を牽引していくため、……というように）、その最後に行き着く目的が究極目的であるわけだが、その究極目的が、アリストテレスの言うように、自分の善（利益－快楽－幸福）であるならば、行為全体が自分の（他人のではなく）善（利益－快楽－幸福）を目的にしているのだから、まさに「利己的な」（自己の善中心の）行為だと言うべきではないか。――そう考えられるのである。しかしそう考えることは間違っているのではないか。というのも、その流儀で考えていくと、他人のために親切を行う人も利己的だということになってしまうからである。他人のために親切を行う人も、最終的にそれが自分にとって善（利益－快楽－幸福）であるからするのであるが、最終的に自分にとって善（利益－快楽－幸福）であることを行うことが利己的なら、他人のために親切にすることも利己的だということになるはずである。先ほどの学生もまさに他人のために親切にする行為も利己的だと言ったのである。しかし親切がどうして利己的であろうか。どこかが決定的に間違っているはずではないか。

最終的に自分の利益を目指したら利己的だと考えることは間違っている。そう考える人は「利己的」（エゴイスティック egoistic）という言葉の用い方（定義・意味）を正しく理解していないのである。[2] というのも、親切な行為をすることは自分にとって最終的に善（利益－快楽－幸福）であるが、しかし自分にだけではなく相手にも善（利益－快楽－幸福）をもたらすのに、その点を全く考慮に入れていないからである。行為が利己的であるかどうかは、行為者にとっての善だけを問題にしていただけでは分からないのであって、相手にとっての善をも考慮に入れ、自分にとっての善と相手にとっての善のどちらが勝っているかを見て初めて分かるのである。「利己的」とは「自分の利益中心」ということであるが、自分の中で利益が中心（究極目的）かどうかではなく、相手と自分のどちら側の利益が中心になっているかによって定まるのである。数学の記号を援用するとすれば、「自分の利益＞相手の利益」が「利己的」であるということである。（利益に代表させているが、快楽でも幸福でもよい）こ

うして、②が正しいことが明らかになった。つまり、

2　しかし、だからと言って、あらゆる行為が「利己的」つまり「自己本位」であるわけではなく、相手本位の行為もある、のである。

或る行為が「自分の利益＞相手の利益」なら、利己的である。逆に「自分の利益＜相手の利益」の場合には利己的ではない。日本語では通常はあまり用いられないが、この場合を「利他的」(altruistic) と言う。親切は、本物である限り、利他的なのである。「自分の利益＝相手の利益」の場合はこれらのいずれでもなく、「公平」とか「平等」とか呼ぶであろう。

一つの注意が必要であるが、それは、金銭的な利益の場合には「＞」「＝」「＜」は「大」「等」「小」と受け取ってよいけれども、快楽や幸福の場合には厳密に数量的に捉えられないから、「大」「等」「小」と捉えることは問題であることである。むしろ「利己的」とは自分の快楽や幸福が相手のそれよりも「主」になっていることであり、「利他的」とは自分のそれが相手のそれよりも「従」になっていることであり、「＞」「＜」は両者の主従関係を表していると捉える方がよい。「＝」は対等な関係である。

しかしそうだとしても、自分の「善」と相手の「善」の主従関係をどう判定したらよいのか。それはこうである。「あなたが嬉しければ、私も嬉しい。しかし、あなたが嬉しくないならば、私も嬉しくない」という具合であるならば、あなたの喜びが「主」であり、私の喜びはあなたの喜びに「従って」いるのであり、「相手本位」で「利他的」である。それに対して、「私が嬉しいことが問題で、あなたが嬉しいことは二の次だ」という具合になっているなら、自分の喜びが「主」、相手の喜びは「従」であって、「自分本位」で「利己的」である。これに対して「＝」の関係にあるのは、共同行為（例えば、一つの援助活動を一緒にやるというように、同一の喜びを分

かち合うこと）とか、互恵的行為（私が車いすを押すのを相手が喜ぶと共に、私も相手から人生経験の話を聞いて喜ぶというように、異なる種類の喜びを相互に与え合うこと）である。

以上述べたことと全く同じことを次のように言い表すこともできる。「人は一切の行為を最終的には自分の善（利益－快楽－幸福）を求めて行う」というアリストテレスの主張は正しい。しかし人間はあらゆる行為を最終的には自分の善を求めて行うからと言って、あらゆる行為が利己的であると決まるわけではない。なぜなら、目指されるその自分の善には「利己的な自分の善」である場合と「利他的な自分の善」である場合と「公平な自分の善」である場合の三通りがあるが、行為全体が利己的・利他的・公平のどれであるかは最終的に目指される自分の善がこの三つのどれであるかによって初めて決まるからである。言うまでもなく、「利己的な自分の善」とは相手の善は二の次という自分の善であり、「利他的な自分の善」とは相手が喜んでくださるなら自分も嬉しいという自分の善であり、「公平な自分の善」とは相手と共に喜ぶという自分の善である。この三つのどれでもない、ただの「自分の善」というものは他人と関係する行為の場合には存在しないのである。(3)

ところで、利己的な行為が事実存在するように、利他的な（相手中心の）行為も、そして共同の、および互恵的な行為（この二つを「対等の行為」と呼んでよいであろう）も現実に存在するはずである。では、「アガペー」はこの三つ——①自己中心の行為と②相手中心の行為と③対等の行為——の中でいずれであるのか。①自己中心的な、利己的な行為でないことは言うまでもない。「自分のようにあなたの隣人を尊び愛す」ようになって初めてアガペーであるからである。②相手中心の、利他的な行為こそがアガペーだというのが常識であろう。それは正しい。なぜならイエスが教えたアガペーは、最も厳しい場合には、「敵をも尊び愛す」ことであり、つまり相手から殴られても尊び愛すること、まさに「相手の喜び＞自分の喜び」の尊びの愛だからである。しかし、では、③対等の関係にある行為、つまり共同的および互恵的行為の場合はどうか。これはアガペーか、アガペーではないか。これもアガペーであるはずである。なぜなら、「自分のようにあなたの隣人を尊び愛しなさい」の教えにかなうものはアガペーであるからである。こうして、これはこれまであまり目を留めて来られなかったように思うが、利他的でないアガペーが存在することが明らかであろう。しかし、では、敢えて問うて、②利他的なアガペーと③対等なアガペーとではどちらが本来のアガペーなのであろうか。これもこれまで十分目を留めて来られなかったが、対等のアガペーが本来のアガペーであるはずである。なぜなら、「自分のようにあなたの隣人を尊び愛しなさい」に当てはまるものがアガペーであるからである。では、先ほどの「敵をも尊び愛す」行為はどうなるのか。もちろん、それはアガペー、最も厳しい、最も強い、アガペーである。しかしそれは本来のアガペーではない。なぜなら、「敵をも尊び愛す」ことは最終目的ではなく、最終目的は双方が味方になって、相手と私が共に尊び愛し合うことだからである。双方に「自分のようにあなたの隣人を尊び愛す」ことが成立することがアガペーの完成した姿なのである。

さて、以上の考察を通して

3　自己本位の行為は「アガペー」とは言えない

ということがまずはっきりさせられた。①利己的な行為はどんな場合でも絶対にアガペーではあり得ない。しかし同時にまた②利他的な、相手本位の行為だけがアガペーであるわけではないことも明らかになったのであった。③対等の尊びの愛の行為、つまり双方が「自分のようにあなたの隣人を愛す」ことが行き着いた姿のアガペーであることを見たのである。

ところで、このことは、アガペーは無償の愛かという元々のテーマに対してはどういう結果をもたらすのであろうか。アガペーは②利他的な、相手本位の行為または③対等な行為なのであるが、二つは無償の愛である言えるであろうか。③は無償の愛とは言えないであろう。では、②はどうか。利他的な、相手本位のアガペーは無償の、自己を犠牲にする愛である可能性はあるであろう。ただし既に見たとおり、アリストテレスの主張する「人間の一切の行為は最終的には自分の善を目指して行われる」ということは動かせないのであるから、自分の善を一切目指さないアガペーは存在しない、そういう意味で自己犠牲的なアガペーは存在しない、ということを認めなければならないのではないか。「自己を犠牲にする」という言葉で通常思い浮かべることは自分にもたらされる善をゼロにするということであろう。しかしそういう行為はないことを見たのである。とすれば、自己犠牲的とは「自分の善がゼロ」であることではなく、「相手の善＞自分の善」、すなわち相手の善を主にし、自分の善をそれに従わせるということでなければならないであろう。ただし、「善」で金銭的な利益や物質的なお返しのことを指す場合には、自分の善をゼロにすることはあり得ると思われる。相手に親切を尽しながら、金銭的・物質的返礼を辞退するということは少なからずあり、それは一つの自己犠牲的行為であろう。ただ、そういう人も、相手からの感謝（精神的返礼）を拒む理由はないはずであり、また神から与えられる祝福や平安を心から喜ばない理由もないはずである。無論相手が物質的な返礼だけでなく、感謝をも何ら示さないことはあり得ることであり、それに対して親切を断つことはアガペーではあり得ない。尊びの愛としてのアガペーは相手のその態度を静かに受容するのであり、さらには暖かく受け止めるのであるが、しかしその時もアガペーの遂行者にとって自分の善はゼロではなく、相手を静かに、暖かく受け止めることができるとき、深い平安に満たされるのである。さらに見落としてはならないことは、アガペーの遂行者は相手が自分に感謝しないことを静かに、暖かく受け止めはしても、決してそれでよいとは考えないのであり、本来のアガペーは相手が感謝できるようになって、③「相手の善＝自分の善」、つまり相手と自分とが一つに喜び合うに至ることだということを見つめており、まだ感謝することができない相手をこの本来のアガペーの視点から「共に悲しみ」もするのである。(4)

以上の考察から、

4 「無償の愛」という言葉の用い方によっては、無償の愛であるアガペーは存在する。しかし、また、用い方によっては、アガペーは無償の愛ではない

ということ、また

5 アガペーは、無償の愛ではない場合に、少しも純粋さを失うわけではない。

ということが明らかになったであろう。

「無償の愛か」の問題の結論をまとめれば、アガペーは相手から物質的・金銭的返礼を求めないという意味では無償の愛であり得る。しかし精神的な返礼ないし報いである感謝や平安（幸福）は最も深い喜びの内に受け入れ、受け止めるのであり、こうして相手と自分と（さらに神と）が一つに喜び合うことが本来の、完成した姿であることを見ているであろう。相手が感謝し得ない時には、この本来の姿の視点に立って、相手の心の状態を相手と共に悲しみながら、静かに、暖かく受け入れ、変わることのない親切を尽すことに努めるであろう。このようなアガペーは「無償の愛」ではないが、さりとて利己的であることなどからははるかに遠く、相手と、また神と共に一つの平安と喜びに与ることを目指す純一な尊びの愛として、聖なる光に満たされているであろう(5)。

最後に

本書は、全体としては、「アガペー」「アガパオー」というギリシア語の本来の意味合いを問題にしながら、聖書の中でそれらが用いられている箇所や、用いられていなくてもそれらを伝えることを意図したと思われる箇所を選んで検討し、そのすべてに共通する一貫した意味合いが「尊びの愛」「尊び愛す」であることを探り当てると同時に、それに基づいてイエスの教えを一貫したものとして捉えることに努めた書物である、と総括することが許されるであろう。ところで、このような研究に対しては次のような正当な問いが向けられることが予想されるから、最後にそれに答えることが必要であり、それを以て本書を締めくくることとしたい。

その問いとは、科学的・実証的な研究が聖書にも適用されて既に多大な成果を生み、今では福音書もイエス自身が語ったと思われる言葉はごく限られ、後世の弟子達の脚色や創作を多数含んでいることが明らかになっているとき、本書のように、イエスが語ったとされる言葉を文字通りイエス自身のものとして受け止めた上で上記のことに努めたことは如何なる意義を持ち得るのか、というものである。アガペーに焦点を当てている本書ではルカによる福音書の名高い箇所を取り上げることが多かったと言えるが、例えばルカが創作したに違いない「善いサマリア人の譬え話」をイエスの話として受けとめ、分析し、その結果明らかになった深い尊びの愛をイエス自身に帰して、これこそがイエスの教えの神髄だと述べることは何をしていることなのか。そこにはルカの言葉を純粋なイエスの言葉だとする虚偽がある。この虚偽のイエスの教えに基づいて作り上げられた「イエス」像は「虚像」と言わなければならない。そういう虚像を「キリスト」（救世主）として崇めるということは、しかも半ば神のごとき崇高な存在として崇めるということは、「盲信」ないし「迷信」以外の何ものでもないのではないか。

このような疑問に対して以下答えることになるが、そうするに当たっては、筆者の中で間違いないこととして確立されている、前提となるべき考えが幾つかあるので、それをあらかじめ示しておかなければならない。

その一つは、キリスト教徒が「イエスは神のようだ」、或いは更に進んで「イエスは神の子だ」、「イエスの本質は神だ」と言うとき、それは写真の富士山が実在の富士山に似ているとか、息子がその父親に似ているとか言う場合のようなことをしているのではないということである。このような場合には、私たちは二つのものの両方を見た上で、両方を見比べながらそう言っている。しかしイエスと神の場合、神は見えないのであり、従ってあたかもイエスと透明なものとを比較しているようなものなのである。しかし神は肉眼には見えないが、精神的には捉えられるのではないか。[1] それはその通りであるが、しかしそれとても、精神的にくっきりと輪郭が摑めるというわけではない。聖書の中で「神」と言われるものの一番重要な特徴は、ありとあらゆるものを統べている無限に偉大な力であるとか、無限の愛であるとかいうように、「無限」ということであるが、無限は摑みきれないのであり、イエスとその摑みきれないものとの比較なのである。[2] 一方、目で見ることのできたイエスと、他方、目で見ることはおろか、精神的にも無限で摑みきれないものとを比較して、本質的な点で「一つだ」と言っているのである。ではその比較はどのようにして可能か。

一方は見え、他方は見えない以上、両者を左右に並べて、見比べて、異同を言うことはできない。そうではなく、言ってみれば、見えるものを通して、その背後に無限のものを垣間見るという仕方を通して、かろうじてそれはなされるのである。もっと分かり易く、より具体的に言えば、イエスの中にどうしても「人間を超える」としか言いようのないものを感じ取るという仕方を通して、見えるものと見えない無限なものとの〝比較〟はなされるのである。イエスの中にそういう「人間を超える」と言う他ないものを認めたとき、人は「あの人は半ば神のような存在だ」とか「あの人は人間であるけれども、同時に神でもある」と言うことになったのであった。このように言うとき、私たちは神がどのようなものかを知ってそう言っているのではない。そうではなく、人間を見ているのであるが、それだけでは済まないものをその背後に、あたかも透明の無限のものを感じるように、感じ取っているのである。はっきりと知っていることがあるとすれば、それはただ一つ、それは人間とかけ離れている、人間を遙かに超えて、無限に大きく、深く、……ということだけである。イエスの在世中、イエスに出会った多くの人々の体験はそういうものであった。

それにしても、その〝透明の〟無限のもの（神）とはどのような点がどのように無限なのか。言い換えれば、イエスのどういう面が、あるいは点が、人間を超えていたのか。今「無限に大きく、深く、……」と述べた「……」の部分に何が入るのか。それを探求すること、つまりイエスのどういうところがどのように人間を超えていると感じられたのかを探ることは聖書（福音書）を読む際の最大の目的、聖書を読む人が知ろうと目指すべき中心のことであるから、今十全に言い尽くして述べることはできず、むしろ手がかりになりそうなことを挙げて各人の探求に委ねなければならないが、筆者はその最も重要な点として「尊びの愛」に目を向けたのである。もう少し具体的に言えば、一つはその神に向かう姿勢である。イエスは神のことを「私の父」と呼び、神を自分と親子のつながりがあるかのように限りなく近しい、親密な存在と意識していた一方で、全身全霊を注いでそれに完全に服従する点で人間を超えると感じられたのだと思われる。そしてまた、そのように完全に神を尊び愛することに加えて、一人一人の人間を自分を「無」にして尊び愛す点で、やはり人間とは思えなかったのだと思われる。その人間への無条件の尊びの愛の印象は人間の罪の在りどころを見通す鋭く深い洞察と切り離せなかったであろう。つまり人間が罪を見ないところにイエスは罪の本質と真相を見、その上でその人間を有無なく、つまり絶対的に尊び愛してその罪から解放したのである。より具体的には、人々から最も穢れていると見られて、〝唾を吐きかけられ〟ていた徴税人や娼婦や敵国人といった人々をも分け隔てなく、時には、必要であれば、世間では最も尊いとみなされていた人々以上にすら、尊び愛し、そういう人々を実際に尊い生き方へ覚醒させたのである。イエスのこのような万人を等しく尊び愛す言動は、弟子となった人達には、天地万物の創造者としての神——もっと正確に言えば、ありとあらゆる物を「善い」ものとして創造した(3)と教えられている神——にそのままつながっていることを感じさせ、イエス自身が神を「私の父」と呼んだことと相俟って、まことに「天の父である神の子」たる印象を深くさせたことであろう。このような天の父である神に対する完全服従の尊びの愛と人間に対する絶対献身の尊びの愛の印象はイエスの十字架刑において頂点に極まったと、十字架刑から時を経るにつれて、見られて行ったであろう。十字架はイエスが強いられた刑であって、イエス自身の自発的行為ではなかったが、垂直方向の神への絶対的服従愛と水平方向の人々への絶対的献身愛が切り結ぶ十文字として、単なる人間の業とは到底思われなかったであろう。おそらく従容として十字架上に自身の最後の生を貫いたことは「神の子」の印象を与えずには済まなかった。(4)この「神の子」の目撃——これがイエスを神に直接つながる存在と信じる信仰を生み、ひいてはキリスト教を誕生させ、発展させて行く一番大本の基礎であった。——これが筆者が確実なこととして前提する第一のことである。(5)

そういうイエスに出会った多くの人々はイエスが正当な理由もないのにあっけなく十字架刑に処せられて殺されてしまったことをそのまま呑み込むことは到底できなかった。それは神が——他ならぬイエスが垣間見させた「神」が——許されないことであり、絶対にできないことだった。イエスがこのまま死んで終わるなどということはあり得ない。神がイエスを無意味な死のままで終わらされるはずがない。単なる人間とは思えないイエスは死なない。イエスの肉体は滅びようと、イエスの内にある神(6)は滅びることはあり得ない。イエスは一旦死んだが、すぐ復活された。そして今もなお現に生きている——霊的な存在として。今もなお神への絶対服従の尊びの愛として、また人間への絶対的献身の尊びの愛として、生きている。——イエスの死＝復活の体験はイエスに出会った多くの人々にとってこういうものであったであろう。その体験からは、イエスは神が人類の「キリスト」

（救済者）として地上に遣わされた方だという揺るぎない信仰が確立されて行ったであろう。そして人々のそういう体験と信仰に基づいてキリスト教の信仰共同体（エクレシア）つまり「教会」が形作られ、脈々と受け継がれて来た。――これが筆者が間違いないことと確信して前提する第二のことである。

第三に、これは筆者自身が自らの体験を通して確言することであるが、互いに深く尊び愛し合う人々の交わりほど真に平和な、満ち足りた、「永遠の」と言うべき深く、豊かな幸福を実感させる交わりはなく、聖書に「神の国」ないし「天の国」と記されるものはこの平和で幸福な交わりが神からの尊びの愛のもとに成立している場を言うのだと思わされることである。互いに好きだから愛し合うとか、有益だから愛し合うではなく、互いを尊い存在と感じて愛し合う関係――これは真に安定した、安らいだ、平和な、幸いに満ちた関係である。好みや利益は揺れ動く。しかし人間の尊さ（尊厳）の価値は揺れ動かない。この尊さを自他に感じ取り、相手を尊び、且つ自分を尊ぶ関係はずっしりと安定している。しかもその尊さが最も尊い永遠の存在である神によってもたらされ、支えられていることを感じながら、自他を尊び愛し合うとき、それは盤石の基礎の上にたつ、永遠に揺るぎない平和な関係であることが意識され、至福の喜びで満たされるのである。キリスト教の共同体、「教会」はこのような神－自－他の平和の、至福の尊びの愛の共同体として生まれた。

このようにしてキリスト教とその教会が誕生したとき、最初期には今すぐにもイエス・キリストが再臨するとの予想があったが、それが引き延ばされ、共同体の歴史が形成されて行くにつれて、教会はイエスの生涯や教えを、受け継がれて来た口伝を基に、記録に留める必要に迫られ、その努力が数々生まれた。その中の幾つかが選ばれ、編まれたものが継承されて、現行の新約聖書に至っているのであるが、イエスの伝記を書き記そうとした人たちが共通に一貫して心がけたことは、当然のことであるが、まず第一には、生存中にイエスに出会った人々が「イエスが神の子・キリストである」ことの証拠として語ったことをできるだけ洩れなく忠実に書き記すことであったであろう。しかし新しい版のものが書かれるにつれて、記者達はより反省的になり、神の子・イエス・

キリストの生涯として一層十全な、整合的な伝記となるよう、「神の子・キリスト」であるイエスに本質的なことを追究し、それを補充する書き加えがなされたであろう。そして、善いサマリア人の譬え話もそういう書き加えの一つであろう。――これが筆者が確かなこととして前提するもう一つのことである。

さて、この前提の上に立って、提起された問題――キリスト教には聖書記者の言葉を「純粋なイエスの言葉だとする虚偽がある。この虚偽のイエスの教えに基づいて作り上げられた「イエス」像は「虚像」と言わなければならない。そういう虚像を「キリスト」（救世主）として崇めるということは、しかも半ば神のごとき崇高な存在として崇めるということは、「盲信」ないし「迷信」以外の何ものでもないのではないか――を取り上げよう。

このような疑問に対して第一にその問題点として指摘しなければならないことは、神の子＝イエス＝キリストの見方は聖書記者達が描いたイエス像に基づいて作り上げられたものなのではないということである。むしろ逆であって、神の子を自ら名乗るイエスに出会った人々が直接自分たちの目で見、肌で感じたところから「イエスは神の子・キリストである」との見方ないし信仰は生まれたのであり、そういう人々の集まり（教会）がイエスの死後形成されたとき、その中で、そういう人々の証言の口伝に基づいて、聖書記者は聖書を書き上げたのである。「序」にも書いたとおり、先ず聖書が書かれ、それを土台として教会が生まれたのではなく、先ず教会が生まれ、その生きた活動の中で聖書は書かれた。

第二に指摘しなければならないことは、これがとりわけ重要であるが、イエスに出会ってイエス＝神の子＝キリストの信仰に至った人々は、またそういう人々の証言によって同じ信仰に導かれた人々は、必ずしもイエスの語った言葉を聞いたことによって、またそれを伝え聞いたことによって、そういう信仰に至ったわけではないことである。そうではなく、イエスの、一言に要約すれば、十字架で頂点に達した、神と人々への「完全な」と言うべき尊びの愛に触れてその信仰に至ったのである。その際、完全な尊びの愛に触れたのはイエスの言葉を通してだけなのではない。尊びの愛に関するイエスの説教を聴いたことによってだけなのではない。そうではなく、何よりもイエスの実践に、生き方に――その立ち居振る舞い・顔立ち・まなざしまでも含めた全身の生きた姿に――表れていた尊びの愛に、人々がやはり自身の（尊びの）愛で触れたことによってである。（尊びの）と括弧に入れて書くのは、その人々の愛はまだ尊びの愛の実質を十分には発揮していなかったかもしれないからである。しかしその素質は何人にも植えつけられているのであり、尊びが顕在している愛に触れることによって自らもそこへ引き出され、引き上げられたのである。それは何よりも「感動」によって起こった。単なる言葉を把握する知的な働きによってではなく、全身を揺り動かされる全人格的な反応としての感動によって起こったのである。キリスト教の信仰者たちはこのような全人格的な反応において中心に働いているものを「霊」（πνεῦμα, spiritus）と捉えて来た。全人格的感動は「霊感」(7)（インスピレイション）によって起こる霊的《スピリチュアル》な震撼と捉えられたのである。従って、キリスト教の信仰者とは、イエスの全人格的な、全き尊びの愛の生活および説き明かしに触れたために、霊感を受けて、その全き尊びの愛に生かされつつ、自らも尊びの愛を生きるようになっている人々である(8)。――こう言うことができるのである。当然のことであるが、「アガペー」は霊的な愛だと考えられて来ている。また神は霊的な存在であり、「聖なる霊」（聖霊）であるとも捉えられている(9)。

さて、ルカが「善いサマリア人の譬え話」を創作したとき、彼が目指したことは、明らかに、そのような霊感によって既に自分がその中に生かされつつ生きている、イエスの全き尊びの愛の本質に迫ることであった。――このことを否定する人があるであろうか。ところで、それが事実であるとき、ルカの創作した譬え話はイエス自身が語ったものではないと述べることにどれほどの意味があるであろうか。私たちが見たように、それがまさしく完全と呼びたい尊びの愛を描いていると思われるとき、ルカは他ならぬイエス自身の全き尊びの愛に生かされながらそうしているのであり、従って、ルカが全き尊びの愛の譬え話を創作しているときのまぎれもない主体はイエスなのであり、イエス自身がルカの口を通してそれを語っていることに等しいのではないか。そして、それを一番大本まで遡れば、神がイエスを通してルカを動かして語っておられるのではないか。聖書の中で「聖霊が下った」という言葉で表現されている「霊感」が神——イエス——ルカを一つに貫いて動かしているのではないか。そしてキリスト教徒である者はみな同じこの霊感によってこの一つながりの流れの中に入り来たり、連なっているのであり、そのことはこれからも未来永劫にわたってそうであるのではないか。

もちろん、イエス自身がルカの口を通してそれを語っていることに「等しい」と言っても、文字通りイエスが書いたということではない。書いたのはルカである。ただ、人間は完全なものを創造することはできない。できることはただ完全なものに導かれて、それに近づくことだけである。

人が完全な円を紙に描いたり、粘土板で作り上げたりしようと懸命に取り組んでいるとき、そこで主導的な働きをしているものは何か。彼か。円か。彼が完全な円を自らの描く円に従わせているのか。それとも完全な円が彼の描く円を自らに従わせているのか。彼が完全な円を自らに引きつけて近づかせようとしているのか、それとも完全な円が彼を自らに近づかせようとしているのか。明らかに彼は完全な円に導かれてそうしているのであり、「主体」は完全な円であり、彼と彼に描かれ、作られる円は「従者」であろう。

これに対して、テーブルの上の花を忠実に描こうとするときも、主体は花そのものなのかという疑問が出されるであろうか。人は自分の描く花を実物の花に近づかされるのであり、主体はやはり花ではないか。しかし花の場合と完全な円の場合との間には決定的な違いがある。花の場合には、花を人は見ることができる。彼は画用紙に描かれた花とテーブルの上の花の両方を並べて見て、双方を比較しながら近づかせるであろう。テーブルの花が基準ではあっても、彼は両方の花の間に立ついわば仲介者として、双方を折り合わせるであろう。完全に似るということを目指すなら別であるが、そうでない限り、「これでもうよし」と判断するのは彼であり、彼がそうしてよいのであり、決定権を持つ「主体」は仲介者としての彼であろう。しかし、これに対して、完全な円は人には見ることができない。この場合人は見えないものに見えるもの（描かれ、作られる円）を近づかせようとするのである。彼はこのとき二つを並べて、その間または脇に立って、双方を見ながら比較することはできない。むしろ描かれた円を手にしながら前方の〝かなた〟に見えない円を思い浮かべ、それが見えないところから呼びかけるところに近づくようにしなければならない。(10) 完全な円そのものは見えないけれども、描かれた円が各部分でより一層円滑に描かれているかどうかは調べることができ、こうして見えない完全な円に、いわば〝招き寄せられつつ〟近づくことはできる。しかしよく調べて彼が「これでもうよし」と判断しても、描かれた円が完全な円であることを保証することは彼にはできない。完全に保証することができるもの、その〝絶対的権限〟を持つものは完全な円自身のみであり、彼は（もちろん彼に描かれる円も）ここでは「主体」ではあり得ない。彼は常に完全には届かない所に立っており、見えないところから完全な円に呼び出され、牽引されるのみである。

　尊びの愛についても同様であり、人間はどういう尊びの愛がより広く、より長く、より高く、より深い尊びの愛であるかは経験を通して知ることができ、こうして、完全な尊びの愛そのものを知ることはできなくても、絶えずいわばその呼び声を聞きながら、見えない完全な尊びの愛により一層近づくことはできる。(11) ルカの「善いサマリア人への譬え話」は完全な尊びの愛の本質に極めて肉迫しているに違いないことを私たちは知ることができる。しかしルカはこの譬え話が完全な尊びの愛そのもの（神、イエス）が自らペンを取って創作したものであると主張する気持ちなど毛頭なかったであろう。しかも、それにもかかわらず、同時に、彼は「これは完全な尊びの愛そのものが私を動かして書かせたのです」とも言わざるを得なかったであろう。そして彼はこの譬え話は人間には完全には知り得ない全き尊びの愛に呼び出され、導かれながら自らが創作させられたものであることを認め、「これは私にとって、またすべての人にとって、完全な尊びの愛そのもの（神、イエス）に一層近づくためのかけがえのないよすがです」と言うことであろう。

　人間は完全なものを創造することはできない。そうであれば問題にすべきことは歴史的事実がどうであるかではなく、どれだけ完全なものに迫っているかである。迫っているとき、私たちは神に呼び出され、引き寄せられて、そうしている。

もしイエスの尊びの愛が真に完全であることの証拠を求められるなら、証拠は私たちが真実に尊び愛し合うときに地上で現実に体験する、しかし地上のものとは到底思えない、〝天にある幸い〟の思いである。この至福に与るとき、人は、嘗て絶体絶命の中で自《おの》ずから縋りついていたあの計り知れない大いなる何かに思いを致しながら、アウグスティヌスの言葉を、深い共感の戦きの中で、自らに噛みしめるのである。

あなたは私たちをあなたに向けて造られました。それ故、私たちの心は、あなたの内に帰り憩うまでは、安らぐことがありません。

（アウグスティヌス『告白』第一巻、第一章、一）

Fecisti nos ad te, et inquietum est cor nostrum, donec requiescat in te.　（*Augustinus: Confessiones I, i, 1*）

註

序

（1）ギリシア語にもアクセントがある。「アガペー」という語では、「ガ」の部分が強く、また高く発音される。「アガペー」と書き表したのはそのためである。今後は特に示さないが、いつもそのように発音して頂ければ、幸いである。

（2）イエスの言動と並んで、パウロを初めとする弟子たちの言動についても同様の作業があり得、新約聖書全体を問題にする限り、それが加えられるべきであろう。

（3）ニーグレン自身のスウェーデン語では kärlek。

第一章　「アガペー」（「アガパオー」）という語の意味合い

（1）C. S. Lewis, *The Four Loves*, 1960 の日本語訳『四つの愛』（「C・S・ルイス宗教著作集2」新教出版社、一九九五年）において、訳者、蛭沼寿雄氏はルイスが明らかに στοργή, φιλία, ἔρως, ἀγάπη に当てて用いている affection, friendship, eros, charity の翻訳として、それぞれ「愛情」「友情」「恋愛」「聖愛」を用いている。

（2）井上洋治『日本とイエスの顔』日本基督教団出版局、一九九〇年、第七章以下、特に一六三頁。「悲」は仏教で「同苦の思いやり」を意味するところから採られた由である（井上洋治『イエスのまなざし――日本人とキリスト教』日本基督教団出版局、一九八一年、一九八頁）。

（3）正確に言えば、これ以外のものもある。それには、人の a の対象として「真理」（二テモテ二・10）、「善」（テトス一・八）、「義」（ヘブライ一・9）があり、おそらくそれらの集合としての（aすべき）「こと」があるが、他にも「金銭」（二テモテ三・2）や「快楽」（二テモテ三・4）もある。それ以外では「世」（ヨハネ三・16、二テモテ四・10、一ヨハネ二・15）があるが、これは人々の集合、人々の共同体と見てよいであろう。神の a の対象としての「都」（黙示二〇・9）もそれに準ずるであろう。さらにまた、人のαの対象として「（自分の）命」（ヨハネ一二・25、一ペトロ三・10）、神のαの対象として「（神が）わたしたちの内に住まわせた）霊」があるが、これらは「自分」や「人」と切り離せないであろう。αの対象の多様性は『セプチュアギンタ』では新約聖書をはるかに越える。すなわち①の場に相当するものとして、神↓人（その内には「正しい人、神を信じる人、神の教えを守る人」（一三回）、「自らが選ばれた民」（三七回）、「ご自身が遣わす人」（一回）、「存在するすべてのもの、すべての民」（二回）、「我が子としての人間」（一回）、「窮地にある人」（一回）、「神に背く人間」（四回）が含まれ、合計五九回）の他に、神↓「正しさ、真理、知恵、聖なるもの（ご自身の業をも含めて）」（七回）、神↓「エルサレム、祭壇」（六回）があり、またこれに準じて「知恵、正義」のαの対象として「知恵、正義に従う者」（二回）がある。また②の場として、人↓「神、主」（三六回）の他に、これに準ずる、人↓「御教え、知恵、知識、正しさ、律法、慈しみ、善、平和、主の御名、主の家、御救い」（三五回）、王↓「正しい人、正しい人の言葉」（二回）、人↓「エルサレム」（三回）、「主への信仰に生きる日々」（一回）があり、また③の場としての人↓人（その中には、「神の御前で正しい人、立派な人」（五回）、「善き人、忠実な人、真実な人、親切な人、心配りする人」（七回）、家臣↓「王」（二回）、知恵ある人↓訓戒者（二回）、人↓限定されない「人」（二回）、「友」（四回）、「同族」（二回）、「隣人、寄寓者」（四回）、「父母、子、兄弟」（七回）、「義理の父母」（一回）、「男、女」への恋愛、性愛として（一七回）、「夫、妻」（八回）、「裏切り者」（二回）、「敵、自分を憎む者」（二回）、好みによる偏愛で「好く」の意味で（九回）が含まれ、合計六九回）、④の場としての人↓「自分の魂」（三回）、「自分自身」（一回）、「清い心」（一回）、の他に、①から④に属さない場合として、人↓「眠り、快楽、酒、黄金、勝利」（五回）、人↓「無価値なもの、危険、悪、不正義、死、異教の神」（一七回）、また、生き物↓同類（一回）、というように、ありとあらゆるものが対象であると言ってよいほどである。しかし本稿では考察を、簡素化して見通しをよくするために、ここに挙げた四つの場に限定して行うことにする。それによって本書の主旨が影響を被ることはない。

（4）後に見るようにこれを否定する見解もあるが、それは採ることができない。

（5）「いとおしむ」は『広辞苑』によると、不憫に思う、可愛く思う、愛惜する等の意味であるから神に対しては用い得ないであろう。

（6）二〇〇〇年頃。

（7）『新しい人間像を求めて――人間存在の実像と虚像のはざまで』（聖心女子大学キリスト教文化研究所、宗教文明叢書7、春秋社、二〇〇九年）二一五－二四九頁、「人間の尊厳と現代」。

（8）例えば、サムエル記上三〇章23節、士師記一九章23節、マラキ書一〇章2節など。

（9）筆者は、テレビで「ブッシュ大統領はフセイン国王が使っていた拳銃を執務室の引き出しにしまっていて、心を許す友人にはそれを得意そうに見せているとのことである」とのニュースに接したとき、心の中で思わず「愚か者」と叫んでいた。イラク戦争乱入と共に始まったブッシュ大統領に対する筆者の露骨な（筆者はそれを人に隠さなかった）軽蔑はその時頂点に達した。筆者はそのことを間違っていることだとは思わなかった。むしろ少しなりと正義感を持ちながら生きる人間には当然のことであり、そうしないことはむしろ正義を欠くか、正義に鈍感であることだと感じていた。しかし、イエスのこの箇所の教えの神髄に触れたとき、筆者は自分の非を突かれた。正直言って、筆者にはブッシュ大統領を尊ぶ気持ちなど一切なく、それを人目にさらしても恥じるところのない正当なことだと思っていたが、そうかと問われた。そうする資格がお前にあるかと問われた。それ以来筆者の人を見る目は根本のところで変えられて来ていると感じている。ブッシュ大統領の様々な行動が愚かしいものではなかったと見るようになったということでは全くない。それが愚かしいものであったことは間違いないと、今でも、そこは少しも変わらずに、思っている。ただ、彼を尊ばなくなること――それが正しいか。お前は尊く、彼は尊くないか。筆者は“ぐうの音も出ない”ように、どうしても肯定できなかった。そんなことは全くないと自答する他なかった。「自答」と言うが、イエスの視線に出会って、イエスに答えているのである。ブッシュ大統領を一人の人間として尊んで見るように――そういうイエスの促しを受けて、筆者の彼を見る目は、いや、彼だけでなく、「人」を見る目は、おそらく筆者の一番奥深いところで、変えられている。筆者はその道を一層進むことができるよう、導きを祈っている。

そういうわけであるから、また、「腹を立ててはならない」（「怒ってはならない」）という教えは、不正を犯す人間に対しては別だとする注解を今では筆者は受け入れることはできない。そういう注解がどれほど不当な戦争を正当化させて来たことであろう。くり返すが、ここで問題になっているのは相手を軽蔑し、バカにすることである。「怒る」ということも相手を軽蔑し、見下しながら怒ることである。「腹を立ててはならない」という見出しは怒りの取り乱しや激しさが問題にされているとの誤解を与えかねない。根本に尊びがない――それが問題なのである。

不正な相手に対してであれ、尊びを欠いて怒ることを――それがどんなに冷静なものであったとしても――イエスは認めないであろう。イエスが認める怒りがあるとすれば、相手を尊ぶところからこそ生まれる瞬時の怒りのみであろう。それは本来の正しい意味での「叱責」にのみあるものであろう。

(10) 筆者は次のような実話を聞いたことがある。「私の父は今で言えば何百万円の大借財を抱え続けて、しかもその大半は飲み代であったから、二度裁判に訴えられそうになったが、そのいずれの時も、母親があばら屋で、小さな子供たち六人を背に、手を突いて詫びるその真摯で誠実そのものである姿を見て、告発人は引き下げた。もっと正確に言えば、母親が約束した返済を細々と、しかし確実に続けるのを見て、『もう返さなくてよい』と言った。」

(11) 本書二三一－二三二頁参照。

(12) イエス自身は無抵抗主義で生きたのか――これは是非とも問題にしなければならないことである。「無抵抗主義」という言葉で「武力・腕力を用いて抵抗することはしない主義」のことを言うのであれば、もちろんイエスは無抵抗主義者だった。しかし、この言葉は「いかなる抵抗もしない主義」、つまり完全な従順を貫く立場という意味にも取れ、またそう受け取られやすい。イエスが自分に敵対する人々にいかなる抵抗もしなかったかを問うならば、明らかにそうではなく、イエスは、イエスを「神の子」と認めず、神の教え（律法）に背いているとして亡き者にしようとしたユダヤ教の指導者たちに対して一貫した言動で「抵抗」した、あるいは「闘った」のである。そうでなかったなら十字架につけられるはずもなかったのであった。ただ、それはどこまでも相手を尊びながらの抵抗・闘いであった。イエスの生涯は「非暴力抵抗主義」と評されるガンジーやキング牧師の生涯の先例であり、模範であった。

(13) Liddle & Scott、Thayer 等の稀英辞典。

(14) イザヤ書四三章4節には神が人に語りかける「あなたは私の目に高価で尊い」という言葉があるが、以下の正当な問いがあり得るであろう。尊びも「……にとって」は持たないとしても、「……の目に」ということは欠き得ないのではないか。そしてそうである以上、目の持ち主の主観に左右されずにはおらず、従って或るものが「それ自身において」尊いということは存在しないのではないか。それに対しては次のように言うべきであろう。「……の目に」を欠き得ないことは確かであるが、しかし「見る」という働きはものの「あるがまま」を捉えようとする働きであって、見る働きが及ぶ以前に、ものがそれ自身においてある姿が考えられ、それをできるだけ正確に、忠実に

――それのある通りに――摑むのである。そこには「……にとって」の場合のように、まず対象に向かう主体の側に欲求することがあり、対象がそれにどう「応える」かによって判定が行われるということはない。もちろん、見る働きにも錯覚や偏見によって実像が歪められるということは起こり得る。そしてそれが起こるところでは、しばしば何らかの欲求が主導しているであろう。しかし、ここで重要なことは、「尊ぶ」ということは、パントマイムで表せば、対象をできるだけ上方高くに仰ぎ見、あるいは上方前方に高く押し戴き、腰はできるだけ後方に引き下がるように、対象を「主人」とし、自らを「従者」としなければ成立しない姿勢あるいは態度である。対象自身の声を聴き、それに従おうという姿勢がない限り、対象の「ある通り」をできるだけ損なわずに忠実に受け止めようとする姿勢がない限り、「尊ぶ」ということはそもそもないのである。従って「尊び」のもとでは錯覚や偏見は除去される方向にあり、その可能性がある。もちろん、それでも錯覚や偏見を抜け出せないことはあり得るが、しかし当人が尊んでいる限り、彼が対象に見出す価値は「それ自体が持つ」価値であり、しかも「高い」価値であり、その前で彼は低くなっているのである。対象に対するこの主－従関係が適切なものかどうかは、長い経験を経て次第に明らかになって行くであろう。そして錯覚や偏見があれば、次第に明らかになって行くであろう。この点から見れば、αがすべての人を「それ自身において人として本来尊い」として尊ぶことは一つの「信仰」である。この信仰としての尊びが各人において本来の尊さが輝き出るのを見るに至らせるのである。

なお、アリストテレスは、友への愛（フィリア）の動機には三つの場合があると述べる。①友が私にとって何らか「快い」（愉快である、楽しい、喜びを与えてくれる、等々）から愛するという場合、②友が私にとって何らか「有益である」（利益をもたらしてくれる、役に立つ、等々）から愛するという場合、③友が友自身において「善い」から愛するという場合である。①②は理解しやすいのに対して、③は理解しにくいところがあるが、そこで「善い」と言われるのは、要するに、「有徳である」ということであることが明らかになって来る。「有徳である」ということも、先程「真である」や「尊い」に見たのと同じように、「（誰それ）にとって」ということなしに成立するのであり、つまり、誰かの何かの期待に応えることと無関係に当人自身に成り立つのであり、だから「友が友自身において善い」と表現されたのである。アリストテレス自身が述べるように、有徳な人は私にとって「快い」人でもあり、「有益である」人でもあるが、つまり③は①②でもあるが、しかし私にとって快いから、あるいは有益であるから、有徳であるのではなく、有徳であるから快く、有益なのである。つまり③の有徳であるが故の快さや有益さは徳がもたらす快さや有益さなのであって、それ以外の快さや有益さではないのである。しかし既に述べたように、「よい」という言葉は本来は「……にとって」を欠き得ないであろう。そして「よい」という言葉は①や②の「快い」や「有益である」という意味でも使われるが、その場合にはまさに「……にとって」付きで「よい」のである。

（15）前島誠『うしろ姿のイエス』玉川大学出版部、一九八一年、四四頁。

（16）同書四六頁。

（17）「愛す」という言葉の意味によっては、尊びは必ずしも「愛す」に結び付かない。例えば尊んだ相手を「好きになる」とか「恋する」という意味で愛すとは限らない。ただ、それでも、そういう「愛す」に対して背反的ではなく、むしろ開かれているであろう。尊びは尊び返されて「尊び合う」に至ることを求めるが、尊び愛し合えた時には互いに好きになり合えるであろう。

（18）本書二四頁。

（19）ただし、これは縮約版である。筆者は最初の頃縮約版しか見なかった。しかしその後見た完全版も大差はない。

（20）φιλέω の項、解説1の終わり部分。

（21）原文を示せば、“As to the distinction between ἀγαπᾶν and φιλεῖν; the former, by virtue of its connection with ἄγαμαι, properly denotes a love founded in admiration, veneration, esteem, like the Latin *diligere, to be kindly disposed to one, wish one well*; but φιλεῖν denotes an inclination prompted by sense and emotion, Latin *amare*.” （ἄγαμαι は「驚くこと」である）。

（22）他の例文を挙げれば以下の通りである。訳は筆者自身であるが、セイヤーの解説を生かして訳している。ἐφιλήσατε αὐτὸν（sc. Caesar）ὡς πατέρα καὶ ἠγαπήσατε ὡς εὐεργέτην（あなた方は彼〔即ちカエサル〕を父親として親しみ愛し、恩人として尊び愛した）（Dio Casius, 44, 48）、ut scires, eum a me non diligi solum, verum etiam amari「彼が私に尊重されているばかりでなく、本当のところ好意を抱かれてさえいることをあなたに知って頂けるよう」（Cicero, ad fam. 13, 47）'L. Clodius valde me diligit vel, ut ἐμφατικώτερον dicam, valde me amat, id. ad Brut.「L. Clodius は私をとても尊んでくれる、あるいはもっと強く言えば、私にとても好意を抱いている。」（id. ad Brut. 1.）

（23）『リュシス』プラトン全集第7巻所収、生島幹三訳、岩波書店、一九七五年、二〇〇頁。

（24）Tr. by W. R. M. Lamb, 1955.

(25) 原文では②に続いて、③ὁ δὲ μὴ φιλῶν γε οὐ φίλος.「ところで、フィレオーしていない人というようなものは友（フィロス、フィレオーする人）ではない」と言われており、フィレオーは友となるように愛することを言い表しているから、単純化のためにこう訳してよいであろう。

(26) 訳者は一貫して「求める」と訳しているわけではない。『リュシス』には「アガパオー」が五回用いられているが、215d に出てくる ἀγαπᾶν は「ほしがり」と、また 220d の ἠγαπῶμεν καὶ ἐφλοῦμεν は「尊重し愛していたのだ」と訳している。220d で「尊重し」と訳していることは注目される。

(27) ⓐ新約聖書については次章で全面的に取り上げることとする。

(28) 詳細は聖心女子大学キリスト教文化研究所紀要『宗教と文化』28、30、31参照。

(29)『ニコマコス倫理学』以外にも当たったものがあるが、それはほとんどすべてが他の研究者が取り上げるのに応じてであり、それは（Ⅲ）で問題にされる。

(30) 1179a 25. εἰ γάρ τις ἐπιμέλεια τῶν ἀνθρωπίνων ὑπο θεῶν γίνεται, ὥσπερ δοκεῖ, καὶ εἴη ἂν εὔλογον χαίρειν τε αὐτοὺς τῷ ἀρίστῳ καὶ συγγενεστάτῳ (τοῦτο δ᾽ ἂν εἴη ὁ νοῦς) καὶ τοὺς ἀγαπῶντας μάλιστα τοῦτο καὶ τιμῶντας ἀντευποιεῖν

(31) 1168b 30. φίλαυτος δὴ μάλιστα ὁ τοῦτο ἀγαπῶν καὶ τούτῳ χαριζόμενος

(32)「愛らしい」「愛しい」と同義の「愛すべき」はそういう意志的、能動的な意味の「愛すべき」ではない。なお、ἀγαπητόν ἐστι が必ず「仕方なしに満足すべきだ」という意味であるわけではないことは、「恋する人にとっては（恋人を）見ることが最も尊び愛すべきことであり、彼らはこの感覚を他の感覚に優って選んでいる（τοῖς ἐρῶσι τὸ ὁρᾶν ἀγαπητότατόν ἐστι καὶ μᾶλλον αἱροῦνται ταύτην τὴν αἴσθησιν ἢ τὰς λοιπάς）」（1171b29）に明らかである。恋人を見ることが最も仕方なしに満足すべきことであるはずはない。なお、不本意であっても乗り越えることができるのは「アガパオー」が「尊び愛す」の意味合いだからだと筆者がここで述べたことを、筆者と同様にアガパオーの意味合いを「高く評価する」と考えるシュミットは以下のように説明している。すなわち問題になっている悪いものを他の一層悪いものと比較して「こちらがましだ」「こちらの方が価値がある」と選ぶのである、と。（H. H. Schmidt, Synonymik, p. 486）これは極めて明快な説明であろう。

(33)『セプチュアギンタ』における「アガペー」「エロース」「フィリア」の多数の用例に即した語義の検討については、拙稿「『セプチュアギンタ』と〈アガペー〉」（一）参照。

(34) 以下『セプチュアギンタ』からの日本語訳はBibleWorks 6に収められている"Brenton's LXX English Translation"を踏まえた筆者の訳である。

(35) καὶ προσέσχεν τῇ ψυχῇ Δινας τῆς θυγατρὸς Ιακωβ καὶ ἠγάπησεν τὴν παρθένον καὶ ἐλάλησεν κατὰ τὴν διάνοιαν τῆς παρθένου αὐτῇ

(36) こう述べることはアムノンの思いが「恋」でなかったということではない。尊びの愛は恋愛ともなり得る。それは尊びに基づかない恋愛とは異なる。二者の違いは性愛にすら及ぶであろう。（註17参照）

(37) 仮にアムノンが本当にタマルを尊び愛していたなら、唆されても強姦に至ることはなかったはずだとの反論があるなら、人を罪に陥れる"魔力"（悪魔的な力）をどう捉えるのかを問題にしなければならない。「本当に」という語を「悪魔の誘惑にも動じない程に」という意味で用いるのであれば、その通りであろう。しかし我々は通常いかなる動詞をもそこまで保証しながら用いてはいないであろう。

(38) 以上の箇所の新共同訳と『セプチュアギンタ』との間には、21節の末尾を除いて、差はない。その末尾に『セプチュアギンタ』は、「ダビデ王は……激しく怒った」の後に「しかし彼の息子アムノンの精神を嘆き悲しむことはなかった。それはアムノンが彼の第一子だったので、アムノンをアガパオーしていたからである」（καὶ οὐκ ἐλύπησεν τὸ πνεῦμα Αμνων τοῦ υἱοῦ αὐτοῦ ὅτι ἠγάπα αὐτόν ὅτι πρωτότοκος αὐτοῦ ἦν）と、原文にない言葉を書き足している。これは、このときのダビデ王の不徹底がやがて王家の騒動を引き起こし、ひいては王家崩壊にまで至らせることを暗示するためであろうが、この「アガパオー」は王が長子としてのアムノンを偏愛したというようなことではなく、やがて王位を相続すべき者として重んじていたということではないか。そうであれば、やはり「尊び愛していた」がふさわしいであろう。

(39) 「ステルゲイン」は「ステルゴー」の不定詞形。以下同じ。

(40) 我々がうっかりすると見失いかねない、しかし注意しなければならない重要なことは、今のように古典ギリシア語の四語を問題にしているとき、実は四語だけではなく、研究者の使用している言語――ウォーフィールドであれば英語、筆者であれば日本語――もその場に入り込んで来て、従って必然的に［4＋x］数の語の関係を問題にしなければならなくなることである。本節冒頭に筆者は「広く『愛』を言い表す四語――動詞形『ステルゴー』『エラオー』『フィレオー』『アガパオー』およびそれぞれの名詞形……」と述べたが、ここには既に日本語の「愛」という語とギリシア語四語の関係が一定の仕方で把握された上で陳述が行われている。しかし本来はそう把握してよいのかということが問われなければならないはずである。ウォーフィールドも実は英語の love という語と四語との関係を同様に「広く love を表す四語」と捉えているのであり、従って本来はそう捉えてよいかという問題に晒されているはずである。では、ウォーフィールドはその問題をこの論文で問題にしているか。彼自身が明言しているわけではなく、彼自身がどの程度自覚していたかは分からないが、問題にしていると見ることができるであろう。彼の方法は、今後具体的に見ることになるが、四語が如何なる主体に、また如何なる対象に、そして両者の如何なる関係に、適用され得るかを見るところにあると思われる。四語は人間の男女関係に使用されるか、とりわけ肉欲的関係に使用されるか、あるいはまた人間同士の家族関係に、友人関係に、あるいは隣人関係に、同胞関係に、それらが和合する文脈で使用されるか、あるいはまた人間の神への関係に、さらには神の人間への関係に同様に使用されるか、といった点に注意が向けられるのである。また神や人間という person だけでなく、物や動詞の不定句を客語にすることができるかにも注意が払われる。ところで、やや大まかに言えば、彼は踏査の結果、四語はいずれもこれらすべてのほとんどに用いられて来たことを見出すのである。そしてまたその一方で英語の love という語もこれらすべての場合に適用できることを見出しており、そこから四語の四つの円は一つの（英語で love と名付けられる）円において重なると主張するのである。またさらに、今の箇所でも love（愛）の観念はこれらのことをすべて含んでおり」という発言がなされるのである。ところで、ここで筆者が love を「愛」と訳したことは問題なかったのか。言い換えれば、日本語の「愛」も、英語の love と同じように、四語の四つの円がそこで重なる一つの円となり得るのか。現在使われる限りでの「愛」はそうだと言って問題ないであろう。上に挙げたすべての場合に「愛」という語は現在では使われるようになっているからである。ただ、元々はそうではなかった。ここに「愛」という日本語の歴史的発展を追跡する、興味深い課題が存在するであろう。今一つだけ予想として言えることは、そのように広く用いられるようになったところには、英訳聖書の中の love という語を「愛」と訳したこと——その結果は「愛」を人‐神関係にすら用い得るようになったのであった——が大きく一役買ったのではないかということである。現在では love という語は「愛」「愛す」と訳すことにほとんど何の問題もないまでに、両者の対応関係は深く広いものがあると思われるから、本稿でも一貫してそう訳すことにする。

(41) 英語であれば love、日本語であれば「愛」と呼んでいる観念の中には自然であること、情熱的であること、（相手が）喜ばしいこと、尊いこと、という性質がどれも含まれているのであるから、その内のどの性質に特に深く目を向けるかに応じて、ギリシア語の四語が個別に口に上る、との意であろう。

（42）引用最後の、「しかし」以下の文の意味するところは、例えば同じ神への愛にも「自然」「情熱」「楽しみ」「尊び」という要素がすべてあるから、どの点に目を向けるかに応じて異なった語が用いられるということであろう。この辺で述べられていることを日本語に当てはめて理解すれば、次のようなことであろう。姫君が花を愛したことを、話者が「姫は花をめでたというよりはいつくしんだ」と言うときには、話者は二語の特有の意味合いを強く意識しており、また単に「姫は花をめでた」と言うときでも、話者自身は「めでる」の特有の意味合いを強く意識して、語っている場合もある。しかし、それとは別に、語り手が「めでる」の特有の意味合いを特に意識せずに「姫は花をめでた」と語る場合もあり、その場合には語り手は「姫は花をいつくしんだ」と言ったかも知れず、つまりそれと大差なしに語っているであろう。この場合は、要するに、語り手が言おうとしたことは「姫が花を愛した」ということだ、ということになるであろう。「めでる」「いつくしむ」「愛す」それぞれの特有の意味合いが意識されない中で、三語はほぼ「同義」なのである。

（43）以下、ウォーフィールド自身は動詞を不定詞形で「ステルゲイン」（στέργειν）、「エラーン」（ἐρᾶν）、「フィレイン」（φιλεῖν）、「アガパーン」（ἀγαπᾶν）と書き表しているのであるが、煩瑣になることを避けるため、引用の場合は別として、差し支えない場合は、辞書に用いられる一人称・単数・現在形（「ステルゴー」「エラオー」「フィレオー」「アガパオー」）に換えて書き表すことにする。若干ではあるが、動詞形を名詞形に換える場合もある。

（44）ウォーフィールド自身は膨大な資料で考証研究を行っていると述べたが、実はそれ以上に膨大な資料を収集したと言ってよい研究を行ったものにJ・H・H・シュミット『ギリシア語の類義語』（Johann Hermann Heinrich Schmidt, *Synonymik der Griehischen Sprache*, 1879）がある。ウォーフィールドはこの先行研究をも踏まえて自身の研究を進めているが、両者の違いは、シュミットのものは、「愛」に関する類義語にとどまらず古代ギリシア語全般にわたっていることは別としても、集められた資料に基づいて語意・語用に関する自身の見解を解説して示すことに集中し、全体として資料の解説集の観があるのに対して、ウォーフィールドのものは、ギリシア語の「愛」の類義語に関して他の諸説をも検討し、歴史的な展望を持って独自の見解を確立する学術論文である点に大きな違いがある。

（45）「自分に好ましい（agreeable）性質」と訳されたシュミット自身の言葉は Annehmlichkeiten（J. H. H. Schmidt,

Synonymik der Griehischen Sprache, Vol. 3, p. 480, ULAN Press, 2014).

（46）ウォーフィールドは引用中のギリシア語の前にそれの英語の訳語を置いている。それを筆者が日本語に訳して、日本語・英語・ギリシア語の順で書き表すことが考えられるのであるが、そうすると、ギリシア語をそのように英訳し、またそのように日本語に訳したことが適切か問われることとなり、問題が三語間にわたって複雑化するので、英語訳を取り除き、日本語訳も添えないでいる。ところで、この箇所のアガペーシスは何と訳すべきであろうか。ウォーフィールドはaffectionとしていて、日本語ではそれに近く「愛情」と訳すことも考えられるのであるが、しかしアガペーに特有の意味合いを滲ませて「尊びの愛」とすれば、文意はむしろ鮮明になるであろう。つまり、ここでもアガペーシスの特有の意味合いは生きていると見ることもできそうなのである。

（47）このような「ストルゲー」を日本語でどう訳すことが近いかということは難しい問題であるが、「愛情」とか「親愛の情」というところであろうか。なお、文中の「神なるもの（Deity）」から「神（God）」への言い換えには、キリスト教以前の不特定な神観念からキリスト教の特定の観念への移行が考えられているであろう。

（48）このようにウォーフィールドは述べるが、根拠は何か。後に来るものが段階が上と決まるのであろうか。例えば「我々は尊ばれるだけではなく、親しまれなければならない」の場合、「親しまれる」は「尊ばれる」の一面性を補うべきものとされているだけであって、「尊ばれる」よりも上位であるとされているわけではないであろう。プルタークの言葉も、φιλεῖσθαι が「親しまれた」、ἐρᾶσθαι が「熱愛された」の意であった場合でも、後者がより高いと言い切れるか。そもそも広く愛を言い表す諸語間に簡単に高低を言えるものか。神に関係して用いられる場合を「高次」と呼ぶことは理解し得るところであろうが。

（49）『リュシス』222A。ウォーフィールドが221Aとしているのは誤りである。

（50）ウォーフィールドが添えている訳語はlove and affection.

（51）オリゲネスが本当にキリストを、あるいは別のものを、「エロース」と呼んだのかについては諸説あることをウォーフィールドは注記している。

（52）『セプチュアギンタ』の雅歌には既に述べたように（七一頁）エロースという言葉は用いられていないから、オリゲネスが『セプチュアギンタ』を用いたのであれば、雅歌の中で両語が差なしに用いられたということではない。

（52）『日本国語大辞典』（小学館）は「恋ふ」が「乞ふ」に由来するとする語源説があることを伝える一方で、それは

「『恋う』の『こ』が上代甲類音、『乞う』の『こ』が乙類音であるところから誤り」と断定している。しかし日本語で、漢字が導入される以前に既に「こう（甲類音）」と「こう（乙類音）」という二語の意味合いが截然と区別されていたのであろうか。そしてそれぞれに応じて漢字の二語が適切に振り当てられたのであろうか。逆であった可能性、つまり漢字が導入されてから、二語を発音上区別した可能性はないのか。

(54) シュミット自身は「最も全般的な」(allgemeinste) と、最上級で述べている。(*Synonymik.* Vol. 3, p.476.)

(55) このことを踏まえるならば、「フィレオー」を「喜び愛す」（あるいは「喜んで愛す」「嬉しくて愛す」）と訳すことは極めてよく「フィレオー」の含意を伝えて適切であると言えるであろう。日本語の「好きである」「好きになる」はまさにそういう語ではないか。

(56) アリストテレス『ニコマコス倫理学』第八巻第二章の「無生物に対する愛情がフィリアと呼ばれることはない」(1155b27) のフィリアは「愛」と訳されると理解できず、「友愛」と訳されることがふさわしいであろう。しかしその一方で、同七章の「優越性に基づく形態のフィリアがある」(1158b13) のフィリアを「友愛」と訳すことはアリストテレスの主張に矛盾を来すようにしてしまい、ふさわしくないであろう。ウォーフィールドの考えるように、同じ「フィリア」を「愛」と「友愛」ないし「友情」に訳し分けることがどうしても必要であると思われる。

(57) 本書九〇頁。

(58) 本書九一頁。

(59) これが多くの人の支持を受けている見解であるが、W. Prellwitz による他の語源の主張も註で紹介されてはいる。

(60) ウォーフィールドがここで付している註95によれば、コープ (E. M. Cope) はアガパーンの由来がどうであろうと、「賛嘆、尊敬、高い評価を根拠に把握されるこの選びないし愛情の観念は間違いなくこの語の意味に入り込んでいる」と述べ、クセノフォンの Mem. ii. 7.9 を決定的証拠として挙げている。また彼はアリストテレスの『ニコマコス倫理学』について「どの場合にも、この語は高い評価の意味合いを担っている可能性があり、また多くの場合に担っているに違いない」と述べている由である。筆者は既に拙稿「『尊び』の愛としての『アガペー』」で『ニコマコス倫理学』におけるアガパーンーの全用例について同様の検討を行っていた。ただしコープ (Cope) の論文は入手できておらず、細部まで完全に一致しているかどうかは分からない。

(61) ここで一つ気になることがあるが、それは、ウォーフィールドはステルゴー、エラオー、フィレオーについてはシュミットの意見を基本的に正しいと承認し、いわばその土台の上に自らの見解を敷衍していたのであるが、アガパオーについてはどうなのかという点である。この点については、後に、シュミットの捉え方にはっきり反対していることを見ることになる。シュミットはアガパオーを簡潔に「愛す、（高く）評価する（schätzen）、分別（Verstand）が正しく秤にかけるところから出てくる。従って激烈な愛ではなく、甘美な愛ではなく、自己愛ではない。状況に関して、比較によってその状況を評価することを学んで、その状況で自分を満足させる。この場合対格と共に与格も取る」（*Synonymik Der Griehischen Sprache*, Vol. 3, p. 488）と要約しているが、この中の「分別が正しく秤にかけるところから出てくる」ということをウォーフィールドは承認できないのである。

(62)『ソークラテースの思い出』佐々木理訳、岩波文庫、一一三－一一四頁。

(63) これに先立つ部分でウォーフィールドは、②の二つの節の構造の分析を通して、アガパーンが「役に立つ」に対応し、フィレインが「好んでいる」に対応していると言えるとし、そこに両語の定義が示されていると主張するのであるが、筆者にはその分析は十分理解できず、疑問を抱かせる。これ以後の解明は筆者自身のものである。

(64) 正確に言えば、②はソクラテスが予想して述べることであり、③は実行した結果である。ソクラテスの予言は最初の段階のこと、すなわちアリスタルコスは女性たちをフィレインし、女性たちはアリスタルコスをアガパーンすることであるが、実行の結果は、これにさらに、女性たちはアリスタルコスをフィレインし、アリスタルコスは女性たちをアガパーンすることも加わり、こうして相互にフィレイン且つアガパーンし合う関係に至るのである。

(65) 本書六二頁。

(66) 本書六二頁の、2 ὁ δὲ μὴ ἀγαπῴη, οὐδ᾽ ἂν φιλοῖ.

(67) Loeb はアガパーンを cherish（大事にする）と訳しており、ウォーフィールドの主張に近いが、生島幹三訳は「求める」としている。しかし「求める」は余りにもアガパーンから遠いのではないか。

(68) 本書六二頁の1 ὁ δέ μή του δεόμενος οὐδέ τι ἀγαπῴη ἄν.

(69) 本書六二頁の2 ὁ δὲ μὴ ἀγαπῴη, οὐδ᾽ ἂν φιλοῖ.

(70) この一文は見過ごすことのできない重要なものである。「感覚的なこと、密着した交渉」の「密着した交渉（close intercourse）」とは「感覚的なこと（sensuousness）」を受けているところからして、「肉体的交渉」を婉曲的に述べていると思われるが、アガパーンが肉欲愛の場面で用いられる場合ですらその高尚な意味合いを失わないということをウォーフィールドは認めているのか。これまで見たところからも、今後見るところからも、そうではないであろう。とすれば、ウォーフィールドではなく、アガパーンしている当人は尊び愛しているのだということであろう。そしてウォーフィールドから見れば、それは倒錯なのであろう。

(71) 本書二六、六八、六九頁。

(72) 「秩序」(order)という語はこの場合「価値」と言い換えて差し支えない。これに対して、「フィレオー」によって表現される秩序」の「秩序」は「好ましさ」と捉えてよいであろう。

(73) アガペーは感情だとのウォーフィールドの主張の重要さも見失われることがあってはならないであろう。「愛す」(ごく普通の意味での、近しさ・好ましさ・親しみの内に愛す、また優しく、親切にすること)や「大切にする」には、尊びに由来しないそれらと、尊びに由来するそれらとがある。由来するものがあるということが示すとおり、「尊び」は「愛す」や「大切にする」に不連続なのではなく、一定の形を与えつつ「愛す」や「大切にする」にもなり得るのである。——本来相手から身を引く姿勢にある尊びが非行少年を自分にとってこの上なく大切な存在として抱きしめるようになり得るように。しかもその抱きしめは、少年を尊ぶことがなく、ただ自分にとってこの上なく大切な存在だから抱きしめるという場合の抱きしめ方とは——例えば、話しかける言葉一つにしても、少年を見る眼差しにしても——異なるであろう。アガペーは「愛す」や「大切にする」から切り離されている「尊び」を指すのではなく、そこへ連続して、それに一定の形を与える「尊びの愛」を指しているであろう。

こういうわけであるから、筆者は「アガペーは理性的・意志的な愛であって、感情的な愛ではない」という主張に全面的に同意することはできない。尊びの愛としてのアガペーはしばしば親愛の感情がまだないところで、理性的な判断と意志的な選びのもとで成立することもあることは上述して来たとおりであるが、しかしそのようにして成立した尊び中心の愛は、初めは相手に距離を取る関係に立とうとも、それが相手から「尊び」の応答を受け、「尊び合い」となって行くときには、必ずや理性的・意志的な緊張は次第にほぐれ、やがてその深まりと共に、内から自然に湧き出る信頼の、喜びに満ちた、親しみの、和らぎの、優しさに溢れる感情的・情緒的な愛につながって行くであろう。それは相手と身を寄せ合うまでに、最後には〝一心同体〟になるまでに、近しい、親密な愛になり得るであろう。そしてそれは「尊び」でなくなることではなく、「尊びの愛」として深まり、広がって行くこと、一言で言って、「尊びの愛」の「成熟」「円熟」に至ることであると感じられるであろう。この「尊びの愛」はどこまでも「尊び」のもとにある愛であり、どれほど近しく、親しく愛し合っても、「尊び」が抜け落ちることはないのであり、「尊び」に由来しない「愛」とは異なるのである。当然、理性的・意志的ということが脱落することはないのであって、必要なときには感情を導くべく、理性とそれに従う意志が感情の動きを見守っているのである。このことは、「愛」で「恋愛」を指す場合にも、すなわち「尊びから生まれる恋愛」にも、そのまま当てはまるであろう。

　ところで、以上に加えて、さらに、尊びにおいては理性が感情に対して優位にあるわけではないということをも言い添えなければならない。カントは「尊敬」（ないし「崇敬」）（Achatung）を第一次的には道徳法則に対して、またそこから、道徳法則によって自律し得る理性的存在者としての人間（人格）の尊厳に対して、生ずる「理性に規定された感情」と捉えたが、そしてそこでは理性が絶対的優位に立って働くと説いた（拙稿「行為の動機としての情念――カントの動機論を通して」『哲学雑誌　第一〇一巻第七七三号』九〇－一一一頁参照）が、「尊びの愛」としてのアガペーは人格の中の理性の働きにのみ、また真っ先に理性の働きに、目を留めるとは言えない。人間の「尊さ」とは一人の人間全体の、つまり全人格の、決して失われ、損なわれ、侵されてはならない高い価値のことであるが、アガペーの「尊び」は自他の尊さに向かう全人格的な姿勢、およびその姿勢の下での全人格的な活動である。そしてその中心にあるものは――尊さの側でも、尊びの側でも――全人格を統合して働く「霊」（πνεῦμα）であろう。一人の人間が尊くあることにおいても、またそれを自他が尊ぶことにおいても、人格の中枢をなす霊の尊びのもとで、理性も意志も感性（感覚・感情）も尊びへ向かって一定の働き方に規定されるであろう。この霊の尊びのもとで一定に規定された理性－意志－感性の調和ある働きからは自ずから人格の高貴な香り（霊的香り）が漂うであろう。霊的香りを伴う尊さや尊びの有無をつかみ取るものもこの霊に統括される全人格的な働きであろう。また、尊びを体得して行くことも、すなわち、自分に向けられる、あるいは周囲に存在している、尊びの愛に触れて次第にそれを自分のものにして行く――あるいはむしろ、されて行く――ことも、霊にふさわしく、尊びの〝霊的空気〟が〝呼吸〟されることによって次第に自分自身の中に宿って行くといった仕方で成立するであろう。これらの場で理性だけが特権的位置に立つということはなく、愛の感性の働きが極めて大きな役割を担うであろう。アガペー（尊びの愛）は理性の能力に長けていて、理論的・学問的に学んだ人において特に豊かに具わるといったことは決してないのはそのことの確かな証しである。アガペーは、それを〝呼吸〟した人には、子供にも、高度な学問を積まなかった人にも、ちょうど日の光をいっぱい受けた花のように、豊かに花開く。理性は、花が日陰に入ったときに、即座に自分を閉じようとすることがあれば、目を広く向けるよう促して、花が一杯に開くのを助けるのである。

このことは信仰に入る道にも関係する。信仰に入ることは必ず理性に先導されて、懐疑を乗り越える理論的熟慮を経てなされるとは限らない。クリスチャン・ホームに多く見られるように、「尊び」の霊的香りを呼吸することによって、信頼と親しみの感性に主導されながら、〝自然に〟信仰の中に引き入れられていくという道筋もある。

(74) 或る対象を好ましくなれと命ずることはできないことは確かであるが、従ってフィレオーの意味が「好む」であるときにはフィレオーは命じることはできないが、しかし「親しく愛す」といった意味である場合には、アガパーンについて見たのと同じ理由で命令され得るであろう。「接吻する」とか「歓迎する」といった行為を意味するときは当然用いられたはずである。アリストテレスは永続する真のフィリア(友情、友愛)は理性によって感性を統御する友人同士の間に成立することを説いている。そこには当然理性的反省に基づいてフィレオーせよとの命令が潜んでいないか。「自己愛」についても悪い意味での自己愛と善い意味での自己愛とを区別していたが、そこには自ずと「善い意味で自己を愛せ」という命令が伏在していなかったか。尤も、理性的な善い自己愛の場合にはアガパオーが用いられていたところからすると、フィレオーせよとはやはり言えないのか。筆者がざっと調べた限りでは、『ニコマコス倫理学』や『エウデュモス倫理学』にはフィレオーの命令形は確かにない。ただ、アリストテレスを離れれば、不定詞を伴って「好んで……しがちである」という意味合いに用いられる「フォレオー」の命令形が禁止(μή . . . φιλεῖτε)に用いられている例は事実ある。(Euripides, Herclidae, 176) しかしエラオーについては、恋に落ちるよう命令することはできないとしても、「あなたの母を恋い慕いなさい」という命令形は現に存在した。(九九頁参照) 自然な愛であるステルゴーだけは命じられないかとも思われるが、しかし「アストルゴス」が「薄情」であるとき、そうあってはならないという意味で命じられることもあったかもしれない。「(仕方なく) 好しとする」という意味合いの場合であるが、「ステルゲイン」が三人称の命令形 (στεργέτω) が用いられている実例がある。(プラトン『法律』8. 849e) ともかくも、意志や反省の力によって生まれるのはアガパオーだけであるかのようにシュミットが主張することは正しくないと言うべきであり、またウォーフィールドが一切の愛にそれを認めないのは一層大きな間違いだと言うべきであろう。ただ、そもそも命令される当のものは愛なのであろうか。むしろ正当な理由を示して愛の行為が命令されるとき、命令される当のものは理性であり、先ずは理性がそれを受け止め、意志にその命令を伝え、意志がそれに従って先導して愛の行為に至らせるのではないか。「アガペー」はとりわけ命令されてふさわしいという事実があるとも思われるのであるが、それが正しいなら、その理由は、「尊いものを尊び愛せ」という命令は、全くもって合理的な、至上の（最高価値の）命令であり、理性はこの絶対な命令を有無なく自らのものとするからではないか。カントが「尊厳を持つ人格を決して単なる手段にしてはならず、常に目的そのものとして扱え」という命令はどんな人格も否定できない「定言命法」（der kategorischer Imperativ 無条件の絶対命令の意味）だと主張したことがここに通じている可能性がある。

（75）ウォーフィールド自身は言及していないが、知恵を「愛す」に「フィレオー」を当てた背景には「フィロソフィア」（「愛知」）という既に成熟した語があったことがないか。

（76）It is quite true that it is used for the higher reaches of love far more frequently than for the lower-lying varieties. This was the inevitable effect of the proportionate place occupied by the higher and lower forms of love in the pages of the Old Testament, and argues little as to the relative adaptability of the term for expressing them severally. The plain fact is that *ἀγαπᾶν* is the general term for love in the Greek Old Testament, employed in some ninety-five per cent of the instances in which love is mentioned; and therefore it is employed of the several varieties of love, not in accordance with its fitness to express one or another of them, but in accordance with the relative frequency of their occurrence in the Old Testament. The five per cent or so of occurrences which are left to be expressed by other terms seem not to be divided off from the rest on the ground of the intrinsic unfitness of *ἀγαπᾶν* to express them. They include next to no kinds of love which *ἀγαπᾶν* is not employed to express in other passages. It is not to be supposed, of course, that pure caprice has determined the employment of these terms in these few instances. There is doubtless always a reason for the selection which is made; and ordinarily the appropriateness of the term actually employed can be more or less clearly felt. But it does not appear that the reason for passing over *ἀγαπᾶν* in these cases was ordinarily its intrinsic incapacity for the expression of the specific love that is spoken of. As the general word for love it no doubt could have been used without impropriety throughout.（II, p.157）

（77）It is possible, moreover, to overpress the intrinsic significance of the predominant use of *ἀγαπᾶν* for the higher varieties of love. Both φιλεῖν (Prov. viii. 17, xxix. 3) and ἐρᾶσθαι (Prov. iv. 6, Wisd. viii. 2), along with it (Prov. viii. 21), are used for love to Wisdom. But no other term except ἀγαπᾶν happens to be employed of God's love to man, or of man's love to God, or even of that love to our neighbor which with them constitutes the three conceptions in which is summed up the peculiarity of the teaching on love of the religion of revelation. This is a notable fact; and it had notable consequences. It did not, however, so much result from as result in that elevation of ἀγαπᾶν above other terms for love, which fits it alone to express these high forms. It is probable that had the Septuagint translators found φιλεῖν still in use as the general term for love, they would have employed it as their own general word, and it would have fallen to it therefore to be used to express these higher forms of love. Instead, they found ἀγαπᾶν an intrinsically higher word than φιλεῖν and more suitable for the purpose; and they trained it to convey these still higher conceptions also. Thus they stamped with a new quality, and prepared it for its use in the New Testament. What is of importance to bear in mind, however, is that the elevation of ἀγαπᾶ ν to this new dignity was not due to its greater intrinsic fitness to express these new conceptions (though it was intrinsically more fit to do so) but to the circumstance that it happened to be the general term for love in current use when the Septuagint was written. This is proved by the fact that it was not employed by the Septuagint writers as a special word for the expression of the loftier aspects of love alone, but as a general word to express all kinds and conditions of love. It is simply the common term for love in the Greek Old Testament, and the new dignity which clothes it as it leaves the Old Testament has been contributed to it by the Old Testament itself. (II, p.157f.)

(78) II, p.164.

(79) ただし、筆者に近い見方もあるようである。『ギリシア語　新約聖書釈義事典』(教文館) によれば V. Warnach は Liebe, s. 927 で、『セプチュアギンタ』の翻訳者たちが旧約聖書のアーハブ・アハバーに対してアガパーン・アガペーを当てたのは、恐らくこの語群が「他でも一般的に尊敬あるいは友好的な受容という意味における冷静な愛を表示する」ものだからであると記している由である。(第一巻、三三五頁) ただし、筆者が直接出典 (Johannes. B. Bauer, *Bibeltheologisches Wörterbuch*, Liebe の項) に当たった限りでは、ἀγαπάω がここに引用されている意味合いの語であることは述べらていれるものの、そういう意味合いであるが故に『セプチュアギンタ』で、アーハブに当てられたとの明確な記述はない。そう読み取れれば、そうできなくないかも知れないが。

（80）『日本国語大辞典』（小学館）によれば、「いつくし」は「①霊妙である。威力に満ちている。荘蔵である。神や現《あら》人神《ひとがみ》としての天皇および仏などに関して言う。②いかめしい。威厳がある。高貴だ。また、気品や威厳のある美しさである。もとは天皇家の血筋の人にいうことが多い。③人や事物が美しい」とある。「いつくしむ」の意味は「たいせつにする。いとおしむ。かわいがる」と解説されるが、「慈しむ」には尊びの意味合いが奥深くにあるとの筆者の語感は間違っていないであろう。

（81）既に「序論」で述べたように、言葉の意味合いは実際の使用を通じて意味合いを増す。元々「尊び愛す」であったアガパーンが弱者救済の場面で用いられることを通して「人々の善のために尽くす」という意味合いをも帯び、キリストの十字架に用いられることによってさらに「命を捧げて尽くす」の意味合いをも帯びるに至った一方で、異性への愛に用いられることによって「恋する」に近い（近いのであって、同じではない）意味合いをも持つに至ったように。

（82）注意深く見ると、ウォーフィールドは、「アガパオー」は古典期以後「尊び」の意味合いを「失った」と言いながら、一箇所だけ「埋め込まれ」という言い方をしているところがある。即ち本書一一七頁参照。「この語がその高次なものを示唆する鋭さと力を失うということはあり得ることであった。……それが愛に対する一般的な語となり、考えも無しにあらゆる種類の愛に適用されるのに比例して、おのずからそれは自らの特別な意味合いを示唆する力を多かれ少なかれ失ったのであった。……そうは言っても、その高尚な意味合いはその語の形そのものの中に埋め込まれて残ったから、いつでも簡単な強調によって意識に呼び戻されることができた。（傍点は筆者）」この「埋め込まれ」は語形に「尊び」の意味合いが刻印されているということで、筆者が言う、豊かな意味合いの中に「尊び」の意味合いが「埋《うず》もれる」ということではないが、しかしこの「埋め込まれ」から「失われる」へではなく、筆者の言う「埋もれる」へと進むことは可能だったはずである。ウォーフィールドが「埋もれる」ではなく、「失われる」と捉えざるを得なかったのは、彼が性的愛に用いられることは低次に用いられることだと直ちに判断したからではないかと思われる。低次になったところでは高次なものは失われている。

（83）BDAG ἐράω の項、また *Gerhard Kittel; Theologisches Wörterbuch zum Neuen Testament,* ἀγαπάω, ἀγάπη, ἀγαπητός

の項の参考文献等。

（84）'to love the one's own and the precious' tr. by H. Rackham, 1944.

（85）シュテーリンは「一般的には」神に対するフィリアをアリストテレスは否定すると述べ、その理由はギリシア人の感覚にはフィレオーは人間同士の要素を持っていたからだと述べている。「一般的には」そうであろうが、しかしこの解説はウォーフィールドが行った丁寧な考察を無意味にしかねない。既に見たように、ウォーフィールドは、アリストテレスは人間と神との間に、「友情」としてのフィリアは成立しないと述べるが、対等な関係を越え出る「フィリア」は成立することを認めていると指摘している。それが正しいことは筆者自身も確認していた。（本書一〇六－一〇七頁）

（86）この一文は「聖書以前」ではなく「聖書以外（außerbibilisch）」となっているために、『セプチュアギンタ』や新約聖書が書かれていた時代にも、これら以外の場では「フィレオー」が優勢だったという意味にも取れる。そうなるとウォーフィールドの見解と対立することになり、「アガパオー」の使用歴の把握に甚大な影響を及ぼすが、おそらく「以前」の意味であり、ウォーフィールドの見解と異ならないのであろう。「聖書以外」の例として挙げられる文献はみな「聖書以前」のものであるからである。ただ、セプチュアギンタや新約聖書の時代にも、これらの書物以外においてはフィレオーが優勢であったという研究の動向があるのなら、それは是非とも早く紹介されることが望まれるところである。

（87）ὁ δὲ μὴ τοῦ δεόμενος οὐδέ τί ἀγαπῴη ἄν. ὁ δὲ μὴ ἀγαπῴη, οὐδ' ἂν φιλοῖ.（And if a man has no need of anything he will not cherish anything. . . . And that which does not cherish will not love. tr. by W. R. M. Lamb, 1955）. これについては既に取り上げた。

（88）ἐφιλήσατε αὐτὸν（sc.Caesar）ὡς πατέρα καὶ ἠγαπήσατε ὡς εὐεργέτην（あなた方は彼〔即ちカエサル〕を父親として親しみ愛し、恩人として尊び愛した。）

（89）τὸ δὲ φιλεῖσθαι ἀγαπᾶσθαι ἐστιν αὐτὸν δι' αὐτόν（友としてフィレオーされることは自分自身のせいでアガパオーされる〔自分自身に価値があって愛される〕ことである。to be loved is to be cherished for one's own sake）

（90）ἀγάπητον οὖν ἀρετὰς καὶ . . . φίλησον ὄντως（従って徳をアガパオーせよ、……そしてまことにフィレオーせよ）

（91）σὺ μὲν ἐκείνας φιλήσεις . . . ἐκεῖναι δὲ σὲ ἀγαπήσουσιν（あなたは彼女たちをフィレオーするだろう。……一方彼女た

ちはあなたをアガパオーするだろう）

(92) οὐ μὲν σχέτλια ἔργα θεοὶ μάκαρες φιλέουσιν（神聖な神々は向こう見ずな行いを好まれない。verily the blessed gods love not reckless deeds. Od 14 83).

(93) φιλῶ γε πραμνίου οἶνον Λέσβιον

(94) φύσις . . . κρύπτεσθαι φιλεῖ

(95) μεγάλων δ' ἀέθλων Μοῦσα μεμνᾶσθαι φιλεῖ（ミューズは大きな競演を思い出すのが好きだ。The Muse loves to remember great contests.)

(96) 漢語の「愛」にも同様の意味合いがあることは興味深い。

(97) φιλεῖ δὲ τίκτειν Ὕβρις μὲν παλαιὰ νεάζουσαν ἐν κακοῖς βροτῶν ὕβριν . . . (But an old Hubris tends to bring forth in evil men. . . a young Hubris. tr. By Herbert Weir Smyth, Ph. D., 1926).

(98) 以上述べたことに加えて、ウォーフィールドとシュタウファーの間にある一つの相違点は、ウォーフィールドは「エラオー」「エロース」という言葉の用いられ方、意味合い（語義）に関心があるのに対して、シュタウファーは語義を問題にするよりは、「エロース」と名付けられたもの（substance）はどのようなもので、どんな働きをしたかに関心があることである。この違いは後に見る「アガペー」に関しても言える。

(99) 語源は不明であるという立場に立つなら、それまで定説としてあったものを否定する自らの見解なり、定説を覆した人の研究成果なりを、典拠として示すことが求められるであろうが、それはない。

(100) ここで再度確認しておくことがよいであろうが、既に述べたように、「ステルゴー」「エラオー」「フィレオー」「アガパオー」が大まかな、ゆるやかな意味で同義語であることは異義語説を採る人といえども誰も否定しない。問題はその上で、つまりそのことは踏まえた上で、その先の一層微妙な意味合いの違いを探るならば、それは何かなのである。どちらに立つかは文章を受け止める感覚の、それを味わう感受性の、繊細さの問題である。日本語の文「彼女に正直言って私は惚れた、いや、むしろ愛した」において、「惚れた」と「愛した」はゆるやかな「同義語」ではあるが、全く同義ではない。クセノフォンが「我々は人からフィレオーされるだけでなく、エラオーされなければならない」と奨励しているとき、またプルタークが「ブルータスはその徳によって大衆からフィレオーされたが、友人たちからはエラオーされた」と書いているとき、二語は同義ではあり得ない。アガパオーの場合にはこのように別の語を否定したり差異化して対比的に用いられる言い回しが見つからないために、その分特有の意味合いが摑み取りにくくなっていることは確かである。しかし別の語との組み合わせで意味を強調する場合にはむしろ歩み寄って同義を〈演出する〉のであって、独立の一語が持つ特有の意味がそれによって消されてしまうわけではない。そのような演出の中でですら、厳密に精査すれば、各々の語はぴったり同義ではないであろう。「王は王妃を愛《め》で、愛した」は「王は王妃を愛し、愛した」ではない。「愛でる」は「惚れる」よりも一層「愛す」に近いであろうが、それでもそうである。二語は同義でないからこそ、むしろ〝相乗効果〟を生むのである。アガパオーと類義語との意味合いの違いを探ることは他の語間の場合よりも困難かもしれない。しかしこの困難に掻き分け入って細微なニュアンスの違いを探ることは意味のないことであるどころか、一層大いに意味のあることである。この努力を怠るなら、私たちはおよそ如何なる文の本意にも迫ることはできないであろう。復活したイエスから「他の弟子たち以上に私を尊び愛すか」と問われて、ペトロは「はい、（いいえではなく）私があなたを親しく愛し申し上げていることはあなたがご存知です」と続けたのだから、「尊び愛す」と「親しく愛す」とは同義だと捉えるならば、ペトロの、一方では到底まともに「尊び愛しています」などと答えられるはずがない〝裏切り〟への痛恨と、もう一方では死んでも「いいえ」と答えることなどできない痛切な親愛の情との板挟みの苦渋に迫ることはできないであろう。

(101) 異義説がその重要な根拠として挙げていた、あの、ソクラテスがアリスタルコスに助言した次第を記す Xen. Mem. 2. 7: 12 をシュタウファーは逆に「同義語に過ぎない」と述べる根拠として、註83に、何の説明もなしに挙げる。なお、また、彼は参考文献の中にウォーフィールドの論文は挙げても、シュミットの Synonymik を挙げていないが、これも「尊びの愛」説への消極的態度と無関係ではないように感じられる。

(102) 既に述べたように、「大切にする」ことは相手を尊ぶことから生まれる場合と相手が自分にとって価値があるから生まれる場合とがあるが、ここでの「大切にする」は前者であることを示すのが regard である。cherish を Merriam Webster は think of fondly or reverentially（好ましく、あるいは尊く思う）とも解説している。

(103) こういう箇所で「尊ぶ」「尊び愛す」と訳されないのは、これらの語は低い、ないし負の価値の対象には用いることができないという、筆者が既に指摘した、誤った先入観によるのであろう。

(104) マルコによる福音書一〇章21節には「慈しむ」の訳語が用いられているが、これについては第二章を参照。

（105）筆者のこの方面のさらなる追究については拙稿「『尊び』の愛としての『アガペー』（二）」（聖心女子大学キリスト教文化研究所紀要『宗教と文化29』所収、二〇一二年）参照。新約聖書における「アガパオー」と「フィレオー」の語義の異同を問題にするときに、是非とも取り上げられなければならない重要な箇所はヨハネによる福音書二一章15－19節の、復活したイエスとペトロの問答の場面であるが、二語の意味合いの違いを認めてこの箇所を読む Kenneth S. Wuest の論文 "Four Greek Words for Love"（*BIBLIOTHECA SACRA*, July, 1959）と Ira Benjamin Hezekiah の著書 *Agapao and Phileo in the Gospel of John*（K&A, California, 2004）を取り上げて論評した。ウエストは四語の語義に関するウオーフィールドの主張をほぼ全面的に受け入れているが、ヒゼキアは「二動詞を愛の異なった働きかけ（operation）として吟味すべきだ」と主張する。これに対して二語同義説を取る研究者も、例えば R. F. Butler, *The Meaning of Agapao and Phileo in the New Testament*, Lawrence Coronado, 1977 のように、依然存在するようであるが、これを入手し得ずにいるとは言え、既に十分丹念に考察した筆者には疑問に思われる。なお、ヨハネのこの箇所の分析は本来本書に含めたいところであるが、紙面の関係でなし得なかった。

第二章　「アカペー」の原意に立って新約聖書を読み直す

（1）「アガペー」という語そのものに「尊び」の意味合いが含まれているかという議論を離れて、新約聖書の「アガペー」のことを指していることが間違いない英語の love の実質が尊びの愛と受け止められていることを示す例として、例えば「愛は尊びである love is reverence」と述べる H. Richard Niebuhr: *The Purpose of the Church and its Ministry*, 1956, p.35 およびその reverence をイタリック体にして強調する G. Outka: *Agape, An ethical Analysis*, 1972, p.10 を参照。筆者は本書の発端となる論文の欧文タイトルを "Agape as a Love in Reverence" としていた。

（2）本書二九頁以下。

（3）「見つめ」と訳された原語は ἐμβλέπω ですが、これを「見つめる」と訳したことはまことに適切でしょう。なぜなら ἐμβλέπω とはただ漫然と見ることではなく、「真っ直ぐに見る」（look straight at）、「注視する」（look at attentively）、「凝視する」（gaze）等と解説される語だからです。正面から真っ直ぐにじっと見つめるのです。

（4）「慈しみ」と「憐れみ」との違いがこのことに関係するでしょう。「憐れみ」は相手が何らかの負の状態にある、つまり貧しいとか、病を抱えているとか、罪に陥っているとかの状態にあるために、自分で立ち上がることが不可能な、あるいは困難な場合に、肺腑がえぐられるような思いでその状態を自分のものとして受け止め、共に痛むことであるのに対して、「慈しみ」はそれだけでなく、自分で立ち上がって力強く生きていこうとしている相手に対しても湧き起こるものでしょう。その他の点では二つは多分に共通し合うでしょう。

（5）事実、マタイは男性を「青年」だったと言っています。マタイにも青年としか思えなかったのでしょう。

（6）ここまで見てくるとき、「接吻する」は「しつこすぎる」、つまり押しつけがましく、青年の自主性を尊ぶことからむしろ遠のくことであるように思えます。

（7）創世記は「神は言われた。『光あれ。』こうして、光があった」（創世一・3）に始まって、天地万物の創造を神が「在れ」と言葉を発して成し遂げたと記している。この「言葉」はギリシア語では「ロゴス」であり（ヤコブ一・18「御父は、御心のままに、真理の言葉〔ロゴス〕によってわたしたちを生んでくださいました」参照）、擬人化を払拭すれば、「道理にかなう言葉」として、「理法」「法則」とも思えなくない。神が宇宙・自然全体を在らしめていると聖書は記しているが、その在らしめ方が具体的にどのようなものかということは、言うまでもなく〝創造の秘儀〟に属すこととして、人間が知り得ることではない。アウグスティヌスは神を「真理」とも呼んでいるが、法則とか真理とかいったものは根本的に神の側に属すことは確かであっても、具体的に神がどのようにそれと関係しているのか——神は法則・真理そのものなのか、どうか——を知ることはできない。

（8）「自由」には二種類があり、厳密に区別されなければならない。一つは束縛からの「解放の自由」（「からの自由」）であるが、これはまだ真の自由とは言えない。「自己決定の自由」（「への自由」）こそが真の自由である。そのことは独裁政治からの解放が生んだ大きな混乱状態にはまだ真の自由はないことによく示されている。因果法則に支配される物質には「自己決定の自由」はない。人間における自己決定の最も身近な事実は言葉にあると筆者には思われている。各国語の母音や子音、またそれに基づく語の形成を見れば分かるとおり、人間は自分の発する音声に自由に形を与えて言葉を創造することができるが、この言葉における自己決定の自由は人間における霊の存在の確かな証しであろう。

（9）神は「六日間で天地を創造した」とか、アダムのあばら骨でイヴを誕生させたとかということは空想ではないかという問いもあるであろうが、事実の根幹と装飾の枝葉とは区別しなければならない。事実を小説化するときには事実の骨格に多大な肉付けを行うが、そしてその肉付けは極めて多く想像による虚構を含むが、事実にからませる虚構には事実に結びつくべき一定の必然性がおのずから求められるから、単なる「空想」とは言えない。「六日」とか「あばら骨」という枝葉にこだわることは森を見ずに木を見る本末転倒に至る危険があり、正しい聖書の読み方を逸脱しかねない。

(10) 物語としての神話に登場するような神ではなく、その名に値する宗教の信仰の対象である絶対的な存在としての「神」、ないしその他の名でよばれるものは到底人知で知り尽くすことなどできない存在として、基本的に「X」であるということは宗教の違いを越えて互いを尊び愛し合うことを可能にさせる重要な基礎であろう。

(11) 誤解されることはないと思うが、ここで言う「無」は仏教で深遠な意味で呼ばれる「無」ではない。

(12) 「主であるあなたの神をアガパオーしなさい」の「主」の原語はヘブライ語で「ヤハウェ」であり、これは「在る」「存在する」という意味の「ハーヤー」(または「ハーワー」)、英語で言えばbe)から出た言葉で、英語のamのように一語で「(私は)在る」を意味する。「何々である」の「何々で」がない、ただの「ある」は「何々である」ものの根底でそれを支えている「ある」そのもの、つまり他のすべてのものを在らしめている大本の「在る」を言い表していると見なされて来ている。聖書は神を「私は在る」と語り出てくる(——ただし、あのピタゴラスの定理のように何語でもない言葉で)大本の存在そのものとして捉えているのであり、聖書を読む者もそのように大本の存在そのものに思いを凝らしながら「神」と呼びかけることが求められる。イスラエル人は神の名を口にすることは畏れ多いという考えから、これを「ヤハウェ」と声に出して読まず、「主」(アドーナイ)と読み替えて来たために、英語ではLord、日本語では「主」と訳されているが、そのためにこの元々の意味が忘れられることになるのは惜しまれることである。原義を活かすなら、第一の掟は「心を尽くし、精神を尽くし、思いを尽くして『私は在る』と名乗り出るあなたの神を〈尊び愛し〉なさい」なのである。

(13) 理性と霊との関係は、おそらく理性が合理的な法則を見出し、それに従わせる能力であるのに対して、霊には自由なアガパオー(尊び愛す)の働きが含まれ、霊の働きが狂うと理性も狂い出す(法則を尊び愛すことがないと理性によって法則を見出したり、それに従おうとすることも妨げられる)ところから、霊は理性・意志・感性の働き全体を統括する、人間の自己決定の働きの中枢・頂点に立つのだと思われる。「霊」を、一言で言って、心身を統合する人格の核ないし中枢と捉える見解はキルケゴールやマックス・シェーラーやその影響下にあるヴィクトール・ヴァルナッハ等に見られる。

（14）Ａ・ニーグレン『アガペーとエロース』岸千年・大内弘助訳、第一巻、六九頁参照。ただしこの翻訳はＡ・Ｇ・ハーバート（A. G. Herbert）の英訳に従っているために、ハーバートの誤訳をそのまま引きずっていて、理解困難である。ニーグレンの夫人（Irmgard Nygren）の極めて忠実なドイツ語訳をも参考にして、筆者自身の訳を示せば、「この自己愛の掟が新約聖書の愛の掟に対して異質のものであり、新約聖書のものと全く異なった土壌から生長したものであることは、言う必要もないであろう。もし別の根拠に基づいてキリスト教の倫理的要求の中に自己愛を含めようと欲することがなかったならば、愛の掟の中にこの新しい要求を主張する理由を見出すことはできなかったはずである。自己愛は人間の自然状態であり、また人間の意志の背反への基礎でもある。人は誰でもどのように自然なままに自分を愛すかを知っている。だからこそ、愛の掟は言うのである。『あなたはあなたの隣人を愛すべし』。愛がこの新しい方向を得るとき、愛が自分の自我から引き離されて、隣人の方に向かわされるとき、自然なままの意志の背反は克服される。」（Anders Nygren: "Eros och Agape" S.76, Aldusbok, 1966. "Eros und Agape" S. 64, übertragen von Irmgard Nygren, Evangelische Verlagsanstalt, Berlin, 1955）

（15）この括弧内は理解を円滑にするための筆者の補足。

（16）Ｒ・ブルトマン『イエス』川端純四郎・八木誠一訳、未來社、一九六三年、一一九頁。Selbstachtung を「自己顧慮」と訳しているのは意を尽くしていないであろう。なお、これに先立ってブルトマンが言及しているとおり、キルケゴールも隣人愛の掟は「自己愛」を剝奪することを主張している。ただ、同時にキルケゴールはこの掟は自然的な自己愛を剝奪することによって「正しい自己愛（den rette Selvkjerlighed）」を教えることも認めていることは見逃すことができない。（キルケゴール『愛の業』第一部、二b「汝『隣人』を愛すべし」）

（17）『ニコマコス倫理学』第九巻、第八章。しかし注意すべきことに、既に指摘したように（六七頁）、アリストテレスはここでは理性としての自己がその自己を「フィレオー」するのではなく、「アガパオー」すると言っているのである。（1169a3）それに応じて「フィラウトス」という語を「アガパウトス」という語に言い換えないのは、既に「フィラウトス」が定着している言い回しだからであろう。しかし、ともかく、よき意味での「フィラウトス」は「アガパウトス」なのである。当然日本語でよき意味での「自己愛」も「アガパウトス」であることになる。

（18）ただし自己否定、つまりキリストの意志への絶対服従において正しい自己愛が成立することをアウグスティヌスは認めてもいる。また魂が神の三一性にその似姿として定位し、与るとき自己への愛は正しいものとされることも主張している。このあたり、J. Ritter & K. Grunder, *Historisches Wörterbuch der Philosophie*, Selbstliebe の項参照。またニーグレン『アガペーとエロース』岸・大内訳、Ⅲ、二九三頁参照。なお、ルターも「義」(Gerechtigkeit) を尊いものと考えつつ「信仰による義」を主張するのであるから、信仰によって義とされた者には「正しい自己愛」(die rechte Selbstliebe) が成立することを本来は認め得たはずである。

(19) これに対して、アリストテレスの思想を最大の基盤にしたトマス・アクィナスは、ギリシア語の「フィラウトス」に当たる amor sui は確かに「あらゆる罪の根」であるが、「アガペー」に相当する「カーリタース」(caritas) の順序 (ordo) においては、「人は第一に神を、第二に自分自身を、第三に隣人を尊び愛す (diligo) べきである」と主張している。人は神を尊び愛することによって初めて自己を尊び愛することができ、自己を尊び愛することができて初めて隣人を尊び愛することができるという順序をトマスは正しく洞察しているであろう。(S.theol. II-II, 26.4.) なお、桑原直己『トマス・アクィナスにおける「愛」と「正義」』知泉書館、二〇〇五年、第一四章。また稲垣良典訳『神学大全』第一六冊、創文社、四九九－五〇〇頁、訳者解説を参照。

(20) 新約聖書でもテモテへの手紙二、三章2節には「そのとき、人々は自己愛的 (φίλαυτος) となり、金銭愛好的 (φιλάργυρος)、ほら吹き、高慢になり、神をあざけり、両親に従わず、恩を知らず、神を畏れなくなります」(一部修正) とあるように、「自己愛的」(ただし「フィラウトス」) が他の語と並んで悪いこととして、つまり「自己中心的」「利己的」の意味で用いられている。

(21) 悪に陥っていた人間が善へと立ち返ったとき、「本来の自分」に帰ったと感じることはこのことを裏付けているように思われる。

(22) 「自分を尊び愛しなさい」という命令、また「自分を尊び愛すように子供たちに教えなさい」という命令、そして「自分のようにあなたの隣人を尊び愛しなさい」という命令――これらはいずれも単に人間が口にするのではなく、人間を尊い存在としてあるようにさせている大いなるもの自身が発する命令だ。――こう推定することは全く合理的である。人間を尊い存在としてあらしめたものにとって、人間は尊くあり続けるべきものであり、損なわれてはならないはずだからである。預言者 (モーセとされる) は大いなるもののこの必定の定めを自らの言語で言い表して取り次いだに過ぎない。ピタゴラス同様に。

(23) これと並行的なマタイによる福音書一〇章37－38節「わたしよりも父や母を愛する者は、わたしにふさわしくない。わたしよりも息子や娘を愛する者も、わたしにふさわしくない。また、自分の十字架を担ってわたしに従わない者は、わたしにふさわしくない」における「愛する」もフィレオーである。

(24) 神に仕えるために、富を尊び愛す（アガパオーする）ことを禁じるイエスの教えはある。「誰も二人の主人に仕えることはできない。一方を憎んで他方を尊び愛し、あるいは一方に身を献げて他方を軽んずるからである。あなたがたは神と富とに仕えることはできない。」（マタイ六・24、筆者の訳）しかしこれは両方を共に主人として尊び愛すことを禁じているのであって、神を主人として尊び愛し、富をその神に仕える下僕として尊び愛すことはむしろ命じているのである。このことは後に詳述する。（二四二頁以下参照）

(25) 相手の喜び楽しみ（フィラウトス）に対して私の喜び楽しみ（フィラウトス）を共にすることは無条件に二人を尊び愛すことになるのではない。自分を堕落させたり、他人を傷つけることを一緒に喜び楽しむことは尊びの愛が許さないはずである。この点で尊びの愛はフィラウトスに対して指導的である。またそうでなければならない。これを「人はフィラウトスを尊び愛すように神から命じられている」と言い表すことができるであろう。アガペーはフィラウトスを尊いものになるように愛し導くのである。

(26) 隣人を尊び愛すことは必然的に自分を尊び愛すことになるのであって、この意味でも両者は相伴い、一方を捨てて他方が立つことはない。

(27) ニーグレンやブルトマン、その他の、自然なままの自己愛に警戒的な人々も、自己愛が直ちに悪だと考えているわけではなく、ただ「悪の根」とか「人間の意志の背反への基礎」と考えているに過ぎないという見方もあるかもしれない。しかし彼らが、アガペーは自己愛（フィラウトス）をも尊び愛すのであり、それによってそれを尊いものへ高めて行くという可能性を全く考えず、悪の根を根絶すべきだ、つまり根の段階で根絶やしにすべきだと主張するとき、実質的には悪としか見ていないと言えるであろう。そもそも悪の根と決まってはおらず、育て方によって善の根であったようにとされる可能性もあるのである。

(28) 創世記一章31節「神はお造りになったすべてのものを御覧になった。見よ、それは極めて良かった。」

(29) アリストテレスが真の自己愛（「フィラウトス」）は理性的な自己愛で、それは善いものだと主張するとき、その「フィラウトス」は自分を「尊び愛す」自己愛に昇華されているのであって、聖書の教えと通じ合ってくる素地を持っていたと言えるであろう。ただ、そのためには「理性」を大いなるものとの関係で捉えることが求められたであろうが。

(30) どちらもまだ相手を尊び愛せないでいるときには、自分の方から先に相手を尊び愛して相手の「隣人」となりなさい――これがイエスの教える隣人愛である。本書一九〇－一九一頁参照。

(31) 敢えて数学の公式に倣って書き表せば、「相手の喜び≧自分の喜び」であることが求められる。

(32) 本書でニーグレンに言及することが多いのは彼の『アガペーとエロース』がアガペー研究に及ぼした影響の大きさからして当然であるが、この著書に対する筆者のまとまった批判には既に拙稿「アガペー研究序説」(一)、(二)、(三) がある。ただ、それは「〈尊びの愛〉としてのアガペー」に考え到る以前のものであるので、最終的には今後を期したい。ただ、筆者から見て最も重要な点にだけここで簡単に触れておきたい。ニーグレンの最も中心的な主張は、(1) アガペーは善人をも悪人をも等しく愛す愛であるから、対象の価値によって引き起こされることのない愛、むしろ神の側の「自発的」愛であり、(2) 無価値の対象に価値を存在するようにさせる「価値創造的」な愛だというものである。これに対して問われることは、神は価値(善)を愛すのか、である。神が価値(善)を愛すのでなければ、人間に価値(善)を創造することはないはずであるから、神は価値(善)を愛すはずである。そうであるならば、神は価値(善)を尊び愛すことを、つまり「アガペー」は「尊びの愛」であることをニーグレンは承認するのではないか。この価値を尊ぶ愛は、対象に価値があるから、その価値によって引き起こされるという愛ではないであろう。ニーグレンの主張通り、自発的な、対象に神の側から価値をもたらす愛であろう。しかしそうであれば、神は善人を、その善を理由に愛すのではないが、しかしその善を限りなく尊び、それを一層進展・上昇させるように働きかけて彼を愛すであろう。それに対して、罪人に対しては、罪にもかかわらず彼の中にあるどんなに小さな善にも目を留め、それを一層進展・上昇させるように働きかけると共に、彼の悪を取り除き、あるいは悪を善へ生まれ変わらせるように働きかけて彼を愛すであろう。「アガペーは価値に無関心(värdeindifferent)である」と言い、「対象の価値という考えが一切根こそぎにされる(är utplånat)とき初めて、人はアガペーが何であるかを知るのである」とニーグレンが述べることは、神は善人にある善い点を全く考慮に入れないかのような印象を与え、少なからざる混乱や反発を引き起こして来たように思われる。アガペーは対象の善によって引き起こされることはないとしても、善を尊び、それに応じた――それを踏まえ、生かした――働きをするはずである。対象である人間の善・悪それぞれに応じた違った働きかけをするのであり、その意味では対象の価値に対して無関心・

無差別ではない。

（33）「フィラウトス」は必要に応じて抑制されなければならないが、自分を尊び愛す自己愛にも同じことはないのか。例えば、「自尊心」が過度に増長することは「自惚れ」「傲慢」を生むことにならないか。多くのキリスト教思想家が自尊心に過度なまでに警戒的であるのはまさにこの危険を直視するからであろう。しかし自分を傲慢（罪）に陥れることは自己を尊び愛さなくなることであるから、「自分を尊び愛しなさい」という命令そのものが「傲慢になってはならない」を含んでいるのではないか。もちろん聖書の中で傲慢は厳しく、しかも二重の意味で、戒められている。——神に対する傲慢は第一のアガペーの掟で、他人に対する傲慢は第二のアガペーの掟で。神に対する傲慢はあらゆる罪の元凶として最大の罪であるから、第一の掟が第二の掟に先立っている。「真っ先に神を尊び愛し、神の御心にかなうように、自分を尊び愛し、隣人を尊び愛しなさい」である。イエスが掟に第一、第二の秩序があると教えることとの意義は計り知れなく大きい。

（34）第二の愛の掟は第二のアガペーの掟なのであるが、仮に「愛」が「フィリア」で、「自分をフィレオーするように隣人をフィレオーせよ」という掟があったとしたら、それはどういうものであろうか。「自分を好いて愛すように隣人を好いて愛せ」あるいは「自分を親しみ楽しんで愛すように隣人を親しみ楽しんで愛せ」——これは要するに「隣人と友達になれ」という命令に等しいであろう。しかし、友達というものは互いに自然に好きに感じ合った者の間で自然に形成されて行くものであるから（アリストテレスの「友とはもう一人の自分である」を思い出そう）、そもそもこういう命令は存在しないはずである。にもかかわらず、命令されるときには、自然な成り行きを越える友人関係の形成が問題になっているであろう。そしてその場合には、もはや単なるフィレオー（好きで愛す）ではなく、アガパオー（尊び愛す）が問題になって来るであろう。そのことは、既に触れたように、アリストテレスが善い意味での「自己愛」を「自分の理性的部分をアガパオーする（尊び愛す）こと」として捉えたところに明瞭に示されている。（アリストテレス『ニコマコス倫理学』1168b34, 1169a3. 本書第一章六八頁参照）善い意味での自己愛者（自己をアガパオーする者）が初めて善い意味での友愛者（友をアガパオーする者）でもあろう。

（35）ウォーフィールドが「三つどもえ」と呼ぶものは第一、第二の愛の掟の他に、もう一つ「神は人をアガパオーされる」を指していたが、神の人間への尊びの愛が尊厳を持っていることは説明の必要もないであろう。

（36）この箇所を「泊らなければならない」と訳すことは「口語訳」「新改訳」「新共同訳」にはなく、筆者。原文は δεῖ

με μεῖναι であり、欽定訳の I must abide、岩波訳の「留まらねばならない」は近いであろう。

(37) 聖書の中の「罪人」は「ざいにん」ではなく、「つみびと」と読む慣わしである。

(38) 徴税人はごく普通に「犬」と呼ばれていた由である。

(39) おそらく猜疑心の凝り固まりであったザアカイを無条件に動かすには「泊らなければならない」というイエスの強い決意の表現が必要であった可能性がある。

(40) ルカによる福音書五章27節には徴税人レビがイエスに救われて弟子となったとき、「自分の家でイエスのために盛大な宴会を催した。そこには徴税人やほかの人々が大勢いて、一緒に席に着いていた」と記されている。

(41) イエスは自分のことを「人の子」と呼んだ。これは旧約聖書の中で「人の子」が一般に弱く、はかない存在である人間のことを言い表して用いられたことを受けているが、もう一方ではダニエル書七章13－14節で、世の終末に神から「権威、威光、王権を受けた。諸国、諸族、諸言語の民は皆、彼に仕え、彼の支配はとこしえに続き、その統治は滅びることがない」と記されていることを受けて、人間であると共に神の子である両面を指して命名されたと考えられている。

(42) マタイによる福音書二一章31－32節、ルカによる福音書一五章30節参照。

(43) この女性が果たして夫がいる女性だったのかどうかは知るよしもない。

(44) 申命記二二章22－24節「男が人妻と寝ているところを見つけられたならば、女と寝た男もその女も共に殺して、イスラエルの中から悪を取り除かねばならない。ある男と婚約している処女の娘がいて、別の男が町で彼女と出会い、床を共にしたならば、その二人を町の門に引き出し、石で打ち殺さねばならない。」

(45) 「パリサイ人」（新共同訳では「ファリサイ人」）とは、自分たちを聖なる生き方をしている者として、そうでない〝汚れた輩〟から区別しようとした一派の自称で、「選別された者」「聖別された者」とでもいった響きを持ったと思われる言葉である。聖書を熱心に学び、律法に一点一画も背かないように生活を律したが、一派以外の人間を人でなしとして軽蔑したから、「尊びの愛」を生き、教えるイエスと真正面から衝突した。律法学者である人も多かった。

(46) 女性が娼婦であった場合だけはこうではなく、神の前に姦通を罪として問われていた可能性がある。娼婦の多くは自ら欲してではなく、家族のために犠牲になって身を捧げたのであり、にもかかわらず破れかぶれになっていた。つまり神の前にまともに立てない思いでいた。もちろん、娼婦でなく、うぶな女性が、行きずりの恋に落ちて身を任せる場合にも、罪におののいていることは十分あり得るであろう。

（47）イエスが地面に何を書いたのかということはいつも問題にされ、諸説あるところであるが、筆者自身は自らの経験から次のように想像している。或る日伯父の家で夕食を共にし終わった時、食卓に連なる家族の前で、伯父と伯母が、伯父が社長である会社の一社員の贈答品の批評から始まって、その人への聞くに堪えない罵詈雑言を発し続けるのに接して、筆者は思わず下を向き、凍りつきながら身をかがめ、気づくと両手の親指と人差し指で椅子の両端を意味もなくしきりにつまんでいた。人がそこまで激烈に他人を非難することに到底耐えられなかったのである。そして、その後、「イエスの指のしぐさもこれと同様だったのではないか。分かった」と思った。

（48）マタイによる福音書五章21－22節「あなたがたも聞いているとおり、昔の人は『殺すな。人を殺した者は裁きを受ける』と命じられている。しかし、わたしは言っておく。兄弟に腹を立てる〔口語訳では、怒る〕者はだれでも裁きを受ける」本書三三－三五頁。

（49）「〈尊び〉の愛としての〈アガペー〉」（聖心女子大学キリスト教文化研究所紀要『宗教と文化28』二〇一一年所収）。

（50）この出来事は安息日に会堂（シナゴーグ）で起こっていることであるから、そこには一般信者の他に、当然、ファリサイ派の律法学者たちが指導者としていたであろう。6節には「ファリサイ派の人々は出て行き、早速、ヘロデ派の人々と一緒に、どのようにしてイエスを殺そうかと相談し始めた」とある。2節には「人々はイエスを訴えようと思って、安息日にこの人の病気をいやされるかどうか、注目していた」とあるが、「人々」と訳すと、それは一般民衆である信者を指すように思えてしまう。しかし「人々」と訳されている語は原文にはないか、あっても代名詞「彼ら（αὐτοί）」である。（英語の people のような言葉があるわけではない。新改訳の「彼ら」という訳し方の方が正確である）。従って一般信者のことではなく、初めからファリサイ人たちのことを指して言われているのだと思われる。ここでも、イエスを訴えようとしていた律法学者・ファリサイ人たちに対してイエスは向かい合っているのである。その彼らにははっきりと怒りの表情を表した。

（51）筆者の知る限り、ウルガータ版が忠実に contristatus と訳している以外には、「共に悲しみながら」と訳しているものは何語訳であれ一冊もない。σύν には「と同時に」を意味することもあると解説される（Liddle & Scott, BDAG）ところから、「同時に悲しみながら」と訳している英訳聖書が若干ある。

（52）ここから「悲しむ」ことは「憐れむ」ことにつながる。漢字の辞典には「悲」は「憫」と類語とある。憐憫の

「憫」であり、「あわれむ。見えないところまで、こまごまと思いやる。気の毒に思う」の意味である。「慈悲」の「悲」である。

(53)「弟子たちは、『あなたの家を思う熱意が、わたしを食いつくす』と書いてあるのを思い出した」(ヨハネ二・17)。

(54)気になるのは、「蝮の子らよ」という言葉はバプテスマのヨハネが語った言葉でもあることです。全くの推測ですが、もしかしたら、イエスは「そう言えば、ヨハネは彼らに向かって『蝮の子らよ』と怒鳴りつけていたが、本当にそう言われて当然のところだなあ」と言われたなどということはないでしょうか。

(55) Liddle & Scott では exclam., Lat. vae! ah! οὐαί σοι *woe* to thee!. N. T.、Thayer では an interjection of grief or of denunciation、BDAG では 1. interjection denoting pain or displeasure, *woe, alas* 2. a state of intense hardship or distress, *woe*.

(56)日本語訳は「あなたたちは」(不幸だ、禍だ、……)と訳していますが、原語は与格であり、「あなたたちに」です。「あなたたちに、ああ!」(英訳 Woe unto you)です。

(57)「悲愛」は、井上洋治神父による「アガペー」の訳語です。そこでの「悲」には既に見たような意味合いが込められているでしょう。

(58)いよいよ捕縛されるためにオリーブ山に向かうに当たってイエスは先頭に立って賛美の歌を歌ったのでした。(マタイ二六・30、マルコ一四・26)この姿は怒りにつながるでしょうか。戦国時代に殉教した「長崎二十六聖人」は刑場に向かう道みな満面喜びに溢れ、輝いていたと証言されています。イエスは彼らの模範でなかったでしょうか。

(59)キリスト教の「教会」という所は〝真面目な〟〝立派な〟人たちが集まるところだから、自分には近寄り難いと考える人たちが教会外には多いと聞いたことがありますが、そういう誤解を与えているとすれば、キリスト教徒の責任は大きいでしょう。そういう印象を与えているキリスト者があるとすれば、ゆるやかな物差しで自分を合格と判断し、天国へ行ける確信に楽天的になっている人でしょう。「ミサ」(「聖餐式」と訳される)と呼ばれる礼拝は、一言に凝縮すれば、「懺悔と赦しの儀式」――神の前で自からの罪を痛悔し、神の赦しに与る儀式――であり、教会は真っ先に自分の罪を悲しみ、「悲しむ人々は幸いである。その人たちは慰められる」(マタイ五・4)とのイエスの言葉によってやっと深い平安の内にある人々の集まりであるはずです。

(60)マタイによる福音書一八章21-22節「そのとき、ペトロがイエスのところに来て言った。『主よ、兄弟がわたしに対して罪を犯したなら、何回赦すべきでしょうか。七回までですか。』イエスは言われた。『あなたに言っておく。七回どころか七の七〇倍までも赦しなさい。』」

(61) 本書一二三頁。

(62) このことに目を向けるとき、少なからざるキリスト教の思想家によって、「アガペー」に代わって「エロース」が用いられたということを理解できるように思えます。

(63) 法の裁きに従いながら、しかもキリスト者として尊びの愛を貫く道はあり得る。牧師の家庭に生まれ育った一人の母親が、中学生の自分の息子を殺めた息子の同級生が法の裁きに従って施設に収容された後、足繁く通って物心両面で支え、台湾に帰国後も訪ねて大学まで進ませたという実話がある。

(64) 政治や法律をより善いものにする努力は、キリスト教徒も国家を尊び愛す者として、当然絶えず心がけなければならないが、それは国家の構成員の罪(心の暴力)を宗教の力で除去することを通して間接的に行うことに努めることになるであろう。国家が明らかに「尊びの愛」に背く道に進もうとしているときには、キリスト教徒は、殉教をも覚悟で、そのことに覚醒させることに努めることが求められるであろう。

(65) 「わたしの天の父の御心を行う者だけが〔天の国に〕入るのである」(マタイ七・21)、「わたしのこれらの言葉を聞くだけで行わない者は皆、砂の上に家を建てた愚かな人に似ている。雨が降り、川があふれ、風が吹いてその家に襲いかかると、倒れて、その倒れ方がひどかった」(マタイ七・26－27)、「イエスは言われた。『正しい答えだ。それを実行しなさい。そうすれば命が得られる。』」(ルカ一〇・28)

(66) 「結婚」という言葉は単なる「性的結合」という意味で動物にも拡大適用されるが、本来は儀式を挙げ、周囲が祝って、つまり社会が二人を社会的人格として認める手続きを通して公認するといった正式なものとして、人間にだけ語り得る。

(67) イエスは男性の他に何人かの女性を彼に付き従う一団の中に登用していたが、これは当時の世界では画期的なことであった。復活したイエスに最初に会ったのも女性であった。イエスの中で女性を一個の人格として尊び愛すことは核心のことであった。

(68) このことを見るとき、現在増大が報告される、男女が、子供が生まれないように対策を講じながら、結婚相手でない異性と平然と性的関係を持つことは、「非人格的」性関係として、人間における性の尊厳を侵し、貶めることであり、決して許されるものでないことは明らかであろう。それが一層拡大し、低年齢化していることに対して早急な適切な指導が求められている。拙著『人格と性——結婚以前の性の倫理』（聖公会出版、二〇〇〇年）を参照。

(69) 一例を挙げれば、ヘブライ人への手紙一三章4節「結婚はすべての人に尊ばれるべきであり、夫婦の関係は汚してはなりません。神は、みだらな者や姦淫する者を裁かれるのです。」

(70) 「男性に対するセクシュアル・ハラスメント」という言葉は実は筆者の発語ではない。勤務していた大学の同僚が初めて口にした言葉である。当時世間ではセクハラ問題がしきりに取り上げられ、大学も例外ではなく、教授会でセクハラに気をつけるよう忠告があり、ガイダンスが印刷されたりしたが、教授会での審議が一段落したところで一人の若い教員が挙手して立ち上がり、「男性に対するセクハラもなくすように指導すべきではないか」と発言したのである。その方はキリスト教徒ではなかったが、日頃から敬愛していた同学科の方で、筆者はその発言に「我が意を得たり」と共感し、一層畏愛の思いを深くしたのであった。後日、一人の学生が目に余る姿で廊下を歩いていたので、筆者は近づき、そっと小さな声で「そこまで肌を顕わにすることは男性に対するセクハラですよ」と言うと、学生は「えっ？　すみません！」と驚きの大声を上げて平謝りした。その姿から想像して、二度と同じことはしなかったであろう。

筆者の娘の一人が、大学に入学し、同じ教会の礼拝に参加したとき、ミニスカートで壇上に上がり聖餐に与ったのを見て、翌日筆者は祈りに従って、食卓で次のように話した。「家族というものは不思議なもので、父親は娘のミニスカートを見ても何も感じないけれども、あなたがミニスカートで出たのは他人の男の人には落ち着かないことだと思うよ。礼拝は何のために行くところなのだろう。」筆者は強い反論が出ることを覚悟し、そのときには静かに十分に説得したいと考えていたのであるが、娘の返事は予想外の一言であった。「ありがとう。そういうことは男性が言ってくれないと、分からない。」その日から娘は一切着用をやめてしまった。

第三章　従来の読み方への反省と教会の新しい歩みへの希望

(1) 塚本虎二訳はマタイによる福音書二六章24節でも「人の子（わたし）は聖書に書いてあるとおりに死んでゆく。だが人の子を売るその人は、ああかわいそうだ！」というように、「ウーアイ」を「ああかわいそうだ」と訳していて、ユダへの愛を滲ませている。後に見る「パラディドーミ」も「裏切る」とは訳さず、「売る」と訳している。

（2）本田訳のマタイによる福音書二六章24節は「人の子を売り渡す当人には、なげかわしいことだ」で、同様に穏やかである。
（3）日本語バルバロ訳「しかし人の子をわたすその人はのろわれたものだ！　その人は、むしろ生まれない方がよかったものを！」ウルガータは ei、ルター訳は ihm、仏訳は pour cet homme を欠いていない。
（4）マタイによる福音書一六章23節。
（5）英訳のみならず、総じて欧米語はそうで、ウルガータは感嘆詞 vae、仏訳は感嘆詞としても用いられる malheur、ルター訳 weh）。
（6）ラテン語訳は原点に忠実に一貫して trado、フランス語訳も忠実に一貫して livrer、ただし BFC は trahir、カトリック日本語口語訳（バルバロ訳）も一貫して「わたす」、ルター訳は日本語訳と同じく、予告で überantworten、晩餐で verraten。日本語訳では、岩波訳が「引き渡す」で一貫している。
（7）ぜひ間違えないで頂きたいことは、ここで「神」と言っている、すべてのものを在らしめている大いなるもの（X）は本来特定の宗教の神ではないはずであることである。それはイエスが明確に示唆したことである。「あなたがたが、この山でもエルサレムでもない所で、父を礼拝する時が来る。……まことの礼拝をする者たちが、霊と真理をもって父を礼拝する時が来る。今がその時である。」（ヨハネ四・21、23）
（8）ただ、木石を拝む場合ですら、単に木石を拝んでいるのではなく、それを通して、その背後に、不可視の無限の大いなるもの――神――に向かって祈っている可能性があることを見失うことはできない。
（9）本書一六〇－一六一頁。
（10）ユーモアの背後には尊びや親しみの愛があるが、皮肉や揶揄や風刺の奥底には軽蔑や憎悪がある。
（11）二〇一五年一月一五日。

第四章　アガペーとは無償の愛か

（1）筆者はアガペー研究の初期段階にこの問題をかなり長きにわたって追究した。ここに載せるものは、最大限に整理されたその成果である。
（2）実名と実例を列挙しないが、「利己的」という言葉をここに指摘する誤解の内に理解し、用いている人が、著名人を含めて、如何に多いかには驚嘆させられるほどである。

（3）自分一人にかかわる行為であれば、もちろんただの「自分の善」がある。しかしロビンソン・クルーソーは孤島でどんなに「自分の善」を追い求めても、「利己的」（自己中心的）にはならない。

（4）イエスが本来あって然るべき感謝をしなかった人々に対して共に悲しんだことについては、重い皮膚病を癒されて感謝しに戻ってきたただ一人のサマリア人に向かってイエスが発した以下の言葉を参照。「清くされたのは十人ではなかったか。ほかの九人はどこにいるのか。この外国人のほかに、神を賛美するために戻って来た者はいないのか。」（ルカ一七・17-18）

（5）以上を見るならば、「アガペーは無償の愛だ」と説くことはキリスト教を誤解させかねないことであり、注意しなければならないことが明らかであろう。一方で「無償の愛だ」と説きながら、もう一方で「イエスは福音（幸福のおとずれ）を宣べ伝えた」と述べることは矛盾しないのか、考えてみることが求められているであろう。従来とかく極限のアガペーは自己の善（利益-快楽-幸福）をゼロにして引き受ける「自己犠牲的」な行為だと説かれることが多かったが、実際には殉教者はみな歓喜に溢れて死に就いて行ったことに十分目が留められなければならない。

他者にかかわる行為の場合には、むき出しの「自分の喜び」が目指されるということはあり得ず、必ず「利己的な自分の喜び」「利他的な自分の喜び」「公平な自分の喜び」の三つの中のどれかが目指されるのであると既に述べたが、このことをしっかり押さえないために陥る誤りが少なくない。イエスは「わたしのためにののしられ、迫害され、身に覚えのないことであらゆる悪口を浴びせられるとき、あなたがたは幸いである。喜びなさい。大いに喜びなさい。天には大きな報いがある」（マタイ五・11-12）と述べたのだから、イエスも「報い」を肯定しており、喜びを得よう、天からの報いを得ようと努力することは少しも不純ではないという言い方に対して、次のような反論がある。「喜びや報いを直接目標とすることは不純であって、あってはならない。目標はどこまでも神の意志に従うことでなければならない。喜びや報いはそういう行為に結果として伴うだけだ。」しかし、これはまさに「喜び」や「報い」をただの「自分の喜び」、ただの「自分への報い」と捉えるところから来ている。イエスはそうではなく、「神の意志に従うところから得られる喜び」や「神の意志に従うところから得られる神からの報い」を指しているのであるが、これらのどこが「利己的」か。「従う」という言葉がはっきり示すように、「神の喜び〉（に従う）私の喜び」であり、「神様本位の私の喜び」ではないか。そういう喜びを願い求めることのどこが利己的で不純か。

そもそもこのイエスの言葉に従おうとするとき、喜びや報いには目をつぶりながら、神に従うことだけを目指すなどということができるか。なぜそんな不自然な、不可能なことをすることに努めなければならないのか。「神様、どうか私があなたの約束された永遠の悦びを戴くことができますように。そのために、どうか私があなたの御心に少しでも忠実に従って歩むことができますように、お導き、お助けください」――こう祈ることは神への深い信頼と敬虔な従順以外の何か。

キリスト教徒が自分の利益や喜びや幸福を優先させたくない一心から、これまで目指して来た通り〝無償の愛〟を今後も目指して行動することはその純粋さが尊いであろうが、しかしもし「でも、そうすることがあなたの喜びであり、幸福なのでしょう?」と訊かれた時には、直ちに素直にそれを認める率直さを持つことが求められるであろう。「キリスト教徒は嘘つきだ、偽善者だ」との誤解を生まないために。

最後に

(1) 肉眼には見えず、もっぱら精神的にのみ、捉え切れないながらかろうじて捉えられるものは、既に触れたように、「霊」(πνεῦμα, spiritus) と呼ばれている。

(2) 聖書で言われる神は無限であり、従って摑みきれないということは非常に重要なことである。というのも、無限である神を否定することはできないからである。否定するためには、つまり投げ捨てるためには、そうしようと思うものを摑み取らなければならない。しかし摑んだとき、それは或るまとまった大きさのものであり、従って有限なものになっているのであり、無限の神ではないのである。無限の神を有限なものとして摑むことが聖書で厳しく禁じられている、神を「偶像」化することである。

(3) 創世記一章31節。神が天地万物を創造した時点では人間を含めてすべての被造物は「はなはだ善かった。」自由を付与された人間によってはやがてこの世に悪がもたらされることになるが、神はそれを善へと導くために最善を尽くされる。人間の自由はそれを拒否することが可能ではあるが。――これが聖書を聖典とする宗教の民族の、現代にまで至るなじみの根本的な世界観である。

(4) 「百人隊長がイエスの方を向いて、そばに立っていた。そして、イエスがこのように息を引き取られたのを見て、『本当に、この人は神の子だった』と言った。」(マルコ一五・39)

（5）佐藤研『悲劇と福音』（清水書院、二〇〇一年）はイエスが「キリスト」とされて行く過程を徹底的に合理的に追究し、イエスの悲劇的な死が、さらに弟子たちがイエスの捕縛の際に逃げ出してしまってイエスを〝裏切った〟ことが、「亡くなった人を最大に理想化せざるを得ず」（一一七頁）、「喪の作業」を通して、イエスの「キリスト化」（一一九頁）を形成して行ったのだと主張している。この二つのことが大きく働いたことは間違いないであろう。しかし、師が悲劇的な死に方をしたことと、弟子たちがその死に際して恩師を裏切った痛恨の念に襲われたこととの二つだけで果たしてキリスト化が起こるであろうか。注目されるのは、著者が次のような戦前の『小学校国語読本第八巻』（一九三六年）に載せられていた話を引用してイエスとの類似性を主張することである。「台湾蕃人には、もと、人の首を取ってお祭りに供える風があった。阿里山蕃の役人になったばかりの呉鳳は、何とかして、自分の治める部落だけでも、この悪い風習をやめさせようと思って、いろいろ苦心をした。『人を殺すことは良くないことである。』こう言って呉鳳は、しばしば蕃人に説き聞かせた。しかし、お祭りが近づくと、蕃人はぜひ首を供えねばならないと申し出た。呉鳳は、『去年取った首があるはずだ。いったい幾つあるのか。』『四十余りあります。』『それではその首を大切にしておいて、これから毎年一つずつ供えることにするがよい。』蕃人はさとされてしぶしぶ引きさがった。呉鳳は元来情け深い人で、蕃人を非常に可愛がったから、蕃人も次第になついて、後には呉鳳を親の如くしたうようになった。こうして、阿里山蕃だけは、しばらく首取りのことも止んで平和が続いたが、外の部落では、毎年祭りがある度に首を取って供えていた。それを見るにつけ、聞くにつけ阿男山蕃の蕃人は心を動かされた。四十余年はいつの間にか過ぎて、もう供える首が一つもなくなった。『今年こそは新しい首を供えなければならない』というので、蕃人はそのことを呉鳳に申し出た。呉鳳は、『もう一年待ってくれ。人を殺すのはよくない』となだめた。翌年も翌々年も同じことが繰り返された。蕃人は、そろそろ呉鳳の心を疑うようになった。そうして、四年目には、もうどうしても呉鳳の言うことを聞こうとはしなかった。『それほど首が欲しいなら、明日の昼頃、赤い帽子をかぶって、赤い着物を着て、ここを通る者の首を切れ』と呉鳳は答えた。翌日、蕃人どもが役所の近くに集まっていると、果たして赤い帽子をかぶり、赤い着物を着た人が来た。待ちかまえていた彼らは、忽ちその人を殺して首を取ってしまった。意外にもそれは呉鳳の首であった。親のように慕っている呉鳳の首であった。蕃人どもは声をあげて泣いた。

彼らは呉鳳を神に祭った。そうして、それ以来、阿里山蕃には首取りの悪風がふっつりとなくなった。」

著者は続ける。「注目されるのは、最後の文章である。彼らは呉鳳を神に祭った、という。彼らからすれば、こうする以外、自分たちの罪責感を払拭できなかったのである。同じことがイエスの『キリスト化』にも言えるであろう。」（一一八、一一九頁）しかし著者の主張には一つの重大な欠落がないか。蕃人たちが呉鳳を神として祭らずにはいられなかったのは、その悲劇的な死からという以上に、また罪責感からという以上に、何よりもまず呉鳳の生き方に自らを犠牲にして捧げるまでに人々を徹底的に尊んだ愛の崇高さを見たからではないか。著者自身が長い引用によって示そうとしたことはそのことではないのか。イエスの「キリスト化」ということも、同じように何よりもまずその生き方に神と人々への徹底した尊びの愛を見たからこそなのであり、その尊びの愛がどのようなものであったかを追究することが著者にも、また私たちにも、求められるのではないか。その追究は呉鳳とイエスとの共通性と共に相違をもまた見るであろう。例えば、引用されている限りでは、呉鳳には神への絶対的な献身が記されていないが、また神を「父」と呼んだ記述はないが、イエスにはそれがあり、そこからイエスがその「神の子」と捉えられたことである。呉鳳は死んだ後人々によって神にされたのであるが、イエスは生きながらに神と密接な存在として捉えられていたであろう。ただ、仮に呉鳳が生涯神の尊びの愛を説き、その神からの啓示に従って自己犠牲を遂行したのであったならば、そこには極めて深くイエスと通じ合うものがあるであろう。さらに仮に呉鳳にとって「神」とは天地万物を最善に創造された「霊」である創造者であり、自分はその「神の子」であるとの自覚と自称とそれにふさわしい実践があったとすれば、呉鳳の神化はイエスの場合と極めて近くなり、人々は自分たちが神にしたのではなく、神そのものがそうされたことだ、否、神そのものが呉鳳となって現われたと言ったであろう。

（6）ヨハネまで行けば、「イエスの内にある霊としての神は滅びることはあり得ない」と言うところであろう。

（7）πνεῦμα,（spiritus）という語はもともと「風」「息」を意味し、物質的なものと完全に異質な神の本質をなすと考えられているが、そして「神の似姿」の人間にも「吹き込まれて」存在していると考えられているが、それは人間が「精神」的に生きるということは神の息を呼吸することによってのみ可能だと考えられるからである。従って inspiration は「神の霊の吹き来たり」「神の霊の吹き入り」である。「神霊感応」と訳されることもある。

（8）生前のイエスに出会わなかったキリスト者の場合には、「イエスに出会って信仰者となった人々の全人格的な、全き（に近い）尊びの愛の生活および説き明かしに触れたために、霊感を受けて、その全き（に近い）尊びの愛に生かされつつ、自らも尊びの愛を生きるようになっている人々である。」

(9) 聖書の中の神は「創造者」であると言われる他に、人間に言葉を語りかけてくる生ける神であり、人間と「面」(ペルソナ persona)と「面」とで対面するペルソナ的な神であるともしばしば言われる。しかしこの「ペルソナ」が「面」の原義から進んでいわゆる「人格」という意味合いになり、聖書の神は「人格神」だともしばしば言われるが、この言い方は聖書の神は擬人化された神、人間に似せて作られた神として偶像神ではないかとの疑問や誤解や非難を生み易く、注意を要する。聖書の神を信じる者は、キリスト教徒の場合にはイエスに「私たちの父」と呼ぶように教えられたことも加わって、実際には何となく人間のようなイメージの神と対話してはいても、文字通り人間の顔と姿をした神に向かっているわけではない。目に見えない神について最大限イメージし得ることは「霊」としての神であり、それは人間の肉体や感覚の働きによって姿・形があるものとして出会うことができるものではなく、むしろ私たち人間の精神(霊)の働きによってかろうじて出会い、言葉を語りかけることができるだけの存在である。霊の働きの中心的なものとしてアガペーがあり、私たち人間は自らに与えられているアガペーによって、その大本(源)に思いを致しながら、霊としての神のアガペーにかろうじて触れ、感謝や懺悔や願いの言葉を語りかけている。——こういったところが実際のところである。霊である神に届く人間の言葉は、肉体で発する言葉以前の、肉体で言葉を発するところへ至らせる霊の働き(例えば懺悔の言葉以前の懺悔の思い)であるから、発せられる言葉が日本語か英語かといったことは全く問題にならない。

(10) 完全なものは地上の人間にとって常に〝かなたに〟、〝向こう側に〟、〝彼岸に〟(エペケイナ ἐπέκεινα)ある。

(11) 従ってまた、完全な尊びの愛そのものを完全に知ることはできなくても、それがどれほど広く、長く、高く、深いかを想像力を働かせて人間の限界にまで迫って「摑む」ことはできる。そしてそのとき完全な尊びの愛に何らか与って、その力によって生かされることができる。「どうか御父が、その栄光の豊かさに従って、その霊により、力をもって、あなたがたの内なる人を強くしてくださいますように。キリストが、信仰によって、あなたがたの心のうちに住んでくださいますように。そしてあなたがたが尊びの愛に根ざし基礎を置くようにされて、すべての聖徒と共に、その広さ、長さ、高さ、深さがどういうものであるかを摑むことができるようになり、人知を越えるキリストの尊びの愛を知るに至ることができますように。そして、こうして神ご自身の満ち満ちたさまにまで、あなたがたが満たされますように。」(エフェソ三・16–19、筆者改訳)

あとがき

出版を前にして、真っ先に胸をよぎることは、言うまでもなく、そこに到るまでの長い道中、数知れぬ方々のお助けを戴いてやっと本書が成ったということである。今、山頂に立って来し方を振り返るとき、定かには行き先が見えなかった途上の幾多の紆余曲折にもかかわらず、あたかも初めからこの頂きを目指して登って来たかのように、一筋に連なる足跡を見出して、驚愕させられると共に、辿り来たったすべての折節に、目に見えない糸のように、自分の思いを越えた神の導きがあったとの感慨に浸らされ、言葉を呑む畏怖と感謝に満たされている。

この人とのつながりや出会いがなかったなら、本書は生まれるべくもなかった——そういう人々が何人も存在するのであるが、その第一に挙げなければならないのは母、グレイス遠藤恵子《あやこ》である。この母のもとに生を受け、育まれたことが、筆者に尊びの愛を志向する（と今にして言える）基本姿勢を植えつけ、尊びの愛としてのアガペーの〝啓示〟にまみえる原点となった。——そういう気がする。母の思想と行動のすべてはこの愛に貫かれていたと感じる。本書と同名の拙稿の抜きずりを贈った時、「そうよ、尊びの愛よねぇ」と繰り返し、心からの共感を表した。その母に本書を贈ることが母への最大の恩返しとして切望されたことであったが、今年の年明け早々に九八歳で神のもとへ帰り、果たせなかった。ただ、その一週間ほど前、酸素吸入を受ける母に、出版されたら名を記して捧げる旨を耳元で告げたところ、大きく呼吸して深い感動を表してくれた。

続いて名を挙げなければならないのは、妻、聖マリア清子である。キリスト教の信仰を持たずに成長した彼女は、逆にどっぷりキリスト教の中に浸って育った私とは、水と油のように馴染まず、結婚後長い間、どこでどのように「一致」を達成できるのか、激しい模索が続いた。しかし、その一致は思いがけない仕方でもたらされた。一言で言えば、神がキリスト教徒としての私の独善を完全に打破するという仕方で訪れたのである。私は初めて自分が「敵」の立場にあると見なしている人を「尊び愛す」ということを、妻を通して、また妻から、学び、結婚が既にそのために神によって祝福の内に用意されていたことを悟らされた。いわゆる「キリスト教徒」でない人が他の人々を、また自然を初めとする万物を、どれほど細やかな配慮と深慮とに満ちて尊び愛すことがあるかということを、妻は無言の静けさの内に示した。また「怒る」ということを最後まで肯定しない強さも持ち続けた。私の「尊びの愛」（アガペー）の実践と思想は、妻との生活を通して、初めて、本文にも記した、新しい、しかし本来の、キリスト教の在り方へ向かって一歩踏み出させられたのである。そして、そこに私自身の思いをはるかに超えた遠大なご計画が働いていたことを知って、粛然たる中、神と妻への深甚の感謝に至らずにいられない。

長く待望していた哲学科の学生となった私が最初に加藤信朗教授の講義に接したときの、息も止まる驚嘆と、激しい胸の高鳴りと、瞬きを忘れた瞠目を、私は生涯忘れることはできない。「西洋形而上学の淵源」と名付けられたその講義は、およそ「哲学」（「愛知」）と名付けられた学問が開示し得る最大・最上・最深の世界の前に私を立たせ、ぞくぞくする感動に私をおののかせ続けた。学部・学院を通じて、私は師の講義とゼミを一つ残らず拝聴することとなったが、そのことは一時も変わらなかった。およそ「言葉」というものが持ち得る最大・最上・最深の力、あるいは生命を、私は同師から教えられた。アウグスティヌスの『告白』の講義やゼミを通して、「愛」（もちろん、「アガペー」に淵源する「カーリタース」）という言葉についても、また同じであった。その気高い品格の人格に発するこれらのことは私に尊敬の念で氏を仰がせ続けた。師との出会いなくして「〈尊びの愛〉としての〈アガペー〉」の啓示を受け得たか、やはりおぼつかない。余りにも不肖である身を恥じつつであるが、ここに記して、最深の感謝を表したい。

謝意を表わさずにいられない方々は他にも尽きないが、本書が書き上げられるに当たって特にお世話になった方に絞れば、先ず谷隆一郎氏の名を挙げさせて頂かなければならない。氏は、私が本書に書き上げられるに到る準備の論文を書くその都度、それに対して貴重なご意見をお送り下さり、私の考察が偏ることのないように戒めてくださった。頂戴した書物や論文からは多大な養分に与った。また、常盤謙二氏には直接面談の上、同様にお世話頂いた。また、朴一功氏にはギリシア語「アガパオー」の用法についてご質問やご意見をお寄せ頂いた。

かつての職場、山口大学で先輩としての同僚であった武宮諦氏からも、同じくギリシア語「アガパオー」に関してのご意見を頂戴した。しかし氏に対する感謝は到底それだけにとどまることはできない。氏の並々ならぬ奥深い学識、しかもそれを豪も表に出さない謙虚さ、重く、深い周到な配慮の愛を内に堅く秘めた高潔な人格は、やはり私のキリスト教徒としての独善を打ち砕いて、私を新しい、しかし本来のキリスト教に覚醒させる大きな働きをしてくださった。記して深甚の感謝を申し上げる。

本文にも書いたが、私は聖書研究を、幾多のグループで、四〇年以上続けて来ており、本書の聖書解釈に関する部分はその成果の積み重ねの上に立っている。従って、それぞれのグループで学び合いを共にしたすべてのお一人お一人に感謝を表わさないではいられない。ただ、お名前を挙げることは膨大な数になるので、グループの名だけを記し、必要最小限の言及をさせて頂く。ほぼ時代順になるが、

◆山口の拙宅での「聖書会」――その中で、豊かな学識を敬虔な信仰の内深くに包みこんだ、アガペーそのものと言うべき酒井ツギ子教授、同じくアガペーそのものと言うべきお二人、古沢賢一氏と伊藤みゆき

姉、更に本書の成立をお助け頂いた長汐誠一郎、高橋正和氏の名をどうしても記させて頂かなければならない。

◆山口大学ＫＧＫ――全国の大学の連合組織であるＫＧＫ（キリスト者学生会）と出会い、学び合ったことがグループでの聖書研究会の初めであったが、その素晴らしい学び合いの恵みは今日に到るまで計り知れない。同会の一層の発展を願い、祈る。

◆徳山聖公会聖書会

◆山口集会聖書会

◆千葉復活教会聖書会

◆市川聖マリヤ教会聖書会

◆山手聖公会聖書会

◆若枝会

◆沖出会《おきいでかい》

◆イザヤ会――この会の創立者、故太田博之氏と小林進司祭の名を挙げなければならない。

◆聖心女子大学「アガペー会」

◆松戸聖パウロ教会聖書会

◆小田原聖十字教会聖書会

◆聖書に親しむ会――故太田博之氏、小林進司祭、私の三人の協働で立ち上げられた。

◆聖心女子大学キリスト教文化研究所公開ゼミ

◆横浜聖アンデレ教会キャンドル会――「キャンドル会」とはいわゆる「スウェーデン方式」のグループ聖書研究会のことである。用いられるマークに若干の創意工夫が加えられた。

◆藤沢聖マルコ教会キャンドル会
◆茂原昇天教会キャンドル会

これらの会で共に学び合った、そして言葉にすると否とにかかわりなく「尊びの愛」で結ばれ合った、すべてのお一人お一人との出会いが、見えない導きの糸によっていたのであり、すべての方が本書の成立に寄与してくださった。心より感謝申し上げたい。

出版に当たっては教文館の高木誠一、福永花菜の両氏に多大なお世話を戴いた。記して深く謝意を表したい。

二〇一五年一〇月

遠藤　徹

参考文献

パソコンソフトおよびインターネット配信
本書は以下のパソコン用ソフトおよびインターネット配信のソフトによる諸文献の取り込み・解析・検索・複写，辞書等の機能を駆使して行われている。ヘブライ語もギリシア語も専門であるとは言えない筆者にとって，これらの優れた機能の助けなくしては，本書は生まれるべくもなかった。記して，深甚の謝意を表したい。
BibleWorks 6（BibleWorks, LLC.）／Libronix Digital Library System（Logos Research System, Inc.）／Perseus 2.0（Yale University Press）／Perseus 4.0／NETS（*A New English Translation of the Septuagint*, Oxford U.P.）Electronic Edition／J-バイブル 1st 2000（いのちのことば社）／ばべるばいぶる

聖書
使用した，また必要に応じて部分的に参照した，聖書は以下の通りである。
BHS（4th ed.）Hebrew Old Testament／BGT BibleWorks Greek LXX／BNT/LXX Septuaginta Rahlfs'／Modem Greek Bible／Latin Vulgate／American Standard Version（1901）／The Bible in Basic English（1949/64）／The Darby Bible（1884/1890）／The Douay-Rheims 1899 American Edition／The English Standard Version（2001）／Geneva Bible（1599）／King James（1611/1769）／LXX English Translation（Brenton）〔LXE と 略 記 〕／The New American Bible／New American Standard Bible（1977）／New American Standard Bible（1995）／New International Version（UK）／New International Version（1984）（US）／The New Jerusalem Bible／New King James Version（1982）／New Living Translation／New Revised Standard Version（1989）／Revised Standard Version（1952）／Revised Webster Update（1995）／The Webster Bible（1833）／Young's Literal Translation（1862/1898）／Einheitsiibersetzung（1980）／Luther Bibel（1545）／Luther Bibel（1912）／Revidierte Lutherbibel（1984）／SCH German Schlachter Version（1951）／Munchener NT（1998）／French Bible Jerusalem／French Bible en français courant（1997）／Haitian Creole Bible／Nouvelle Edition De Geneve（1979）／Louis Segond（1910）／French TOB（Traduction œcuménique de la Bible）1988／De Hellige Skrifter（1931）／Swedish（1917）（以上，BibleWorks6）

モリソン漢訳／ブリッジマン漢訳／ラゲ訳＋光明社訳
日本正教会訳／塚本虎二訳／電網聖書／新契約／ヘボン訳／ N. ブラウン訳
（以上，ばべるばいぶる）

文語訳／新共同訳／新改訳／口語訳／フランシスコ会訳／新約聖書翻訳委員会訳（岩波書店，2004 年）／『小さくされた人々のための福音』（本田哲郎訳，新世社，2001 年）

辞典類

出版社，出版年の記載がないものは，BibleWorks6 に収録。

Liddle, H. G. & Scott, R. *Greek-English Lexicon*, 5th ed. Oxford U.P., 1861

Liddle, H. G. & Scott, R. *Greek-English Lexicon*（Abridged）, Oxford U.P., 1963

Thayer's Greek-English Lexicon of the New Testament: Coded With the Numbering System from Strong's Exhausive Concordance of the Bible, 1896

Friberg, Timothy, Friberg, Barbara & Miller, Neva F. *Analytical Lexicon of the Greek New Testament*, Trafford, 2005

The UBS Greek Dictionary

The Louw-Nida Greek-English Lexicon of the New Testament

BDAG（*A Greek-English Lexicon of the NT and Other Early Christian Literature*, 3rd editon（Walter Bauer, edited & revised by Frederick William Danker）

岩隈直『新約ギリシヤ語辞典』山本書店，1971 年

玉川直重『新約聖書ギリシア語辞典』キリスト新聞社，1978 年

織田昭編『新約聖書ギリシア語小辞典』教文館，2002 年

Collins English-Greek Dictionary, HarperCollins, 1999

Lewis, C. T. *An Elementary Latin Dictionary*, Oxford U.P., 1963

Andrews, E. A. *Latin-English Lexicon*, Sampson Low, Marston, Searle & Rivington, 1877

Lewis, C. T. and Short, C. *A Latin Dictionary*, 1966（1879）

Kittel, Gerhard. *Theologisches Wörterbuch zum Neuen Testament*, W. Kohlhammer, 1990

Bauer, Johannes B. *Bibeltheologisches Wörterbuch*, Styria, 1959

Ritter, Joachim. & Gründer, Karlfred. *Historisches Wörterbuch der Philosophie*, 1995

Stephen, D. Renn（ed.）. *Expository Dictionary of Bible Words*, Hendrickson, 2005

Bauer, J. B. *Bibeltheologisches Wörterbuch*, Styria, 1959

『日本国語大辞典』小学館，1972 年

著書・論文

Augustini, S. Aurellii. *Confessionum*, Libri XIII, cum notis Rev. P. H. Wangnereck, Maretti, 1928

Broadie, Sarah. & Rowe. Christopher. *Aristotle: Nicomachean Ethics*, Oxford U.P., 2002

Butler, Joseph. *Fifteen Sermons*, G. Bell & Sons, 1958

D'Arcy, W. C. S. J. *The Mind and Heart of Love: Lion and Unicon, A Study in Eros and Agape,* Faber and Faber Limitted, 1946

Foot, Phlippa（ed.）. *Thories of Ethics*, 2nd ed, Oxford U.P., 1974

Frankena, W. K. *Ethics*, Prentice-Hall. 1963

Hezekiah, Ira Benjamin. *Agapao and Phileo in the Gospel of John*, King & Associate, 2004

Hume, David. *Teaties on Human Nature*, Clarendon, 1981

Kant, Immanuel. *Kritik der praktischen Vernunft*（Philosophische Bibliothek 506）, Felix Meiner Verlag, 2003

Kant, Immanuel. *Grundlegung der Metaphsik der Sitten*（Philosophische Bibliothek 519）, Felix Meiner Verlag, 1999

Kegley, Charles W.（ed.）. *The Philosophy and Theology of Anders Nygren*, Southern

Illinois U.P., 1970
Kierkegaard, S. *Kjerlighedens Gjerninger*, Samlede Værker Bind 12, Gyldendal, 1963
Lewis, C. S. *The Four Loves*, Harcourt, 1960
Mill, Jon Stuart. *On Liberty and Other Writings* (Cambridge Text in the History of Politica Thought), Stefan Collini, 1989
Niebuhr, H. Richard. *The Purpose of the Church and Its Ministry*, Harper & Row, 1977 (1956)
Nygren, Anders. *Eros och Agape: Den kristna kärelstkanken genom tiderna*, Aldus/ Bonniers, 1966
Nygren, Anders. *Agape and Eros: A Study of the Christian Idea of Love*, Part1. tr. by A. G. Herbert, Macmillan. 1932
Nygren, Anders. *Agape and Eros: A Study of the Christian Idea of Love*, tr. by Philip S. Watson. SPCK, 1957
Nygren, Anders. *Eros und Agape*, übertragen von Irmgard Nygren, Evangelische Verlagsanstalt, 1955
Outka, Gene. *Agape: An Ethical Analysis*, Yale U.P., 1972
Pieper, Josef. *Über die Liebe*, Kösel-Verlag, 1972
Raphael, D. D. *British Moralists 1650-1800*, Clarendon, 1969
Scheler, Max. *Der Formalismus in der Ethik und die materiale Wertethik*, Francke, 1954
Scheler, Max. *Wesen und Formen der Sympathie*, Schulte-Bulmke, 1948
Scheler, Max. *Die Stellung des Menschen in Kosmos*, Nymphenburger, 1947
Schmidt, J. H. Heinrich. *Synonymik der Griehischen Sprache*, Vol.3, B. G. Teubner, 1879 (ULAN Press, 2014)
Soble, Alan. *Eros, Agape and Philia, Readings in the Philosophy of Love*, Pargon House, 1989
Warfield, B. B. "The Terminology of Love in the New Testament", in *The Princeton Theological Review*, January & April, 1918
Warnach, Victor. *Agape: Liebe als Grundmotiv der neutestametlichen Theologie*, Patmos Verlag, 1951
Warrnach, Victor. "Agape in the New Testament", in *Philosophy and Theology of Anders Nygren*, Harper & Row, 1968
Wuest, Kenneth S. "Four Greek Words for Love", in *BIBLIOTHECA SACRA*, July, 1959
アウグスティヌス『告白』(世界の名著 14), 山田晶訳・解説, 中央公論社, 1968 年
アウトカ, G.『アガペー——愛についての倫理学的研究』茂泉昭男・佐々木勝彦・佐藤司郎訳, 教文館, 1994 年
アリストテレス『ニコマコス倫理学』(世界の大思想 2), 高田三郎訳, 河出書房, 1954 年
アリストテレス『ニコマコス倫理学』(アリストテレス全集 13), 加藤信朗訳, 岩波書店, 1971 年
アリストテレス『ニコマコス倫理学』朴一功訳, 京都大学学術出版会, 2002 年
稲垣良典『トマス・アクィナス倫理学の研究』(長崎純心大学学術叢書 1), 九州大学出版会, 1997 年
井上洋治『イエスのまなざし——日本人とキリスト教』日本基督教団出版局, 1990 年

井上洋治『日本とイエスの顔』日本基督教団出版局，1990 年
岩田靖夫『アリストテレスの倫理思想』岩波書店，1985 年
遠藤徹『人格と性――結婚以前の性の倫理』聖公会出版，2000 年
遠藤徹「行為の動機としての情念――カントの動機論を通して」（『哲学雑誌』第 101 巻，第 773 号）
遠藤徹「『尊び』の愛としての『アガペー』（二）」（聖心女子大学キリスト教文化研究所紀要『宗教と文化』29 号）
遠藤徹「アガペー研究序説（一）」～「同（五）」（聖心女子大学キリスト教文化研究所紀要『宗教と文化』22 号～ 26 号）
遠藤徹「心理学的利己主義批判とその射程」聖心女子大学論叢，第 102 集，2004 年
遠藤徹「人間そのものを愛すとはどういうことか」聖心女子大学論叢，第 104 集，2005 年
大貫隆『イエスという経験』岩波書店，2003 年
加藤信朗『アウグスティヌス『告白録』講義』知泉書館，2006 年
金子晴勇『愛の思想史――愛の類型と秩序の思想史』知泉書館，2003 年
金子晴勇『愛の秩序』創文社，1989 年
ガラルダ，ハビエル『アガペーの愛・エロスの愛――愛の実践を考える』（講談社現代新書 1272），講談社，1995 年
カント，イマヌエル『道徳形而上学の基礎づけ』宇都宮芳明訳，以文社，1989 年
カント，イマヌエル『実践理性批判』和辻哲郎訳，岩波書店，1935 年
キルケゴール，S.『愛のわざ』（キルケゴール著作集 15，16），武藤一雄・芦津丈夫訳，白水社，1964 年
クセノフォーン『ソークラテースの思い出』佐々木理訳，岩波文庫，1965 年
佐藤研『禅キリスト教の誕生』岩波書店，2007 年
佐藤研『悲劇と福音』（人と思想 160），清水書院，2001 年
シェーラー，マックス『宇宙における人間の地位』亀井裕・山本達訳，白水社，2012 年
杉瀬祐『愛の構造――生きることの意味』（現代キリスト教選書 3），創元社，1969 年
聖心女子大学キリスト教文化研究所『新しい人間像を求めて――人間存在の実像と虚像のはざまで』（宗教文明叢書 7），春秋社，2009 年
聖心女子大学キリスト教文化研究所紀要『宗教と文化』28，30，31 号
ソポクレース『アンティゴネー』中務哲郎訳，岩波書店，2014 年
ダーシー，M. C.『愛のロゴスとパトス』井筒俊彦・三邊文子訳，未來社，1957 年
谷隆一郎『アウグスティヌスの哲学』創文社，1991 年
谷口隆之助『愛からの自由』川島書店，1975 年
ティボン，G.『愛の哲学』カンドウ，S.，金山政英訳，三省堂，1960 年
ドッド，C. H.『イエス』八田正光訳，ヨルダン社，1971 年
ドストエフスキー『白痴』米川正夫訳，岩波書店，1970 年
ドストエフスキー『カラマーゾフの兄弟』米川正夫訳，岩波書店，1957 年
トマス・アクィナス『神学大全』高田三郎・山田晶・稲垣良典他訳，創文社，1963 年～
ド・ルージュモン，ドニ『愛について――エロースとアガペー』鈴木健郎・川村克己訳，岩波書店，1959 年
ニーグレン，A.『アガペーとエロース』（Ⅰ，Ⅱ，Ⅲ），新教出版社，1963 年
ニーチェ『善悪の彼岸』木場深定訳，岩波書店，1970 年

ニーチェ『この人を見よ』西尾幹二訳，新潮社，1990年
ニーチェ『道徳の系譜』木場深定訳，岩波書店，1964年
ニーチェ『ツァラトゥストラはこう言った』氷上英廣訳，岩波書店，1967年
バークレー，ウィリアム『新約聖書のギリシア語』滝沢陽一訳，日本基督教団出版局，1989年
ピーパー，ヨゼフ『愛について』稲垣良典訳，エンデルレ書店，1974年
プラトン『リュシス』（プラトン全集7），生島幹三訳，岩波書店，2005年
プラトン『饗宴』久保勉訳，岩波書店，1952年
プラトン『法律』（プラトン全集13），森進一・池田美恵・賀来彰俊訳，岩波書店，1976年
フランケナ，W. K.『倫理学　哲学の世界2』（改訂版），杖下隆英訳，培風館，1967年
ブルトマン，ルドルフ『イエス』川端純四郎・八木誠一訳，未來社，1963年
フロム，エーリッヒ『愛するということ』懸田克躬訳／鈴木晶訳，紀伊國屋書店，1991年
フロム，エーリッヒ『人間における自由』谷口隆之助・早坂泰次郎共訳，東京創元社，1968年
フロム，エーリッヒ『自由からの逃走』日高六郎訳，東京創元社，1968年
前島誠『うしろ姿のイエス』玉川大学出版部，1981年
モリス，レオン『愛――聖書における愛の研究』佐々木勝彦他訳，教文館，1993年
柳父章『翻訳語成立事情』（岩波新書189），岩波書店，2005年
山田晶『アウグスティヌスの根本問題』創文社，1977年
山本芳久『トマス・アクィナス　肯定の哲学』慶應義塾大学出版会，2013年
ルイス，C. S.『四つの愛』（C・S・ルイス著作集2）蛭沼寿雄訳，新教出版社，1995年
ルター，マルチン『キリスト者の自由』（世界の名著18），塩谷饒訳，中央公論社，1969年
ル・フォール，ゲルトルート『愛のすべて』前田敬作訳，1956年

Perseus 2.0 および／または 4.0 に収蔵され，使用された文献

Perseus に収蔵されているデータを下記に転載する。

Aeschylus. Aeschylus, with an English translation by Herbert Weir Smyth, Ph. D. in two volumes. 2. Agamemnon. Cambridge. Cambridge, Mass., Harvard University Press; London, William Heinemann, Ltd. 1926
Aeschylus. Aeschylus, with an English translation by Herbert Weir Smyth, Ph. D. in two volumes. 2. Agamemnon. Herbert Weir Smyth, Ph. D. Cambridge, MA. Harvard University Press. 1926
Aristotle. Ars Rhetorica. W. D. Ross. Oxford. Clarendon Press. 1959
Aristotle in 23 Volumes, Vol. 22, translated by J. H. Freese. Aristotle. Cambridge and London. Harvard University Press; William Heinemann Ltd. 1926
Aristotle 's Ethica Nicomachea. ed. J. Bywater, Oxford, Clarendon Press. 1894
Aristotle in 23 Volumes, Vol. 19, translated by H. Rackham. Cambridge, MA, Harvard University Press; London, William Heinemann Ltd. 1934
Aristotle. Aristotle's Eudemian Ethics, ed. F. Susemihl. Leipzig: Teubner. 1884
Aristotle in 23 Volumes, Vol. 20, translated by H. Rackham. Cambridge, MA, Harvard University Press; London, William Heinemann Ltd. 1981
Aristotle. ed. W. D. Ross, Aristotle's Politica. Oxford, Clarendon Press. 1957

Aristotle. Aristotle in 23 Volumes, Vol. 21, translated by H. Rackham. Cambridge, MA, Harvard University Press; London, William Heinemann Ltd. 1944

Dio's Roman History. Cassius Dio Cocceianus. Earnest Cary. Herbert Baldwin Foster. William Heinemann, Harvard University Press. London; New York. 1914-. Keyboarding

Homer. The Odyssey with an English Translation by A.T. Murray, PH.D. in two volumes. Cambridge, MA., Harvard University Press; London, William Heinemann, Ltd. 1919

Pindar. The Odes of Pindar including the Principal Fragments with an Introduction and an English Translation by Sir John Sandys, Litt.D., FBA. Cambridge, MA., Harvard University Press; London, William Heinemann Ltd. 1937

Plato. Law, (Platonis Opera, ed. John Burnet). Oxford University Press. 1903

Plato. Plato in Twelve Volumes, Vols. 10 & 11 translated by R. G. Bury. Cambridge, MA, Harvard University Press; London, William Heinemann Ltd. 1967 & 1968

Plato. Lysis, Platonis Opera, ed. John Burnet. Oxford University Press. 1903

Plato. Plato in Twelve Volumes, Vol. 8 translated by W. R. M. Lamb. Cambridge, MA, Harvard University Press; London, William Heinemann Ltd. 1955

Plato. Symposium, Platonis Opera, ed. John Burnet. Oxford University Press. 1903

Plato. Plato in Twelve Volumes, Vol. 9 translated by Harold N. Fowler. Cambridge, MA, Harvard University Press; London, William Heinemann Ltd. 1925

Sophocles. Sophocles. Vol 1: Oedipus the king. Oedipus at Colonus. Antigone. With an English translation by F. Storr. The Loeb classical library, 20. Francis Storr. London; New York. William Heinemann Ltd.; The Macmillan Company. 1912

Sophocles. The Antigone of Sophocles. Edited with introduction and notes by Sir Richard Jebb. Sir Richard Jebb. Cambridge. Cambridge University Press. 1891

Xenophon, Memorabilia. Xenophontis opera omnia, vol. 2, 2nd edn. Oxford, Clarendon Press. 1921 (repr. 1971). Xenophon in Seven Volumes, 4. E. C. Marchant. Harvard University Press, Cambridge, MA; William Heinemann, Ltd., London. 1923

聖句索引

人名索引

ア　行

カ　行

サ　行

タ　行

ナ　行

ハ　行

マ　行

ヤ　行

ラ　行

事項索引

あ 行

か　行

さ　行

た　行

な　行

は　行

ま　行

や　行

ら　行

わ　行

《著者紹介》

遠藤 徹（えんどう・とおる）

1938年生まれ。東京大学大学院博士課程哲学専攻修了。山口大学教授、聖心女子大学教授、同大学キリスト教文化研究所所長などを歴任。現在、山口大学名誉教授、聖心女子大学キリスト教文化研究所所員。

著書 『人格と性——結婚以前の性の倫理』（聖公会出版、2000年）ほか。

〈尊びの愛〉としてのアガペー

2015年12月30日 初版発行

著 者 遠藤 徹

発行者 渡部 満

発行所 株式会社 教文館

〒104-0061 東京都中央区銀座4-5-1 電話 03(3561)5549 FAX 03(5250)5107

URL http://www.kyobunkwan.co.jp/publishing/

印刷所 モリモト印刷株式会社

配給元 日キ販 〒162-0814 東京都新宿区新小川町9-1

電話 03(3260)5670 FAX 03(3260)5637

ISBN978-4-7642-7403-7 Printed in Japan